공공계약
실무해설

공공계약
실무해설

ⓒ 이윤섭, 2025

초판 1쇄 발행 2025년 3월 15일

지은이	이윤섭
펴낸이	이기봉
편집	좋은땅 편집팀
펴낸곳	도서출판 좋은땅
주소	서울특별시 마포구 양화로12길 26 지월드빌딩 (서교동 395-7)
전화	02)374-8616~7
팩스	02)374-8614
이메일	gworldbook@naver.com
홈페이지	www.g-world.co.kr

ISBN   979-11-388-4081-1 (03320)

공공계약
실무해설

Explanation on the Practice
of Public Contract

이윤섭 지음

좋은땅

정부를 상대로 사업을 하는 기업체는 정부의 계약업체선정 결정이 어떤 방법으로 이루어지는지 알 필요가 있다. 한 건의 계약 체결을 위해서는 시장조사, 제안요청서 작성, 가격분석, 원가분석, 협상, 계약업체선정 등 여러 가지 지난한 과정을 거친다. 정부와의 계약을 통해 주요 사업을 수주하는 민간업체는 정부의 의사결정 과정에서 여러 가지 홍보자료를 정부에 제공한다. 경우에 따라서는 전문 로비스트를 고용 활용하기도 한다.

정부계약을 체결하는 업무를 관장하는 계약관은 고도의 훈련과 교육을 받은 중견 직업공무원으로서 평생 계약업무를 수행한다. 특히 직위분류제를 채택하고 있는 미국 등의 국가에서는 제도의 특성상 계약업무를 담당하는 공무원은 퇴직할 때까지 그 업을 계속하며, 퇴직 이후에도 새로운 직장에서 계약 전문가로 활동하는 것이 일반적이다.

계약 전문가는 대학에서 회계학, 경영학 등 재정분야를 전공한 젊은이들이 정부 등의 공공기관이나 대기업 등에 입사하여 그들 기관 특유의 구매/계약업무에 맞추어 계약 관련 실무 교육을 받은 후 일정 기관 수습과정을 거쳐 임명된다. 기관 내부에서의 수습과정은 일대일 대면 훈련에 속하는 도제식 훈련으로서 계약관을 보좌 또는 지원하는 업무를 수행하는 형식으로 이루어진다. 계약관은 시장조사, 가격분석, 원가분석, 규격 작성, 협상 등 계약업무 본질에 해당하는 지식과 정부 또는 기관 특유의 절차적 규범을 두루 섭렵해야 하나, 전문적 지식이 필요한 특수 계약 부문에서는 그 업무의 특성상 직접 가격분석, 원가분석 등의 업무를 직접 수행하기보다는 그 특정 업무와 유관성을 갖고 있는 전문 가격조사관, 기술 전문가, 중소기업 전문가 등 특정 전문가 그룹의 지원을 받아 수행하게 되므로 지휘관으로서의 자질도 갖추어야 한다.

한편, 조달법령 등 정부취득규범은 계약관이 반드시 그대로 이행해야 하는 기속 규범이라기보다는 계약관의 재량 하에 달리 집행할 수 있는 예시적 훈시라고 한다. 국가에 따라서는 이러한 취지를 실정법으로 규범화하는 나라도 있고, 규범화되어 있지 않으나 관습법적으로 그렇게 집행하는 나라도 있다. 예를 들면 미국은 연방취득규정 제1절제4항에서 그러한 취지를 명확히 하고 있다. 계약관은 정부가 정해 놓은 계약규범을 일탈하여 집행할 수 있으며 일탈의 행태에 따라 건별 일탈과 종류별 일탈로 구분하고 있다. 특정 건에 대해서만 규범을 벗어나서 집행하는 건별 일탈은 기관의 장의 승인만으로 언제나 가능하다. 2건 이상의 계약에 효력을 갖게 되는 특정 유형별 일탈에 대해서는 일단 기관장의 승인 하에 집행하고 집행 이후 연방구매규정 사무처에 규정의 수정을 요청하여 향후 별도의 수정 조치 없이 다른 기관에서도 수정이 필요한 내용을 집행할 수 있도록 제도화하고 있다.

계약관은 정부에서 고용하고 있는 일자리 중 가장 전문성이 강한 직종이라 볼 수 있다. 전문직종은 업무의 난이도가 그만큼 높고 숙련기간도 다른 직종에 비해 길다. 미국의 경우 통상 대졸 이상의 학력을 가진 자가 15년 이상의 경력을 쌓은 이후에야 특정 기관을 대표하는 선임계약관 또는 계약부서의 장으로 임명된다. 또한 특정 경력을 쌓은 후에 대우가 좋은 다른 기관으로 이동하는 이직률 또한 일반행정직에 비해 매우 높다. (미국의 경우 이직률이 일반행정직군의 4배라고 한다.)

계약관의 계약집행행태는 크게 2가지로 나눌 수 있다.

첫째 유형은 계약업무를 틀에 박힌 행정업무의 유형으로 보는 시각이다. 모든 계약업무를 규정에 따라 집행하면 된다는 사고방식으로 계약 집행 시 깊이 숙고할 일도 없고 감사원 등 상급기관을 의식할 필요가 없다. 계약관은 가격분석, 협상 등 계약 관련 기초 지식을 익힐 필요도 없고 내부 절차만 통달하면 된다.

두 번째 유형은 계약업무를 창조적 행정으로 보는 시각이다. 미국의 경우 이를 명문화하고 있다. 따라서 법에서 특별히 금하고 있는 규범만 아니면 어떤 계약 규범도 계약관의 재량 하에 변경, 수정하여 집행할 수 있다. 계약관은 규범대로 계약을 집행한 것만으로는 책임을 다했다고 볼 수 없으며, 자신의 판단에 따라 정부에게 이익이 되는 방향으로 규범을 합리적으로 수정하여 집행하여야 할 의무를 부담한다.

후자의 유형으로 계약업무를 집행하도록 제도화되어 있는 나라(직위분류제를 선택한 국가)에서의 계약관은 전문지식이 뒷받침되지 않으면 계약 집행이 불가능하다. 그들은 끊임없이 지식을 익히고 국익을 위한 결단을 해야 한다.

본 책자는 후자의 입장에서 사고하고 의사결정을 할 수 있도록 바라는 마음에서 우리나라의 구매기관(기획재정부, 조달청, 방위사업청 등) 이외에 미국의 주요 구매기관인 미국 조달청, 미국국방부, NASA 등의 회계규정을 적극적으로 반영 서술하였다.

끝으로 본 책자가 정부기관의 계약관련 실무 담당자, 정부 납품/계약업무를 담당하는 민간업체 실무자, 계약업무를 연구/공부하는 학부생에게 조금이나마 도움이 되기를 바란다.

목 차

계약관 제1장

1. 정의

국가를 당사자로하는 계약에 관한 법률 제6조(계약사무의 위임·위탁)제1항은 "각 중앙관서의 장은 그 소관에 속하는 계약사무를 처리하기 위하여 필요하다고 인정하면 그 소속 공무원 중에서 계약에 관한 사무를 담당하는 공무원(이하 계약관이라 한다)을 임명하여 그 사무를 위임할 수 있으며, 그 소속 공무원에게 계약관의 사무를 대리(代理)하게 하거나 그 사무의 일부를 분장(分掌)하게 할 수 있다."고 규정하고 있다. 각 정부 기관은 물품, 용역, 건설공사, 또는 연구개발서비스를 제공하기 위해 계약을 유인, 평가, 협상 및 체결하는 업무를 담당하는 공무원에게 계약관의 직책을 부여하고 있으며 계약 관련 업무 수행에 도움이 될 수 있는 특정 분야의 교육, 경력 등을 갖춘 자를 임용하거나 보임하고 있다.

2. 계약관의 임용 요건

계급제를 채택하고 있는 우리나라에서는 특정 직위(조달과장, 총무과장, 경리과장 등)를 대상으로 계약관을 임명, 운용하고 있으며 직위분류제를 채택하고 있는 미국은 특정 직렬을 대상으로 계약관 제도를 운용하고 있다. 미국의 계약담당공무원의 자격 요건은 대졸 이상의 학력을 가진 자로서 회계, 비즈니스, 재정, 법률, 계약, 구매, 경제학, 산업관리, 시장조사, 계량적 방법론, 또는 조직관리 등의 분야에서 24학점 이상을 득한 자로 정하고 있다[1]. 특히 계약실무 전반을 집행하고 계약업체를 결정하는 등 계약사무의 중요한 업무에 대한 집행 권한이 부여된 계약관(통상 GS-13~GS-15(우리나라의 사무관, 서기관급 직위))은 4년 이상의 계약공무원으로서의 경력을 보유해야 한다. 또한 계약관(contracting officer)은 처음부터 계약관으로 임용되는 것이 아니라 통상 원가 계산, 계약관리 등의 계약관련 실무 전문 분야를 담당하는 계약전문가(contract specialist)로 수년간 근무한 후 계약집행 전반의 업무를 다루는 계약관으로 전직하게 된다. 경우에 따라서는 동 계약전문가는 계약관이 아닌 계약관리관(contract administrator), 프로그램/프로젝트 관리자 등으로 전직하기도 한다.

---

1) U.S. Office of Personal Management, 웹사이트

1) 직위분류제의 특징

직렬별 업무전문가 임명

미국 연방정부는 업무를 22개군 450개 직렬로 나누고 우리나라 행정직에 해당하는 직군은 100개 이상의 직렬로 세분화되어 있다. 따라서 경리직으로 임용된 경우에는 평생 경리 업무만을 맡을 수 있으며 인사관리직으로 임명된 자는 평생 인사관리 업무만을 맡게 된다.

계급보다는 업무 위주의 직위 관리

계급제를 채택하고 있는 우리나라의 경우 중앙부처의 과장은 일률적으로 3 · 4급 공무원, 계장은 4 · 5급 공무원으로 보임하고 있으나 직위분류제를 채택하고 있는 미국은 중요한 업무를 관장하는 과장 자리는 1급, 2급 또는 3급의 공무원으로 보임하고, 중요하지 않은 과장 자리는 5급, 6급, 또는 7급(대학원 수료자의 채용에서 부여할 수 있는 직급 수준)으로 임용할 수 있다.

즉 특정 직위에 어떤 등급의 공무원을 보임할 것인지는 전적으로 그 업무의 중요도 및 난이도 등에 의해 결정된다.

직장 상 · 하급자 간의 개방적인 문화

직장에서 직함이나 직급으로 호칭하지 않는다. ○○ 국장, ○○ 장관 대신 홍길동 씨 등 상대방의 이름으로 호칭한다.

3. 계약관(contracting officer)과 계약지원관(contracting specialist)

일반적으로 계약관은 계약업무 전반을 관장하고 집행하는 중견 간부급 공무원을 말하고 계약지원관은 시장조사, 가격분석, 원가계산, 협상, 계약관리 등의 특정 계약업무를 전담하는 공무원을 말한다. 대부분의 계약지원관은 경력을 쌓아 계약관으로 진출하나, 일부는 조달전문가, 계약관리관, 프로그램 관리관(project officer)으로 진출하기도 한다.

4. 계약관의 업무 범위

우리나라는 구체적으로 계약담당 공무원이 수행할 업무를 구체적으로 정하고 있지는 않으나 직위분류제를 채택하고 있는 미국의 예를 보면(contracting series, GS-1102) 계약 관련 업무를 다음과 같이 정하고 있다[2].

○ 취득 전략을 개발하고 조달을 지휘 감독하는 업무
○ 계약의 프로그램, 제도 또는 절차 등을 수립하고, 설정하고 평가하는 업무
○ 가격 제안서 및 회계 시스템 자료를 분석하고 평가하는 업무
○ 물품, 용역, 건설공사 또는 연구개발 서비스를 제공하기 위해 민간업체 등과의 계약을 유인하고, 평가, 협상 및 체결하는 업무
○ 계약의 조건과 합치되도록 이행하였음을 확인하는 등의 계약을 관리하는 업무
○ 계약 대가를 지불하고, 이행 증권을 해지·정산하는 등의 계약을 종결하는 업무

5. 계약관에 대한 지휘 감독

1) 재무관과 계약관

국고금 관리법 제21조(지출원인행위의 위임)는 "중앙관서의 장은 대통령령으로 정하는 바에 따라 소속 공무원에게 위임하여 지출 원인행위를 하게 할 수 있다."라고 규정하고 동법 제22조(지출의 절차)는 "중앙관서의 장 또는 제21조에 따라 위임받은 공무원(이하 재무관)이라 한다."라고 규정함으로써 재무관에게 주요 지출원인행위인 계약체결 권한을 부여하고 있다.

한편, 위에서 기술한 바와 같이 국가를 당사자로 하는 계약에 관한 법률 제6조(계약사무의 위임·위탁)는 "각 중앙관서의 장은 그 소관에 속하는 계약사무를 처리하기 위하여 필요하다고 인정하면 그 소속 공무원 중에서 계약에 관한 사무를 담당하는 공무원(이하 계약관이라 한다.)을 임명

---

2) position classification standard for contracting series, GS-1102, Office of Personal Management

하여 그 사무를 위임할 수 있으며, 그 소속 공무원에게 계약관의 사무를 대리(代理)하게 하거나 그 사무의 일부를 분장(分掌)하게 할 수 있다."고 규정하고 있다.

위 법률 조항을 종합하여 보면 재무관은 지출원인 행위를 할 수 있고 계약관은 계약에 관한 사무를 할 수 있다. 지출원인행위에는 계약 이외에도 인건비 지출 결정, 경상경비 지출 결정, 보조금 교부결정, 출연금 교부결정 등의 업무가 포함된다. 또한 재무관은 계약 등의 지출원인 행위 업무 이외에도 기관의 예산 편성 및 재무 감독 등 기관의 재정 업무 전반 업무를 총괄하고 지휘 감독하는 지위에 있다.

따라서 재무관의 업무 영역이 계약관의 업무 영역보다 더 넓으며 이러한 업무 범위를 반영 재무관을 계약관보다 상위 계급으로 보임하는 것이 일반적이다.

2) 계약사무의 권한과 위임 체계

중앙관서의 장

모든 계약사무의 권한은 중앙관서의 장의 책임 하에 배분된다. 중앙관서의 장은 기관의 계약 관련 규정, 지침, 절차의 수립에 관한 권한과 구체적인 개별 계약의 집행 권한을 직접 집행하거나 업무의 효율성 집행과 전문성을 감안, 소속 공무원에게 위임하여 처리토록 한다. 당해 기관에서 집행하기 어려운 계약업무에 대해서는 타 기관에 위탁하여 처리하게 할 수 있으나 계약집행 업무 자체가 외부 민간기관에 위탁하여 처리할 수 없는 정부 고유 업무에 속하기 때문에 민간 기관으로의 계약업무의 위탁처리는 허용되지 않는 것이 원칙이나 원가 계산 등 계약업체선정 결정 및 판단 자체가 아닌 결정 및 판단을 위한 참고 자료에 해당하는 특정 부문의 정보를 얻기 위해서 민간 전문기관을 이용하는 것은 허용된다[3].

재무담당 차관보 또는 재무관

원칙적으로 장관의 계약사무 권한은 모두 재무담당 차관보 또는 재무관에게 위임된다. 재무관은 위임받은 계약사무 관련 업무 중 일부를 다시 소속 공무원에게 재위임하는 형식으로 업무를 배분하고 동 배분된 업무의 적정한 집행 여부를 지휘 감독한다.

---

3) FAR, Subpart 7.5, Inherently Governmental Functions

운영기관의 장

중앙관서의 장은 실, 국장 등의 부속 기관의 장 또는 산하기관의 장에게 관할 부속 기관 또는 산하기관의 계약사무를 위임하여 처리토록 한다.

계약관

운영기관 단위의 경력직 전문 계약사무 담당 공무원으로서 계약을 체결하고, 관리하고, 종결하고, 판단할 권한을 부여받은 공무원을 말한다. 계약관의 기능과 업무의 성격상 고도의 전문성을 요하므로 통상 10년 이상의 유관 경력을 갖춘 중견 간부급 직업공무원(예를 들면 5~3급 공무원)을 계약관으로 임명한다. 기관의 장, 재무담당 차관보 또는 재무관, 운영기관의 장, 계약부서의 장 등은 그 직책상 계약관으로서 지위를 겸직하게 된다.

3) 별도의 승인(결제)을 요하는 업무

기관장이 아닌 계약관의 경우 기관장으로부터 계약사무에 대한 권한을 위임받은 것이므로 위임받은 업무 범위 내에서만 권한을 행사할 수 있으며 그 위임 범위를 초과할 경우에는 기관의 절차에 따라 상급자 또는 전문가의 승인을 받거나 자문을 받아야 한다. 이러한 기관 내의 지휘감독 체계를 구체화한 것이 위임 전결 규정이다. 위임 전결 수준 및 범위는 계약관의 직위에 따라 결정된다고 할 수 있다. 예를 들면 실무자급 일반직원이 계약관의 업무를 수행하는 경우 여러 단계의 승인(결제)과정을 거쳐야 되나 국·과장급 간부가 계약관으로 지정된 경우 직접 권한을 행사할 수 있는 업무 범위가 넓어 별도의 승인(결제)단계가 줄어들 수 있는 이점이 있다.

각 기관의 위임 전결 규정에 따라 별도 승인을 받아야 할 업무 및 최종 승인권자가 정해지나, 계약대상 금액이 큰 금액일수록 상위직급자의 승인을 득하고 일정 금액 미만의 계약업무에 대해서는 계약관이 전결권을 갖는다. 또한 계약금액의 대소와 관계없이 특정 정무적 판단을 필요로 하는 업무(예를 들면 공공의 이익에 반한다는 이유로 수의 계약을 체결할 시)에 대해서는 중앙관서의 장의 승인을 득하도록 하고 있다.

4) 계약관련 위임 전결 사례

우리나라의 경우 대체로 금액 기준으로 위임 전결 사항을 규정하고 있으나(예를 들면 1억 이하의 계약 체결은 사무관급, 1~5억은 서기관급, 5억~10억은 국장급, 10억~100억은 차관급 등) 미국 연방취득규정(FAR)의 규정을 보면 해당 업무의 성격, 즉 업무의 중요도 및 전문성 여부에 따라 전결권자를 정하고 있다.

기관장 전결 사항
- 기관의 취득 규정 및 절차를 제정 또는 개정에 관한 사항
- 연방정부 규정을 일탈하는 행위
- 계약기관의 신설 및 관리 기능을 계약기관의 장에게 위임하는 행위
- 계약관의 임용 및 종료에 관한 사항
- 규정으로 정한 경우 이외의 계약 및 제한 경쟁에 의한 계약 체결
- 취득계획수립 등

재무관 전결 사항
- 국산품 우선 구매가 공공이익에 부합하지 않다는 판단
- 미국산 건설자재 사용이 공공의 이익에 부합하지 않는다는 결정 또는 미국산 자재를 사용하지 않기로 결정하는 행위
- 기타 장관이 위임한 사항

계약기관의 장 전결 사항
- 입찰보증금의 면제
- 감사원의 권고를 따르지 않을 것이라는 판단과 감사원에 대한 보고
- 계약업체의 결정에 대한 최종적 승인

계약관 전결사항(재량 사항)

- 관련 규정에서 정한 경우의 수의 계약, 제한 경쟁 계약

- 경쟁 절차에 의한 계약

- 기타 계약 관련 일반 사무 등

예정가격

제2장

1. 예정가격의 성격

예정가격은 업체가 제시한 가격을 비교하는 기준의 하나가 되며 단 1개 업체만이 입찰한 경우 가격의 합리성을 판단하는 객관적인 기준이 된다. 예정가격은 계약이행 비용을 합리적으로 추정하기 위해 적절한 주의를 기울였음을 나타낸다. 또한 예정가격은 종합적으로 정부의 예산 요구사항을 보다 정확하게 추정하도록 하는 기능을 한다.

수요기관의 사업담당자가 예정가격 작성을 담당하며 예정가격 작성 시 계약전담공무원의 도움을 받는다. 예정가격은 예정가격 작성의 기준이 되는 정보, 즉 구체적인 환율, 사용한 자료, 추정, 근거, 계산 등의 자료를 포함하여야 한다.

예정가격을 작성함에 있어서 수요기관의 사업담당자는 업체가 물품을 공급하거나 용역을 이행함에 있어서 부담할 수 있는 적정한(합리적인) 원가를 추산하여야 하며 여기에서 원가가 적정한 것으로 인정되기 위해서는 신중한 사람이 비용 발생 시점에서 취할 수 있는 행동을 반영하고 있어야 한다.

예정가격은 불변의 개념이 아니며 새로운 가격 정보를 반영할 필요가 있거나 정부의 구매조건이 변경되거나 예정가격을 결정하는 데에 사용된 가격의 합리성 기준이 되는 원천 자료의 변경이나, 사업범위의 변경이 있는 경우 수정되어야 한다.

예정가격 작성 담당자는 다음 요령에 따라 예정가격을 작성한다.

○ 각 업무/구매요청사항별 물품 또는 용역에 대한 모든 원가 비목이 예정가격에 포함되도록 한다.
○ 적절한 자료 수집 및 추정 방식을 사용한다.
○ 자료공급원, 추정, 제한 사항, 방법 및 주제별 전문가의 정보를 서류로 작성한다.
○ 예정가격은 새로운 가격 정보와 변경된 구매요청사항을 기준으로 계속 수정해 나가야 한다.
○ 어느 한 업체에게 불공정한 경쟁 우위를 줄 수 있는 정보를 누설해서는 안 된다.
○ 정부가 계약하기를 원하는 업체의 견적서를 이용하여 예정가격을 작성하여서는 안 된다.
○ 필요한 경우 계약전담공무원의 조언을 구한다.

특별한 규정이 없는 한 예정가격이란 계약이행을 위해 지불할 수 있는 최저가격이나 최고가격을 의미하지 않는다. 예정가격은 사업비용에 대한 정부의 추정치이며 정부가 관련 업체라면 입찰에서 성공하기 위해 제시할 수 있는 경쟁가격의 하나일 뿐이다. 제안서 접수 직후 예정가격과 업체가 제시한 가격 간 상당한 차이가 날 수도 있다. 정부의 예정가격과 견적 가격 간의 차이의 설명이 가능하도록 예정가격이 충분한 정보(논거 및 가정)를 포함하여야 한다. 예정가격과 업체의 입찰/제안가격 간 상당한 차이가 있는 경우 동 차이점을 문서로 작성하여야 한다.

예정가격은 현실적인 계약가격 평가를 위한 기준선이 되므로 입찰대상자로부터 입수한 정보나 원가 추정치를 토대로 작성해서는 안 된다.

예정가격을 작성하는 데에 필요한 정보는 다양한 정보원으로부터 나온다. 예를 들면 범용 물품을 구매할 시에는 과거 가격을 조사하고 시방서의 변경 부분이 있거나, 수량의 변경이 있거나 인플레이션 요인이 있는 경우 금액을 조정하는 방식을 사용한다. 구매 전력이 파악되지 않은 물품 구매에서는 개별 원가 항목에 대한 종합적인 분석이 필요하다.

2. 예정가격의 프로세스

예정가격은 정부 내부에서 작성한 추정비용으로서 제안서를 제출할 업체로부터 확보한 정보를 기준으로 하여 작성하여서는 안 된다. 예정가격은 담당 계약공무원이 시방서를 기준으로 하여 정부가 부담할 것으로 판단한 추정 비용이다. 예정가격은 어떤 업체에게도 누설되어서는 안 된다.

예정가격은 원가 및 가격의 합리성을 측정하는 1차적인 내부 기준이 된다. 그러나 다른 가격 정보원을 배제하거나 전적으로 의존해서는 안 된다.

예정가격 작성 시점과 입찰서 접수 시점 사이에서 시장상황의 변화가 발생할 수 있다. 예를 들면 재료비, 노임 등이 그 기간에 인상 또는 인하될 수 있다. 만약 상당한 기간이 경과하였거나 계약관이 시장 상황이 변하였다는 것을 인지한 경우 계약관은 입찰서를 평가하는 데 사용할 예정가격을 최신 자료를 반영하여 새로이 작성되도록 하여야 한다.

예정가격을 작성하는 데에는 다음과 같은 단계를 거친다.

① 조달하고자 하는 프로젝트 또는 용역의 구매 요건을 숙지하여야 한다. 정부 계약에서 시방서는 그러한 구매 요건을 정하는 기본 서류이다. 시방서에 포함되어 있지 않은 역무는 예정가격에 포함할 수 없다.

② 기준과 가정을 설정한다.

③ 예정가격 작성자가 사용 가능한 종전의 축적된 자료가 있는지, 다른 자료는 없는지를 검토한다.

④ 어떤 방법으로 예정가격을 작성할지를 결정한다. 예정가격 작성방법에는 하향식 방법과 상향식 방법이 있다. 물론 2가지 방법을 혼용할 수 있다. 선택한 작성방법을 기술하고 동 방법을 선택한 사유를 기술한다.

⑤ 선택한 방법을 사용하여 노무·재료·여행 및 기타 비목의 원가 요소에 대한 추정 물량을 작성한다. 사용된 물량을 서류로 작성하고 동 물량이 어떤 방법으로 결정되었는지를 서술한다.

⑥ 각 원가의 요소별로 단가를 추정하여 예정가격을 계산한다. 원가 자료에 대한 정보원 및 일자를 서류로 작성한다.

⑦ 예정가격 산출 결과가 신뢰성이 있는지, 합리적인지, 정확한지, 완전한지를 검토한다. 예정가격 작성의 모든 조치가 서류로 잘 작성되었는지 확인한다.

3. 예정가격의 용도

1) 신규 계약을 위한 제안서의 평가

모든 입찰가격을 예정가격과 비교한다. 차이점과 유사점을 비교분석하여 여러 가지 결론을 도출해 낼 수 있다. 수요기관의 사업관리자, 계약관, 예정가격 작성 담당 공무원 및 원가 분석 전문가는 이러한 비교분석 업무에 참여한다. 정부는 예정가격과 입찰가격의 비교분석 과정을 통해 업체가 제출한 입찰서가 수행해야 할 역무를 과다 계상하였는지, 업체가 제출한 입찰서가 수행해야 할 역무를 과소 계상하였는지, 시방서가 구매 요건을 충분하게 기술하고 있는지, 시방서, 예정가격 및 기술 제안서 모두 양호하나 입찰가격이 너무 높은지 또는 너무 낮은지, 업체가 제출한 입찰서가 정부가 고려하지 못한 새로운 아이디어 또는 새로운 기술을 제시하고 있는지 등을 파악할 수 있다.

달리 표현하면 예정가격은 입찰서를 평가하는 기준이 되며 입찰자가 구매 사양 및 구매조건을 이해하고 입찰하였는지를 확인하는 지표가 되며, 업체와의 협상 목표가격 결정에 있어서 참고 가격이 되며 계약을 이행하는 데에 필요한 자원의 추정 기준이 된다.

사후 원가 보상 계약(개산계약)에 있어서는 원가의 현실성 즉 입찰자가 제시한 금액이 현실적으로 계약을 성공적으로 이행할 수 있는 비용에 상응하는지(너무 낮은 가격으로 입찰하였는지)를 판단하는 근거 자료의 하나로 활용할 수 있으며 확정가격 계약에 있어서 입찰자가 응찰한 가격이 적절한지 즉 너무 높은 가격으로 입찰한 것인지 여부를 판단하는 근거 자료의 하나로 사용된다.

2) 수의계약 시의 예정가격 사용

경쟁이 없는 경우 더욱 더 완전하고 정확한 예정가격이 필요하다. 노무비, 간접비용 및 기타의 직접비용이 계약을 위한 협상 대상이 되기 때문에 그러한 비용을 정확하게 추정하는 것은 경쟁을 통한 적정한 가격의 형성을 기대할 수 없는 수의 계약에서는 더욱 중요한 기능을 한다.

3) 계약체결 이전의 예산책정을 목적으로 한 사용

예정가격을 이용하여 예산을 책정하고 우선 투자 부분을 정하고 공사의 진행을 모니터할 수 있다. 예정가격은 추정가격이며 최종비용과는 다를 수 있음을 유념하여야 한다. 이상적인 상황에서는 이러한 차이는 미미할 것이다. 그러나 상당한 차이가 있는 경우도 있다. 차이를 면밀히 분석하고 차이가 왜 발생하였는지를 파악한다. 상당한 차이가 나는 경우 이를 분석하여 문서로 작성 유사한 다음 계약에서 이를 참고할 수 있도록 하여야 한다.

4. 예정가격의 작성 주체 및 작성 시기

누가 예정가격을 산출하는가? 1차적으로 구매 요청부서 또는 실 수요기관에 예정가격의 작성 책임이 있다. 구매요청 기관 또는 수요기관은 시방서를 작성하고, 납기 등 구매조건을 작성한다.

예정가격은 시방서 등의 계약조건을 토대로 하여 계약이행 시 투입되어야 할 비용을 추정한 것이며 따라서 시방서 등의 구매조건을 가장 잘 이해하고 있는 구매요청기관 또는 실수요기관의 실무자에 의해 예정가격 초안이 작성되고 동 실무자의 업무를 직접 지휘 감독하는 자의 검토를 거쳐 그 초안이 마무리 된다. 구매기관의 계약담당공무원은 실 수요기관의 예정가격 초안을 재검토할 필요가 있다. 예정가격 초안 작성 시점에서부터 입찰 공고 등의 구매 집행과정을 거치는 과정에서 상당한 기간이 경과되므로 그동안의 경제 여건(가격 인상 및 인하 요인 등)을 반영할 필요가 있기 때문이다.

내부에 전문 인력이 없는 경우 외부에 위탁하여 예정가격을 작성토록 할 수는 있으나 최선의 방법은 아니다. 외부 위탁이 불가피한 경우 해당 업체와 비밀 유지 약정을 맺어 관련 정보가 누설되지 않도록 해야 한다.

예정가격은 언제 작성을 시작하고 어느 시점에서 확정되어야 하는가? 예정가격은 시방서 등 계약조건이 결정되는 시점에서 초안이 작성되고 입찰설명서 등의 청약유인서를 발급한 시점 또는 최소한 입찰서 및 제안서 접수 마감일자 이전에 확정되어야 한다. 따라서 1단계에서 규격을 확정한 후 동 확정된 규격을 대상으로 가격 입찰을 실시하는 2단계 입찰의 경우에는 1단계 기술제안서의 평가 이후 예정가격을 작성한다[4].

5. 예정가격의 유형

1) 거래 선례가 기준 예정가격(price estimate)

거래 선례가 기준 예정가격은 일반적으로 공개된 시장에서 경쟁가격으로 일상적으로 구매 가능한 물품, 장비, 단순 용역 구매에 이용된다. 예정가격은 카탈록 상의 정가(published catalog prices) 종전의 계약가격, 시장조사정보, 견적가격 등과 같은 가격정보에 대한 분석 비교를 토대로 독자적으로 작성되어야 한다. 거래 선례가 기준 예정가격은 여러 가지 비목으로 세분화할 필요 없

---

4) Far 36.203 (b) When two-step sealed bidding is used, the independent Government estimate shall be prepared when the contract requirements are definitized.

이 시장에서 지불되는 최종가격을 기준으로 작성한다.

거래 선례가격은 예정가격의 중요한 정보원이다. 다음 표는 예정가격 작성을 위하여 과거의 구매 정보를 검토하고 과거의 가격 선례를 검토할 때에 고려하여야 할 조사항목을 나타내고 있다.

조사요소	조사내용
수요 및 공급 추세	○ 구매시점 ○ 구매시점별 시장 상황을 보여 주는 지표
수요의 패턴	○ 각 구매 건별 구매 수량
가격 추세	○ 건별 계약가격 ○ 낙찰자와 비낙찰자의 가격 비교
공급원	○ 이전 구매에서 청약을 유인한 업체 수 ○ 실제 입찰에 참여한 업체 수
제품의 특징	○ 종전의 구매건과 현 구매 건에 있어서의 사양 등 구매조건의 차이점
납품/이행기간	○ 계약상의 납품기간 및 이행기간 ○ 실 납품기간/이행기간 ○ 납품기간 준수 여부
계약 방법	○ 건별 계약방법
계약조건	○ 과거 계약에서의 일반적인 계약조건 ○ 과거 계약 간의 계약조건에서의 차이점(포장 조건, 계약유형 등) ○ 금번 계약에서의 바람직한 계약조건
문제점	○ 과거 계약이행과정에서 발생한 문제점

2) 원가 계산에 의한 예정가격 산정

원가는 가격의 구성요소이다. 원가 추정은 업체가 계약이행에서 부담하게 될 경비에 대한 상세한 추정으로서 계약이행에서 예상되는 모든 비용 요소의 검토를 필요로 한다. 이러한 세부적 추정 방식은 일정 규모 이상의 용역·시설공사의 계약 및 물품의 주문제작 시에 사용된다. 직접비용, 간접비용, 일반관리비, 이윤 등으로 구분하여 산출된다.

(1) 원가 계산에 의한 예정가격 책정 방법

모든 원가 계산은 추정을 근거로 하므로 완벽하게 정확하게 산출할 수 없다. 일반적으로 ① 총액 추정 방식(토론 및 비교), ② 상의하달 방식(어림하는 방식), ③ 하의상달 방식(상세 분석 방식) 등의 3가지 방식으로 원가 산출방식을 분류하며 실무적용과정에서는 대부분의 경우 동 3가지 방식을 혼합 사용한다.

① 총비용 추정 방식(Lump Sum Cost Estimating)

총비용 추정 방식은 최종 가격을 기준으로 원가를 추정한다. 이러한 유형의 추정은 최종 계약가격의 개별 비목을 검토하지 않고 산출할 수 있는 경우 유용하다. 총비용 추정 방식에는 토론 방식과 비교 방식이 있다.

○ 토론을 통한 추정 방식

전문가는 시장에 대한 지식 및 기술적 전문지식을 근거로 추정치를 산출한다. 정확성의 정도는 참여자의 전문지식에 따라 좌우된다.

○ 비교를 통한 추정 방식

현재 발주 중인 구매 요청 건과 유사한 종전의 계약 건의 원가를 기준으로 원가를 추정한다. 재료 및 시간 요소를 더하거나 공제하고 인플레이션상의 변경 사항을 반영하여 조정한다. 이러한 방법은 비교적 적은 조정만으로 원가를 추정할 수 있는 경우 적합하다.

② 상의하달 방식 원가 추정

상의하달 방식은 통상 어림 방식이라 부르며 투입 인력의 양, 여행일수, 시험횟수, 컴퓨터 대수, 주 컴퓨터 시스템의 사양 등과 같은 주요 측정 단위에 대한 가격을 기준으로 하여 원가를 추정한다. 종전의 자료를 근거로 하여 추정치를 산출하고자 하는 경우 구매하고자 하는 구체적인 업무에 따라 그리고 서로 다른 조건, 경제적 조건 등으로 인한 원가의 증감 부분을 반영 조정을 하여야 한다. 공식 또는 원가/가격 추정 상관 계수를 이용하여 원가를 산출할 수 있다.

상의하달 방식은 정확한 수량 또는 수요가 아직 파악되지 않거나 구매조건이 완전히 파악되지 않거나 상세한 시방서가 작성되지 않은 사업 계획단계에서 사용 가능하다. 동 추정치는 결국 원가를 대략적으로 추정한 것이며 구매 추진 업무가 진행됨에 따라 보다 정확한 수치로 전환되어야 한다. 상의하달식 방법은 여비, 현장 준비, 특수 인허가 요건, 하드웨어 소프트웨어 비용 같은 모든 지엽적인/일시적인 비용을 상세히 표시하지 못할 수 있으므로 그러한 품목에 대한 비용 추정치는 최종적인 예정가격 작성단계에서 포함되도록 하여야 한다.

③ 하의상달 방식 원가 추정

하의상달 방식은 통상 세부원가 추정 방식이라 부른다. 동 방식은 총 역무가 체계화된 역무로 분리될 수 있고 원가가 노무비·여비·장비·기타 직접비용 및 일반관리비 같은 각 비목별로 산출될 수 있는 것으로 가정한다.

하의상달 방식 추정을 위한 자료는 매우 세부적이어야 하고 종전의 유사한 프로젝트에 대한 축적된 경험을 나타낸다.

하의상달 방식은 수요 또는 시방서가 잘 정의되어 있는 경우 사용된다.

(2) 원가계산에 의한 예정가격 작성 프로세스

① 시방서 작성

양질의 방어 가능한 예정가격의 기본 요건은 양질의 시방서이다. 시방서는 예정가격 작성의 출발점이다. 시방서는 구매하고자 하는 물품, 공사, 용역에 대한 정부의 요구사항을 정한 서류이다. 시방서는 구매조건에 대한 정보를 제공하고 필요한 노무를 기술하고 역무 제공 시점 및 장소에 대한 정보를 제공한다. 정확하고 방어 가능한 예정가격은 명확하고 완전하고 명료한 시방서와 세부 내역서 없이는 불가능하다. 시방서는 예정가격 및 업체의 가격 제안서의 기준이 된다. 양질의 시방서는 구매기관이 물품과 서비스를 공정하고 적정한 가격으로 양질의 제품으로 적정한 시기에 예산 범위 이내에서 조달하도록 하는 데에 있어서 기본적인 기준을 제공한다.

공공기관은 시방서를 작성하는 데에 있어서 충분한 시간을 주어 재료·제품·용역의 기술적 요건을 상세하게 기술하도록 하여야 하며 구매 요건 충족 여부를 판단하는 기준이 포함되도록 하여야 한다. 급하게 공사를 추진하게 되면 부실한 시방서가 작성되게 되고 이런 부실한 시방서는 전체 공사의 실패로 이어지게 된다. 시방서 프로세스를 시작과 동시에 수행해야 할 주요 업무의 개요(윤곽)를 설정하여야 한다. 그렇게 함으로서 누락 및 불필요한 절차의 발생 가능성을 줄일 수 있다.

② 작업분할구조도 작성

시방서가 잘 작성되면 수요물품·용역의 작업분할구조도를 작성하기가 용이해진다. 때로는 작업분할구조도가 시방서보다 먼저 작성되기도 한다.

작업분할구조도는 조달하고자 하는 물품·용역을 주요 업무로 분류하고 그 주요 업무를 다시 세부 업무로 나누고 동 세부 업무를 다시 세분화하는 방식으로 작성한다. 이렇게 세분화하여 나가면 필요한 역무 내용을 파악하고, 필요한 인력을 파악하고, 작업 스케줄을 짜고, 정부가 바라는 조달 건에 대한 비용을 추산하는 것이 훨씬 용이해진다. 작업분할구조도는 예정가격 작성자가 노동시간, 노무 수준, 여행횟수, 여행기간, 장비 등과 같은 내역을 정할 수 있게 된다. 작업분할구조는 중복 업무 및 과잉 업무를 파악하는 데에도 사용될 수 있다.

작업분할구조도는 최초의 비용을 추정하기 위한 중요한 수단일 뿐만 아니라 계약 이행과정 중의 전체적인 역무 및 산출물을 추적하는 데에서도 중요한 수단이 된다. 다음은 차고 건축 시의 작업분할구조도(예시)를 이용하여 산출한 직접 노무비(예시)이다.

◆ **작업분할구조도(예시)**

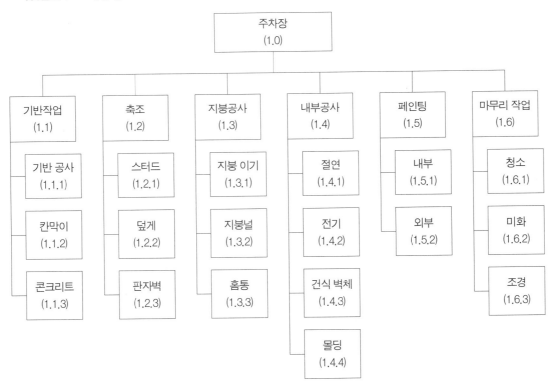

◆ 주차장의 직접 노무량 및 비용 계산(예시)

과업 및 세부과업	잡부	전기 기술자	목공	벽돌공	콘크리트 기술자	건식벽체 기술자	페인트 기술자	합계
1.1 기반작업								
1.1.1 기반공사	12		6					18
1.1.2 칸막이				10				10
1.1.3 바닥콘크리트	12				12			24
1.2 축조(프레이밍)								
1.2.1 스터드	24		50					74
1.2.2 덮게			16					16
1.2.3 판자벽			16					16
1.3 지붕공사								
1.3.1 지붕 이기			16					16
1.3.2 지붕널			16					16
1.3.3 홈통			6					6
1.4 내부장식								
1.4.1 절연공사	6							6
1.4.2 전기공사		16						16
1.4.3 건식벽체						32		32
1.4.4 몰딩			8					8
1.5 페인팅								
1.5.1 내부페인팅							5	5
1.5.2 외부페인팅							8	8
1.6 마무리 작업								
1.6.1 청소	16							16
1.6.2 미화	7							7
1.6.3 조경	1							1
직접노무량 합계(시간)	78	16	134	10	12	32	13	295
시급(천 원)	15	30	25	30	20	20	20	
총 직접노무비(천 원)	1,170	480	3,350	300	240	640	260	6,440

③ 데이터베이스 활용

데이터베이스는 정보의 수집원의 하나로서 가장 간단한 데이터베이스 형식은 목록을 들 수 있다. 복잡한 데이터베이스일수록 전산화되어 있고, 다양한 정보를 포함하고 있다. 동일 또는 유사 프로젝트에 대한 데이터베이스를 확보하면 보다 쉽게 예정가격을 작성할 수 있게 된다. 예정가격 작성자는 종전의 정보에 전적으로 의존하지 않도록 하여야 한다. 종전의 역사적 자료는 어떤 경우에 현 상황에서는 수용할 수 없는 비합리적인 가격과 수량을 반영하고 있거나 과거의 공사에 대한 비효율성을 포함하고 있는 경우가 있다. 종전의 데이터베이스는 좋은 출발점이 될 수는 있으나 현재의 수요요건에 맞추어 조정을 하여야 한다.

관련 데이터베이스가 없는 경우 예정가격 작성자는 다른 프로그램 또는 유사한 업무가 수행되는 다른 기관의 협조를 받도록 한다.

④ 비용의 파악

예정가격은 작성자가 업체로부터 물품 또는 용역을 취득할 때에 정부가 부담하게 될 것으로 믿는 비용을 예측한 것이다. 그러한 예정가격은 업체가 벌어들일 이윤을 포함한다. 예정가격을 작성할 때에 작성자는 각 원가 항목에 포함하여야 할 세부내역에 대해 전문적인 판단을 하여야 한다. 시간상의 제약 또는 예산상의 제약 같은 외부 요인이 예정가격 작성에 영향을 미친다는 것에 대해 유의하여야 한다.

계약업체는 2가지 카테고리에서 즉 직접비용과 간접비용을 부담한다. 예정가격을 작성할 때에 직접비용과 간접비용으로 구분하여 작성하기 때문에 직접비용과 간접비용 간의 차이를 이해하는 것이 중요하다.

직접비용은 특정 프로젝트 또는 계약과 직접적으로 관련되는 비용을 말한다. 만약 어떤 비용이 어떤 특정 계약을 위하여 명백하게 발생하였고 다른 계약을 위해 발생하지 않은 경우 동 비용은 직접비용이다. 직접비용의 예는 직접 노무비, 재료비, 여행비, 장비, 하도급 계약, 자문 등이 있다. 간접비용은 공사를 수행하는 데 필요하나 특정 공사 또는 계약과 직접적으로 관계되지 않는 비용이다. 예를 들면 관리직의 봉급, 보수·유지 비용, 사무용 소모품 비용, 감가삼각비, 전화료, 보험료 등이 있다.

특정 비용을 직접비로 할 것이냐 간접비로 할 것이냐를 정하는 구체적인 규정이나 원가 원칙이 있는 것은 아니다. 특정 원가 요소는 상황에 따라 직접비로 취급할 수도 간접비로 취급할 수도 있으나 다만 일관성을 유지하여야 한다. 행정 비용은 특정 계약에 따라 직접비로 할 수도 간접비로 할 수도 있는 비용이다. 일반적으로 계약자는 특정 계약과 관련되는 것으로 확인되는 행정 비용은 직접 노무비로 분류하고 기타의 다른 행정 비용은 간접비용으로 분류한다.

또한 경우에 따라서는 간접비를 직접 계산하지 않고 직접비의 일정 비율로 정하는 방식으로 산출하는 경우도 있다.

예정가격을 작성할 때에 작성자는 일반적으로 모든 업무가 주계약자에 의해 수행되는 것으로 가정한다. 그러나 관련 공사가 하나 이상의 하도급 계약자에 의해 수행된다는 것이 파악되는 경우가 있다. 이러한 경우에는 원가 추정치는 하도급업자의 비용을 기준으로 하여야 한다(이 경우 주계약자의 감독비용을 함께 고려한다).

⑤ 예정가격 산출

원가 계산에 의한 예정가격은 관련 규정이 정한 원가비목과 산출방법 및 서식에 의해 작성한다. 재료비, 노무비, 경비, 일반관리비, 이윤 등의 비목별로 원가계산을 한 후 각 비목의 원가를 모두 합산한 금액을 총원가로 하여 예정가격을 작성한다. 각 비목별 세부내역은 원가계산 작성 대상 즉 물품(제조), 공사, 용역에 따라 달리 정할 수 있다. 일반적으로 예정가격은 재무관의 승인을 받아 확정된다.

6. 예정가격의 적정성 검토

예정가격이 적정하게 작성되었는지 검토·확인하기 위하여 다음과 같은 내용을 조사 점검한다.

○ 예정가격이 어떤 방법으로 작성되었는가?
○ 어떤 가정을 전제로 하고 있는가?
○ 어떤 정보와 기법이 사용되었는가?
○ 어디에서 관련 정보를 얻었는가?

○ 종전계약에서의 예정가격과 최종 협상이 타결된 가격을 비교하면 어떠한 차이가 있는가?

부실하게 작성된 예정가격은 수요에 맞지 않는 제품 또는 용역을 구매하는 결과로 이어질 수 있다. 일단 업체로부터 입찰서가 접수되면 업체와 정부가 구매사양 및 계약조건에 대해 동일한 이해를 하고 있는지를 판단하기 위해 입찰서를 추정가격과 비교하여야 한다. 업체의 입찰내용이 정부 추정가격과 거리가 있다면 그 차이가 무엇 때문인지를 판단하기 위해 업체와 기술적 사항에 대해 의견을 교환한다. 구매요청 부서가 업체의 입찰서보다 정확하고 정부가 작성한 예정가격이 업체가 제시한 가격과 상당한 차이가 나는 것으로 확인한 경우 예정가격을 재작성하여야 한다.

7. 예정가격의 보안 유지

1) 계약업체결정 이전의 보안 유지

입찰방식을 사용한 경우 개찰 이전에 예정가격이나 기초자료부터 모두 공개되어서는 안 된다. 계약결정 이전에 정부예정가격 및 기초자료를 공개하는 것은 정부의 이익을 해치기 때문이다. 개찰 이후에는 예정가격이 통상 공개된다. 그러나 어떤 경우에는 예를 들면 모든 입찰서가 불합치로 판정되어 재공고 입찰에 의해 조달하고자 하는 경우에는 정부 예정가격은 개찰 이후라도 공개되어서는 안 된다.

협상에 의한 계약에서는 정부 협상자가 공정하고 적정한 가격을 협상하기 위해 정부 예정가격 또는 추정가격의 일정 부분을 공개하는 경우 이외에는 계약 결정 이전에 예정가격을 공개해서는 안 된다.

정부의 예정가격 기초자료(백업 데이터)는 공개해서는 안 된다.

2) 계약업체결정 이후의 보안 유지

계약업체 결정 이후에는 예정가격을 공개할 수 있다. 그러나 정부 예정가격 결정에 사용된 기초

자료는 공개되어서는 안 된다. 계약 결정 이후 공사 완공 이전에 정부예정가격의 기초자료를 공개하는 것은 정부에게 해로운 결과를 초래할 수 있다. 정부예정가격 기초자료는 계약 변경 시의 원가를 산출하는 데 사용되고 클레임 제기 시의 근거가격 산출에 사용된다. 공사 완공 이전에 기초자료를 공개하는 것은 업체에게 정부의 입장을 공개하여 업체가 편향된 가격을 제안하게 할 수 있다.

그렇게 되면 정부는 불리한 입장에 놓이게 되고 수정 계약 또는 이의제기에 대한 공정하고 적정한 가격을 협상할 능력을 상실할 수 있다. 또한 정부가 예정하고 있는 건설방법을 알게 되어 업체가 보다 덜 비용이 드는 방법을 파악하도록 하는 유인효과를 기대할 수 없게 된다.

3) 계약이행 완료 이후(또는 모든 클레임이 해결된 이후에)

일반적으로 예정가격 기초자료는 계약이행이 완료된 이후에는 공개될 수 있다. 그러나 공사를 연속하여 체결하는 다단계 프로젝트 및 주기적으로 반복계약하는 공사의 경우에는 공사가 종료된 이후에도 예정가격 기초자료를 공개해서는 안 된다. 그러한 경우에 정부 예정가격은 동일한 기초자료와 공사를 수행하는 방법에 대한 동일한 분석을 토대로 작성되므로 관련 기초자료가 공개되면 차후에 집행할 공사의 예정가격을 어림할 수 있기 때문이다.

8. 예정가격 작성의 면제

1) 소액구매

일정금액 미만의 소액구매(예를 들면 추정가격 2억 원 이하의 건설공사, 5천만 원 이하의 물품 등)에 대해서는 계약행정의 효율성을 감안하여 예정가격의 작성을 생략할 수 있도록 하고 있다.

2) 제안에 의한 계약

설계 시공 일괄 입찰, 기술제안 입찰, 협상에 의한 계약 등의 제안에 의한 계약방식을 사용하여 계약을 하고자 할 경우에는 제안요청서 등에 의해 정부가 미리 정한 특정 규격/시방서에 따라 입찰자가 가격을 제시하는 것이 아니라 입찰자가 정부의 수요를 충족할 수 있는 규격/시방서를 제안하고 그에 상응하는 가격을 제시하는 방식에 의해 계약절차가 진행되므로 정부가 정확한 예정가격을 산출하는 것은 사실상 불가능하게 된다.

더구나 제안에 의한 계약에서의 계약업체선정이 대부분 가격 이외의 평가 요소(예를 들면 제안서의 우수성, 기술력, 재정능력, 과거의 실적 등)를 함께 고려하여 이루어지므로 예정가격 작성의 기준이 되는 적정한 가격의 추정이 어렵게 된다.

예컨대 기술력 등 비가격부문에서 높은 평점을 얻을 것으로 예상되는 업체는 가격부문에서 다른 업체보다 점수를 잃게 된다 해도(즉 다른 업체보다 고가로 입찰한다 해도) 동 업체는 계약자가 될 가능성이 높다. 반대로 기술력이 떨어지는 업체가 계약자로 선정되기 위해서는 가격부문에서 다른 업체보다 더 많은 점수를 득하여야 할 것이다(즉 더 낮은 가격을 제시하여야 할 것이다). 결국 계약 담당 공무원은 이러한 모든 상황을 감안하여 예정가격을 작성하여야 되나 워낙 계약자가 될 수 있는 가격의 변수가 많아 예정가격의 정확성을 기하기 어렵게 된다.

미국 등의 국가에서의 예정가격은 우리나라와 일본의 경우와는 달리 계약체결이 가능한 최고가격의 개념이 아니라 정부가 시장상황을 감안하여 발생할 것으로 추정하는 합리적인 입찰 또는 제안 가격을 의미하므로 제안에 의한 계약 방식에서도 예정가격을 작성하도록 계약제도를 운용하고 있다.

계약업체의 선정

제3장

1. 가성비 기준 계약업체 결정

1) 정의

가성비 기준 계약업체 결정이란 무엇을 말하는가? 가성비 기준 계약업체선정은 다의적 의미로 사용된다. 가성비 기준 계약업체 결정이라는 용어는 주관적 고려사항을 포함하는 프로세스를 말하며 최저가 입찰을 말하지 않는다.

가격은 가성비 기준 계약업체 결정방식의 요소이어야 하는가? 자격 기준 계약업체 결정방식은 가성비 기준 계약업체 결정방식의 조달 유형으로 간주되는가? 물론 이 질문에 정확한 답변은 없다. 그러나, 본 지침에서 가격(총 시공 원가)은 최종 선정 기준의 일부로 추정되며 자격 기준 업체 결정 방식은 총 시공비용을 고려하지 아니한다는 것을 감안할 때에 가성비 기준 계약업체 결정 선정 유형으로 간주되지 않는다.

2) 협상, 사전자격 및 과거 실적

계약업체 결정 기준의 일부로서 자격심사 결과를 사용하는 방법은 다음 2가지 방법 중 하나로 설명할 수 있다.

- 입찰 참가자격 사전심사 프로세스(prequalification process)의 일부로서 자격을 판단하여 해당 업체가 경쟁력이 있는 업체인지와 업체선정 프로세스에서 계속 참여하여야 하는지를 결정한다.
- 최종 선정 기준의 일부로서, 업체의 자격 같은 비가격 요소 이외에 가격을 고려한다.

3) 입찰 참가자격 사전 심사

입찰자격 사전 심사는 공식 업체선정에 앞서 공사비용을 물어보기 전에 프로젝트 입찰에 관심이 있는 업체가 충분한 자격을 갖추고 있는지를 판단한다. 자격의 유형은 최고 가치 선정의 최종 평가단계에서 사용되는 자격의 유형과 동일하거나 매우 유사하다.

입찰 참가자격 사전 심사를 사용하는 경우 일부 업체들은 유자격 업체 목록에 오르게 되고 입찰서를 작성할 자격을 부여받게 된다.

예를 들면, 우리가 주요 지붕을 씌우는 프로젝트를 위해 업체를 선정하고 있다고 가정하자. 입찰 참가자격 사전 심사 기준에서 업체는 최소한 동일한 규모와 복잡성을 가진 10개의 지붕 프로젝트를 수행해야 한다고 정하였다. 5개의 유자격 업체 중 최저가격을 제출한 업체가 정확하게 10개의 프로젝트를 이행하였다. 그러나 2번째 업체는 50개의 프로젝트를 완수하였으며 동 업체의 가격은 최저가격보다 단지 50불 높다. 정부기관으로서 귀하는 어떤 입찰자를 더 선호하는가? 대부분의 기관은 비용 면에서 근소하게 많더라도 경험이 훨씬 더 많은 업체라고 말할 것이다. 이러한 시나리오는 자격 심사 후 입찰을 하는 프로세스와 가성비 기준 계약업체 결정 선정에서의 핵심적 차이를 강조한다. 입찰 참가자격 사전심사 후 입찰의 경우 양 업체들 모두 사전자격을 심사받고 최종 선정은 단지 가격을 기준으로 하기 때문에 최종 선정에서 재량권이 없다. 가성비를 기준으로 계약업체를 결정하는 조달에서 가격은 평가 기준의 하나일 뿐 유인한 기준은 아니다.

4) 가성비 기준 계약업체 결정 방식에서의 주요 쟁점

가성비 기준 계약업체 결정 선정관 관련되는 주요 쟁점은 가격 제안서 이외에, 업체를 선정하기 위한 명확한 기준을 정하는 것이다. 모든 경우에서, 가격은 경쟁적이어야 하나, 단순히 공사의 최저가격으로 해석되는 것은 아니다. 경쟁적 가격은 어떤 범위 내에 있는 가격 또는 예정가격보다 높거나 낮은 가격으로 일반적으로 인정된다. 자재 또는 노임의 현재의 시장 조건, 계약 조건 해석에 있어서의 차이 같은 여러 가지 변수가 공사가격의 변동을 가져온다.

이러한 이유로, 가성비 기준 계약업체 결정 선정 방식을 사용할 때의 평가는 프로젝트의 기능과 관련하여 가격이 얼마나 중요한가에 대한 것이다. 어떤 프로젝트는 너무 복잡해서 업체의 특수 경험이 해당 공사를 위해서 완전한 최저가격을 얻을 필요성보다 훨씬 더 중요할 수 있다. 다른 프로젝트는 프로젝트의 전체가격과 동일한 수준으로 업체의 경험을 고려할 수 있다. 예시로 화학분석 실험실과 병원 시설을 들 수 있으며 포함하며 그 경우 공사의 기술적 복잡성은 비용을 업체의 능력보다 훨씬 덜 중요하게 다룬다.

또 다른 예시로는 지붕 공사를 들 수 있는데, 동 공사에서 지붕 시공에서의 업체의 경험은 해당 프로젝트의 가격 못지않게 중요할 수 있다. 대안으로 지붕 시공을 완료하는 일정은 매우 중요할 수 있으므로 해당 가격이 여전히 경쟁범위에 있다고 가정하면 회사가 작업에 필요한 일정을 충족할 수 있는 능력이 전체 가격보다 더 중요할 수 있다. 어떤 경우에도, 가격의 중요성은 입찰서류에서 명확히 설정되어야 하며 정부기관이 전체 프로젝트 목표를 달성하기 위해 절충을 하는 제안서의 평가에서 설명되어야 한다.

일단 가격의 중요성이 결정되면, 다음은 객관적이고 경쟁적인 분석을 위한 기술제안서 내용을 정하는 것이 중요하다. 가성비 기준 계약업체 결정 방식은 정부기관이 업체의 능력뿐만 아니라 공사에 대한 견적 방법도 평가할 수 있도록 한다. 어떤 제안서가 가장 높은 가성비 기준 계약업체 결정을 나타내는지를 판단하는 데에 사용할 평가기준을 선택하는 것은 정부기관의 책임이다.

업체의 자격에 대한 심사는 해당 프로젝트를 담당하게 될 핵심요원의 경험 이외에도 업체의 최근의 유관성 있는 경험까지 확대되어야 한다. 특히 하도급 업체가 건설 프로젝트의 성공에 미치는 영향을 고려할 때, 정부기관은 주 계약업체가 제시한 주요 하도급 업체의 실적 이력을 평가할 권리가 있다.

5) 절충 vs. 공식에 의한 방법

가성비 기준 계약업체 결정이 자주 사용됨에 따라, 다양한 유형의 가성비 기준 계약업체 결정 방식이 가격 대비 품질의 상대적 중요도를 반영할 수 있도록 진화되고 있다. 각 유형과 관련되는 프로세스 및 모범사례는 약간 다를 수 있다. 가격경쟁은 여전히 가성비 기준 계약업체 결정방식 조달의 중요 관심사로 남아있다는 것을 알고 있다. 따라서 가성비 기준 계약업체 결정 방법의 진화는 가격과 비교되는 기술 평가 항목 또는 비가격 항목의 상대적 중요도에 달려 있다는 결론을 도출할 수 있다. 앞에서 설명하였듯이, 특정 프로젝트의 특성에 따라 견적한 가격이 어떤 유형의 공사에서의 업체의 자격 또는 경험보다 덜 중요하다는 것을 파악하는 것이 필요할 수 있다.

절충 분석 vs. 공식적 접근방법

가성비 기준 계약업체 결정에서의 관점에서 보면, 가장 최고의 가치를 제공할 것으로 보이는 업체에 대한 의견 일치에 이르게 하는 평가방법에는 2가지 방법이 있다.

○ 절충 분석 접근방법
○ 공식적 접근방법

절충 분석 방식 및 공식적 방식 모두 전통적으로 견적업체의 비가격 또는 기술 제안서의 점수부여를 포함한다. 절충 분석 방식에 있어서는 통상적으로 가격 제안서에 점수를 매기지는 않는다.

공식적 방식에 있어서는 가격 제안서는 점수가 부여되며, 동 점수는 수학적 공식을 이용하여 비가격 제안서의 점수와 합산된다. 점수를 합산하여 하나의 높은 점수를 받은 업체를 결정한다.

다음 매트릭스는 어떤 방법을 사용하든지 간에 제안서를 평가할 시의 전형적인 평가방식을 보여 준다.

항목	평가 방법	
	절충 분석 방법	공식에 의한 방법
비가격 기준(자격 또는 기술제안서)	순위 또는 점수 부여(선택적)	점수 부여
가격 제안서	점수를 부여하지 않거나 점수부여(선택적)	점수 부여

사용할 접근방법을 조기에 선택하고 제안요청서에서 제출업체와 의사소통한다. 계약관은 절충 분석 방법을 사용하고 있는가? 아니면 비가격 제안서 및 가격 제안서를 통합하는 공식에 의한 방식을 선택했는가? 선택한 방법은 가성비 기준 계약업체 결정 방법을 결정한다. 따라서 모든 업체는 계약관이 사용하려고 하는 방법을 알 자격이 있으므로 유인공고 자료에서 방법을 상세히 설명해야 한다.

품질 점수별 가격 방식의 특수 경우를 제외하고는 2가지 방법을 구분하는 방법은 다음과 같다.

○ 비가격 요소의 합계 대비 가격의 가중치가 제안요구서에서 기술된 경우 공식에 의한 방식이

채택된 것이다(공식에 의한 방식의 한 예로 간주되는 품질 점수당 가격은 수학에 의존하지만 가격에 가중치를 부여할 필요는 없다).

○ 만약 비가격 부문 대비 가격의 가중치가 제안요청서에서 확인되지 않는 경우 절충 분석 프로세스일 가능성이 높다.

가격의 상대적 중요도

공공기관이 공식에 의한 방법을 사용하고자 할 경우에는 가격에 대한 정밀한 중요도를 판단하는 것이 절대적으로 중요하며 선정 프로세스 시작 이전에 완료되어야 한다. 만약 절충분석 프로세스를 사용하고자 하는 경우에는 정밀한 가격 중요도는 본질이 아니며(중요하지 않으며) 단지 가격의 상대적 중요도만 필요하다.

특히 공공기관이 절충분석방식을 사용하고자 할 경우, 가격의 상대적 중요도 결정은 통상 다음의 3가지 분류 중 하나에 속하게 된다.

○ 가격은 기술평가 항목(자격)보다 중요도가 낮다.
○ 가격은 기술평가 항목에 대한 중요도에서 동일하다.
○ 가격은 기술평가 항목보다 중요도가 높다.

가격의 중요도가 낮은 경우

가격의 중요도가 낮은 경우 공공기관은 업체를 선정함에 있어서 최대한의 유연성을 갖는다. 예를 들면 업체가 프로젝트를 어떤 방법으로 접근해야 할지를 서술해야 하거나 불편을 최소화하기 위해 작업 순서를 어떻게 할 것인지를 설명해야 하는 경우, 평가 프로세스에서 가성비를 기준으로 한 계약업체 결정을 판단하기 위해서 최대한의 유연성이 필요하다. 이러한 이유로 견적 가격으로, 가장 높은 품질로, 정해진 시간 이내에 완료될 것이라는 신뢰감을 가장 많이 주는 제안서가 최적의 제안서가 된다. 만약 자격부문에서 최고 등급을 받은 제안서가 가격부문에서도 최저가격인 경우 결정은 즉시 이루어질 수 있으며 절충 분석이 필요하지 않다.

만약 모든 제안서가 평균 이상의 등급을 받은 경우, 평균 이상의 등급을 받은 제안서 중 최저가격을 기준으로 하여 업체선정을 하는 방법을 사용할 수 있다. 만약 평균 등급을 받은 업체와 평균 이상의 등급을 받은 업체 간 가격이 큰 차이가 있는 경우 그 경우에는 통상적으로 정부기관은 가장 높은 등급을 받은 제안서 그룹만을 고려하여 그들 중에서 계약업체를 선택한다. 어떤 경우에는 평균 등급의 제안서와 더 높은 등급의 제안서 간 가격 차이가 커서 정부기관은 평균 또는 더 높은 등급 제안서 중 가장 경쟁적인 가격을 제시한 업체를 선택하는 방식을 사용한다. 평균적인 이행 업체가 극복하지 못할 어려움을 겪을 위험은 더 높은 등급을 받은 업체와 마찬가지로 (예를 들면 자원, 경험, 전문지식 때문에) 어떤 식으로든 결정되거나 정량화되어야 한다. 결국 선택해야 할 제안은 위험을 정량화할 수 있고 그 위험이 제안된 가격 대비 가장 낮은 제안이 된다.

가격이 중요도에서 동일한 경우

만약 가격이 중요도에서 자격평가항목과 동일한 경우 기관은 프로젝트의 특정 위험 및 각 업체가 평가기준에 반응하는 방법에 따라 제한된 유연성을 갖는다. 일반적으로 기관은 최고 등급의 제안그룹 중에서 최저가격 업체를 선택해야 한다. 많은 프로그램에서, 이러한 선정 기준은 높은 품질을 이행하고 사업을 지속한 자격 있는 업체가 공사를 위해 경쟁하는 업체들이 되도록 하는 데에 충분한 역할을 한다. 만약 가격 제안에 상당한 차이가 있는 경우 기관은 인식된 위험에 대해 견적가격과 동일한 가중치를 두어야 한다. 최저가격이 아니나 기술등급이 평균 이상인 업체와 공사계약을 하는 정당성은 이런 유형의 업체선정 기준을 사용하는 데에 어려움이 있다. 또한, 기관에 의해 위험이 감지되고 계량화하는 방법이 주관적이므로 입찰 이의제기 위험이 증가한다. 만약 해당업체의 선정 목표가 평균 이상의 제안서 중 최저가를 선택하는 것이라면 적용 가능한 방법이라 할수 있다.

가격이 더 중요한 경우

가격이 견적업체의 자격보다 더 중요한 경우 기관은 훨씬 적은 유연성을 갖게 된다.

다른 평가 부문이 가격을 능가하지 않는 한 가격이 더 중요하다는 것이 기본입장이 되어야 한다. 달리 말하면 어떤 업체에 대하여 다른 업체보다 더 높은 가격을 지불하도록 하는 이유가 없는 경우 가격은 기본적으로 가장 중요하다. 가격이 기술적 요인보다 더 중요한 것으로 평가하려면 50% 이상의 가중치를 부여해야 한다.

가격에 어느 정도의 가중치를 둘 것인지에 대한 결정(가격의 비율 vs. 비가격 부문의 비율)

가성비 기준 계약업체 결정에 의한 조달방식을 사용하기로 결정하였다면, 다음 문제는 가격에 어느 정도의 가중치를 둘 것인가? 달리 표현하면, 어떤 유형의 가성비 기준 계약업체 결정 선정 방식을 사용할 것인가? 이다. 선정을 위한 총 점수 중 ( )%는 가격이 될 것이며 ( )%는 비가격 부문이 될 것이다.

기관이 업체선정에서 가지는 유연성의 크기는 가성비를 기준으로 하는 계약업체 결정 유형과 직접 관련이 있다.

2. 언제 가성비 기준 계약업체 결정 방법을 사용하여야 하는지?

1) 가성비 기준 계약업체 결정 선정 방식의 사용

언제 가성비 기준 계약업체 결정 선정 프로세스를 사용하는가? 언제 사용해서는 안 되는가? 이런 물음에 답할 수 있는 마법의 알고리즘이 존재하는가? 불행히도 아직은 찾지 못했다. 다만, 가성비 기준 계약업체 결정 방식을 사용하는 위험과 사용하지 않는 데에 따른 위험을 다루고자 한다.

가성비 기준 계약업체 결정 방식의 사용을 주저하는 이유

- ○ 가성비 기준 계약업체 결정 프로세스를 관리할 직원을 보유하지 못한 경우
- ○ 가격이 적정하고, 프로젝트 완성 시점에서 미해결 분쟁 이력이 없는 경우 높은 수준의 품질을 제공하는 업체가 상호 경쟁을 할 수 있을 정도로 충분하지 않은 경우
- ○ 공정하고 개방적인 프로세스를 확보하고 유지할 수 있다는 확신이 없는 경우 계약관은 가성비 기준 계약업체 결정 방식이 위험을 감수할 정도의 가치가 없는 것으로 판단할 수 있다.

가성비 기준 계약업체 결정 선정 방식을 사용하지 않을 경우의 위험

- ○ 프로젝트 종료시점에서의 미해결 분쟁 및 클레임 위험
- ○ 최저가 방식을 사용할 경우, 인위적으로 너무 낮거나 너무 높게 입찰할 위험

○ 최저가 입찰 조달방식이기 때문에 발주처가 계약자에 대한 권한이 부족한 상태에서 계약자가 발주자가 의도하지 않은 방식으로 접근할 가능성

○ 공사 공정 관리 및 최고수준의 품질 보장을 위한 적절한 훈련을 받은 유자격 직원을 제공하지 않을 위험.

가성비 기준 계약업체 결정 선정 방식의 사용 이유

○ 이행능력이 있는 최저 입찰자가 가장 적합한 입찰자가 될 가능성을 증대

○ 프로젝트의 품질과 적시 시공을 증대

○ 분쟁을 최소화하고 고객 요구에 대한 업체의 대응력을 확대

○ 미래의 프로젝트 선정이 현 프로젝트 성공에 달려 있을 수도 있으므로 상세한 이행 평가를 통해 하도급 업체의 공사를 관리감독하기 위한 인센티브 확대

○ 프로젝트에 대한 파트너십 및 협력을 위한 인센티브를 확대하여 상호 편익이 발주자와 업체 모두에게 돌아갈 수 있도록 하기 위해

○ 양 당사자의 프로젝트 팀 리더십 간 협력 정신을 고취하여 공사가 전문적인 방법으로 관리되도록 하기 위해

○ 건설공사 계약에 대한 공정하고 균등한 접근을 토대로 업계와의 지속적인 관계를 발전시키기 위해

○ 미래의 프로젝트가 진행 중인 프로젝트의 평가결과에 의존하게 되는 등 업체의 실적 평가시스템이 의미를 갖도록 하기 위해

○ 낮은 가격으로 입찰 계약을 따낸 후 계약집행 시의 분쟁과정을 통해 보상을 구하는 계약자의 비정상적 행태 존립 근거 소멸

가성비 기준 계약업체 결정 선정 방식 사용에 따른 위험

○ 이의제기 가능성이 높아질 수 있으며 이는 결국 업체선정 기간의 증가로 이어질 수 있다.

○ 공직자가 부적절한 영향을 받았다는 주장이 빈발함에 따라 정밀 조사를 받을 가능성이 있다.

계약관은 위의 모든 내용과 위험을 검토한 후 가성비 기준 계약업체 결정 프로세스를 이용할 것

을 권고할 만한 조건이 해당 프로젝트에 존재하는지를 판단하여야 한다.

2) 가성비 기준 계약업체 결정 시 고려해야 할 주요 사항

가성비 기준 계약업체 결정 프로세스 추천 시 고려해야 할 주요 사항은 다음과 같다.

프로젝트 특성
○ 프로젝트가 이례적으로 복잡하고 시공이 시공 업체 사이의 통상적으로 확보 가능하지 않은 전문기술을 요한다.
○ 프로젝트의 시공 완료가 시간에 민감하며 공정대로 이행하지 못할 경우 발주기관에게 심각한 피해를 끼친다.
○ 프로젝트의 범위를 프로젝트 초기에 판단하기 어렵다.
○ 시공비용 약정 이후 설계 변경을 하는 유연성이 필요하다.

고위험 시장 조건
○ 이행 능력이 검증된 시공자를 선정하기 위한 우선순위가 존재한다.
○ 유사한 프로젝트에 입증된 이행 기록을 가진 업체를 선정하기 위한 우선순위가 있다.
○ 전문성과 신뢰성이 검증된 업체를 선정하는 데에 우선순위가 존재한다.

정치적 법률적 환경
○ 규범적 조건이 시공비용을 선정 기준으로 하도록 의무화하고 있다.
○ 순수 자격을 기준으로 선정하는 프로세스를 위한 정치적 지원 부족이 시공비용을 고려하도록 만든다.

선정 유형 비교
가성비를 기준으로 계약업체를 선정하는 방식을 사용할지를 결정하는 또 다른 방법은 최저가 방식 또는 자격 기준 선정 방식과 비교하는 것이다. 최저가 선정 방식을 지하는 자는 프로젝트 계약의 유일한 평가기준이 가격인 경우 남용의 가능성이 줄어든다고 지적한다. 이러한 주장은 이의를 제기하기는 어렵다. 그러나 공공 및 민간 발주자 모두 각 프로젝트의 독특한 조건을 토대로 최선의 납품 방법 및 선정 절차를 선택할 수 있어야 한다.

가성비 기준 계약업체 결정 방식 vs. 최저가 입찰

최저가 입찰 또는 가성비 기준 결정 방식의 사용을 결정함에 있어서 왜? 그리고 언제? 최저가 입찰방식을 사용해서는 안 되는지에 대한 의문을 제기할 가치가 있다. 공공 발주자가 이러한 의문에 주는 답변은 다음과 같다.

○ 우리는 시장에서 프로젝트 가격을 적정하게 책정할 자신이 없다. 최저가 방식을 사용하면 가격이 너무 낮아져 낙찰된 계약자가 재정적 피해를 회피하기 위해 프로젝트 품질을 희생하려는 유혹을 받을 가능성이 높다.
○ 우리의 프로젝트는 일반적으로 최저가 입찰방식으로 성공적이지 못했다. 우리는 다른 방법으로 일을 하기를 바란다.
○ 우리는 가성비 기준 계약업체 결정 선정 프로세스를 관리할 자원을 보유하고 있다.
○ 우리는 최저가 방식의 프로젝트에는 사전자격을 평가할 수 없다. 가성비 기준 계약업체 결정은 우리가 과거 실적을 고려하는 것을 허용한다.
○ 우리는 어떤 이의제기도 극복할 수 있는 공정한 프로세스를 수행하고 유지할 수 있다고 생각한다.

3) 어느 시점에서 가성비 기준 계약업체선정 방식을 사용할 것인가?

가성비 기준 계약업체선정 방식을 사용할 것인지를 어느 시점에서 결정해야 하는가?

프로세스 초기에, 가급적 더 빠른 시기에 결정할수록 발주자가 적절하고 효과적으로 프로세스를 수행하기가 더 쉬워진다고 일반적으로 인식되고 있다. 조기 결정은 제안요청서 작성, 평가 및 선정 프로세스를 정정이 필요한 경우 이를 위한 전체적인 공정 일정 조정을 고려하는 데에 도움이 된다. 또한 조기 결정은 발주자가 자격을 갖춘 평가팀 및 기술 자문관을 파악하고 확보하는 데에 도움이 된다.

공사의 복잡성은 가성비 기준 계약업체선정 방법을 결정함에 있어서 주요한 하나의 요소가 된다. 어느 정도의 설계 개발이 되었는지는 복잡성의 정도를 정의하는 데에 핵심이 된다.

3. 가성비 기준에서의 계약업체선정 기준

1) 비가격 평가 기준

어떤 비가격 평가 기준을 사용할지를 선택한다.

일단 비가격 평가기준에 어느 정도의 가중치를 둘 것인지 판단하면(가격 비중과 관련하여), 다음 단계는 어떤 비가격 평가 항목을 사용할지를 결정하는 것이다. 업체선정 기준 중 비가격 부문에서 어떤 비가격 평가 항목을 포함할 것인가?

비가격 평가 항목 예시
- 프로젝트팀의 경험
- 업체의 경험
- 자료의 적합성
- 과거의 실적
- 업체의 재무제표
- 프로젝트 접근 방법
- 공정 일정 이행

지침
각 단계에서 계약관이 평가하게 될 기준의 변경 가능성을 인식하라.

자격심사 단계에서 계약관의 초점은 업체의 자격에 보다 집중할 것이다. 일단 그러한 기준을 적용 유자격 업체 목록을 작성하면 경쟁범위에 있는 모든 업체가 그러한 기준을 충족할 것이며 제안요청서에서 적용할 새로운 기준이 필요할 것이다. 인터뷰 및 최종 평가단계를 위해 훨씬 더 정교한 기준이 필요할 것이다.

상대적 중요도 결정

비가격 부문에 어느 정도의 가중치를 둘 것인지, 어떤 비가격 평가 항목을 사용할 계획인지를 이미 결정하였으므로 마지막 단계는 각 비가격 평가 항목의 비가격 평가 항목에 대한 상대적 중요도를 결정하는 것이다.

평가 항목의 우선순위 결정

가성비 기준 계약업체선정 프로세스에서 가장 중요한 단계 중 하나는 어떤 항목이 가장 중요한지를 파악하는 것이다. 많은 훈련을 요하지만, 평가에서 사용할 기준을 조기에 파악하는 것은 선정 프로세스의 완전성에 매우 중요하다. 추천하는 지침은 모든 잠재적 평가항목을 목록화하고 동 목록을 매우 중요, 중요, 중요하지 않음 등의 3가지 분류로 순위를 정한다. 그다음, 의사결정을 하기 위해 매우 중요한 분류 기준 이상을 왜 필요로 하는지에 대해 의문을 제기한다. 업체의 관행은 중요도 순위로 선정 기준을 목록화한다.

어떤 평가 기준이 가장 중요한가?

각 유자격 목록작성 단계를 위한 비가격 평가항목의 가중치 부여는 상당히 어려우나 최종 선정에서 사용될 평가 항목의 가중치를 결정하는 것에 비해 쉽다. 최종결정 기준에 대한 가중치 부여는 단지 하나의 업체만이 선정되어야 하므로 훨씬 더 어렵다. 어떤 기준을 사용하여 각 기준에 어느 정도의 가중치를 부여할 것인가에 대한 완벽한 지침은 아직 개발되지 않았다.

여기에서 최상의 조언은 자신에게 스스로 질의하는 것이다. 무엇이 내가 다른 업체보다 5%~10% 비용을 더 지불하게 하고 내가 어떤 사람에게 그 이유를 설명할 수 있을 것이라는 자신감을 갖게 하는가? 이것에 대한 답변은 모든 프로젝트마다 다를 것이다.

어떤 가중치에 보다 더 무게를 두고자 하는 상황의 예시로는 특정 날짜까지 입주가 가능하지 않을 경우 많은 위약금을 부담하게 되어 있는 엄격한 공정의 프로젝트를 들 수 있다. 그러한 프로젝트에서는 엄격한 공정 달성을 할 수 있는 팀원의 능력은 최종 선정에서 가장 비중이 높은 평가 항목의 하나가 될 것이다.

각 단계에서 평가할 평가 기준은 변하게 된다는 점을 인식하라.
참가자격서류 요청 단계에서 정부의 초점은 업체의 자격에 있다. 일단 정부가 이러한 기준을 적용하여 유자격 업체 목록을 작성한 경우 모든 업체는 그러한 기준을 충족하게 될 것이다. 제안요구서의 새로운 평가기준이 필요할 것이며, 인터뷰 및 최종 선정 단계에서는 보다 정교한 기준이 필요하게 될 것이다.

2단계 선정 프로세스는 유인서에서 특정 가중 기준을 설명한다

2단계 선정 프로세스는 가급적 많은 업체들을 고려하는 것을 허용한다. 1단계 선정은 표준 업체 자격에 대한 평가를 토대로 한다. 2단계에서는 유자격 업체 목록에 등재된 업체들의 특정 프로젝트 계획 및 제시한 팀에 대한 상세 제안서를 평가한다. 2단계는 등재된 업체에 대한 인터뷰와 최종 평가를 포함한다. 선정 프로세스는 각 단계에서 유자격 업체 목록을 좁혀나가며 가장 접합한 업체에 맞춰서 특정 프로젝트 조건을 조정한다. 따라서 선정 기준은 업체의 답신으로부터 핵심 자격 요소를 추출하기 위해 각 단계마다 변해야 한다.

최초의 자격 심사단계에서 선정 기준은 재정적 정보, 보증 여력, 유관성 있는 프로젝트 경험, 자원 역량, 보험 조건, 송사 경험 등을 포함한 유관성 있는 회사 경험에 중점을 둬야 한다. 선정위원회는 3개~5개 업체를 유자격 업체로 선정한다.

서면 제안단계에서의 선정 기준은 예상 용역을 납품하는 프로젝트 특유의 접근 방법에 대하여 업체로부터 깊이 있는 정보를 얻을 수 있어야 한다. 그러한 기준은 이력서 및 각 프로젝트 팀원에 대한 참고자료, 유관성 있는 프로젝트에 대한 과거의 이행실적 예시와 업체가 특정 프로젝트에 대하여 상세한 서비스를 전개하기 위해 사용할 계획을 포함한다. 두 번째 평가는 선정위원회에게 각 업체가 용역을 납품하고자 하는 방법에 대한 상세한 분석을 제공한다.

인터뷰 단계는 선정위원회에게 해당 계약에 가장 적합한 업체를 판단하는 데에 사용할 수 있는 각 업체로부터 확보한 심도 있는 정보를 제공한다. 선정 기준은 견적 팀의 독특한 프로젝트에 대한 접근 방법에 초점을 둬야 한다. 선정위원회의 목표는 팀의 적합성을 평가하는 데에 있다. 인터뷰 동안에 전문성, 성격, 적극성을 탐색한다.

인터뷰 동안에, 업체가 결정을 내리기 위해 사용하는 요소(예: 지정된 직원, 팀 내 역할, 적시된 작업 범위를 달성하는 방법 등)에 대한 구체적인 정보를 제공하도록 하라.

유인서에서 가중 선정 기준을 포함하는 것은 2가지 이유로 도움이 된다. 첫째 그것은 견적업체들에게 프로젝트의 중요한 요소를 파악할 수 있도록 한다. 둘째, 그것은 선정위원회가 평가 프로세스 시작 전에 기준을 파악 서류로 작성하도록 하여 훨씬 더 객관적인 선정 프로세스가 되도록 한다.

4. 견적업체 평가에 대한 지침

일반적으로 최종 분석을 한 후 가성비 기준으로 계약업체로 선정하는 것에 대해 의견 합치에 이르는 방법에는 2가지 방식이 있다.

○ 절충분석 접근 방식
○ 공식에 의한 접근 방식

절충분석 방식에서 선정위원회는 정성적 채점 방식을 사용하고, 보다 주관적 판단을 하는 것처럼 보인다.

공식에 의한 접근 방식은 제안서를 보다 수학적으로 비교하며, 보다 객관적 판단을 하는 것처럼 보인다. 공식에서의 숫자는 객관적으로 도출되지만 주관성을 감추고 있을 수도 있다.

절충 방식 및 공식에 의한 방식 모두 비가격 평가 부문과 가격 평가 부문이 있다. 양쪽 모두 가격과 비가격 부문을 평가할 수 있으며 점수로 매기거나 등급을 매길 수 있다.

다음 매트릭스는 전형적인 제안서 평가 방법에 대한 설명이다.

평가 방법		
구분	절충분석 방식	공식에 의한 평가 방식
비가격 평가 부문(자격 또는 기술 제안)	점수를 부여하거나 등급을 부여	점수를 부여
가격 제안	점수를 부여하지 않거나 점수를 부여(선택적)	점수를 부여

1) 계약업체선정위원회

위원회의 구성 및 권한

위원회의 질적 수준은 계약업체선정 공정의 효율성과 완결성에 직접적인 영향을 미친다. 공공 발주자는 선정한 업체의 명백한 우월성과 선정에 대한 공정하고 이의제기가 없는 상태 측면에서 성공적으로 계약업체를 선정할 수 있는 위원회를 구성한다. 기술평가 부문에서 우수한 업체를 선정함에 있어서 위원회는 과거의 실적, 프로젝트 관리 계획, 제시한 프로젝트 담당 구성원, 시공 공정 등을 평가한다.

발주자가 그러한 핵심적 문제를 평가하기에 적합한 직원을 선정위원회로 선발하였는지?

선정위원회 위원이 그들 자신의 업무 영역에서 완벽하고 충분한 지식을 갖고 있을지라도 그들은 건설 프로젝트를 관리하고 직원을 배치하고 일정을 수립하는 데에 대해 거의 알지 못할 수도 있다.

또한, 이의제기 가능성을 낮추는 방법으로 업체선정을 하기 위해, 공공 발주자는 다양한 관점, 배경, 충성도를 반영할 수 있도록 위원회를 구성한다,

선정위원회 위원들이 개별적으로로는 완벽할 수는 있으나 만약 충분한 다양성이 없는 경우 그들은 불리하게 인식될 수도 있다.

선정위원회의 오리엔테이션

공공 발주자의 계약업체선정위원회 위원장은 위원들이 공공이익의 대표자로서 편안하고 자신

감 있게 그들의 역할을 수행할 수 있도록 지원하는 핵심적 역할을 수행한다. 종종 위원회는 시공 관련조달 프로세스에 이전에는 참석한 적이 없는 자들로 구성되는 경우가 있다. 따라서 경험이 풍부하고 그 자신의 경험을 경험이 부족한 위원에게 제공할 필요가 있다.

선정위원회의 오리엔테이션은 아주 힘들거나 많은 시간을 필요로 하는 일이 아니다. 위원회를 이끌어나가는 의장의 핵심 업무는 위원들과의 명확한 소통 채널을 설정하는 데에 있다.

오리엔테이션 프로세스

출발시점에서 의장은 가급적 조기에 팀원들과의 대면 회합을 요청해야 한다. 위원회는 각 위원들을 알고 신뢰를 갖기 위해서는 그러한 시간이 필요하다.
의장은 다음의 의제를 검토한다.

○ 선정위원회 업무의 중요성(공공 신뢰 관점을 포함한다)
○ 현재의 가성비 기준 계약업체선정 프로세스를 강조하는 여러 유형의 가성비 기준 업체선정
○ 통상적인 업체선정 일정

의장은 위원회가 좋은 업체선정을 하는 데에 소비하는 시간은 프로젝트 성공이라는 큰 편익으로 되돌아온다는 점을 인식해야 한다. 어떤 경우에도 프로세스의 완전성은 시간의 투자를 요구한다. 조달유인서에 답하는 데에 상당한 자원을 소비한 업체는 그들이 제출한 자료가 진지하게 검토되기를 기대한다.

업체선정 이전 위원회의 준비 작업

최고의 위원회는 배경이 다양해야 한다. 업체선정 이전 위원회의 예비 작업의 목표는 위원들이 업체선정 기준의 해석에 합의를 보는 것이다. 이러한 합의는 다음과 같은 이유로 매우 중요하다.
발주자와 후보 업체 사이의 가장 중요한(대개는 암묵적으로) 약속은 업체선정이 유인서 및 자격요청서 또는 제안요청서에서 정한 특정평가기준을 기준으로 하여 이루어진다는 것이다. 위원장은 위원회 구성원들이 프로젝트와 평가기준의 이해를 당연시해서는 안 된다.

자료 검토 및 인터뷰 동안의 위원회 업무

제출자료가 도착하면 회원들은 통상적으로 자신이 검토할 수 있는 개별 사본을 갖게 된다. 어떤 업체들은 많은 자원을 사용 제출 자료의 일부로서 매끄러운 마케팅 자료를 작성한다. 반면에 다른 업체들은 다소 검소한 수준의 자료를 작성한다. 의장은 위원들이 그들에게 제출된 자료의 외관을 중시하지 말고 내용에 집중할 것을 상기시켜야 한다. 매끄러운 자료를 제출한 업체가 가성비가 가장 높은 업체가 될 수는 있으나 외양에서 더 겸손한 자료를 제출한 업체도 가성비가 가장 높은 업체가 될 수도 있을 것이다.

이와 유사하게, 위원장은 위원들이 인터뷰 동안 업체의 대표자와 의견 교환을 할 수 있도록 준비해야 한다. 어떤 업체들은 스타일과 기교로 청중들을 열광시킬 수 있는 뛰어난 연사들과 발표자들을 보유하고 있다.

인터뷰의 핵심

생산적인 인터뷰에 대한 핵심은 위원회의 준비사항이다. 위원들은 인터뷰 프로세스가 어떻게 수행되는지 그리고 무엇이 예상되는지를 정확히 파악하고 있어야 한다.

통상적으로 인터뷰는 소개, 업체의 프레젠테이션, 위원의 질문 순으로 진행된다. 위원들이 관련 질문을 통해 최종 선정에 도움이 되는 답변이 나오게 하는 것이 중요하다. 의장은 인터뷰 전에 질문을 작성하기 위해 위원들과 그룹회합을 가진다. 위원들이 인터뷰 동안 그러한 질문을 할 것으로 기대하고 추가 질문을 하도록 허용하는 것은 바람직하다.

위원회는 인터뷰 동안 질의할 직원의 순서에 대해 결정해야 한다. 위원회에서 다음 질문을 할 사람을 임시로 결정하는 것처럼 어설프게 보여서는 안 된다. 어떤 면에서는 위원회는 인터뷰 동안 대본을 읽는 연기를 보여야 한다.

위원회의 숙의

유자격 업체 목록 작성 및 최종 업체선정을 위해 위원회는 배심원 합의체(패널)와 유사하다. 위원회 의장은 위원들에게 다음 사항을 알도록 하여 위원들이 배심원 임무를 수행할 수 있도록 준비시켜야 한다. 가성비 기준 계약업체선정에서 위원들이 전체의 합의에 이르거나 전체의 권고에 이르게 해야 한다.

주관적 기준 사용

공공 발주자에게는 신뢰와 시민적 책임이라는 추가적인 쟁점이 있다. 역사는 자신의 직위를 이용 불공정한 방법으로 공공 계약을 체결한 부패한 공무원에 대한 이야기로 가득하다.

객관적인 최저가격 기준만을 사용할 경우 휘둘리거나 부패하거나 공모를 할 기회가 훨씬 적어진다.

주관적 기준이 계약업체선정 프로세스에 적용되면, 프로세스가 공정하고 정치적 영향으로부터 자유롭게 할 수 있는지에 문제가 점점 더 커진다. 주관적 기준을 선정 프로세스에 완벽하게 추가하는 방법은 없다. 그럼에도 불구하고 모든 발주자가 프로세스의 완전성을 유지하기 위해 사용할 수 있는 좋은 방법은 있다.

계약업체선정위원회는 여러 가지 요소로 구성된 주관적 평가 기준을 선택할 수 있다. 통상, 위원회가 보다 많은 정보를 가지고 있을수록 각 제안서에 대해 보다 의미 있는 품질 점수를 잘 판단할 수 있다. 외부의 전문가를 사용하여 제안서 검토 지원을 받거나 평판 조회 도움을 받거나 견적업체의 재정 건전성 같은 정보를 확보하는 것은 허용된다. 외부 전문가가 축적한 어떤 정보도 모든 평가위원에게 그대로 전달되어야 한다. 그러한 정보는 가급적 객관적이어야 하며 권고 형태가 아니어야 한다.

투표권이 없는 기술 전문가 사용

만약 위원회가 건설관리 프로젝트 직원 관리, 공정 일정 같은 특정 공사 관련 문제를 검토할 수 있는 능력 있는 위원들을 확보하지 못한 경우 공공 발주자는 견적업체가 제출한 정보에 대해 기술 전문가의 독자적인 검토 의뢰를 고려해야 한다. 어떤 경우에는 프로젝트 설계자가 선정위원회를 지원하기 위해 기술적 전문지식을 제공할 수 있다. 설계자 또는 독립된 자문관이 투표권 없는 평가위원으로 참여하도록 허용함으로써 편향인식 가능성 또는 견적업체들로부터의 주관적 영향력을 줄일 수 있다.

선정위원회의 균형

선정 프로세스가 공정하고 이론이 없는 판결 가능성을 높이기 위해 공공 발주자는 위원회를 3명에서 5명으로 구성한다. 사용자 단체의 대표자 및 설비 운영 단체의 대표자를 포함한 다양한 단체를 포함한다. 대중 또는 업계에 높은 평판을 얻고 있는 독립적인 위원을 추가한다.

계약업체선정위원회의 권한

선정위원회의 목표는 공공발주기관에 가장 높은 가성비를 제공하는 업체를 선택하는 것이다. 위원회의 완전성과 신뢰성을 유지하기 위해서는 발주자가 위원회에게 완전하고 독립적인 권한을 부여 최종적으로 계약업체를 선정토록 하는 것이다. 위원회의 결정은 자문위원회 또는 기타의 공무원에 의해 그 효력이 부인되어서는 안 된다.

가격 부문의 심사팀과 비가격 부문의 심사팀을 분리

어떤 발주자는 완전히 별개의 팀이 비가격제안서와 가격제안서를 평가하도록 한다. 이것은 프로세스를 별도로 유지하는 최선의 방법일 것이나, 자원과 시간을 필요로 한다. 만약 동일한 팀이 양 제안서 모두를 평가하게 된다면 가격 제안 평가는 비가격제안서가 완전히 평가될 때까지 지연된다. 이것은 인터뷰 프로세스가 시작되고 가격제안서 평가가 완료될 때까지 상당한 기간이 소요된다는 것을 의미한다.

2) 출발 이전

업체선정 공정(프로세스)의 1차적 목표는 업체선정 기준에 따라 경쟁에서 두각을 나타내는 우수한 기업을 밝히는 것이다. 동시에 무시하지 못할 또 다른 목표가 있다. 선정위원회의 결정이 논란의 여지없이 지켜지도록 하는 것 또한 매우 중요한 목표이다.

공공 발주자는 분명히 어떤 선정 프로세스에서도 부당한 거래로 비난받는 것을 회피하기를 바란다.

가성비 기준 선정 부문에서, 공공 발주자는 논쟁의 위험에 직면해 있으므로 가급적 논쟁을 축소하기를 바란다. 그렇게 하기 위해 공공 발주자는 선정위원회가 하는 결정의 성격을 고려해야 한다. 선정위원회의 결정에서의 의견일치의 가치를 다룰 것이다.

의견일치는 그룹별 또는 전체적 판단 또는 평가에서 합의에 이르게 되는 것으로 정의할 수 있다. 선정 과정에서 의견일치의 의미는 2가지 의미로 해석될 수 있다.

○ 결과에 대한 완전한 합의(결과에 대한 의견일치)
○ 결과가 무엇인지에 관계없이 결과가 공정하게 도출되었다는 동의(과정에 대한 의견일치)

발주자는 계약업체선정위원회에 어떤 유형의 의견일치를 요구해야 하는가? 답은 발주자의 평가방법이 공식에 의한 계약업체 결정 방식을 사용하느냐 아니면 절충 방식 또는 자격 기준 선정 방식을 사용하는지에 달려있다.

일견, 위원들이 그들의 경정에 완전히 동의한 경우, 선정위원회가 그들의 결정을 위해 상당한 증거를 제시한 것처럼 보인다. 결국, 완전한 동의는 내부에 반대 의견이 없다는 것을 보여 준다. 그러나 이견이 반드시 취약점을 의미하는가? 이견이 없는 것이 의심스러운 것으로 보여질 수도 있다. 우리가 경험한 바와 같이, 주관적인 사항에 대해서 완전히 동의한 팀은 거의 없기 때문이다.

어떤 계약업체선정 프로세스에서 평가 의견의 차이가 있다고 가정해 보자. 공공 발주자는 위원회가 위에서 언급한 첫 번째의 합의에 이를 때까지 점점 더 강하게 압박해야 하는가? 그렇지 않으면 솔직한 소수의견을 허용하는 것이 더 좋은가? 또한, 그것은 선정 방법이 공식에 의한 가성비 기준 계약업체결정인지 또는 자격 기준 선정 방식인지에 따라 달라진다.

계약업체선정위원회는 심의 기관이나 동료의 압박은 심의적 성격에 필수적인 반대의견을 제약할 수 있다. 모든 위원들이 결과가 공정하게 도출되었다고 동의하는 것이 가장 중요하다. 위원들은 내외부의 부당한 압력은 반대의견을 억누르지 않았고 위원회가 엉터리 결론에 이르게 하지 않았다는 것을 확신해야 한다.

따라서, 의견 일치는 선정위원회 업무에 있어서 하나의 가치이며 단순히 결과에 대한 의견 일치가 아니다. 대신에 정부 발주자는 선정 위원 개인의 결과가 공정하다는 데에 가장 높은 가치를 둘 수 있다(과정에 대한 의견일치에 대해서는 동의하지 않더라도).

불행히도, 공식에 의한 가성비 기준 계약업체 결정 접근 방식에 대한 문제 중 하나는 비가격 요소와 가격을 통합 평가하는 것은 통일된 수치의 집단 결정을 내릴 것을 요구한다는 것이다. 즉 선정 위원회는 수학적 공식에서 사용이 적합한 단 하나의 수치에 동의해야 하고, 동 수치는 각 업체의 비가격 자격을 표현한다. 동 수치는 업체의 가격 제안에 대한 수학적 표현과 더불어 공식으로 통합될 수 있다.

공식에 의한 최고 가치 방식에 따라 결과에 대한 의견일치를 추구한다

가성비 기준 계약업체 결정 선정에서 공식에 의한 접근 방식을 사용하는 경우, 계약업체선정위원회는 각 업체별 단일 수치(점수)에 동의하는 방식으로 결과에 대한 의견일치를 표현해야 한다.

공식에 의한 계약업체 결정은 결과에 대한 의견일치를 요구한다. 만장일치로 정확한 수치적 평결을 내린다.

간격 척도 vs. 순서 척도

평가에 사용되는 수치 변수는 명목상 명칭, 순위, 간격 수치, 비율 등 4가지 기본 유형이 있다. 명목상 명칭은 단순히 동일성을 제공한다. 예를 들면 1번 업체, 2번 업체, 3번 업체 등. 순위는 등급의 서열을 말한다. 예를 들면 가장 높은 등급을 받은 업체, 두 번째 등급의 업체, 가장 낮은 등급을 받은 업체 등, 간격 수치는 동질성과 순위 모두를 가리키거나 차이를 나타낸다. 예를 들면 100점 맞은 업체 대비 80점 맞은 업체 등. 비율 변수는 간격 변수의 특성을 갖고 있으며 0.0의 명확한 정의를 갖는다.

간격 vs. 순위별 점수

○ 순위 (1, 2, 3, 4, 5, 등): 각 입찰자 간 상대적 차이를 무시한다.
○ 간격(순위/상대적 차이), 1(98); 2(81); 3(78); 4(43): 각 업체 간 상대적 차이를 표시한다.

왜 이것이 중요한가? 그것은 가성비 기준 계약업체선정에서 종종 최저가격을 제시한 업체가 가장 자격이 높은 등급을 받은 업체가 아니기 때문이다. 최저가 업체가 가장 높은 자격을 갖춘 업체라면 계약업체선정은 복잡하지 않다. 계약관은 그 회사를 선정하면 된다.

만약 최저가 업체가 자격에서 가장 높은 등급을 받은 업체가 아닌 경우 발주자는 경쟁 중인 각 업체별로 가격평가결과를 비가격 부문 평가결과와 합산하여야 한다. 따라서 양쪽 평가 결과는 단순히 순위에 그치는 게 아니고 업체 간 차이의 중요성을 표현할 필요가 있다.

순위 vs. 점수

절충방식 또는 공식에 의한 방식의 사용과 관계없이, 제안서는 평가되어야 한다. 통상적으로 평가는 점수나 순위로 나타난다. 절충방식에서 비가격 제안서는 점수를 부여하거나 순위를 매겨 평가할 수 있으나 가격에 대한 점수 부여 또는 순위 부여는 통상 필요하지 않다.

공식에 따라 가성비를 결정하는 계약업체결정 선정 방식에서, 앞에서 언급한 바와 같이, 순위만으로는 충분하지 않다. 각 업체별로 공식에 의한 가성비 결정방식에 따라 수학적 계산을 허용할 수 있도록 수치적 점수를 배정한다. 계약관은 의견이 일치된 수치의 점수를 주어야 한다.

공식에 의한 가성비로 계약업체를 결정하는 방식에서 단순한 순위부여가 갖는 문제는 동 방식이 단지 업체의 순위만을 표현한다는 것이다. 순위는 서수적 번호이다. 가성비 기준 계약업체결정이 업체 간 차이의 정도 또는 강도를 평가하므로 화폐적 측면 또는 정량적 측면 모두에서 우리는 비가격 평가 부문을 간격 척도로 표현할 필요가 있다. 점수를 위해 사용되는 수치와 서열을 위해 사용되는 수치 간의 간격은 동 수치들이 서로 다른 척도에 있으므로 동등하지 않다.

따라서, 가격 평가가 가격 제안서 간 상대적 차이를 보여 주는 가격 간격을 산출하여야 하는 경우 계약관은 해당 기업의 순위에 대한 단순한 서수 정보와 결합하는 방식으로 이러한 정보를 낭비하고 싶지 않을 것이다.

계약관은 가격에 대한 간격 정보와 자격에 대한 간격 정보를 결합하는 것을 선호할 수도 있다.

기록 공개

가성비 기준 계약업체결정 선정 방식을 처음 시도할 때 의문이 제기된다. 가성비 기준 계약업체

결정 방식의 조달에서 생산된 정보를 어느 정도 공유해야 하며 언제 공유해야 하는가? 공유대상 정보가 결정에 중요한 영향을 미친다. 본 주제에 대해서는 여러 학설이 있다.

공공발주자 입장에서는, 더 큰 정책 쟁점이 먼저 다루어져야 한다. 중앙정부/지방정부에서 국민은 그동안의 여러 가지 기록 공개 법률을 통해 정보에 대한 완전한 접근을 요구하여 왔다. 만약 그러한 법률이 존재한다면 첫 단계는 어떤 정보가 비공개로 남아야 하는지를 결정하는 것이다. 일반적으로 건설계약 체결과 관련되는 자료와 정보는 제외되나 그러한 제외사항은 각 담당 부서마다 매우 다르게 나타날 수 있다.

프로세스에 대한 서류 작성

조달 프로세스가 국민의 감시를 견디어 내기 위해서는 프로세스의 모든 단계에서의 이루어진 결정 기록을 유지하는 것이 중요하다. 공공의 환경에서 거의 모든 정보는 외부 기관의 심사 대상이 된다. 특히 주관적 평가 기준에 의존한 조달에 있어서 평가, 순위, 및 기타 분석 기준을 정의하고 서류로 작성하는 것이 중요하다.

3) 자격 평가: 비가격 평가 항목

업체의 자격을 평가하기 위한 정보는 여러 가지 정보원으로부터 확보할 수 있다. 그러한 정보원은 다음을 포함한다.

○ 자격 및 제안요청서에 대한 업체의 회신 내용
○ 견적업체의 기술정보에 대한 제3자의 검토내용으로부터 입수한 피드백 정보
○ 평판 조회
○ 인터뷰

(1) 자격평가

점수 부여 방법을 판단함에 있어서, 평가자의 교양은 물론 평가 항목을 적용하는 방법의 복잡성을 고려해야 한다. 모든 계약은 여러 품목을 한 건으로 묶어서 계약(all or none basis)하는 것으로 가정한다. 이것은 발주자가 각 품목별로 분리하여 계약하는 것을 예정하지 않는다.

자격 요청서 및 제안요청서별 점수 부여 방식의 선택은 조달 프로세스의 가장 일상적이고 학술적인 부분이나 아무렇게나 처리하거나 별생각 없이 처리하면 그 선택은 위험과 항의에 노출될 수 있다. 결국, 선택한 평가 방법의 결과와 적용된 방법은 제안서 검토와 가성비 기준 계약업체결정 업체선정에 도달하는 데에 있어서 가교가 될 수 있다.

적절한 가중치 설정

각 평가 항목의 상대적 중요성을 설정하는 것(그리고 평가자가 기준을 적용하는 일관성)은 채점할 평가 항목을 선정하는 것만큼 중요하다. 통상적으로 고려해야 할 평가항목은 시간, 품질, 비용, 설계 옵션 및 업체의 자격이다. 정확하고 객관적인 결과에 이를 수 있도록 우선순위가 부여되고 적절한 가중치가 부여되어야 한다.

목표의 순위 설정

평가팀과 협력하여 가격을 포함한 평가 항목에 대하여 적절한 가중치를 설정한다. 각 가중치와 평가 항목을 포함하여 견적업체가 발주자의 목표와 동 목표간 우선순위를 이해하고 이에 답할 수 있도록 한다.

비가격 평가항목의 평가 방법

기술적 또는 비가격 평가항목을 채점하기 위해 사용되는 통상적인 평가 방법은 다음을 포함한다.

○ 정성적 평가(추상적 표현)

자격 및/또는 제안서 기준은 긍정에서부터 부정까지의 개념적인 척도로 등급을 매긴다. 탁월, 매우 우수, 우수, 만족 또는 불만족 같은 용어로 표현할 수 있다. 때로는 색깔로 긍정과 부정을 표현한다(예를 들면 녹색, 노란색, 빨간색 등).

○ 직접적인 점수 부여

자격 또는 제안서 기준은 각 평가기준에 배정된 여러 가지 범위 내에서 수치적 기준으로 점수를 부여한다. 이러한 점수는 전체 점수를 위해 합산된다. 어떤 조정 또는 가중치 알고리즘이 가격과 기술 절충 분석을 위해 필요한 경우가 아닌 한 가격은 점수로 매기지 않는다. 평가팀은 유인서 발급 이전에 가격을 어떤 방법으로 다룰지를 판단해야 한다.

위에서 언급한 2가지 제도는 각자 부정적 측면과 긍정적인 측면이 있으나 그 어느 것도 주관성에 자유롭지 않다. 특정 유형의 프로젝트, 상세 평가 기준의 수준과 수량 및 특정 점수를 부여한 사유에 대한 평가자의 서술의 상대적 일관성과 관련한 잠재적 결과를 고려하는 것이 중요하다. 최종 계약 결정을 위해 바람직한 유연성과 이의제기에 대비한 모든 사용 가능한 방어적 포지션을 고려하는 것 또한 중요하다.

정성적 채점 방법

아래에서 기술한 내용은 정성적 채점방식을 사용할 시에 고려해야 할 사항이다. 채점 방식이 추상적 서술 방식이라면 즉, 녹색(수락), 노란색(판단 유보), 붉은색(불합격) 등의 표현방식을 사용한다면 판단 유보 제안과 합격 제안 사이의 분리선을 긋기 위해서는 어떤 메커니즘이 필요하다. 서로 다른 평가 항목의 중요도를 표현할 수 있는 적절한 가중치를 부여하는 방법이 사용될 수 있다. 우선순위를 가진 평가 항목과 적절하게 가중치가 부여된 평가 항목은 등급 형용사의 적용이 평가의 가장 중요한 부분에서 필요한 영향력을 갖게 될 만큼 매우 중요하다. 달리 표현하면, 경험, 공정, 품질 같은 평가 요소는 다른 평가 요소보다 더 중요한 비중을 부여한다. 모든 평가 항목에 동일한 비중을 준다면 중요하지 않은 부분에서 점수를 잘 받은 제안서도 더 중요한 고려사항을 위주로 하여 점수를 잘 받은 제안서처럼 인식되어 프로젝트를 수주할 가능성이 높아진다.

점수 부여

아래의 기술은 제안서 검토에 점수를 부여하는 시스템을 사용할 경우 고려해야 할 쟁점이다.

여러 가지 평가 항목에 대한 점수 부여는 최대 점수(만점)이 각 평가 항목별로 정해진 경우 제안서를 평가하는 효과적인 수단이 된다. 만점은 평가할 특정 평가 간의 상대적 중요도를 토대로 한다.

점수 부여 방식은 때로는 어떤 수치적 가치가 탁월, 만족 또는 불합격을 표시하는 위에서 언급한 추상적 표현방식에 해당된다. 예를 들면 0점에서 100점의 척도에서 총점수 70은 제안요청서 및 제안요구서 단계에서 최소한 적합으로 판정될 것이다. 70~90점의 점수는 만족에서 우수까지의 범위를 표현하며 90~100점은 탁월 등급을 표현한다.

어떤 사람들은 발주자가 특정 평가 항목에 점수를 정확하게 부여할 수 있는 평가자의 능력에 문제를 제기할 수 있으므로 직접적인 수치에 의한 점수부여 제도를 회피할 수도 있다. 이것은 신뢰상의 문제이나 동일한 논쟁은 추상적 평가 제도에서도 일어날 수 있다(좀 구체성이 떨어지지만).

점수평가 체계를 구축

평가팀과 협력하여 평가제도를 어떻게 사용할지를 결정한다. 특히, 각 평가항목별 점수를 정하고, 어떤 종류의 정보가 점수배정을 정당화할 수 있는지에 대한 지침을 정하고 제안서가 합격으로 간주되기 위해서 기준별 또는 전체적으로 최소기준 점수를 획득해야 하는지 여부를 결정한다.

체계적 점수 부여 체계를 사용

체계적 평가 체계에서 가성비 기준 계약업체 결정 조달을 구체화하고 접근하는 것은 발주자가 업체선정을 체계적으로 논리적으로 집행하는 데 도움이 된다. 그것은 또한 불필요하고 관련성이 없는 사항(항목)들로 인해 기준과 평가 항목들이 어수선해지는 것을 방지하고 과정의 주관성을 적게 보이도록 하는 데 도움이 된다. 이러한 모든 것이 국민의 신뢰와 결과에 대한 발주자의 신뢰를 높일 수 있다.

비가격 부문에 대한 평가자의 점수를 분석

비가격 부문의 평가자의 점수를 점검하는 여러 가지 방법이 있다. 어떤 사람들은 한 평가자가 다른 평가자에 비해 어떻게 점수를 주었는지를 본다. 평가자들이 업체간 점수를 부여하는 데에 일관된 척도(scale)를 사용하고 있는지 여부에 초점을 둔다. 다른 방법은 개개인의 평가자가 평가 자신의 점수와 비교할 때 일관성이 없이 점수를 부여하고 있는지에 중점을 두는 방법이다.

○ 15% 룰

여러 명의 평가자의 점수를 비교할 시에 한 평가자가 전체 평가자의 평균 점수보다 15% 이상 또는 이하의 점수를 부여한 경우, 해당 평가자에게 왜 그러한 점수를 주었는지에 대해 설명을 하도록 요구한다. 만약 토론 후에 평가자가 다른 평가자를 설득하지 못할 경우 또는 해당 평가자가 자신의 점수를 평균보다 15% 높거나 낮지 않도록 조정하지 않는 경우 해당 점수는 평가 프로세스에서 제거된다.

○ 비가격 평가항목 점수를 표준화

평균에서 상당히 벗어난 점수를 다루기 위해 사용하는 또 다른 기법은 각 사용자의 점수를 표준화하는 방법이다. 다음의 예는 이러한 기법을 설명해 주고 있다. 특정 평가에서 총 25점의 점수가 배점되었다고 가정하자. 평가자 X는 A 업체에 24점을 주었다; 평가자 Y는 A 업체에게 22점을 주었다. 평가자 Z는 A 업체에게 20점을 주었다. 그러므로 A 업체의 총 점수는 66점이 된다. 점수를 표준화하고 점수 부여 가치관에서의 개인 간 차이를 줄이기 위해 각 점수를 가장 높은 점수(이 경우에는 24점)로 나눈 후에 그 결과값을 확보 가능한 총점수(만점에 해당되는 점수)로 곱한다. A 업체의 점수는 다음과 같이 표준화된다.

$$\text{X 업체: } 24/24 \times 25 = \quad 25.0$$
$$\text{Y 업체: } 22/24 \times 25 = \quad 22.9$$
$$\text{Z 업체: } 20/24 \times 25 = \quad 20.8$$

새로운 총 합계 점수   68.7

평가자의 점수를 표준화할 시에 주의할 사항이 있다: 이러한 기법의 수학적 조작은 좀 더 공정한 것처럼 보이지만 어떤 사람들은 표준화하는 것이 정말로 중요한 것을 실제로 성취하는 것인지에 의문을 품는다. 또한 한 업체에 대해 하나의 평가 항목을 표준화한 경우 모든 업체의 모든 평가항목에 대한 똑같은 기법을 사용해야 한다.

○ 비가격 평가 항목에 대한 평균 점수

각 업체별 평균 점수는 각 위원들의 개별점수를 평균하는 방식으로 수학적으로 결정될 수 있다. 그러나 한 평가위원의 점수에 다른 위원의 점수를 더하는 것은 만만치 않은 문제가 있다는 것에 주목하라.

자격 평가: 제3자 검토로부터의 환류

선정 위원회가 독립된 제3자(내부 기술 요원이든 외부 요원이든 간에)가 제공한 정보로부터 편익을 얻을 수 있다. 다음은 제3자가 평가할 수 있는 항목의 예시이다.

○ 업체의 기술적 역량
○ 프로젝트 공정에 대한 자료
○ 공사 방법
○ 과거 이행 실적
○ 평판 조사

자격 평가: 평판조회

평판 조회는 그들의 자격관련 견적업체의 과거의 이행 실적에 대한 귀중한 정보를 수집한다.

미래의 업체의 이행에 대해 가장 잘 나타내는 것은 과거의 그들의 이행 실적이다. 평판 조회는 평가 대상의 자격을 평가하거나 계약체결에서 결정 인자가 될 수 있을 정도로 가중치가 높으므로 평판조회를 할 경우 유의해야 한다.

질문의 일관성과 그러한 질의에 대한 답변의 비교가능성은 객관적이고 균형 잡힌 결과를 위해 매우 중요하다. 부정확하거나 오도하는 자료 또는 정보는 평가팀에게 혼동과 불확실성을 초래하여 부당한 평가로 이어질 수 있다.

평판조회로부터 얻은 추가 정보는 선정위원회에 제출한 자료에 포함된 정보를 지원하거나 반박할 수 있어야 한다. 모든 위원들은 이러한 참고자료에 접근할 수 있어야 하며 그들의 순위/점수를 확인하거나 입수한 정부를 토대로 적절하게 조정할 수 있어야 한다.

○ 평판조회를 사용하여 점수를 조정

평판조회로부터 입수한 새로운 정보 또는 추가 정보가 만약 정확하다면 업체에게 부여하는 평가자의 점수에 영향을 미쳐야 한다. 평가자는 그들의 점수를 새로운 정보의 평가결과에 맞추어 조정해야 한다.

○ 평판조회결과 공유 시기

평판 조회를 담당하는 위원은 그 결과를 문서로 작성 구두 프레젠테이션 및 인터뷰 전에 선정위원 전원에게 이러한 정보를 배포해야 한다. 평판조회의 결과에 의해 어떤 유자격 명부의 업체가 공사를 수행할 자격이 없는 것으로 판단된 경우 위원회는 이후의 심사에서 동 업체를 배제한다.

○ 누가 평판을 조회하는가

일관성을 위해, 발주자는 위원 중 한 사람을 배정하거나 자격을 갖춘 전문/기술 자문관을 지정하여 모든 평판조회 업무를 하도록 한다. 지정된 자는 위원들에게 요약 보고서를 제공해야 한다.

○ 정확한 평판 정보

제안요청서에서 견적업체에게 평판 조회 관련 제공된 부정확한 정보는 여러 가지 부정적인 결과로 이어질 수 있음을 강력하게 경고해야 한다. 전화번호가 잘못되거나, 파악이 불가능하거나, 견적업체가 이행한 용역에 대한 부정확한 주장 등은 낮은 평가로 이어질 수 있다.

○ 평판조회를 위한 질의

평판조회를 담당한 자는 질의 내용을 개발해야 한다. 그러한 질의는 매우 구체적이고, 의견이 아니라 관련 사건과 사실을 수집하는 데에 초점을 맞추어야 한다. 관련 질문이 적은 것은 질문이 많은 것보다 낫다. 5~8개의 질문이 합리적이다.

견적업체 비교

견적업체 비교에 대한 2가지 기본적인 접근 방법이 있다.

○ 이상적인 표준과 비교

모든 제안서를 최소한의 충족기준이 되는 표준과 비교. 다수의 견적업체가 동 기준을 충족할 수 있거나 어느 업체도 충족하지 못할 수도 있다. 어떤 경우든 추천할 수 있는 선택의 여지가 전혀 없으며, 진행을 계속할지 멈출지를 결정해야 한다. 진행하기로 결정한 것으로 가정하면, 통상적으로 점수를 비교하여 가장 좋은 제안자를 판단할 것이다.

○ 점수의 비교

모든 제안서를 각 업체와 비교하여 어느 것이 최고인지를 판단하려고 하는가?

평가위원회는 어느 방법을 사용하고자 하는지를 이해해야 한다. 비가격 점수를 가격 점수와 통합할 시에는 방법이 매우 중요하다.

인터뷰 해명/인터뷰 결정

인터뷰를 통한 결정 방식을 사용할 시에는 동 방식이 인터뷰를 최종 평가요소로 만든다는 것에 유의하라. 그러한 방식은 인터뷰에 과다하게 비중을 두고 기타 다른 평가 항목에는 너무 적게 비중을 두는 경향이 있다. 더욱이 경쟁에서 가장 자격이 높은 업체가 인터뷰에서 나쁜 결과를 얻을 수 있으며 최하의 자격으로 평가된 업체가 훌륭한 인터뷰를 할 수도 있다.

만약 인터뷰를 통해 결정하는 방식을 사용할 경우, 업체 선정위원회에 지침을 명확히 전달, 그들이 인터뷰를 통한 그들의 결정에 무엇을 고려해야 하는지를 이해하도록 해야 한다.

인터뷰 점수를 가격 부문의 점수와 비가격 평가 항목의 점수와 합산하는 데에는 2가지 방법이 사용된다.

○ 잠정적인 점수 부여

이 방법은 업체의 기술 제안서를 잠정적으로 평가한 후 인터뷰를 통해 제안서 점수를 조정하는 근거를 제공한다.

○ 인터뷰 자체를 평가.

이 방법은 인터뷰를 기술제안서와 별도로 독립적으로 평가하여 인터뷰 점수를 다른 비가격 평가항목의 점수와 합산한다.

인터뷰를 점수로 매기고자 할 경우, 반드시 제안요구서 배포 이전에 인터뷰에 어느 정도의 점수를 배정할지를 정해야 한다.

위원회 의장은 전체 선정 프로세스에 대한 일정을 수립하고 유자격 업체 목록작성 및 인터뷰 같은 핵심 일정을 결정한다. 동 계획을 모든 참여업체와 공유한다.

○ 인터뷰 대상

실용적 이유로 업체가 인터뷰에 내보낼 대리인 수를 제한할 경우에 어떤 대리인이 참여하는 지는 매우 중요하다. 계약관은 정기적으로 교류하는 사람들과 인터뷰 하도록 한다. 최소한 프로젝트 감독, 프로젝트 매니저, 및 프로젝트 담당 이사 같은 중심이 되는 인력이 참여토록 한다.

인터뷰 내용

통상적인 인터뷰는 다음과 같은 내용을 포함한다.

○ 선정위원회 위원들에 대해 간단히 소개한다
○ 인터뷰에 대한 의장의 기대와 인터뷰 동안 준수해야 할 시간제한을 재차 강조
○ 업체별 프레젠테이션
○ 위원회의 질의
○ 폐회

계약업체 선정위원회의 질의

선정위원회는 인터뷰 날 이전에 그들이 모든 업체에게 질의하고자 하는 표준 질의 목록을 정하기 위해 회합을 가진다. 각 위원들은 여러 가지 질의를 선택하고 질의를 하기 위한 주도권을 행사한다. 가급적 많이, 동일한 질의를 모든 업체에게 하는 방법으로 동등한 대우를 보장하여야 한다. 그러나 업체의 프레젠테이션 중에 입수한 정보는 질의 선택에 영향을 미치거나 질의 방식에 영향을 미칠 수 있다. 의장은 위원회가 업체의 프레젠테이션이 그러한 행동을 유도한 경우 새로운 질의를 하도록 권고할 수 있다. 위원회는 특별한 환경에 대응하는 발표자의 능력을 측정하기 위해 최소한 하나의 예상 외의 질문을 개발하는 것을 권고할 수 있다.

4) 자격평가

비가격 부문의 의견 일치 평가
2종류의 의견 일치가 있다.

○ 결과에 대한 완전한 동의(결과에 대한 의견일치) 및
○ 결과에 관계없이 해당 결과가 공정하게 도출되었다는 합의 과정/절차에 대한 의견일치

의견이 일치된 평가에 의해 우리는 다시 모든 평가위원이 업체의 비가격 자격에 대해 단 하나의 수치적 표현에 동의해야 된다는 공식에 의한 가성비 기준 계약업체 결정 선정 조건에 대해 논하고자 한다.

그러한 평가 프로세스는 비가격 기술 또는 자격 정보의 평가자가 그들 자신의 개별 평가를 하도록 요구한 후 그 다음 각 업체별로 단 하나의 점수에 대하여 팀으로서 평가결과에 동의하도록 요구한다. 그러한 단 하나의 점수를 자격에 대한 의견이 합치된 점수라고 부르며 결과에 대한 의견일치가 된다.

가격을 표현하는 단 하나의 수치는 그것이 각 업체의 입찰서를 기반으로 하기 때문에 비교적 판단하기가 쉽다. 위원회로부터 확보하기가 어려운 수치는 비가격 자격에 대해 그들의 의견일치를 나타내는 수치다.

공식에 의한 가성비 기준 계약업체선정에서 우리의 관심을 끄는 것은 의견일치 점수에 도달하는 프로세스이다. 비가격 평가 부문의 평가자는 통상적으로 그들이 업체로 그렇게 평가한 이유에 대한 설명을 공유해야 한다. 경험상, 그러한 정보의 공유는 부분적으로 특정 선정 위원이 불균형적으로 가성비 기준 계약업체선정의 결과에 영향을 미치기 어렵게 함으로써 업체선정 프로세스의 완전성을 유지하는 데에 도움이 된다.

의견일치 점수제도 프로세스 사용의 성공의 열쇠는 이러한 유형의 프로세스에 경험이 있는 선정 위원장을 보유하는 것이다. 위원장은 발생하기 쉬운 문제의 해결에 정통해야 하며 그러한 종류의 문제를 심의하는 동안 표면화된 문제들을 다루는 데에 익숙해야 한다.

평가대상업체의 상대적 장점에 대한 집단적 결정을 표현하는 것은 위원회의 임무이다. 종종 선

정위원회 내부의 자연적 의견합치가 되지 않는 경우가 있다. 위원들이 다양한 기업에 부여할 수치로 표현된 점수에 대해 즉각적인 합의를 하기를 기대하기는 어렵다. 위원들 각자의 평가결과가 팀 결정을 표현하기 위해 어떤 방법으로 합산되고 어떤 방법으로 명확한 승자를 드러내는가?

위원들은 그 업체의 가치에 대한 개별적인 평가를 토대로 하여 심사 중인 업체에게 독자적으로 점수를 부여한다.

특정 업체에 대한 의견이 일치된 점수를 얻기 위해 단순히 그 업체의 한 위원의 점수를 동 업체의 다른 위원의 점수와 합산하는 것이 정당하다고 잘못 추정할 수 있다. 이것과 관련한 문제는 그렇게 하는 것이 그들이 각자 별도로 점수를 부여하게 되므로 점수를 매기는 사람들 간의 점수 간격의 사용에 있어서 통일성(균일성)을 전제로 한다는 것이다. 서로 다른 위원의 점수를 합하는 것은 한 위원이 부여한 단 하나의 점수가 그것의 가치 측면에서 또는 점수를 얻는 데 있어서의 어려움 차원에서 다른 위원들이 부여한 점수와 동일하다는 것을 전제로 한다.

비우호적인 업체에게 부당하게 낮은 점수를 주고 우호적인 업체에게 최대한도의 점수를 주는 방식으로, 시스템을 조작하는 위원은 자신의 점수가 다른 위원들이 부여한 점수보다 불공정하게 계산되도록 한다.

위원들의 점수를 평균하는 것은 지적한 문제를 극복하지 못한다. 어떤 위원의 점수 척도 또는 범위의 남용은 단순히 점수를 더하는 것과 동일한 효과로 평균을 왜곡할 수 있다.

선정위원들의 점수를 합산하는 것이 논리적으로 정당하지 않은 경우(점수 범위 사용 및 점수 부여에 있어서 개인 간 차이 때문에), 또는 그러한 합계를 기준으로 하여 점수를 평균하는 것이 정당화될 수 없는 경우, 동일한 논쟁이 합계처럼 평균에 대해서도 적용된다.

선정위원 간의 점수를 평균하지 않는다

점수 범위의 사용 및 점수 부여에 있어서의 평가자 간의 개인 간 차이는 언제나 계약업체선정의 결과에 영향을 미치는 것이 아니라 종종 영향을 미친다.

가성비 기준 계약업체선정에서의 단순한 순위 매김에서 주목하는 문제는 순위가 단순히 업체의 서열만을 표현한다는 것이다. 순위는 서수적 수치이다. 가성비를 기준으로 계약업체를 결정하는 방법은 업체 간 차이의 정도 또는 강도를 평가하므로 화폐가치 및 정량적 측면에서 우리는 비가격 평가요소에 대해 간격을 두고 표현할 필요가 있다. 결과적으로 점수를 위해 사용되는 수치와 순위를 정하는 데에 사용되는 수치 간에 격이 서로 다르기 때문에 수치들이 동등하지 않다.

따라서, 선정위원회에서 개별 위원들의 평가를 기준으로 의견일치 점수에 이르게 하는 문제에 대해 답변하기가 쉽지 않다. 만약 귀하가 가성비 기준 계약업체 결정 선정에서 공식에 의한 방식을 사용하기로 한 경우 팀 점수에 대해 하나의 팀으로서 토론하고 결정하기 위해 노력해야 한다. 한번 주어지면, 그 결정은 인간의 판단이 아니라 공식에 의해 결정되며, 그러한 점수는 비가격 평가에서 매우 중요하다.

공식에 의한 방식에서의 의견일치 점수

귀하가 가성비 기준 계약업체선정에서 공식에 의한 방식을 사용하기로 한 경우 가격과 비가격 평가 항목에 대한 선정위원의 평가의 대표로서 각 업체에게 부여할 단 하나의 점수에 대하여 의견일치에 이르러야 한다. 가격과 비가격에 대한 점수는 상대적 중요도에 따라 가중치가 부여되며 더 이상의 어떤 주관성을 배제하고 공식에 따라 각 업체별로 계산된다. 선정위원회가 그러한 합의에 도달하는 데에는 힘든 작업이 수반된다는 것을 인식하라.

5) 가격 제안서 평가

가격 제안서에서 요구할 세부내용

어느 정도 상세한 자료를 제출해야 하는지에 대해, 어떤 발주자는 단지 총 건설비용의 합계 가격만을 요구하는 반면, 다른 발주자는 세부 가격 명세서를 제출할 것을 요구한다. 단지 견적업체의 총가격뿐만 아니라 세부 가격을 확보하게 되면 가격을 평가하는 자는 견적업체의 가격 제안서를 좀 더 상세히 이해할 수 있게 된다. 그것은 다양한 견적업체의 가격에서 상당한 차이가 있는 경우 매우 도움이 될 수 있다.

가격 제안서의 세부 수준

보다 세부적인 자료를 요구하는 발주자는 동 세부내용을 사용하는 방법과 그러한 정보가 독점적인 기업 정보에 해당될 경우 이를 보호할 방법에 대해 유의해야 한다. 만약 발주자가 상세한 정보를 요구하고자 하는 경우 완전히 별도로 분리된 팀으로 하여금 가격 정보를 검토토록 하는 것이 바람직하다.

총합계 가격 제안서를 요구한 경우 어떤 발주자는 추후에 견적업체들이 총합계 가격 제안서에 추가하여 상세한 가격 정보를 제출하도록 요구한다. 그러한 경우에 발주자는 종종 세부 가격자료를 정부의 예정가격과 비교하여 어떤 주요 불일치 및 부정행위가 있는지를 확인하는 방법으로 세부가격 자료를 평가한다, 만약 발주자가 어떤 불일치 점을 언급한 경우 가격 제안서를 검토하는 팀은 그러한 문제를 다루기 위해 견적업체들과 접촉하거나 인터뷰를 할 수 있다.

기타의 15% 룰
여러 업체의 총액 가격 제안서를 비교할 경우 최저 견적업체의 가격이 차순위 가격보다 15% 이상 낮은 경우 최저가격 제안자에게 세부가격 내역을 제출토록 하고 그들이 그러한 가격에 이르게 된 사유를 설명하도록 할 것을 권장한다. 만약 이러한 설명 이후 견적업체가 해당 제안서가 완전하고 이행능력이 있고 적합하다는 것을 평가자에게 납득시킬 수 없는 경우 해당 견적업체는 그들의 제안서를 철회하는 것을 허용한다.

가격 제안서와 비가격 제안서를 위한 별도의 평가위원회
비가격 제안서와 비교하여 가격 제안서의 매우 다른 성격 때문에 공공 발주자가 모든 비가격 평가항목을 평가한 이후에 가격 제안서를 별도로 평가할 것을 추천한다. 사실상, 가급적 비가격 요소를 평가하는 팀과 다른 팀이 가격 제안서를 개봉하고 검토하는 업무를 담당할 것을 추천한다. 이러한 방향으로 양 제안서의 평가를 최종 판정할 시에 발주자의 객관성을 증진시킬 수 있다.

6) 가격 및 비가격 평가결과를 합산

일단 선정위원회가 가격 및 비가격 제안서 검토를 완료하고 점수를 부여하면, 다음 단계는 평가결과를 비교하여 계약업체선정을 위하여 최종적 집단적 추천에 따라 편집하는 것이다.

각 제안서가 어떻게 평가되는지에 관계없이, 비가격 및 가격 평가는 가성비를 기준으로 계약업체를 추천하기 위한 하나의 최종 평가에 이르기 위해 합산되어야 한다.

절충 분석 vs. 공식에 의한 계약업체선정

발주자는 절충 분석 방법에서 가장 유연성을 갖는다. 그러나 이러한 유연성의 대가는 최종 선정을 함에 있어서 주관성이 개입된다는 점이다.

공식에 의한 방식은 주관성의 정도를 줄일 수 있으나 또한 선정위원회가 최종 선정에서 가질 수 있는 유연성의 정도도 상당히 줄어들 수 있다.

과거의 실적 가중 제도

각 견적업체의 과거의 실적을 계량화하고 이러한 정보를 가격에 더하여 추가 평가항목으로서 객관적이고 공식적인 방법으로 사용하는 방법이 있다.

긍정적인 측면에서 보면 품질과 과거 이행실적 보상에 초점은 두는 것은 기업을 개선하는 데에 지속적으로 긍정적인 영향을 미친다. 부정적인 측면에서는 어떤 사람들은 그러한 초점은 과거의 실적에 대해 너무 비중을 두므로, 과거의 이행실적으로 인해 정당하지 못한 의사결정이 이루어진다고 주장한다. 즉 현재의 업체 상황과 역량을 충분히 고려하지 않고 의사결정을 하게 된다는 것이다.

또한 공식에 의한 방식에 따라 프로세스가 과도하게 기계적일 수 있다. 너무 수치에 초점이 맞추어져 있다. 인간의 판단에 대한 제한은 해로운 요인이 될 수 있으며 업체를 평가함에 있어서 이익이 되는 발주자의 신축성을 봉쇄할 수 있다. 사실, 공공기관의 매니저는 기술적 전문성 및 경험과 더불어 그들의 판단을 이용할 목적으로 고용된다. 이행실적 자료에 과도하게 의존하는 프로세스는 좋은 판단을 사용할 수 있는 공공기관의 매니저의 능력을 실질적으로 사장시킬 수 있다.

제3자가 수집한 과거 이행 실적 자료를 사용하는 방법은 업체에게 많은 정보를 제출토록 요구함으로서 발생되는 부정적인 문제에 직면할 수 있다. 그러한 요구를 충족하는 것은 시간과 비용면에서 견적업체에게 상당한 희생을 요구할 수 있다. 그러한 방법의 채택은 계약업체의 저항을 불러올 수 있다.

(1) 절충 분석

비가격 제안서를 평가한 이후 가격 제안서를 개봉 가격 제안서의 정확성과 완전성을 평가하며 최고점 제안자의 가격이 또한 최저가격인 경우에는 최종 평가는 단순할 것이다. 가장 높은 등급을 받은 자가 선택하면 된다. 반대로 만약 최고점의 견적업체가 최저가 업체가 아닌 경우 절충을 평가하기 위한 프로세스를 사용해야 한다.

절충은 그것이 더 낮은 가격으로 더 자격이 부족한 업체를 선정할 가치가 있는지를 평가하는 것을 포함한다. 반대로, 더 높은 자격을 갖춘 업체를 선택하기 위해 더 높은 가격을 지출할 가치가 있는지도 포함된다.

이미 가격을 알고 있다면 가치기준결정을 하는 것이 매우 어렵게 된다. 선정위원회가 그러한 프로세스에서 얼마나 많은 경험을 가지고 있는지와 관계없이, 최저가격업체가 높은 가격의 업체와 비교하여 자격미달이라고 추정하지 않는 것은 매우 어렵다. 이와 유사하게 자격과 관계없이 단순히 최저가격업체를 선택하는 정치적 압력을 받을 수도 있다.

가격 제안서를 개봉하지 말라

최저가업체를 선정하는 압력이 높아지면 비가격 정보 평가 노력을 훼손할 수 있다. 따라서, 서둘러서 가격 제안서를 비가격 평가항목을 평가하고 있는 선정위원회에 공개하지 않도록 권고한다. 그 대신에 중간스텝 방식을 제안한다. 만약 별도의 팀 또는 인력이 가격 제안서를 접수하고 검토한다면 이러한 중간 단계 방식은 다음과 같이 쉽게 운영될 수 있다.

1단계: 선정위원회는 비가격 항목 평가 의견이 일치되도록 권고한다.
2단계: 선정위원회는 단순히 가격 제안서를 검토한 자로부터 추천받은 업체가 최저가격 제시 업체 인지 여부를 확인하여주도록 요청한다(Yes 또는 No로 대답).
3단계: 대답이 No인 경우(No가 아닌 즉 Yes 인 경우)에는 선정 프로세스는 이미 완료된 것임), 선정위원회는 추천한 업체가 차순위 자격업체의 가격 이상으로 지불할 가치가 있다고 생각하는 가치를 숙고하고 결정해야 한다.

위원회가 차순위 등급 업체보다는 최고 점수를 받은 업체를 얻기 위해 지불을 권고한 금액은 그러한 프리미엄을 정당화하는 근거로서 사용된 평가 기준과 함께 신중하게 검토되어야 한다.

4단계: 그러한 정보와 함께, 위원회는 가격 제안에 접근할 수 있는 사람에게 가격 순위에 따라 회사 이름을 요청한다(회사이름과 가격 모두를 제공하는 것이 아니고 단지 업체명만 제공).

5단계: 현재의 업체 순위에 따라, 선정위원회가 차순위 업체, 세 번째 순위업체 등에 지불할 추가 가치를 계속 판단한다.

6단계: 위원회는 최종적으로 가격에 접근할 수 있을 것이다. 선정위원회가 어떤 업체가 가격과 기술 부문 간의 최상의 절충을 나타내는지를 판단한다.

(2) 공식에 의한 방식

공식에 의한 방식은 가격과 비가격 부문에 대한 점수를 배정한다. 계약대상자는 가중계수를 양쪽에 적용한 후 가장 높은 통합 점수를 토대로 자동적으로(수학적으로) 승자를 지정하는 공식에 의해 결정된다.

100점 척도를 사용한다

가격과 비가격 양쪽의 계산점수를 100점 척도에 둘 경우, 훨씬 더 쉬워진다. 가장 단순한 수학을 이용 2가지 점수를 통합할 수 있게 된다.

공식에 의한 방식에 따라, 가성비 기준 계약업체 결정을 제공하는 업체를 성실하게 확인하는 점수 채점 방법과 공식을 개발하는 것은 매우 어려울 수 있다. 바람직한 가중치를 적절한 평가 항목에 두고 덜 중요한 평가 항목에 너무 많은 비중을 두지 않는 공식을 개발하는 것이 중요하다.

앞에서 지적한 바와 같이, 비가격 부문이 먼저 가격제안서와는 별도로 평가하는 것이 바람직하다. 문제는 가격제안서를 평가하고 견적업체 간의 가격 차이를 적절하게 고려하는 것이다. 견적업체의 가격 간의 차이를 고려하여 그러한 차이에 비례하여 각 가격제안서에 두는 가중치를 조정하는 방식을 사용하는 것도 하나의 방법이다.

주의: 단순히 가격순으로 가격 제안서 순위를 매기는 것은 각 제안서의 상대적 가격에 대한 적절한 가중치와 가격 제안서 간 차이에 대한 적절한 가중치를 부여하지 못한다.

공식에 의한 방식과는 반대로, 절충 분석에서는 가격 제안서의 금액 자체가 점수로서 기능을 한다. 가격 제안서의 공식적인 점수는 통상 필요한 것으로 간주하지 않는다.

가격 제안서에 점수를 부여

가격 제안서에 점수를 배정하는 방법을 사용하고자 하는 경우 어떤 점수를 각 제안서에 부여하여야 하는가?

○ 최저가격 입찰자에게 가장 높은 점수를 부여.
○ 가장 낮은 가격을 제시한 업체에게 만점(최대 점수)을 주되, 최저가격이 분자가 되고 각 견적 가격이 분모가 되는 공식을 사용한다. 각 점수는 견적 가격에 최대점수를 곱하여 산출된다. 위의 모범사례에 따라 우리는 100점 척도의 우리의 점수를 산출한다.(100점이 최대점수(만점)이다.)

주의: 이러한 옵션은 이행능력이 없는(무책임한) 낮은 가격 제안서에 과도하게 보상하고 보다 이행능력이 있는(보다 책임감이 있는) 가격 제안서에 지나치게 불이익을 줄 수 있다.

[예시 1]

최저가격과 비교
만점(최대점수) = 100점

업체명	입찰금액	점수 계산
업체 1	$1,000,000	$900,000/1,000,000 × 100점 = 0.9 × 100 = 90점
업체 2	$1,100,000	$900,000/1,100,000 × 100점 = 0.818 × 100 = 81.8점
업체 3	$1,200,000	$900,000/1,200,000 × 100점 = 0.750 × 100 = 75점
업체 4	$1,400,000	$900,000/1,400,000 × 100점 = 0.643 × 100 = 64.3점
업체 5	$900,000	최저가격이므로 100점을 부여

[예시 2]

예산금액과 비교: 예산 = $1,000,000
예산과 동일한 견적 가격에 100점을 부여.

입찰 업체	입찰가격	점수 계산
업체 1	$1,000,000	예산금액과 일치되므로 100점을 부여
업체 2	$1,100,000	$1,000,000/1,100,000 × 100점 = 0.909 X 100 = 91점
업체 3	$1,200,000	$1,000,000/1,200,000 × 100점 = 0.833 × 100 = 83점
업체 4	$1,400,000	$1,000,000/1,400,000 × 100점 = 0.714 × 100 = 71점
업체 5	$900,000	$1,000,000/900,000 × 100점 = 1.111 × 100 = 111점

[예시 3]

기준치와 비교: 제안서의 평균 가격 = $1,120,000
평균과 동일한 가격은 = 100점

입찰 업체	입찰가격	점수 계산
업체 1	$1,000,000	$1,120,000/1,000,000 × 100점 = 1.1.2 × 100 = 112점
업체 2	$1,100,000	$1,120,000/1,100,000 × 100점 = 1.018 × 100 = 101.8점
업체 3	$1,200,000	$1,120,000/1,200,000 × 100점 = 0.933 × 100 = 93.3점
업체 4	$1,400,000	$1,120,000/1,400,000 × 100점 = 0.8 × 100 = 80점
업체 5	$900,000	$1,120,000/900,000 × 100점 = 1.244 × 100 = 124.4점

위의 2가지 예에서, 최저가격이 아닌 수치를 기준치로 사용한 경우 득점 가능한 점수는 100점을 초과한다는 데에 주목하라. 그렇게 되면, 가격과 비가격부문에 균등하게 가중치를 작용하는 것은 수학적으로 복잡하게 된다. 비가격부문의 점수가 100점 최대 간격 척도에 충실하다고 가정하면 가격 점수 또한 2가지 평가 항목에 대한 가중치를 합하면 1.00이 되도록 부여되어야 한다.

가격점수를 표준화

가격 및 비가격 부문에 가중치를 적용하기 위하여 양쪽 계산 점수가 동일한 가격 점수 척도에 놓이도록 하여야 한다. 대부분, 100점의 척도는 사용하기 가장 쉽다. 100점으로 표준화한다는 것은 아래와 같은 변환을 적용한다는 것을 의미한다(위 3의 예시의 자료를 사용). 여기에서 우리는 예시 3의 가장 높은 합계점수에 대한 각 가격의 점수 합계 비율을 구하고 그 비율을 100으로 곱한다. 가장 높은 점수합계가 100과 동일하게 된다.

업체 1: (112/124.4) × 100 = 90.0

업체 2: (101.8/124.4) × 100 = 81.8

업체 3: (93.3/124.4) × 100 = 75

업체 4: (80/124.4) × 100 = 64.3

업체 5: (124.4/124.4) × 100 = 100

정확한 동일한 결과가 기준치가 최저견적이 되도록 함으로써 훨씬 더 간단히 도출될 수 있다.

[예시 4]

품질점수당 가격

업체명	견적 가격	품질 점수	계산 방법(품질점수당 가격 계산)
업체 1	$5,000,000	80	$5,000,000/80 = $62,500
업체 2	$5,300,000	90	$5,300,000/90 = $58,889
업체 3	$5,200,000	72	$5,200,000/72 = $72,222
업체 4	$5,300,000	66	$5,300,000/66 = $80,300
업체 5	$4,900,000	40	$4,900,000/40 = $122,500

동 예시에서 계약은 가격이 가장 높고, 점수가 가장 높은 제안자에게 돌아간다.

그러한 경우에 선정위원회는 좀 더 높은 기술점수를 수용하기 위해 상당한 금액의 지출로 이어지는 결정을 부득이 정당화해야 한다. 그러한 경우에는 가격은 해당 결정과 거의 관련성이 없으며 계약은 기술적 점수만을 기준으로 하여 이루어진 것처럼 보인다. 예를 들면 100점 척도의 경우, 80점을 득점한 $5,000,000 견적 제안서는 (1 품질당 가격 = $62,500) 90점을 득하고 $5,300,000으로 견적한 제안서(1 품질당 가격 = $58,889)보다 불리하게 판정된다.

$300,000의 추가 비용으로 10점의 품질점수를 추가로 제공하는 업체와 계약할 가치가 있는가? 그럴 수도 있다. 그러나 그렇지 않을 수도 있다. 낮은 가격이 낮은 점수를 극복할 경우에는 그 반

대가 된다.

위의 예에서 100점의 총점은 각 업체의 기술적 장점에 대해 부여할 수 있는 점수이다. 만약 프로젝트의 원가 추정치가 $5,000,000인 경우 위원회는 단 1점 더 높은 점수의 제안자와 계약을 하기 위해 $50,000을 추가 지불하게 된다는 것을 알 수 있을 것이다. 만약 그러한 결정이 품질당 가격을 사용하여 이루어진다면 위원회의 위원은 1점이 금액으로 얼마의 가치가 있는지를 미리 이해하고 의견이 일치된 점수를 배정할 필요가 있다.

유의사항: 품질점수당 가격을 미리 분석하여 이해

위원회는 비가격 부분의 점수를 매기기 전에 품질 점수당 가격의 사용을 예상하고 품질 점수당 가격 평가제도에 대에서 토의해야 한다. 위원은 점수가 가격과 연계되어있는 영향의 규모에 대해 결정하고 채점 프로세스 동안 그러한 영향을 알고 있어야 한다. 위의 예에서 위원회는 1점의 품질 점수가 $50,000의 가치가 있다는 것을 알아야 한다.

기술(비가격)점수를 표준화

가격과 비가격을 균등하게 비중을 적용하기 위해 귀하는 양 계산된 점수가 동일한 간격 점수 척도 위에 있도록 해야 한다. 100점은 사용하기 가장 쉬운 방법이다. 100점으로 표준화한다는 것은 아래의 전환방식을 사용한다는 것을 의미한다. 여기에서 우리는 가장 높은 비가격 점수 합계(90점)에 대한 각 비가격 점수의 합계의 비율을 계산하고 그 비율을 100으로 곱한다. 그러면 최고점수는 100점과 동일하게 될 것이다.

업체 1: 80/90 × 100 = 88.9

업체 2: 90/90 × 100 = 100

업체 3: 72/90 × 100 = 80

업체 4: 64/90 × 100 = 71.1

업체 5: 40/90 × 100 = 44.4

가격점수와 비가격 점수의 공식에 의한 방식의 최종 합산의 예시는 다음과 같다.

[예시 5]

가격점수와 비가격 점수의 최종 합산

가격 제안서 최대점수는 100점; 비가격 제안서 최대점수도 100점

가격 및 비가격 비중은 동일

단순 평가 결과				가중 평가 결과
업체명	견적가격	가격점수	기술점수	
업체 1	$1,000,000	90	88.9	$(90 \times 0.5) + (88.9 \times 0.5) = 45 + 44.5 = 89.5$
업체 2	$1,100,000	81.8	100	$(81.8 \times 0.5) + (100 \times 0.5) = 40.9 + 50 = 90.9$
업체 3	$1,200,000	75	80	$(75 \times 0.5) + (80 \times 0.5) = 37.5 + 40 = 77.5$
업체 4	$1,400,000	64.3	71.1	$(64.3 \times 0.5) + (71.1 \times 0.5) = 32.15 + 44.5 = 67.7$
업체 5	$900,000	100	44.4	$(100 \times 0.5) + (44.4 \times 0.5) = 50 + 22.2 = 72.2$

[예시 6]

가격점수와 비가격 점수의 최종 합산

가격 최대점수 100점 기술 최대점수 100점

가격 비중 70%, 기술 비중 30%

단순 평가 결과				가중평가 결과
업체명	견적가격	가격점수	기술점수	
업체 1	$1,000,000	90	88.9	$(90 \times 0.7) + (88.9 \times 0.3) = 63 + 26.7 = 89.7$
업체 2	$1,100,000	81.8	100	$(81.8 \times 0.7) + (100 \times 0.3) = 57.3 + 30 = 87.3$
업체 3	$1,200,000	75	80	$(75 \times 0.7) + (80 \times 0.3) = 52.5 + 24 = 76.5$
업체 4	$1,400,000	64.3	71.1	$(64.3 \times 0.7) + (71.1 \times 0.3) = 45 + 21.3 = 67.3$
업체 5	$900,000	100	44.4	$(100 \times 0.7) + (44.4 \times 0.3) = 70 + 13.3 = 83.3$

5. 가성비 기준 계약업체 결정 프로세스

1) 추천 선정 프로세스

가성비 기준 계약업체결정 선정 프로세스를 사용하기로 결정하고 입찰 참여자격 자료제출요청서, 제안요청서, 인터뷰 등의 프로세스를 사용하기로 한 경우 다음은 사용 가능한 일련의 단계를 예시한 것이다.

1단계: 가성비 기준 계약업체결정 방식을 사용하기로 결정한 것에 대한 검증
○ 예비설계를 업데이트한다.
○ 예비설계 정보를 검증한다.

2단계: 계약업체선정위원회 구성 및 교육
○ 위원회 위원을 파악한다.
○ 필수 기술 전문가를 파악한다.
○ 위원에 대하여 프로세스를 대하여 교육한다.

3단계: 제안요구서를 작성한다.
○ 평가항목, 예비 가중치를 파악한다.
○ 비가격부문 대비 가격 비중을 결정한다.
○ 비가격 부문의 비중 내에서의 평가 항목별 비중을 결정한다.
○ 사전 입찰 참여 자격 자료제출요청서 및 제안요청서를 작성한다.

4단계: 프로젝트(입찰 참여자격 심사자료 제출요청서)에 대한 공고(광고)
○ 자료 제출 이전의 회합일정을 발표하고 회합을 개최한다(모든 관심 있는 자에게 공개).
○ 제안요구서 발급 이전의 회의 개최한다(유자격 업체 목록에 등재된 업체로 제한할 수 있음).

5단계: 사전입찰참여자격요청서에 따라 접수한 자료의 평가

○ 성실한 평가를 위해 충분한 시간을 갖는다.

○ 비가격 기준에 중점을 둔다.

6단계: 제안요청서를 받을 유자격 업체 목록을 결정한다, 유자격 목록에 있는 업체에 대한 통지

○ 유자격 목록에 대한 선정위원회의 의견일치사항을 문서로 작성한다.

○ 이메일과 전화로 동시에 유자격 업체에게 그 결과를 통보한다.

○ 유자격 업체 명단에 들지 못한 기업과 소통한다.

7단계: 기술제안서 및 가격 제안서 제출

○ 마감일시, 서식 및 수신 주소 등에 대해서 명확하게 전달하였는지 확인한다. 업체가 관련 정보를 받았는지를 확인한다.

○ 기한을 엄수한다.

8단계: 기술제안서의 평가

○ 충분한 시간을 갖고 평가한다.

○ 비가격 기준을 충실히 지킨다.

○ 특정 주제 전문 자문관을 사용할 수 있다.

○ 참고자료를 점검한다.

9단계: 인터뷰/구두 프레젠테이션(선택적)

○ 인터뷰의 장소, 시간, 배정 시간에 대해 명확히 소통한다.

○ 주차 및 보안에 대한 정보를 포함한다.

○ 인터뷰실이 적합한지를 확인한다.

○ 대기 장소를 마련한다.

10단계: 가격제안서 평가

○ 위원회에서 가격 정보를 개봉한다.

○ 각 제안서가 제안요구서의 제안 조건을 충족하는지에 대해 의견일치를 얻는다.

○ 단순히 순위만 매기지 말라. 가격 제안서 간 가격의 간격을 서류로 작성한다.

11단계: 평가정보를 편집한다.

○ 절충 방식 또는 공식에 의한 방식에 따라 종합평가 방식이 다르다.

12단계: 업체선정 및 계약체결

○ 공개적으로 결정을 하기 이전에 필요한 내부의 승인을 득한다.

○ 낙찰업체에게 전화로 통보한다. 이어서 문서로 통보한다. 이메일도 가능하다.

○ 가급적 조기에 경쟁결과를 통보한다.

○ 이해관계자에게 통보한다.

2) 추천 선정 기준 및 견본 양식

(1) 가성비 기준 계약업체결정 방식에서의 시공 용역 광고

(주 정부 및 해당 부서명)

종합건설업체 용역을 위한 사전입찰 자격 요청서

(주 및 관련 부서명)

(프로그램 명칭)

종합공사업체에게 통보.

poject NO. :

(프로젝트 및 시설 명칭)

(프로젝트 장소)

○○국 ○○과는 종합건설업체를 초대하오니 프로젝트 시공을 위한 자격에 대한 진술서를 제출하여 주시기 바랍니다.

본 공사의 추정 금액은 $0000000입니다.

공사의 개요

(빌딩 규모, 빌딩 수, 빌딩의 용도, 전체 공정 LEED 조건 등을 포함한 상세한 공사범위를 제시한다.)

심사를 원하는 업체는 ○○년 ○○월 ○○일 ○○시까지 자료를 제출해야 한다. 자료는 선정위원회가 평가를 하는 데 도움이 되는 관련 자료를 포함한다. 제출자료 및 평가 기준에 대해서는 사전 입찰자격 요청서 서류 section ○○를 참고하라.

현장방문은 ○○일 ○○시로 예정되어 있다. ○○○에서 만난다. 본 프로젝트에 대한 자격요청서 서류 사본을 현장방문 시 제공할 것이다. 보다 상세한 정보를 위해서는 (성명, 주소, 및 이메일주소)와 연락 바람.

자료는 ○○ 앞으로 우편 또는 직접 송부한다.

끝.

(2) 가성비 기준 계약업체선정 방식 공사를 위한 사전입찰참여 자격 자료 제출 요청

사전입찰참가심사자료 제출 요청서

(업체선정 유형: 가성비 기준 계약업체결정)

프로젝트 명:

프로젝트 위치:

발행 날짜:

목차:

    1. 일반 프로젝트 정보

    2. 현재일자 프로젝트 팀

    3. 프로젝트 일정

    4. 공사 범의(개요)

    5. 선정 기준

A. 일반 참가자격

    1. 업체 개관

    2. 재정 정보

B. 업체의 유관성이 있는 경험

C. 프로젝트 방법

    1. 인력의 능력 및 자격

    2. 유사 프로젝트에서의 과거의 실적

    3. 프로젝트 공정 및 가격 관리

    4. 업체의 업무량

    5. 제출 지침

첨부:

첨부 A: 프로젝트 일정

첨부 B: 건설계약서?

(3) 가성비 기준 계약업체결정 방식에서의 건설공사 제안요청서

(선정 프로세스 유형: 가성비 기준 계약업체 결정 입찰)

사업명:

프로젝트 위치:

발행일자:

목차:

일반 정보

현재일자의 프로젝트 팀

프로젝트 일정

공사 개요

선정 기준

A. 핵심 인력의 자격

B. 유관성 있는 경험

C. 프로젝트 접근 방법

   1. 프로젝트 관리 계획

   2. 시공이전의 용역

   3. 공정 일정 관리

   4. 품질 보증/관리

   5. 지방업체 참여

   6. 안전

   7. 가격관리/공사 회계

D. 지속가능성

서류 작성 민 제출 지침 및 조건

가격(확정 고정 가격으로 별도의 봉투에 넣어 제출)

첨부:

첨부 A. 건설 계약서

첨부 B. 가격 제안서 양식

(4) 선정 기준 및 가중치 목록-품질 요청서

업체는 다음 기준에 따라 평가될 것이다.

전문 인력의 능력 및 자격: ○○점

직위별로 인력 목록을 제출하라. 유사한 규모 및 복잡성을 가진 프로젝트를 시공한 대표적인 인력의 자격에 집중한다. 본 프로젝트에 가용할 수 있는 본부 및 현장 직원을 기술하라. 프로젝트 매니저, 감독, 원가계산, 공정 관리 및 품질관리 같은 전문지식이 있는 직원을 기술하라.

유사한 프로젝트에 있어서의 과거의 실적: ○○점

민간 및 정부의 건설공사 목록을 제출하되, 상세한 공사내역, 시공비용에 대해 기술하라. 다음 정보를 포함한다.

- ○ 프로젝트에 대한 설명. 총면적을 포함한다.
- ○ 공공 발주 또는 민간 발주
- ○ 해당 프로젝트 중 귀하의 업체가 시공한 범위
- ○ 장소
- ○ 발주자, 연락처, 전화번호 및 이메일 주소
- ○ 최종 시공비용

프로젝트 일정, 비용, 품질 안전 관리: ○○점

귀하의 회사가 프로젝트 공정을 예산의 범위 이내에서 안전하게 달성할 경험과 능력을 기술한다. 계획된 일정과 시공일정을 비교하여 유사한 복잡성을 가진 프로젝트를 포함한다.

기업의 최근의, 현재의, 그리고 예상 업무량: ○○점

회사의 역사, 규모, 본사 위치 및 지방사무소와 본 계약 조건을 이행할 수 있는 역량에 대해 간략하게 구술한다. 연간 매출 규모, 재정상태 및 보증 능력(보증회사가 시공자에게 부여할 수 있는 최대 보증금액)을 간략히 기술한다. 회사의 최근, 현재의 그리고 예상되는 업무량을 기술한다.

지속가능성

친환경 건축물 인증 제도를 이용한 공사 건수 또는 유사한 복잡성을 가진 프로젝트에 대한 지속가능한 설계를 이용한 공사 건수

(5) 입찰참여 업체의 점수 및 순위 요약 목록 (RFQ)

주 명 :   공사개요 :

국명 :   평가일자 :   공사번호:

과명 :   평가위원 성명 :

◆ 입찰참가자격 채점표

평가 항목	배점	업체 1	업체 2	업체 3	업체 4	업체 5	업체 6
전문인력의 능력과 자격	○○						
복잡한 공사의 과거 실적	○○						
프로젝트 공정 및 원가 관리	○○						
최근, 현재, 미래의 업무량	○○						
○○○ 경험	○○						
평판	○○						
기타	○○						
총점수	○○						

위원 서명: 서명 날짜:

(6) 평판 조사 서식

인터뷰를 한 사람의 성명:

인터뷰 날짜:

전문 업체명(name of professional firm):

name of reference(발주자? 인터뷰 응답자?):

연락처:

질문	질문 내용	점수
1	귀하는 최근에 완료한 공사에 대한 회사 전체의 실적(성과)을 어떻게 평가하는지?	
2	업체의 실적(성과)이 어떤 식이든 공사 공정에 부정적인 영향을 미쳤는지?	
3	업체는 귀하가 발주자로서 업체가 무엇을 제공하기를 바라는지를 이해 하였는지?	
4	프로젝트 전체 기간동안 회사의 주된 팀에 지속성이 있었는지?	
5	귀하는 향후에도 다른 프로젝트에 이 회사를 공용할 의사가 있는지?	
6	동 회사는 다른 공사 당사자와 협업을 하였는지?	
7	회사가 공사쟁점사항에 대해 지속적으로 정보를 제공하였는지?	

(7) 인터뷰 서식

다음은 가성비 기준 계약업체 결정 업체선정 프로세스 동안의 인터뷰 견본이다. (인터뷰 시간: 55분에서 85분, 60분간격으로 휴식 사간을 가질 것.)

○ 인사 및 인터뷰 개요 소개(5분)

○ 업체의 프레젠테이션(30~40분)

  I. 발주 팀

  II. 견적 방법

○ 질의 및 토의(15~30분)

○ 추가 질의 사항 검토(5분)

(8) 평가기준 및 가중치 - 제안요청서

전문 요원의 능력과 자격: ○○점

본 공사를 집행할 핵심 요원 목록을 제공하되 그들의 역할과 임무를 상세히 기술하시오.

본 공사를 집행할 본부 및 현장 직원 명단을 제출하시오. 명부에 등재된 모든 직원의 이력서를 제출하시오. 특히 직접적으로 본 공사에 투입되는 직원들에 대해서 프로젝트 매니저 lc 감독은 원가계산, 공사 일정, 품질 관리를 다루는 직원들과 함께 목록에 등재되어 있어야 합니다. 본 공사에 투입되는 직원의 경험을 기술하시오.

공사 방법: 공사일정, 원가, 품질 및 안전도: ○○점

프로젝트 공정, 예산, 품질, 안전도 및 기타 제안요구서에서 요구한 조건을 충족할 계획을 논하세요. 계획된 공정과 이미 집행된 공정을 비교하여 유사한 복잡성을 가진 공사를 포함하라. 최근의 조회처를 포함한다(접촉할 사람, 직위, 전화번호 및 이메일 주소).

○ 계획된 공정으로 설계 vs. 시공 완료된 공정의 설계
○ 계획된 공정으로 시공 vs. 시공 완료된 공정의 시공
○ 변경 주문에 대한 총 금액

최근의, 현재의, 예상 업무량

귀하의 업체의 이력, 회사 규모, 본사 위치, 지사 위치 및 본 계약조건을 이행할 회사의 능력에 대해 간단히 기술한다. 연간 매출액, 재정상황, 보증 능력을 포함한다. 회사의 최근의, 현재의 예상 업무량을 요약한다.

지속가능성

유사한 복잡성을 가진 공사를 중점으로 지속 가능한 시공 요소 및 친환경 공법으로 시공한 공사 건수를 기술하라.

평판 조회처

최근 5년 이내에 귀하가 유사한 규모와 복잡성을 가진 공사를 집행한 발주자 및 건축설계/엔지니어링 업체의 전화번호 및 이메일 주소와 함께, 평판 조회처를 제공한다. 귀하가 견적한 팀원 중 누가 본공사에 참여하였는지를 기술하시오. 제공할 정보는 다음을 포함한다.

평가 대상 업체   접촉할 사람:

전화번호: 이메일 주소: 공사 개요 요약:

(9) 탈락업체에 대한 통지문

공사 번호 00에 대한 최종 유자격 업체선정 결과

제출 업체:

9개 업체에 자격심사에 응하였으면 동 참여 업체는 다음과 같음

1. ○○○○ 업체
2. ·········· 업체
3. ·········· 업체
4. ·········· 업체
5. ·········· 업체
6. ·········· 업체
7. ·········· 업체
8. ·········· 업체
9. ·········· 업체

최종 입찰 참여 자격 합체로 선정된 업체:

본 건에 대해서는 위원회가 9개 참여 업체 중 다음의 3개 업체를 향후 본입찰 참여 업체로 선정

하였다.

1. ○○○○ 업체
2. ………… 업체
3. ………… 업체

기관을 대신하여 본 공사에 관심을 표명한 모든 업체에게 감사를 드리며 특히 자격 심사자료를 제출한 업체에게 감사를 드린다.

이번 경쟁입찰의 최종 단계를 위해 후보를 좁힌다는 것은 어려운 결정이었습니다.

선정위원회는 자료를 심도 있게 검토하고 양심에 따라 충분히 검토하여 최종적으로 자격 있는 업체를 선정하게 되었습니다.

선정위원회는 업체들이 본 기관의 심사에 대비하여 자료를 작성하기 위해 상당한 노력과 경비를 지출하였다는 것을 알고 있습니다. 위원회는 우리가 우수한 업체로부터 자료를 접수하였다는 것을 알고 있습니다. 우리는 유감스럽게도 본 공사에 많은 시공 업체들이 참여했다는 것은 높은 자격을 가진 많은 업체들이 본 공사를 위한 최종 명단에 들지 못하였다는 것을 의미한다는 것에 주목하고 있습니다.

우리는 최종 명단에 들지 않는 업체들이 계속해서 다른 프로젝트에서 서비스를 제공할 기회를 추구하기를 희망합니다. 이 과정에서 본인이 도움을 줄 수 있었던 것은 영광이었습니다. 만약 귀하의 향후의 경쟁에 도움이 되는 프로세스 개선에 본인이 할 수 있는 일이 있다면, 기꺼이 귀하의 의견을 받아들일 것입니다.

거듭 감사드립니다.
평가 위원장

(10) 평가항목별 평가 양식 - 제안요청서

주 명 :   공사개요 :

국명 :   평가일자 :   공사번호:

과명 :   평가위원 성명 :

◆ 제안요청서 평가표

평가 항목	배점	업체 1	업체 2	업체 3	업체 4	업체 5	업체 6
전문인력의 능력과 자격	○○						
공사 방법	○○						
최근, 현재의 예상 업무량	○○						
○○○ 경험	○○						
○○○ 경험	○○						
평판 조회	○○						
기타	○○						
총점수	○○						

위원 서명: 서명 날짜:

(11) 구두 프레젠테이션 평가 점수 양식

주 명 :   공사개요 :

국명 :   평가일자 :   공사번호:

과명 :   평가위원 성명 :

◆ 구두 프레젠테이션 점수표

평가 항목	배점	업체 1	업체 2	업체 3	업체 4	업체 5	업체 6
전문인력의 능력과 자격	○○						
제안서 컨셉 및 위험 평가	○○						
공정 및 원가 관리	○○						

평가 항목	점수						
하도급 협업 능력	○ ○						
○ ○ ○ 경험	○ ○						
기타	○ ○						
기타	○ ○						
총점수	○ ○						

위원 서명: 서명 날짜:

(12) 최종 선정 요약 및 업체 순위(가격분과 비가격 부문 통합)

주 명 :   프로젝트 개요:

국명 :   평가일자 :   공사번호:

과명 :   위원 성명 :

본 평가표는 공공 기록물이 된다.

◆ 업체의 입찰참가자격 사전 심사 평가표

평가 항목	점수	1	2	3	4	5	6	7
전문인력의 능력과 자격	○ ○							
가치공학 시공 가능성 분석	○ ○							
평판	○ ○							
복잡한 프로젝트 과거 성과	○ ○							
위험 평가 컨셉	○ ○							
셀프 퍼포먼스	○ ○							
○ ○ 경험	○ ○							
회사 위치	○ ○							
최근의 예상 업무량	○ ○							
사고예방 프로그램	○ ○							
총 입찰참여자격점수	○ ○							

(13) 낙찰자에 대한 통지문

공사번호 ○○에 대한 최종 결과 통보

축하드립니다. 표제 공사 건에 대한 선정위원회는 본인에게 본건 경쟁에서 귀사가 최고 점수를 득함으로써 귀사가 계약업체로 선정되었습니다.

유인자료에서 명시한 평가 항목과 가격 및 비가격의 비중을 토대로 하여 평가위원회는 귀사를 본 공사에 있어서 정부에게 가장 유리한 조건을 제시한 업체로 판정하였습니다.

조만간 본인은 귀하를 접촉 발주자와 계약서를 서명에 이르게 할 지침을 전달할 것입니다.

다시 한번 본 공사 계약자로 선정된 것을 축하드립니다. 귀하를 파트너로서 맞이하게 되어 기쁩니다.

감사합니다.
선정 위원장

끝.

협상

제4장

협상은 삶의 일부다. 삶 자체가 협상의 연속이라 볼 수 있다. 그럼에도 불구하고 많은 사람들은 계약에 관한 협상의 경험이 없는 것으로 느끼고 있다. 아마도 그들은 계약이라는 것이 모두 서면으로 작성되고 복잡한 합의 형태를 갖는 것으로 인식하고 다양한 유형의 계약이 존재한다는 것을 인지하지 못할 수도 있다. 그러나 대부분의 계약은 구두에 의한 합의로 이루어지며 금전 거래를 수반할 수도, 수반하지 아니할 수도 있다.

그러한 인식 없이 우리는 매일의 일상생활에서 일어나는 다양한 계약 협상에 노출되며 금전적 또는 비금전적 행위든 사실상 다른 사람들과 끊임없이 협상을 한다.

직장에서, 우리는 상사, 동료, 부하직원과 커피 담당 등의 사소한 업무에서부터 연간 성과급 등급 결정에 이르기까지 실로 다양한 협상에 직면하게 된다.

집에서는 식사 시간 등의 사소한 문제에서부터 주거지 변경 등의 주요한 문제에 이르기까지 다양한 문제에 대해서 가족과 협상을 하게 된다. 어린아이가 자신이 좋아하는 장난감을 사 달라고 우는 것 또한 무시하지 못할 협상력이라고 볼 수 있다.

사실상 우리는 사는 동안 우리가 원하는 대부분의 것에 대해 협상을 해야 한다. 다른 사람이 지배하거나 소유하고 있는 것에 대해 아무런 관심이 없는 경우에만 협상을 피할 수 있다. 협상가로서의 우리가 가지고 있는 기술은 성공에 있어서 매우 중요하다. 정부 계약의 일상 업무는 적합한 업체로부터 공정하고 적정한 가격으로 물품 또는 서비스를 획득하는 것이므로 협상 기술이 특히 중요한 의미를 갖는다.

1) 협상의 의미

협상은 자신의 의견과 목표를 가진 양 당사자가 상호 공통 문제에 관해 상호 간 만족스러운 결과에 이르기 위해 시도하는 일련의 소통 과정을 말한다. 양 당사자가 상충되는 이해관계를 가졌을지라도 양 당사자 또한 서로에게 의존할 수밖에 없으므로 협상에서 상호 만족스러운 결과는 반드시 추구해야 할 문제이다. 예를 들면 노조와 경영층은 제품을 효율적이고 경제적으로 생산하기 위해 서로를 필요로 한다. 구매자와 판매자 또한, 거래를 하기 위해서는 서로를 필요로 한다. 양 당사자는 그 결과를 흔쾌히 받아들여야 한다.

협상은 일방이 다른 일방에게 조건을 부과하거나 지시하는 것이 아니다. 그러한 일이 발생한다면 그 결과는 상호 간 만족을 가져오기 어렵다. 단지 차이점과 공동 이익 모두를 고려하는 경우에만 협상 결과가 양 당사자에게 만족스러울 수 있다.

상대방의 동의를 얻기 위해서는 어떤 것을 희생하고 양보하며 반대급부로 어떤 것이 되돌아오도록 해야 한다. 달리 표현하면 무언가를 얻기 위해서는 무언가를 주어야 한다는 것이다. 그러나 기대하는 이익이 희생하는 것보다 클 경우 협상 결과는 유익한 것이다. 어느 일방이 합의로부터 얻은 이익보다 양보로 인한 희생이 보다 큰 것으로 믿을 때가 양보의 한계점이다.

협상이 상호의 희생의 과정인 경우도 있으나 특정 환경에서 양 당사자가 최상의 이익을 찾는 과정이 있어야 한다. 협상은 파이를 나누는 방법을 목표로 해서는 안 되며 최상의 해법을 찾는 데에 목표를 즉 모든 이해 당사자에게 보다 큰 파이를 제공하는 방법에 목표를 두어야 한다. 예를 들면 구매자의 요구사항에 있어서의 변경이 있는 경우에 판매자가 특별 제작 제품보다 더 품질이 좋은 표준 제품을 공급할 수 있다는 것을 협상자가 찾아낸다면 양 당사자 모두 이익이 될 수 있다. 판매자는 동 표준 제품의 판매로부터 더 많은 이익을 얻을 수 있고 계약 이행의 위험도 더 낮출 수 있다. 구매자는 구매자가 원하는 제품을 더 값싸게 구매할 수 있다.

2) 협상에 의한 계약 vs. 입찰방식에 의한 계약

입찰방식 절차 이외의 방식을 사용하여 체결하는 계약은 협상에 의한 계약으로 분류할 수 있다.

○ 입찰방식의 계약절차는 정부가 입찰서를 협상 없이 평가하여 입찰설명서의 제 조건을 충족하는 것으로 판단되는 업체로서 가격과 가격 관련 요소만을 기준으로 하여 정부에게 가장 유리한 입찰자로 평가되는 업체를 계약자로 하는 방식이다. 계약체결 이전에는 어떤 협상도 허용되지 않는다.

○ 협상에 의한 계약 절차는 계약체결에 앞서 협상을 허용한다. 그러나 관련 유인서에서 협상을 할 수도 아니할 수도 있다고 정할 수 있다.

예를 들면 관련 유인서의 지침서의 표준약관에서 "정부는 협상 없이 제안서를 평가하여 계약 체결 할 예정이다."라고 기술한 경우 계약관이 서면으로 협상이 필요하다고 결정하지 않는

한 실제의 협상은 허용되지 않는다는 것으로 해석해야 한다.

대안으로 "정부는 경쟁범위 이내의 제안서를 제출한 업체와 협상을 한 후에 계약을 체결할 것이다."라고 기술한 경우에는 경쟁범위 이내에 들어 있는 모든 업체와 협상을 한다는 의미로 해석해야 한다.

3) 정부계약에 있어서의 협상

협상이란 경쟁적 계약 방식이든 단독 업체와의 계약 방식이든 업체로 하여금 해당 제안서를 수정하게 할 목적으로 정부와 업체 간 상호의 의견을 교환하는 것이다. 이러한 협상은 흥정을 수반한다. 흥정은 설득, 추정과 포지션의 변경, 주고받는 행위를 포함하며 가격, 납품 일정, 기술적 사양, 계약 유형, 또는 기타의 계약조건에도 적용된다. 경쟁적 구매에서 협상을 수행하는 경우 협상은 경쟁범위를 설정한 이후 발생하며 이를 협상 또는 토론이라고도 부른다.

핵심이 되는 용어는 흥정이다. 정부는 흥정이 수의계약과 같이 경쟁적 계약에서도 발생할 것으로 기대한다.

4) 만족스러운 협상 결과

정부 계약 협상에 있어서 무엇이 만족스러운 결과인가? 그것은 협상이 경쟁적 환경에서 이루어진 것인지 아니면 수의적 계약한 경우에서 이루어지는지와 협상이 이루어진 시기에 따라 다르다.

○ 경쟁적 협상은 계약체결 이전 또는 제3자 단가 계약 시의 납품지시 이전에 발생한다. 경쟁범위에 들어 있는 각 업체와의 협상은 계약체결 기준, 제안자의 제안서 등을 감안하여 정부에게 가장 유리한 가치를 제공할 최종적인 제안서 작성을 용이하게 하는 데에 맞추어져야 한다. 정부는 제안서를 평가하여 전체적으로 가장 좋은 가성비를 제공하는 제안서를 결정한다.
○ 수의적 협상은 계약체결 전후에 발생한다.
신규 계약 체결, 또는 현존하는 제3자 단가계약에서의 납품지시를 위한 수의적 협상에서 만족한 결과란 필요한 물품 또는 서비스를 적합한 업체로부터 공정하고 적정한 가격으로 구매하도록 하는 계약 또는 납품지시를 말한다.

계약 수정에서 만족스러운 결과는 계약조건의 수정에 대해 양 당사자의 합의를 반영한 수정 계약을 말한다.

고정가격 계약에서의 정부의 편의를 위한 일방적인 계약 종결행위(계약상대방의 이행상의 하자 없이 정부가 일방적으로 계약을 해지)에 있어서 만족스러운 결과란 이미 집행을 완료한 업무와 계약 이행을 위한 준비 작업에 소요된 비용에 대해 적절한 이윤을 포함하여 공정하게 보상하는 해결방식을 말한다.

5) 정부 계약 협상에 있어서의 상대방

계약 이전의 계약 협상에서 정부계약의 잠재적 수혜자를 통상 제안업체라고 부른다. 계약체결 이후의 협상에서는 계약자를 여전히 제안업체라고 부를 수도 있다. 그러나 대부분의 계약 행정에서 계약체결 이후에 계약업체라는 용어를 사용한다.

6) 협상 성공

성공적인 협상이 되기 위해서는 많은 요인들이 기여한다.

각 협상을 둘러싸고 있는 구체적인 특정 환

예를 들면 정부가 단기간에 대량수요가 있는 제품에 대해서 흥정을 하려고 하는 경우 그러한 환경은 판매자에게 유리한 작용을 한다. 반대로 여러 업체가 단지 정부만이 필요로 하는 제품을 공급하기 위해 경쟁하는 경우 그러한 환경은 일반적으로 정부에게 유리하게 작용한다.

협상자의 기량 또는 숙련도

협상자가 숙련도가 높은 기량의 소유자인 경우 그렇지 않은 협상자보다 협상 성공의 가능성이 높아진다. 좋은 협상가는 불리한 환경 속에서도 우호적인 거래를 얻어낸다. 이와 반대로 숙련도가 낮은 협상자는 환경이 유리한 경우에도 만족할만한 합의에 이르지 못하는 경우가 있다.

각 당사자의 동기 및 공정성

당사자의 동기와 공정성이 클수록 만족스러운 결과를 얻을 수 있는 가능성이 높아진다.

성공적인 결과는 양 당사자 또는 일반 당사자가 공정한 양보를 할 때 가능하다.

협상의 성공 가능성은 양자의 동기성이 약하고 불공정한 경우에 줄어든다. 협상 성공 쟁취는 일방당사자가 유연성을 보이는 것을 주저하거나 타협을 망설이는 경우 특히 어려워진다.

7) 협상자의 능력

최고의 협상자는 다음의 능력을 보여 준다.

주도면밀한 계획 수립

계획 수립은 사양서 작성부터 시작 협상까지 계속된다. 시장조사, 유인서 작성, 제안서 평가를 포함한다. 제품, 협상의 룰 및 대안을 파악하고 있어야 한다.

관리자의 지지 확보

관리자의 지지는 협상자로서의 성공에 필수적이다. 업체의 협상자가 관리자가 정부 협상 대표의 목표에 대해 지지하지 않고 있다는 것을 알고 있는 경우 업체의 협상자는 협상이 관리층까지 확대될 때까지 기다릴 것이다.

협상 기술의 효율적 사용

좋은 협상자는 협상의 성공을 이끌어낼 수 있는 흥정 기술을 이용할 능력을 보유하고 있다.

효율적인 소통

훌륭한 협상자는 신념에 찬 사업가 같이 대화를 하는 방식으로 자신의 협상 포지션에서 협상을 하며 진지하고 비 논쟁적인 방식으로 반대의견을 제시한다.

의견 차이를 극복

모든 계약 협상은 약간의 의견 차이를 수반한다.

충돌을 피하기 위해 어떤 것이라도 내주려 하는 협상자는 만족한 결과를 확보하는 데에 실패할 수도 있다.

논쟁을 좋아하는 경향이 있는 협상자는 의견 차이를 확대하고 만족스러운 결과를 얻기 어렵게 하는 경향이 있다.

정직

좋은 협상자는 스스로 정직하고, 다른 사람이 자신이 정직하다고 믿게 한다. 신뢰를 확보하는 것은 상호 만족스러운 결과를 확보하는 데에 필수적인 요소이다. 다른 사람이 당신을 신뢰하지 못할 때에는 양보를 얻어내기 어렵다.

팀 협력 증대

모든 협상 팀원이 모든 문제에 대해 동의하기는 어렵다. 이견은 팀 협력과 팀의 단합을 이끌어 내는 방법으로 해결하여야 한다.

훌륭한 사업적 판단

훌륭한 협상자는 상호 만족스러운 결과 확보에 미치는 전체적인 영향을 토대로 하여 협상 포지션에서의 모든 변화를 평가할 수 있는 능력을 보유한다.

1. 발생 가능한 협상결과 및 협상 스타일 인지

1) 협상 결과

일반적으로 모든 협상에는 이른바 윈/윈, 윈/루스, 루스/루스라는 3가지 유형의 협상 결과를 예상할 수 있다. 서로 다른 협상 스타일이 서로 다른 결과를 낳는다.

2) 윈/윈 협상 결과

양측 협상자 모두가 승리하는 윈/윈 협상 결과는 양측이 장기적인 만족을 취하는 협상결과를 얻는 경우 발생한다. 협상은 상호 간 이익이 되는 합의를 중시한다. 예를 들면 공정하고 합리적인 가격으로 계약을 체결하는 것은 정부와 업체 모두에게 가장 이익이 된다.

상업적 거래는 장기간의 거래 관계의 중요성과 함께 윈/윈 결과를 얻는 협상을 중요시한다. 양 당사자는 상호 장기적인 만족에 관심을 갖는다. 단기간의 이익은 통상 장기간의 거래 관계만큼 중요하지 않다.

정부 협상자가 윈/윈 결과를 얻고자 노력하는 여러 가지 중요한 이유가 있다.

○ 정부가 업체를 희생하여 좋은 결과를 얻어서는 안 된다.
○ 정부는 장기간의 업체의 성공과 생존에 관심을 가져야 한다.
    고품질의 용역/물품 재고량을 충분히 확보하고 있고 합리적인 가격으로 용역 및 물품을 공급하는 업체는 정부 운영에 없어서는 안 될 중요한 존재다.
    업체의 성공은 보다 많은 업체가 정부와 거래를 하도록 함으로써 경쟁을 확대에 기여하고, 경쟁확대는 계약가격을 낮추게 되고 품질 향상으로 이어진다.
○ 윈/윈 협상자는 보다 좋은 결과를 성취한다. 협상자는 상대 협상자가 완고하고 불신을 보일 때에 양보하고 신뢰를 할 가능성이 적어진다. 윈/윈 협상가가 갖는 진정한 관심사항은 종종 상대방에 의해 비슷한 방법으로 보답을 받게 된다.
○ 윈/윈 협상자는 비대립적이며 보다 더 장기적인 관계를 발전시키려는 경향을 보인다.
○ 윈/윈 협상은 협상의 진행을 용이하게 하는 보다 높은 수준의 신뢰와 협조 형태를 띤다.

3) 윈/루스 협상 결과

협상이 윈/루스 결과에 이르게 되는 경우 일방 당사자는 상대방을 희생하여 훨씬 더 좋은 결과를 얻은 것으로 인식한다. 이러한 유형의 협상은 양측의 높은 불신으로 경쟁이 훨씬 높아지는 경향이 있다. 상업적 거래에서 윈/루스 결과는 협상자가 최초의 거래 이상으로 추가적인 거래를 예상하지 않는 경우 발생하기 쉽다. 즉 양 당사자를 위한 장기적 관점의 만족으로 확보해야 할 동기가 없다. 윈/루스의 예는 협상자가 일반적으로 상대와 추가적인 협상이 예상되지 않은 주택 또는 자동차 거래 같은 일상생활에서 흔히 발견할 수 있다.

○ 양 당사자는 동 협상의 특징인 경쟁과 불신으로 인해 그들 모두가 윈/루스, 협상에서 패자인 것으로 인식한다.
○ 패자 측은 그러한 상황에서 최선의 거래를 확보한 것으로 당시에는 인식하고 있기 때문에 윈/루스 협상의 결과에서 만족감을 느낄 수도 있다.
○ 결국 패자 측은 해당 거래가 좋지 않은 거래라는 것을 알게 된 후 합의에 응해준 것에 대해 후회를 하게 된다.
○ 패자 측은 상대방을 훨씬 더 불신하게 되고 향후의 어떤 유형의 거래관계도 망설이게 된다.

정부가 오직 유일한 구매자인 수요 독점적인 상황에서 정부는 계약조건을 일방적으로 정하는 방법으로 계약자를 희생하여 단기적인 승리를 쟁취할 수 있으나 그러한 윈/루스 결과는 장기적으로 다음과 같은 부정적인 결과를 가져올 수 있다.

○ 윈/루스 협상결과에서 패자 측에 선 업체는 사업을 접어야 할 수도 있다.
○ 우량업체가 정부와의 더 이상의 거래를 중단할 수도 있다.
○ 우량업체를 배제한 잔여 업체와의 계약으로 품질이 낮은 제품 공급의 위험 또는 과다한 가격 인상을 초래할 수 있다.

4) 루스/루스 협상 결과

교착상태에 빠질 때의 협상결과는 루스/루스 결과로 나타난다. 교착상태는 최종 합의에 도달할 수 없을 때에 발생한다. 양측이 협상의 성공적 결과에 모든 것을 걸었기 때문에 협상이 교착상태에 빠질 경우 양측 모두 패자가 된다.

계약업체 측은 해당 정부계약에서 얻을 것으로 추정되는 이윤보다 훨씬 더 많은 것을 잃게 된다.

○ 업체의 고정비용을 흡수하는 데 사용될 수 있었던 기여수익(즉 매출액과 가변비용 차액)을 상실하게 될 수 있고 그 결과 모든 고정비용은 회사의 다른 사업에 의해 흡수되어야 한다. 그러한 항목의 비용 증가 결과가 회사의 이익을 감축하여 전체 업체의 손실로 이어질 수도 있다.
○ 당해 계약 관련 직접 노동력이 필요하지 않을 수 있다. 그 결과 계약업체는 고용인력을 해고해야 할 수도 있다. 그러한 정리 해고는 노조관계에 영향을 미칠 수 있다.

교착상태가 발생한 경우 희망하는 물품/용역을 적시에 공급받을 수 없게 되므로 정부 측 또한 상당한 손실을 입게 된다. 정부가 단일업체와 수의계약으로 협상을 진행하는 경우 특히 이러한 손실이 발생한다. 단일업체와의 계약에서 교착상태가 발생한 경우 그 업체만이 공급할 수 있는 특유한 물품 용역은 조달이 불가능하게 된다.

상대방이 불공정하고 타협을 모르는 경우 교착상태를 벗어나기는 어렵게 된다. 정부는 교착상태 또는 윈/루스 결과 중 하나를 선택해야 된다. 정부 측은 교착상태가 발생할 경우 손실을 겪을 수밖에 없으므로 교착상태를 피할 수 있도록 최대한 노력을 해야 한다. 업체가 계속 불합리한 가격을 고수하거나 불합리한 이윤을 요구하는 경우 그러한 교착상태를 해결하기 위해 모든 조치를 취해야 한다. 대안을 마련하는 것이 가능한지 판단한다(예를 들면 계약 체결을 미룬다거나 사양을 변경한다거나 정부가 직접 수행한다거나). 계약관이 교착상태를 해결할 수 없는 경우 상급자인 관리층에 의견을 구하여야 한다. 관리층이 개입하게 되면 교착상태를 해결하든지 아니면 수용하든지 정부의 접근 방식이 단일화될 수 있다.

5) 윈/윈 협상 스타일

윈/윈 협상 스타일은 상황의 유리한 점을 기반으로 협상하여 만족스러운 결과를 얻는다. 일반적으로 윈/윈 협상자는,

상대방을 공격하는 것이 아니라 문제점을 공격한다

양측 간의 의견 차이가 상호 간의 문제이다. 윈/윈 협상에서 협상은 상대방을 공격하는 것이 아니라 그러한 의견 차이를 확인하고 풀어나가는 데에 중점을 둔다. 사람에 대한 부정적인 언급은 상호 만족스러운 결과를 얻는 데에 아무것도 해 주지 못한다. 이상적으로는 협상자는 그들 자신을 함께 일하는 사람으로 생각하고 직업인다운 고상한 매너로 의견의 차이를 풀어나가야 한다.

장기적인 관점에서의 만족과 공동 이익에 초점을 두어야 한다

대부분의 많은 협상자들이 특정 부문의 목표에 집착하여 핵심 요점인 장기적 관점에서의 만족의 중요성을 보지 못한다. 협상에서 특정 부문을 쟁취하는 것이 상호 만족스러운 결과 달성 기회를 상실로 이어진다는 것을 함의할 수 있다.

대안을 고려하라

협상에 있어서 특정 문제에 대한 단 하나의 올바른 해법이 존재하는 것이 아닐 가능성이 있다. 상대방의 해법 또한 동일한 이치로 유리한 해법이 아닐 수도 있다. 다른 해법은 없는지를 확인해보라. 최종 해법이 일방 또는 상대방이 제안한 원래의 해법보다 더 나은 해법이 아닐 수도 있으나 그러한 해법이 상호의 협의를 통해 이루어졌다는 이유로 보다 나은 대안으로 인식될 수 있음을 유의하라.

가능한 객관적 표준을 근거로 한 결과를 기준으로 한다

협상자는 특정 결과가 객관적 표준을 근거로 하는 경우 그 특정 결과에 만족감을 느끼는 경향이 있다. 단지 회계검사원의 추천이라는 이유만으로 타협을 거부해서는 안 된다. 그러한 추천을 하는 데 동 회계 감사인이 사용한 표준이 무엇인가? 아마도 다음을 포함한 많은 표준을 사용하였을 것이다.

- 과거의 이력
- 기업 관행
- 계량분석을 이용하여 산출된 추정치

차이점을 해결하기 위해서는 긍정적인 전략에 초점을 맞추어라

기만적인 행동이나 흥정 술수에 의존하지 말 것. 다른 사람을 속이는 것은 외형상으로는 유리한 결과를 얻을지 모르나 다음 협상 또는 계약이행 결과에 엄청난 손상을 줄 수 있다.

윈/윈 결과의 중요성을 강조하라

○ 협상 전후에 계속 긍정적인 자세를 유지하라. 협상에서 승리한 것에 대해 너무 흡족한 표정을 지어서는 안 된다.

○ 각 당사자의 결과에 대한 인식은 협상결과가 윈/윈인지 아니면 윈/루스인지를 결정한다. 달리 말하면 동일한 계약상의 결과도 보는 사람의 시각에 따라 윈/윈 또는 윈/루스로 보여질 수 있다. 예를 들면 $700,000짜리 계약의 가격은 계약자가 그 가격을 보는 시각에 따라 윈/윈으로 또는 윈/루스로도 간주될 수 있다.

○ 협상 전후의 협상자의 행동은 다른 사람의 인식에 상당한 영향을 미칠 수 있다.

○ 협상 결과에 관계없이 계약자는 정부 협상자가 윈/루스 태도를 보일 때 윈/루스 결과로 인식하는 경향이 있다.

○ 협상 전, 중간, 이후 모두에 윈/윈 태도를 보여 주어야 한다.

6) 윈/루스 협상 스타일

윈/루스 협상 스타일은 힘을 바탕으로 밀어붙이고 그러한 힘을 사용하여 상대방의 협상자의 의지를 누리고 협상하는 것을 말한다. 그러한 힘이 실제 있을 수도 있고 다른 협상자가 단지 인식하고 있는 데에 불과할 수도 있다. 일반적으로 윈/루스 협상자는,

기만적인 협상 전략을 사용하여 협상에 있어서의 자신의 파워를 확대하거나 강조하려는 경향을 보인다

그러한 기만적 전술이 먹혀들 수도 있으나 한번 상대 협상자가 이를 간파하게 되면 이러한 기만전술을 사용하여 상호 만족스러운 결과를 도출하기 어렵게 된다.

장기적인 관점에서의 만족스러운 결과보다는 협상 포지션에 주력하는 경향을 보인다

포지션 간 차이의 이유보다는 단일 포지션의 타당성에 초점을 맞추는 것은 합의 보다는 비합의를 강조하게 된다.

논쟁을 좋아하는 경향이 있다

포지션에 초점을 맞추게 되면 합의에 이르는 방법보다는 누구의 포지션이 더 나은지에 대한 논쟁으로 이어지게 된다.

의미 있는 양보에 주저하는 경향이 있다

포지션에 초점을 맞추게 되면 의미 있는 양보를 하는 것을 주저하게 된다. 양보가 자신들의 포지션의 타당성에 대해 의문을 갖게 할 수도 있다. 그러한 의문은 협상에 있어서 실질적인 파워 또는 인식하고 있는 파워를 약화시킬 수 있다.

상대 협상자를 불신하는 경향이 있다.

절대적으로 필요한 경우가 아니면 정보를 공유하지 않는다. 상대 협상자에게 관계없는 정보를 제공하는 방법으로 중요 정보를 숨기려는 경향이 있다.

7) 협상 스타일의 스팩트럼

협상 스타일이 단순히 윈/윈 또는 윈/루스인 경우는 적다. 두 극단 사이에 폭넓은 스펙트럼이 있다. 일반적으로 윈/윈 스타일을 추구하지만 많은 협상자가 협상과정에서 윈/윈과 윈/루스 특성을 조합한 여러 형태를 보여주고 있다. 예를 들면 사소한 속임수를 쓰는 행동은 때로는 가장 모범적인 윈/윈 협상자에 의해서도 나타나고 있다. 윈/루스 특성의 협상기법의 사용은 특히 윈/루스 협상자와 거래를 할 시에 정당화될 수 있다.

8) 협상 스타일 비교

다음은 윈/윈 및 윈/루스 협상스타일의 비교에 대한 설명이다.

비교항목	윈/윈 스타일	윈/루스 스타일
협상목표	공정하고 합리적인 가격을 포함하여 양측에게 만족스러운 결과를 얻는 데에 있다.	상대방의 결과에 관계없이 자신 측에 가장 좋은 결과를 얻는다.
주안점	상호의 문제를 해결한다.	상대방을 굴복시킨다.
환경	협조와 신뢰	불신과 게임을 자신에게 유리하게 이끄는 능력
협상 특성	○ 상대방을 공격하는 것이 아니라 문제를 공략한다. ○ 장기적 관점에서의 만족을 추구한다. ○ 가능한 대안을 모색한다. ○ 객관적 표준을 기준으로 한 결과. ○ 의견 차이를 해결을 위한 적극적인 전략을 구사한다. ○ 윈/윈 결과를 강조한다.	○ 파워를 확대하거나 강조하는 전술을 구사한다. ○ 장기적인 만족보다는 협상 포지션에 초점을 둔다. ○ 논쟁적인 자세. ○ 의미 있는 양보에 소극적. ○ 매우 경쟁심이 강하다.

2. 성공적인 협상을 이끄는 자세

1) 최우선 협상 주제

정부 협상자는 정부계약을 협상할 시에 언제나 다음의 기본적인 자세를 유념해야 한다.

윈/윈을 생각하라

윈/윈의 결과는 정부 협상에서 최상의 목표이다. 따라서 의식적으로 협상 전 과정에서 윈/윈 자세와 윈/윈 협상 스타일을 구사한다. 윈/윈 협상 전략을 구사하고 업체로 하여금 정부가 윈/루스 스타일을 사용하고 있다는 것을 인식할 수 있는 전술을 피하여야 한다.

자신의 포지션을 거래하라

협상하는 동안에 정부협상가는 정부의 포지션을 업체의 협상팀과 거래를 하는 정부의 대리인으로서 행동하고 있는 것이다. 따라서 존경스럽고 점잖으면서도 설득력이 있어야 한다. 세일즈 측면에서 보면 고객이 당신을 좋아하고 존경하는 경우에 제품을 판매하는 것이 훨씬 쉬워진다.

승리란 논쟁의 결과로 생기는 것이 아니다

논쟁에서 이기려고 하는 것은 윈/루스 협상의 신호가 되기도 한다. 논쟁적인 행동이 협상을 지배할 때 일반 또는 양 당사자는 윈/루스 결과를 인식하기 쉽다. 설득이란 논리 또는 만족의 문제가 아니고 표현의 방법에 의존한다는 것을 기억하라.

모든 것이 협상 가능하다

어떠한 협상도 제한을 둘 필요가 없으며 두려워해서는 안 된다. 모든 문제를 협상할 수 있도록 대비해야 하며 모든 문제에 대해 항상 기꺼이 협상에 응할 수 있는 자세가 되어 있어야 한다.

실현될 수 있도록 하라

장기적 만족을 성취하기 위해서는 창의성, 혁신성 및 용기를 보여 줄 필요가 있다. 목표는 상호간의 만족스러운 결과다. 실현될 수 있는 방법을 찾아라.

3. 협상 단계

1) 제안서 분석에 필요한 업체의 정보를 파악한다.

의견 교환

의견 교환은 제안서 접수 이후의 계약 협상을 포함한 정부와 업체 간에 이루어지는 대화를 묘사하기 위해 사용되는 용어이다. 그러나 본 토론에서는 계약 이전에 발생하는 의견 교환에 국한한다.

협상 이전의 단계에서의 의견 교환의 목적은 제안서 분석을 수행하는 데에 필요한 사용 가능한 업체의 정보를 파악하여 이를 확보하는 데에 있다. 또한 협상 이전 단계에서의 의견교환 유형은 대부분 정부가 기술한 계약사양서 및 조건에 대해 업체에게 설명을 할 기회를 부여한다.

경쟁 방식의 협상 계약에서는 여러 가지 다양한 유형의 의견 교환이 있을 수 있다.

○ 협상을 하지 않고 계약업체를 결정할 의도로 하는 설명회
○ 경쟁범위를 설정하기 이전 단계에서의 업체와의 의사소통
○ 경쟁범위 설정 이후로부터 협상 이전 단계까지의 기간 동안 행하여지는 의견 교환

단일업체와의 협상(수의계약 협상)에서 제안서 접수 이후에서부터 협상 이전 단계에서까지의 의견 교환을 통상 사실확인이라 칭한다.

정보의 확보

업체와 의견교환을 하기에 앞서 이미 다음 정보가 확보되어야 한다.

○ 유인서, 일방적 계약 수정 내용 또는 업체의 제안서 제출을 촉진한 기타의 정보
○ 제안서 및 동 제안서를 지원하기 위해 업체가 제출한 모든 정보
○ 제품, 시황, 원가 또는 가격 동향, 기타 취득 관련 이력 등에 관한 시장조사로부터 확보한 정보
○ 현장 가격 조사 내용 및 회계감사인의 회계분석
○ 기관 내부의 기술 분석 자료
○ 최초의 가격 분석 자료 및 필요한 경우 원가 분석 자료

해명

해명은 정부와 업체 간 제한적인 의사 교환으로서 정부가 협상/토의를 하지 않고 경쟁방식의 계약을 체결할 수 있을 것으로 예상한 경우 발생한다.

계약업체의 결정이 협상을 거치지 않고 결정될 수 있는 경우는 해당 유인서에서 정부는 제안서를 평가하되 협상을 거치지 않고 계약업체를 결정할 계획임을 명시한 경우를 말한다.

정부가 협상 과정을 거치지 않고 경쟁방식으로 계약을 체결하려 하는 경우 관련 업체에게 계약업체선정 결정에 영향을 줄 수 있는 제안서의 어떤 부분을 해명할 수 있는 기회를 줄 수 있다. 해명요구는 업체에게 업체의 과거 이행 평가 정보와 관련 된 정보를 해명할 수 있는 기회를 부여하

고, 과거의 불리한 이행실적에 대해 해명할 기회(단, 과거에 한 번도 그러한 해명 기회를 갖지 못한 이행평가 건에 한한다.)를 제공한다. 가격을 기재함에 있어서 명백한 소수점 위치의 오류, 명백한 할인율 기재 오류, 제품 단위의 명백한 오류 등 사소한 오류에 대해 해명할 기회를 부여한다. 업체의 적격성 관련 문제 또는 제출받은 제안서의 적합성에 대한 쟁점을 해소할 기회를 제공한다. 제안서의 핵심 포인트의 원래 의도를 업체가 설명할 기회를 갖도록 하는 것이 해명의 목적이다.

소통

협상이 예상되는 경우 계약관은 경쟁범위를 먼저 설정해야 한다. 소통은 제안서 접수 이후 정부와 업체 간의 의사 교환으로서 경쟁범위의 설정으로 이어진다. 소통은 특정 업체가 명확하게 경쟁범위에 들어가거나 들어가지 않는 것으로 판단되지 않는 경우에 허용된다.

○ 과거의 이행 실적 평가 정보로 인해 경쟁범위 포함 결정을 제약하는 제안서를 제출한 업체와 소통해야 하며 그러한 소통은 해당 업체가 이전에 해명할 기회를 갖지 못한 과거의 불리한 이행실적 평가 정보에 집중해야 한다.

○ 경쟁범위 포함 여부가 불명확한 업체와 소통을 가질 수 있다. 소통은 제안서에 대한 정부의 이해를 촉진할 수 있으며 제안서의 합리적인 해석을 가능하게 하며 정부의 평가 프로세스가 더욱 빠르게 진행될 수 있도록 한다.

소통의 목적은 해당 제안서가 경쟁범위 이내에 포함되는지 결정하기 위해 해결되어야 할 쟁점을 다루는 데에 있다.

○ 업체가 이전에 해명할 기회를 갖지 못한 불리한 계약 이행 실적 평가 정보는 소통을 통해 반드시 다루어져야 한다.

○ 소통을 통해 제안서상의 모호한 부문, 또는 결함, 약점, 누락, 착오 등이 감지되는 사항, 관련 과거 이행실적 평가 정보를 다룰 수 있다.

○ 다음에 대한 소통은 허용되지 않는다.
  - 제안서의 결함 또는 중요한 누락을 치유하기 위한 소통

- 제안서의 기술적 사항 또는 가격 부문을 실질적으로 변경하기 위한 소통
- 기타 제안서를 수정하기 위한 소통

경쟁범위를 설정한 후부터 협상 이전까지 기간 동안의 의견 교환

경쟁범위 설정 이전 단계에서의 의견교환은 반드시 필요한 것은 아니다. 경쟁범위 내에 드는 제안서는 협상에 적합해야 한다. 그러나 합리적인 협상목표를 정하기 위해서 추가 정보가 필요한 경우가 발생할 수 있다. 그러한 경우의 의견 교환은 제안서 분석에 필요한 추가 정보를 얻고 목표 설정에 방해가 되는 오해 또는 잘못된 추정을 제거하는 데 사용된다. 업체에게 제안서를 수정할 기회를 주어서는 안 된다.

사실확인

수의계약에서 사실확인은 활용가능한 정보가 제안서 평가에 적절하지 않은 경우 필요할 수 있다. 대부분 다음과 같은 경우에 사실확인이 필요하다.

○ 업체가 제출한 제안서가 불완전하거나, 일관성이 없거나 모호하거나 또는 의문의 여지가 있는 것으로 보이는 경우
○ 시장 분석에서 확보한 정보 및 기타 다른 정보가 분석을 완수하기에 충분한 정보를 제공하지 못하는 경우

사실 확인의 목적은 업체가 제출한 제안서, 정부의 사양서 및 조건, 업체가 제안한 대안 등에 대한 명확한 이해를 구하는 데에 있다. 따라서 정부 및 업체는 정보를 교환할 기회로써 인식하여야 하고 다가오는 협상에 지장을 초래할 수도 있는 잘못된 추정 또는 허위정보를 제거할 기회로 삼아야 한다.

통상적으로 사실확인은 다음에 중점을 둔다.

○ 유사한 업무를 이행하는 데에 소요된 실제 발생 비용 분석에 중점을 둔다. 이러한 분석은 원

가 또는 가격 자료/정보가 정확하고, 완전하고, 최근의 자료인지에 대한 문제, 종전의 원가가 합리적이었는지 또는 종전의 정보가 추정치 산정에서 적절하게 고려되었는지 등을 중점적으로 다루어야 한다.

○ 계약가격 또는 계약의 이행과 관련한 추정과 판단을 분석한다.

2) 의견 교환 방식 선택

의견 교환 방식

제안서 접수 이후 협상하기 이전 단계에서의 의견을 수렴하는 데에 통상적으로 사용되는 여러 가지 의견 교환방식이 있다. 다음 표는 상황에 따른 의견 교환방식을 기술하고 있다.

계약업체선정 이전의 의견 교환	
의견 교환 방식	상황
전화	○ 경쟁을 통한 업체선정 방식에서는 사용하기 어렵다. 비교적 단순한 질의에 대한 서면답변을 요청하기 위해 전화를 이용할 수 있다. ○ 질의내용이 간단한 수의계약 시 통상 사용한다. ○ 질의내용이 복잡한 수의계약에서는 사용하기 곤란하다.
서면	○ 통상 경쟁방식의 계약에서 주고받은 정보의 확보를 위해 사용한다. ○ 수의적 방식의 계약에서는 일반적으로 사용 하지 않는다. 다만 질의내용이 매우 복잡하고 서면으로 작성된 회신을 기다릴 시간이 있는 경우 허용될 수 있다.
대면 방식 (각 팀의 대표 간 또는 전문가 간의 대면 방식을 포함한다. 회계 감사인 또는 기술 전문가를 포함한다)	○ 경쟁 방식의 계약에서는 사용되지 않는다. 통상 질의내용이 복잡하고 계약금이 큰 경우의 수의 계약 방식의 구매에서 사용된다.

전화를 통한 의견 교환

전화를 통한 의견교환은 비교적 단순하고 사적인 문제를 다루는 데 적합하다. 전화를 사용할 때 유념해야 할 여러 사항이 있다.

○ 대화를 시작하기 전에 다루어야 할 모든 현안을 파악하라

전화는 우리가 매일 이용하는 간편한 소통 수단이다. 의문이 있을 때면 즉시 전화기를 들려 하는 관성이 있다. 그러나 전화를 들기 전에 그렇게 불쑥 불쑥 시도하는 대화가 현안 문제에 대해 업체를 당황하게 할 수 있다는 점을 유념해야 한다.

○ 다루고자 하는 문제에 대해 점검목록(checklist)을 작성하라

전화 통화 중에 본론을 벗어나는 경향이 있다. 미리 점검 목록을 작성해 두면 본론을 벗어나는 대화를 줄일 수 있다.

○ 주고받은 모든 정보를 서류로 작성하라

계약행정에서 기록은 매우 중요한 기능을 한다.

일반적으로 대화 내용을 요약하는 것은 대화 내용을 서류로 작성하는 가장 일반적인 방법이다. 일부 계약관은 오디오에 의한 기록 방식을 사용하나 대부분은 대화를 녹화하는 것에 거부감을 느낀다. 모든 참석자가 동의하지 않는 한 녹화를 해서는 안 된다.

○ 정확한 워딩이 중요한 경우이거나 복잡한 문제에 대해서는 서면으로 답해 줄 것을 요구하라.
예를 들면 업체로부터 확보한 정보에 대한 정확한 워딩은 경쟁방식의 계약에서는 특히 중요하다.

서면에 의한 의견교환

정확하고 완전한 질의를 받고 정확한 답변을 하는 것이 중요한 경쟁계약 방식의 경우 서면에 의한 의사 교환방식이 특히 유용하다. 서면으로 의견교환을 시작하기에 앞서 다음과 같은 점에 유념해야 한다.

○ 문서가 답변받기를 원하는 질의를 정확하게 반영하고 있는지 확인하라. 계약업체는 질의내용이 모호한 경우 잘못 해석할 여지가 있다.
○ 서면에 의한 질의 답변에 가급적 충분한 시간을 부여하라. 통상 서면에 의한 의견교환은 2~3주 이상의 기간이 필요하다. 이메일, 팩스 등을 이용하면 기간을 앞당길 수 있다.

대면 방식의 의견 교환

복잡한 문제의 경우 업체와의 직접 대면하여 소통하는 방식이 더 바람직할 수 있다. 문제가 복

잡하고 금액이 큰 경우 업체의 사업장에서 대화를 갖는 것이 바람직하다. 업체의 기술적 정보에 대한 신속한 접근이 가능하며 의견교환과정이 편리하고 원활하게 진행된다.

3) 대면 의견교환 담당자(참여자) 선정

정부 팀원의 선정

통상 계약가격의 규모 및 계약의 복잡성이 클수록 정부팀의 규모도 커진다. 의견교환이 예상되는 분야에서의 전문가를 팀원으로 선정한다. 다음 표는 대면대화 시의 팀원과 그에 상응한 역할을 기술하고 있다.

대면 대화의 팀원과 역할	
팀의 역할	**관련 팀원**
팀장	○ 계약관 ○ 특수 전문가
기술분석	○ 엔지니어 ○ 기술 전문가 ○ 프로젝트 매니저 ○ 실수요 기관 ○ 품목 전문가 ○ 물품 수급 매니저 ○ 수송 매니저 ○ 자산 관리요원
가격분석	○ 공인회계사 등 회계감사인 ○ 원가/가격 분석 전문가
계약조건 분석	○ 변호사 ○ 행정지원 계약관 ○ 행정지원 전문가

팀장

팀장은 회의 기간 동안 팀을 이끄는 것은 물론 팀의 회의 준비를 관장한다. 준비내용은 다음과 같다.

○ 계획수립

- 여러 가지 핵심 분야를 고려하여야 하며 팀원 및 업체와 협의를 거처 조율한다.

- 회의 장소(정부시설 또는 업체의 시설 이용 결정)

- 회의 개최시기 기간

- 회의 의제

- 의견 교환방법(그룹미팅, 개별 인터뷰 방식, 또는 소규모 팀의 인터뷰 등)

○ 역할 배분

- 팀원의 역량을 토대로 업무 배정

- 필요한 경우 시청, 서류 작성, 업체의 반응을 담당하는 전담 요원 배치

○ 팀원 각자가 준비해야 될 사항 지정

최초의 팀 질의 사항을 검토한다. 본 검토는 팀장이 다음의 기회를 확보하도록 하는 데에 있다.

- 의사교환이 필요한 부문 및 정도를 확인

- 각 개인이 맡은 분석범위를 초과하는 사항 파악

- 부적절한 질의내용 파악

○ 최초의 질의내용을 업체에게 송부

회의 시작 이전에 상대방의 팀장에게 질의내용을 송부하면 의사소통을 빠르게 진행할 수 있다. 의견을 주고받기 전에 질의 내용을 송부하게 되면 보다 신속하게 업체의 답변을 받을 수 있고 업체 또한 정부의 관심사항을 파악하고 회의 준비를 더 잘할 수 있게 된다.

일반적인 팀 준비 사항

모든 팀원은 회의 도중 정부와 업체 간 지켜야 할 룰을 잘 숙지해야 한다.

○ 팀원들에게 다음 내용을 숙지하도록 한다.

- 대화를 시작하는 방법으로서 질문을 사용하라.

- 간단한 질문으로 시작한다.

- 추정 금액의 근거에 대한 질문을 포함한다.

- 복잡한 질문은 단순한 여러 가지 질문으로 쪼개서 한다.

- 답변을 명확하게 이해할 수 있을 때까지 계속 질의한다.

- 토론 주재의 순위와 관심 정도를 정한다.

- 철저히 시스템적으로 움직이다.

- 추정치를 작성한 사람에게 추정치에 대해 설명하도록 요청한다.

- 팀원 회의를 소집하여 답변을 검토하고 필요한 경우 또 다른 질의 답변의 장을 마련하도록 한다.

○ 팀원들이 다음의 행동을 하지 않도록 주의한다.

- 계약가격 또는 계약조건을 협상해서는 안 된다.

- 정부 입장에서의 기술적 또는 가격적 추천을 해서는 안 된다.

- 다른 팀원이 업체에게 질의한 질문에 대해 답변해서는 안 된다.

- 업체가 직접적인 답변을 회피하도록 허용해서는 안 된다.

- 정부가 확보한 예산에 대해서 언급해서는 안 된다.

기술적 분석 준비

기술적 분석 준비 내용은 다음을 포함한다.

○ 기술제안서 및 관심사항을 분석한다.

정부는 업체와 효율적으로 소통을 할 수 있어야 한다. 의견 교환이 시작되는 시점까지 업체의 핵심요원들은 수 주일간 제안서 작성에 몰두하게 된다. 정부의 면밀한 제안서 분석은 효율적인 의사 교환을 위해 반드시 필요하다.

○ 최초의 질의서 작성한다.

정부의 분석가들은 분석을 진행하는 동안에 최초의 질의서를 작성한다. 분석기간 동안 질의서를 작성하게 되면 분석 이후에 질문을 재구성하는 데에 소요되는 시간을 절약할 수 있다. 특별한 주제가 의견 교환 준비를 급하게 하는 과정에서 빠뜨려지지 않도록 유의한다. 질의내용에는 다음과 같은 내용을 다룬다.

- 추정 가격이 어떤 방법으로 산출되었는가?

- 특정 페이지 번호상의 제안 목록은 어떤 용도로 제시되었는가?

- 언제 작업이 종료되는가?

- 누가 용역을 수행하는가?

- 제안한 역무 수준이 필요한 이유는?

- 제시한 역무는 시방내용과 어떻게 관련되는가?

○ 최초 질의내용의 검토한다.

제안서 분석이 완료된 이후 기술분석가는 최초의 질의내용을 검토 분석가들이 질의내용을 완전히 숙지하고 의사소통 중에 답변을 청취하여 정확한 답변인지를 확인하는 데에 집중할 수 있도록 한다.

○ 팀장에게 최초의 질의서를 제출한다.

가격 분석가 준비 사항

대부분의 계약에서 계약관 또는 계약전문가는 재료 가격, 노임, 간접비 등을 분석하는 전문가인 가격 분석가가 된다. 회계사는 통상 의사소통 팀원이 아니나 조언이나 지원은 해 줄 수 있다.

규모가 크고 복잡한 계약 건에서는 원가/가격 전문가를 따로 정할 수 있다. 소속 회계사가 팀에 참여할 수도 있다.

가격 분석가의 준비 사항은 다음 내용을 포함한다.

○ 제안서의 분석 및 관련 정보의 확보

○ 최초 질의서의 작성

○ 최초 질의서의 검토

○ 팀장에게 보고

계약조건 분석가의 준비사항

대부분의 계약에서 계약관 또는 계약전문가가 계약조건 분석가가 된다. 동 분석가는 제안서에서 제시한 제 조건을 분석하는 업무를 담당한다. 그러나, 대부분의 계약에서는 업체가 유인서에 적시된 정부의 계약조건을 수정 없이 수용하기 때문에 그러한 분석을 필요로 하지 않는다.

보다 복잡한 계약에서는 보조 계약관, 계약행정 담당 전문가, 변호사 및 기타 관련 전문가가 참여하여 제안서의 제 조건을 분석하기도 한다.

준비사항은 제시한 계약조건이 계약관계에 어떤 영향을 미치게 될 것인가에 중점을 둔다.

○ 제안서를 분석하고 관련 정보를 확보한다.

통상적으로 분석가는 제안 조건의 법적 타당성 검토에 중점을 둔다.

○ 최초 질의 내용 작성

질의 내용은 유관부서와 협의를 통해 작성한다.

○ 팀장에게 보고

4) 대면 의사소통

오리엔테이션

대면 의사소통 회의는 오리엔테이션으로부터 시작한다. 오리엔테이션 내용은 정부 및 업체의 참여 요원규모, 장소, 기관의 절차, 및 관련 문제의 복잡성 정도에 따라 다르다.

○ 인사

찬사 또는 칭찬을 함으로써 호적인 분위기를 조성한다. 최소한도 업체가 계약에 참여한 것에 대해 감사를 표시한다. 만약 정부가 초대자인 경우 업체가 방문해 준 것에 대해 감사를 표한다. 정부가 초대받은 경우에는 업체에게 업체를 방문할 기회를 준 것에 대해 감사 표시를 한다.

○ 직원 소개

참여 당사자가 서로를 잘 알지 못하는 사이인 경우 서로를 소개하는 시간을 갖는다. 참여자가 대규모인 경우에는 각 참여자의 성명, 직위, 근무지 주소, 전화번호 같은 정보를 포함한 직원 명부를 작성 회람토록 한다.

○ 시설 소개

회의실을 이용하는 그룹미팅인 경우 시설에 대한 오리엔테이션은 보안상의 제한 구역, 휴게실, 화장실 같은 편의시설 소개로 갈음한다. 만약 각 팀원이 각자 별도로 모임을 갖는 경우에는 접근이 가능한 전체 시설에 대해 소개를 한다.

○ 의제 검토

회의실에서 그룹미팅을 하는 경우 다루어야 할 의제의 개괄적 검토만으로 충분하다. 만약 하루 이상 회의가 계속될 예정인 경우 예상되는 일간 스케줄을 검토해야 한다.

○ 회의 목적

회의의 목적은 정보를 얻는 데에 있지 협상을 하는 것이 아니라는 점을 유념하라.

인터뷰

인터뷰를 하는 팀원은 전문가 이미지를 보여야 하며 주의 깊게 청취하고 적극적으로 의견 교환에 임해야 한다.

기본적인 인터뷰 기술은 다음을 포함한다.

○ 질의

- 질의는 인터뷰의 핵심이다. 훌륭한 질의 스타일은 회의 주제와 인터뷰에 응하는 사람의 퍼스널리티에 크게 의존한다.
- 인터뷰의 시간 제약 때문에 구체적인 문제에 대한 상세한 질의가 바람직하다.
- 범위가 넓고 우회적인 질의는 특히 정부 분석가가 업체의 프로세스 및 시스템에 대한 폭넓은 정보를 원할 때에 특히 유용하다. 또한 어떤 사람들은 그들이 마치 심문을 받고 있는 것같이 느낌으로 구체적인 질의에 대해서는 거부감을 나타낸다. 결국 그러한 사람들은 범위가 넓은 질의에 답할 때에 더욱 진술해지는 경향이 있다.

○ 조사

- 이러한 기법은 인터뷰 답변이 모호하거나 제한적인 단서를 다는 경우 유용하다.
- 통상 동일한 문제에 대해서 여러 번의 질의를 한다. 최초의 질의는 일반적 사안에 대한 것이며 답변이 계속될수록 구체적으로 들어가 보다 상세한 답변을 유인해 내는 방법이다. 목표는 완전히 적절한 답변을 이끌어 내는 것이다.
- 동일한 질문을 다른 방법으로 질의하는 것도 필요할 수 있다. 답변이 만족스럽지 않은 경우 반복하여 다시 물을 수 있다. 이러한 질의 과정이 적절한 답변이 나올 때까지 계속된다.
- 인터뷰를 하는 사람이 좌절감을 느끼게 하거나 화를 내도록 유도할 수도 있다. 답변을 하지

않고 넘어가는 질문이 없도록 한다. 명확성과 이해도를 높이기 위해 방법을 바꾸어서 질문을 할 수 있다. 인터뷰를 하는 사람이 진솔하게 답변하지 않는 경우 팀장은 업체의 경영층의 지원을 받아 적합한 답변을 얻을 필요가 있다.

○ 듣기

- 듣기는 말하는 것만큼 소통에 있어서 중요하다. 부적절한 듣기에서 부적절한 소통이 유발되는 경우가 많다. 또한 듣는 기술은 사실확인 과정에서는 특별히 중요한 기능을 한다.

○ 이해

- 언어 및 해석의 차이는 오해를 유발할 수도 있고 의도치 않은 분쟁을 유발할 수도 있다. 이해를 증진하기 위해 사용할 수 있는 여러 가지 방법이 있다.

- 업체제안서에 대한 정부의 평가부분을 업체와 공유하며 정부의 평가자가 이해하지 못하는 부문을 설명한다.

- 인터뷰 내용을 다른 표현으로 바꾸어서 자신의 해석이 옳은지를 묻는다.

정부 측의 회합

정보가 수집되면 정부팀원은 주기적으로 모임을 갖고 수집된 정보에 대한 메모를 비교한다. 회합은 업체가 제공한 상충 되는 정보 또는 지원정보의 타당성을 확인하는 데에 주안점을 둔다. 따라서 회의결과 추가 질의가 발생할 수 있으며 업체의 제안서에 대한 정부의 관심사가 모두 답변되었는지 확인할 수 있게 된다.

종료

대면 소통방식은 양 당사자가 합의점에 이르거나 최소한 일방이 휴정이 필요하다고 느낄 때까지 계속된다.

회의는 다음과 같이 공식적으로 종료된다.

○ 팀장이 회기 중 중요 사실 파악 내용을 개략적으로 설명한다.
○ 팀장이 업체에게 감사의 의사를 표한다.
○ 필요한 경우 다른 회의 개최 계획을 발표한다.

결과에 대한 서류 작성

의견 교환 결과를 문서화한다. 문서화는 입수한 정보를 파악하고 그 정보가 계약결정 과정에서 어떻게 활용되었는지를 확인하는 것이다. 서류작성은 팀장이 직접 수행하나 복잡한 협상에서는 팀장이 서기 역할을 할 담당자를 지정할 수도 있다.

5) 의견교환 결과의 사용

의견교환동기에 따라 결과의 용도도 달라진다.

해명결과의 사용

협상이 없는 계약에 있어서는 해명결과를 참작하여 계약을 결정할 수 있다. 예를 들면 업체가 과거의 실적에 또는 경험에 대한 유관성을 입증한 경우 그러한 실적/경험은 계약업체 결정에서 영향을 미칠 수 있으나 유관성이 없는 경험/실적은 고려대상이 아니다.

소통 결과의 사용

경쟁범위를 설정하는 데에 있어서 의사소통의 결과를 참고할 수 있다. 예를 들면 과거의 불리한 이행 실적 평가정보에 대한 해당 업체의 답변이 동 정보에 대해 반박하지 못한 경우 그러한 반박의 실패는 해당 업체를 경쟁대상 업체에서 배제할 정도로 전체의 평가 점수를 낮출 수 있다.

경쟁적 협상이전의 의견 교환 결과의 이용

협상이전의 경쟁범위 설정 이후에 발생하는 의견 교환의 결과는 제안서 평가를 수행하는 데에 사용할 수 있다. 그러한 결과를 활용 협상목표를 설정한다. 만약 의견교환 결과 제안요구서에서의 흠결이 발견되는 경우 계약관은 유인서를 수정하거나 유인서를 취소하고 다시 유인서를 발급해야 할지를 검토한다.

사실확인 결과의 사용

사실확인 결과는 예비 사전협상 목표를 재평가하는 데에 사용된다. 통상 정부와 업체의 협상 포지션은 사실확인 결과를 토대로 점점 가까워진다.

사실확인 동안에 정부팀은,

○ 업체와의 상호 이해를 높이고,

○ 문제의 타당성 및 의견 교환 이전에 확인된 포지션을 테스트한다.

○ 제안서에 적시된 사실을 입증한다.

○ 제안서의 추정을 입증하거나 반박한다.

○ 핵심 협상 주제에 대한 업체의 포지션을 파악하고 각 포지션의 상대적 중요도를 확인한다.

4. 협상준비 절차

1단계: 적절한 협상팀을 꾸린다.

2단계: 협상주제와 목표를 파악한다.

3단계: 업체의 협상 이력과 접근방법을 모색한다.

4단계: 흥정의 단점 및 장점을 파악한다.

5단계: 협상의 우선순위와 절충(trade-off)이 가능한 내용을 파악한다.

6단계: 모든 협상방법을 판단한다.

7단계: 협상계획을 수립한다.

8단계: 협상계획을 관리층에 보고한다.

9단계: 협상의제를 작성한다.

준비의 필요성

효과적인 협상을 위해서는 철저한 준비가 가장 중요하다. 철저한 준비 없이는 경험도, 흥정 기술도 설득도 통하지 않는다.

○ 일반적으로 철저한 준비를 통해 윈/윈 협상의 성취 가능성을 높일 수 있으며 계약의 품질을

높이고 적시의 효율적인 계약 이행의 토대를 마련할 수 있다.

○ 철저한 준비는 다음의 효과를 가져올 수 있게 한다.

양질의 기술사양서 작성을 통해 수정의 필요성을 줄일 수 있다.

비용 추정치가 계약이행의 실비용에 더 접근하게 된다.

업체의 준비

효과적인 제안서를 작성하기 위해 계약자는,

○ 제안서 작성을 하기에 앞서 시방서 등의 계약조건을 숙지해야 한다.

○ 계약이행과 관련되는 추정내용을 파악한다(예를 들면 최근의 경쟁상황, 대체품, 발생 가능한 이행상의 문제점 및 시장이 계약가격에 미치는 영향 등).

○ 대안을 평가하여 계약조건을 충족하는 데에 가장 효과적인 방법을 결정한다.

○ 정부의 기술적 조건 및 가격 조건을 충족할 수 있도록 제안서를 작성한다.

이를 위해 정부는,

○ 제품, 업체의 계약 이행에 영향을 미치는 기술적 요소 및 제품 가격에 영향을 미치는 시장 요소를 이해하기 위해 시장 분석을 해야 한다.

○ 계약 관련 서류(유인서, 계약서, 수정계약 등)를 검토한다.

○ 최근의 시장 상황 등 구체적인 계약조건을 기준으로 업체의 제안서를 분석한다.

○ 필요한 경우 업체로부터 입수한 정보를 명확히 이해하기 위해 의견 교환 결과를 이용하여 추가 분석을 한다.

○ 동 분석결과를 토대로 협상 계획을 수립한다.

이용 가능한 정보

적절한 정보 없이는 효과적인 계약협상을 준비할 수도, 효과적으로 협상할 수도 없다. 계약 협상을 준비할 시 다음의 정보를 확보한다.

○ 유인서, 일방적 계약 수정 내용, 기타 업체의 제안을 돕는 서류

○ 제안서 및 업체가 동 제안서를 지지하기 위해 제출한 모든 정보

○ 제품, 시장, 관련 구매 관련 이력 등에 관한 시장조사결과

○ 관련 현장에서의 가격 및 회계분석 자료

○ 내부 기술 전문가의 기술적 분석

○ 업체가 제안한 가격에 대한 정부의 최초 분석 자료

○ 업체와의 의견 교환 결과

1) 상황에 맞는 협상팀을 결성한다.

팀 규모

통상 정부 협상목표를 효과적이고 효율적으로 달성하는 데에 적합한 최소한의 소규모 팀을 결성한다.

소규모의 단순 구매에서는 계약관이 협상에 참여하는 유일한 정부 대표가 될 수도 있다. 계약규모가 복잡성이 증가할수록 더 많은 전문가를 필요로 한다. 일반적으로는 소규모 팀이 보다 더 효율적이다. 팀 규모가 커지면,

○ 협상 기간 동안 팀 관리 감독이 훨씬 더 어려워지며

○ 팀 의사소통이 훨씬 더 복잡해지며

○ 협상 관련 인적 비용이 증가한다.

팀원

아래 표는 협상에서의 일반적인 역할과 이러한 역할을 수행할 수 있는 팀원을 나타내고 있다.

대면 대화의 팀원과 역할	
팀의 역할	관련 팀원
팀장	○ 계약관 ○ 특수 전문가
기술분석	○ 엔지니어 ○ 기술 전문가 ○ 프로젝트 매니저 ○ 실수요 기관 ○ 품목 전문가 ○ 물품 수급 관리자 ○ 수송 관리자 ○ 자산 관리 요원
가격분석	○ 공인회계사 등 회계 감사인 ○ 원가/가격 분석 전문가
계약조건 분석	○ 변호사 ○ 행정지원 계약관 ○ 행정지원 전문가

팀장

계약협상에서 팀장은 계약업무를 총괄하는 계약관이 맡는다. 계약관은 협상에서 최종적은 권한을 갖는데 이는 단지 계약관만이 정부계약을 체결할 수 있는 권한을 갖고 있기 때문이다.

계약관은 팀장으로서 활동을 하거나 그 권한을 다른 계약전문가에게 위임할 수 있다. 위임은 계약금액, 협상에 수반되는 문제의 복잡성, 계약대상의 계약상 또는 조직 운영상의 중요도, 계약부서의 정책, 경험 등을 감안하여 위임받을 자를 지정한다.

주 협상자

주 협상자는 계약협상 동안에 정부를 대표하고 흥정하는 업무를 담당한다. 통상, 팀장이 주요 핵심 협상 주제에 대해 폭넓은 이해를 하고 있어 협상가 역할을 겸임한다. 그러나 팀장이 다른 사람을 주 협상자로 지명 주 협상자의 역할을 수행하도록 할 수도 있다.

○ 분석과 협상에 있어서의 특별한 전문 지식 때문에 다른 자를 주 협상자로 지명할 수 있다. 예를 들면 가격분석가가 가장 적합한 협상가일 경우 그를 주 협상자로 지정할 수 있다. 물론 팀장은 여전히 협상결과에 대해 최종책임자가 된다.

○ 여러 가지 전문 지식을 활용, 서로 다른 주재를 흥정하기 위해서 여러 명의 주 협상자를 지정할 수도 있다. 예를 들면 엔지니어는 노임 같은 기술적 문제를 협상할 수 있으며 가격 분석가는 간접비의 주협상자로 활동하게 할 수 있다. 이러한 방법을 사용하는 경우 팀장은 특히 다양한 협상자들이 동일한 목표를 향하여 정보와 업무를 공유하도록 해야 한다.

기타의 팀원

업체의 포지션 이해에 전문지식이 필요한 경우 또는 정부의 포지션을 설명하기 위해 필요한 경우 관련 전문가를 팀원으로 추가한다.

핵심문제에 대한 질의답변은 일반적으로 전 협상과정에서 계속된다.

○ 정부와 업체의 포지션 간의 차이가 명확해질 때까지 전문가의 지원이 필요하다. 이후의 전문가 지원은 실질적으로 협상에 해로울 수도 있다. 양측의 전문가가 너무 자신들의 포지션만 옳다고 확신을 하는 나머지 의식적이든 무의식적이든 타협 노력을 하지 않게 된다.

○ 협상 전 과정에서 매우 중요하고 복잡한 문제를 다루는 경우 전문가의 의견이 필요할 수도 있다. 그러한 문제에 대한 상호 간 이해는 성공적 계약이행에 중요한 영향을 미친다.

2) 협상 쟁점과 목표를 파악한다

쟁점 파악

쟁점이란 정부와 업체가 합의점에 이르지 못한 어떤 주장을 말한다. 반대로 비쟁점은 양측이 합의한 주장을 말한다.

보통, 정부와 업체가 동일한 팩트 또는 관련 팩트를 기준으로 서로 다른 주장을 할 때에 일어난다. 서로 다른 주장은 협상에서의 서로 다른 시각과 서로 다른 이해관계 때문에 발생한다.

○ 비쟁점은 협상과정에서 문제를 제기할 경우 쟁점이 될 수도 있다.

○ 쟁점 또한 문제를 제기하지 않을 경우 비쟁점이 될 수 있다.

쟁점의 근원

계약 협상에서 쟁점은 업체 또는 정부가 제기한 이의제기로부터 발생할 수 있다. 일반적으로 업체의 제안서에서의 이의제기는 현장가격보고서, 감사보고서, 내부의 기술 보고서 정부의 원가/가격 분석, 업체와의 의견 교환 결과, 그 외 다른 종류의 정부 분석을 근거로 이루어진다.

쟁점은 유인서, 계약서 등에 기술된 정부의 계약조건에 대한 업체의 이의제기와 관련된 것일 수도 있다.

쟁점과 목표

쟁점은 정부와 업체의 협상 포지션 간의 차이에 대한 근거가 된다. 예를 들면 노임에 대한 포지션은 정부가 미래의 직접 노임을 추정하기 위해 업체가 특정 노임 지수를 사용하는 것에 대한 이의제기 때문에 서로 다를 수가 있다.

쟁점은 정부와 업체의 포지션 차이를 토대로 하고 있으므로 정부의 협상 목표를 정하기전에 동포지션에 양향을 미치는 핵심 쟁점을 파악해야 한다. 파악하지 못한다면 특정 문제에 대한 정부의 목표가 관련 쟁점들에 대한 정부의 목표와 일관성을 갖지 못할 가능성이 있다. 예컨대 정부가 직접 노임을 예측하기 위해 특정 지수를 사용하는 데에 이의가 있다면 그러한 이의제기는 유사한 조건에서 추정한 모든 유사한 임금에 영향을 미친다.

협상 이전의 사전 목표

○ 경쟁적 협상에서 각 계약 당사자의 협상 목표는 업체의 제안서, 유인서의 평가 기준 및 업체의 영업에 영향을 미치는 조건을 기준으로 정부에게 가장 유리한 조건을 제시하는 최종 수정 제안서를 직성 하는 데에 있다. 정부는 전체적으로 가장 유리한 조건을 제시한 제안서를 제출한 업체와 계약을 하게 된다.

○ 비경쟁 협상에 있어서 정부에게 가장 유리한 조건은 제품의 품질면에서 정부의 요구를 만족하고 적시에 납품을 할 수 있고 이행 능력을 갖춘 업체와, 공정하고 합리적인 가격으로, 정부

와 업체 간 위험을 균등하게 부담하고 정부의 사회경제적 목표를 충족하는 계약을 말한다.

기술적 목표

정부의 기술적 목표는 정부의 시방서 및 조건과 동 조건 등을 기준으로 작성한 업체의 기술제안서 평가 결과를 토대로 하여 설정된다. 기술적 목표는 업체가 효과적이고 효율적으로 정부의 수요를 충족할 수 있느냐에 중점을 둔다. 통상적으로 기술적 목표는 다음 사항을 다룬다.

○ 업체가 제시한 기술적 제안내용의 수락 가능성

예를 들면 정부는 특정 장비의 사양을 충족하기 위해 더 큰 모터를 요구할 수 있다.

○ 기술제안서와 관련된 이행 위험

예를 들면 기술제안서에서 요구한 용역을 수행하기 위해 자격이 없는 자를 고용할 수도 있다.

○ 불합리하게 가격에 영향을 미치는 기술적 요인

이를 금도금 작업(gold plating: 대규모의 예산 투입이나 집세의 대폭 인상을 정당화하기 위해 불필요한 고가의 품목을 포함하여 시공하거나 리모델링하는 행위)이라 부르기도 한다.

예를 들면 업체가 목제 캐비닛을 제작하기 위해 스테인레스 철강 못을 제시할 수도 있다. 통상적으로 사용하는 못을 사용할 경우 적은 비용으로 캐비닛을 잘 만들 수 있다.

원가 또는 가격 목표

기술적 문제와 관련되는 쟁점 또는 요율 및 비목과 관련되는 쟁점은 궁극적으로 원가와 가격 목표에 영향을 미친다.

협상이 원가 분석 또는 가격 분석을 수반하는 경우 전체적인 가격 목표를 설정해야 한다. 전체적인 가격 목표가 없는 협상은 방어가 불가능한 결과를 초래하게 된다. 원가 비목별로 원가를 협상하는 것은 전체적인 가격에 대한 합의의 영향을 이해하지 못하는 경우 위험할 수 있다.

"정부가 확보할 수 있는 최저가 또는 견적가격보다 10% 이상 낮은 가격"과 같은 목표는 그러한 목표가 윈/윈 정신을 훼손하고 너무 모호하므로 수락 가능한 목표로서 인정하기 어렵다. 가격 목표는 계약시방서 및 제 조건에 대한 합리적인 평가 결과와 그러한 제 조건을 충족하기 위해 업체가 제시한 방법을 반영하여 명확하게 정한 금액으로 수립되어야 한다.

협상 도중에 목표는 변경될 수 있다

협상 이전의 정부 목표는 협상 이전에 입수 가능한 정보를 기준으로 한 정부의 최선의 판단을 나타낸다. 따라서 보다 많은 정보가 확보되는 경우 목표는 변경될 수 있다.

협상 목표에 대해 관리층의 승인을 득하여야 하는 경우 그러한 승인은 협상 도중에 목표를 조정할 수 있는 재량범위를 포함하여야 한다. 소속 기관의 제도 및 상황에 따라 완전 재량권을 부여할 수도 있고 목표변경의 경우 별도의 승인을 받도록 할 수도 있다. 목표의 변경이 계약금액을 높일 가능성이 있는 경우 별도의 승인을 받도록 하는 것이 일반적이다.

3) 업체의 협상 방법을 파악한다.

업체의 협상 방식 파악의 필요성

협상을 이끌 쟁점과 목표는 이미 파악되었다. 이제는 업체의 목표와 업체 측의 협상자가 그러한 목표를 쟁취하기 위해 따르게 될 로드맵에 대해 알 필요가 있다.

정보원

업체가 협상에서 어떻게 접근할 것인가에 대한 정보는 여러 정보원으로부터 확보할 수 있다. 가장 중요한 정보원은 다음을 포함한다.

○ 제안서 및 동 제안서와 함께 제출한 모든 정보는 해당 업체의 계약이행 및 가격 결정 방법을 명확히 설명한다,

○ 동일 유사제품에 대한 종전의 제안서 및 계약서는 업체가 협상 도중 얼마나 신축성이 있는지에 대한 아이디어를 제공한다. 대부분의 업체는 협상 도중 견적한 가격의 일정 비율을 양보할 것으로 예상한다. 업체가 부풀린 제안서 부분을 협상 대상으로 하여 계약을 성사시키려 할 수 있다.

○ 유사한 용역에 대한 동일 업체와의 가격 협상 비망록은 업체가 협상에서 유연성을 갖거나 완고한 주장을 펼치는 경향이 있는 부문에 대해 상세한 정보를 제공한다.

이전에 해당 업체와 거래를 한 경험이 있는 계약관, 협상자 및 기타의 공무원은 업체의 협상스

타일에 대한 사적 개인 정보 및 각 협상가들이 취한 접근 방식에 대한 정보를 제공할 수 있다.

○ 회기 도중 습득한 정보를 통해 업체의 포지션 중 완강한 부문과 유연한 부문을 파악할 수 있다.

고려해야 할 주요 질의

업체가 어떤 방식으로 협상을 하였는지에 대한 정보를 수집할 시에 다음 정보를 포함한다.

○ 계약협상에서 계약업체가 정하였을 것으로 생각되는 목표와 우선순위는?

업체의 계약 목표와 관련 우선순위를 파악하라. 계약가격이 항상 중요하나, 모든 협상은 비가격부분의 목표를 가지고 있다.

○ 업체 전체의 사업 목표와 우선순위가 협상에 어떠한 영향을 미치는가?

발주 건이 업체 전체의 사업 목표를 달성하기 위한 업체의 능력에 어떤 영향을 미치는가를 판단한다. 대부분의 업체는 1건의 계약을 업체의 매출 조합의 일부로 본다. 각 계약은 고유의 조건과 그에 따른 대가가 따르나 회사의 다른 사업과 연관성을 갖는 것도 사실이다. 시장 점유율을 높이고 새로운 분야에 진출하고 현금 흐름을 개선하고 불필요한 위험을 회피하고 정부와 계속 사업을 하는 것 등의 목표를 예상할 수 있다.

○ 각각의 개별 목표와 협상자의 우선순위는 협상에 어떠한 영향을 미치는가?

협상자의 목표와 우선순위가 업체의 목표와 우선순위와 다른 요인을 파악하라. 예컨대, 새로운 협상자는 타협을 거부하는 방법으로 자신의 능력을 입증할 필요성을 느낄 수도 있다. 협상결과에 따라 정해지는 이윤을 기준으로 성과급을 받는 협상자가 있다면 그 협상가는 이윤을 높이기 위해 원가 부분을 기꺼이 양보하기도 한다.

○ 업체의 협상가는 어떤 협상 스타일과 전략을 사용할 것으로 보이는가?

계약대상 업체와 협상에 참여할 것으로 예상되는 협상자의 과거의 협상관련 정보를 수집한다.

○ 누가 협상자로 나오든 회사의 협상전략과 전술은 협상에 영향을 미친다

예를 들면 어떤 업체는 가급적 최소한의 가격 정보만을 정부 측에게 제공하는 전략을 구상한다. 만약 가격의 적절성을 확보하기 위해 추가로 가격 관련 자료가 필요한 경우 그러한 전략으로 인해 정보를 수집하는 데 제약을 받을 수 있다.

○ 특정 협상가의 스타일이 중요할 수 있다. 예를 들면 협상가가 윈/루스 전략을 사용하는 경향이

있는 경우 정부는 협상을 윈/윈 진로로 전환하기 위해 효과적인 상응 조치를 고려해야 한다.

○ 업체의 협상 태도에 영향을 주는 압박과 통제는?

압박과 통제가 미치게 될 영향을 파악하라. 예를 들면 어떤 업체들은 협상가들에게 재량권을 전혀 주지 않는다. 그러한 제약은 합의에 이르기 어렵게 한다. 이러한 권한의 제약을 조기에 알게 되면 업체가 협상가에게 합의점에 이르는 데에 필요한 유연성을 주도록 유도함으로써 윈/윈 방식의 진로로 바꾸게 할 수 있다.

4) 협상의 강점과 약점을 평가한다

협상력

협상력은 상대적이다. 양 당사자가 협상의 강점과 약점을 갖고 있으므로 협상력은 어느 일방에 완전히 치우치지 않는다. 양 당사자의 상대적 강점과 약점을 인지하게 되면 윈/윈 결과를 얻는 데에 도움이 된다.

○ 정부가 특정 제품의 유일한 고객인 경우에 협상력을 가질 수 있다. 그러나 업체가 유일한 공급업체일 경우에는 그 협상력이 상쇄될 수 있다.

○ 세계적으로 유명한 과학자는 전문성과 명성을 기반으로 협상력을 가질 수 있다. 그러나 숙련된 기술적 분석가가 있는 경우 그러한 협상력을 상쇄할 수 있다.

정부가 잠재적 경쟁자를 파악하고 있지 못한 경우 또는 대체품을 파악하지 못한 경우 업체가 협상력을 발휘할 수 있다. 그러나 정부수요에 대한 정부 협상가의 지식은 그러한 협상력을 상쇄할 수 있다.

○ 경험이 많은 협상자는 수년간 쌓은 명성으로 협상력을 가질 수 있다. 그러나 협상에 대한 협상자의 접근 방식을 알게 되면 협상력은 떨어지게 된다.

협상력과 통찰력

협상력은 상대방이 협상에 대한 영향을 미치는 것으로 인지되는 것을 말한다. 대부분의 정부 협상가는 일방적 계약 수정을 구체화하는 협상에 있어서 훨씬 더 우월한 협상력을 갖고 있는 것으로 믿는다. 정부 협상가들은 수정계약의 이행이 계속되고 실비용 발생이 계속되는 데도 업체는 협상을 지연할 수 있다고 지적한다. 그러나 그들은 정부 또한 그러한 상황에서도 상당한 힘을 갖고 있다는 것을 인식하지 못한다. 계약관은 합리적이지 못한 실비를 받아들여서는 안 된다. 만약 협상에 이르지 못하는 경우 계약관의 일방적 결정으로 공정한 조정을 할 수 있다. 물론 계약업체 또한 그러한 결정에 이의를 제기할 수 있으나 분쟁을 해결하기 위해서는 수개월 수년의 기간이 소요될 수 있으며 소송비용이 분쟁대상 금액을 상회할 수도 있다. 분명히 협상에 의해 합의점을 찾는 것이 정부 또는 업체에게 가장 유익하다.

협상력의 원천

다음은 특정 협상에서 각 당사자의 협상의 강점과 약점을 평가할 때에 고려하여야 할 사안이다.

○ 경쟁
  - 경쟁 상대의 유무는 유불리를 결정하는 결정적인 역할을 한다.
  - 매도자(팔려는 사람)는 가용 공급원 또는 대체 공급원이 제한적인 경우, 보다 높은 협상력을 향유할 수 있다.
  - 매입자(사려고 하는 사람)는 공급자 또는 대체 공급자가 많은 경우 협상력을 키울 수 있다. 수의계약을 협상하는 경우에도 흥정이 가능한 대체 공급원이 존재할 수 있다. 정부는 다음과 같은 방법으로 대체 공급원을 발굴함으로써 협상력을 확대할 수 있다.
    • 수요를 내부의 인력으로 수행토록 하는 방법.
    • 경쟁을 확대할 수 있도록 시방서 등의 계약조건을 변경하는 방법.
    • 다른 업체에게 창업비용을 지원하는 방법으로 새로운 공급원을 개발하는 방법.
    • 다른 대체 공급원이 확보될 때까지 계약 추진을 미루는 방법.
    • 경쟁이 가능하도록 품목을 나누어 구매 추진하는 방법.
○ 지식
  '아는 것이 힘이다'는 표어는 계약 협상에 적용되는 말이다. 협상 목표, 협상쟁점, 우선순위, 당사자에 대해서 더 많이 알수록 협상력은 커진다. 철저한 준비가 핵심이다.
○ 시간의 제약

시간의 제약은 모든 협상에 영향을 미친다(예컨대 협상기간, 계약기간, 준공 날짜, 예산의 집행 만료일 등). 시간의 제약이 일방 당사자에게는 영향을 미치고 다른 일방에게는 영향을 미치지 못하는 경우 협상력의 원천이 된다. 단지 일방에게만 영향을 미칠 것 같은 시간의 제약이 실제로는 양자 모두에게 영향을 미칠 수도 있다. 예를 들면 예산집행 마감 시한은 정부를 제약한다. 업체가 상당한 영업 대안을 갖고 있는 경우 정부의 시간 제약은 업체에게 협상력이 될 수 있다. 그러나 해당 업체가 특정 계약을 반드시 필요로 하는 경우 시간의 제약은 양자에게 동일하게 영향을 미친다. 따라서 상대적 협상력 우위는 발생하지 않는다.

○ 협상 기술

통상, 업체는 계약협상에 특화된 전문 요원을 보유하고 있다. 그들이 갖는 경험과 전문지식은 통찰력과 협상력을 발휘할 수 있는 힘을 부여한다.

○ 계약의 위험

- 모든 계약에는 위험이 상존하며 정부와 업체 모두 그러한 위험이 효율적인 계약이행을 저해하지 않도록 주의를 기울인다. 그러나 일방의 협상자가 양 당사자 인식한 위험 노출을 줄이는 조치를 취함으로써 협상력을 가질 수 있다.

- 계약 위험을 줄이고 관리하기 위해 고려해야 할 사안이 많다.

  • 고정가격 또는 원가보상부 계약에서의 가격 책정 방법.

  • 명확한 시방서 작성.

  • 정부자산의 제공.

  • 기타의 계약조건 등이 있다.

  • 위험을 완전히 제거할 수 없는 계약 위험을 축소하고 관리한다.

  • 계약위험 전부에 대한 제거 시도는 협조의 이미지보다는 약점의 이미지를 보임으로서 실제로는 협상력을 약화할 수 있다.

5) 협상의 우선순위와 균형을 위한 절충 가능성 확인

쟁점의 우선순위를 정한다

정부의 상대적 중요도에 따라 잠재적 협상쟁점에 대해 순위를 부여한다. 순위를 부여한 이후 다음 내용에 대해 각 쟁점을 판단한다.

○ 협상이 불가능한 쟁점

정부가 매우 중요한 사안이라 판단하여 양보할 수 없는 쟁점을 말한다.

○ 양보가 가능한 쟁점

정부의 중요도에서 상대적으로 낮으나 상대 업체에게는 중요한 쟁점이 있다. 결국 그러한 사안은 협상 동안 양보 가능한 것으로 상정된다. 이러한 쟁점을 양보함으로써 업체로부터 양보를 얻을 수 있다.

○ 협상을 회피하고 싶은 쟁점

협상 테이블에 올리고 싶지 않은 쟁점을 말한다. 예를 들면 정부의 입장에서는 논쟁적이거나 약한 부문이 될 수 있다.

○ 협상이 열려 있는 쟁점

업체와 의미 있는 거래를 할 수 있는 쟁점을 말한다. 예를 들면 비경쟁적 협상에서 가격이 협상 포인트가 된다. 정부와 업체는 양자의 흥정 포지션 간의 금액 중간지점에서 통상 합의에 이르게 된다.

절충 포지션의 필요성

정부는 각 협상 주제별로 목표를 갖는다. 정부가 고려해야 할 여러 가지 절충 포지션을 확인해야 한다.

○ 경쟁적 협상에서는 업체의 최종 수정 제안서를 평가하기 위해 그러한 포지션을 사용할 수 있다.
○ 비경쟁 협상에서는 절충 포지션을 이용하여 반대 제안을 하거나 협상 한도를 정할 수 있다.

절충 포지션

각 쟁점별 절충 포지션을 파악할 때 다음 3가지 문제를 고려해야 한다.

○ 활용가능한 정보를 바탕으로 어떤 결과가 가장 합리적인 것으로 생각하는가?

답변을 활용하여 협상 목표를 설정한다.

○ 본 쟁점에 대해 달성할 수 있을 것으로 예상할 수 있는 가장 바람직한 결과는?

답변을 이용하여 수락 가능한 절충 범위의 제한선을 정한다.

○ 본 쟁점에서 기꺼이 수락하고자 하는 최소한의 수락 가능한 결과는?

본 답변을 이용 수락 가능한 절충범위의 한계선을 정한다.

가격에 대한 절충 포지션

가격은 모든 계약 협상에서 가장 중요한 쟁점이다. 대부분의 계약부서는 가격에 대한 절충 포지션을 매우 중요시하여 협상자가 목표포지션, 최소포지션, 최대포지션에 대해 주요 비경쟁 계약협상을 개시하기 이전에 관리층의 승인을 받도록 하고 있다.

○ 목표포지션

- 정부의 가격/원가 분석결과를 기준으로 하여 정부가 가장 공정하고 합리적인 가격으로 예상하는 추정가격으로서 정부가 협상을 이끌어 내기를 바라는 가격이다. 다른 포지션은 정부가 목표포지션에 도달할 수 있도록 돕는 역할을 한다.

○ 최소포지션

- 윈/윈 협상에서 정부의 최소 가격은 공정하고 합리적인 가격 중 최저 가격을 말한다. 정부 최초의 제시안으로서 정부의 최소포지션은 협상할 여지를 제공한다. 정부의 최소 포지션 미만으로 가격을 낮추려고 해서는 안 된다. 그러한 가격은 비합리적인 가격이 되기 때문이다.

- 정부가 상정한 계약이행 시나리오 중 가장 순조롭게 계약이 집행될 것으로 예상되는 시나리오로 진행될 경우에 해당되는 합리적인 가격을 기준으로 최소포지션을 설정한다. 그러한 시나리오는 가용정보의 합리적인 분석을 기준으로 하여 설정되어야 한다.

- 의도적으로 낮은 수치를 최소포지션으로 사용하는 것은 적합하지도 않고 논리에 부합하지도 않다. 의도적으로 낮은 포지션을 적용하는 것은 윈/윈 정신에 부합하지도 상호 생산적이지도 않다. 예컨대 설득력이 없는 비합리적인 포지션으로 협상을 개시하게 되면 정부가 신뢰를 잃게 되고 윈/윈 결과를 어렵게 하거나 불가능하게 할 수도 있다.

- 원가 분석을 사용하는 경우 계약 원가 및 이윤의 각 주요 비목별로 최소포지션을 설정한다.

○ 최대 포지션
  - 윈/윈 협상에서 정부의 최대 가격은 공정하고 합리적인 가격 중 가장 높은 가격을 말한다.
  - 계약 이행상의 최악의 시나리오를 기준으로 한 합리적인 가격을 기준으로 최대가격을 상정한다. 동 시나리오는 사용 가능한 정보를 통한 합리적인 분석을 기준으로 하며 비현실적인 시나리오를 기준으로 한 것으로서 비현실적인 시나리오는 아니다.
  - 최대 계약가격에 대한 기타의 제한이 있을 수 있다(예를 들면 예산의 확보 가능성 또는 한도 가격 등).
  - 원가 분석을 이용하는 경우 계약 원가 및 이윤의 주요 비목별로 최대포지션을 설정한다.

다른 문제에 대한 절충 포지션

가격만이 계약협상에서 유일한 중요 문제가 아니다. 대부분의 계약 협상에서 정부는 다음과 같은 여러 가지 핵심 문제에 대해 절충 포지션을 설정할 필요가 있다.

○ 계약의 유형
○ 보증
○ 납기
○ 기타의 거래 조건

명확하고 일관성 있는 평가 기준으로 절충 포지션을 정한다

윈/윈 결과는 협상포지션이 명확하고 일관성 있는 평가기준에 의하지 않는 경우 현실적으로 불가능하다. 윈/윈 결과는 상호 만족스럽게 생각하는 결과이며 상호 만족스럽게 생각하는 결과란 인식의 문제임을 유념해야 한다. 장기간 동안 만족스러운 결과를 유지하기 위해서는 명확하고 일관된 평가 기준을 근거로 하여야 한다. 명확하고 일관된 평가 기준이 없는 경우에 협상은 윈/루스 또는 루스/루스 상황으로 반전되는 경향이 있다.

○ 협상가가 윈/루스 전략을 사용하도록 유도하는 경향이 있다.
○ 어떤 것도 양보하기를 거부하는 측이 통상적으로 승리한다. 양 당사자 모두 거부하는 경우

양측 모두 패배한다.

○ 결과가 공정하고 합리적일 경우라도 일반 또는 양 당사자 모두 불공정하게 대우받은 것으로 느낄 수 있다.

6) 전체적인 협상 접근방법을 판단한다

쟁점에 대한 순위 설정 계획

협상기간 동안 다루어질 쟁점에 대한 순위를 정한다.

○ 가장 중요성이 떨어지는 쟁점부터 시작해서 보다 중요한 쟁점으로 진행하는 방법이 있다.
중요성이 떨어지는 여러 가지 문제에 대한 양보는 더 중요한 쟁점의 양보 필요성을 제거하거나 줄이게 된다.

○ 또 다른 방법으로는 합의점에 이를 것으로 예상되는 용이성에 따라 쟁점을 다루는 방법이다.
조기에 합의에 도달되리라는 기대는 더 어려운 주제로 나아갈 때에 합의 분위기를 창출하게 된다.

○ 통산 계약 협상은 불록을 쌓는 접근 방식을 따른다.
기본적인 계약조건은 계약가격을 다루기 이전에 해결된다.
계약조건과 가격 간의 절충은 다른 기술적인 문제를 해결하고 난 이후에 다룬다.
가격은 계약의 모든 다른 요소를 고려하여 결정되어야 하므로 계약가격 문제는 모든 다른 문제가 해결된 이후에 최종적으로 합의한다. 그 결과는 각 계약 품목별로 공정하고 합리적인 가격이 되어야 하고 계약 원가에 대해 각 비목별로 합의에 이르게 되는 것은 아니다.

양보가능한 사안을 파악하라

원/원 협상에 있어서 유연성은 매우 중요하다. 협상자는 협상노력의 산물로서 어떤 것을 얻고자 한다. 양보를 거부하는 것은 상대 협상자에게 좌절감을 주며 정부의 포지션이 합리적이라 할지라도 루스/루스 상황으로 나가게 할 수 있다.

양보는 현존하는 사실에 대해 서로 다른 해석을 받아들이거나(예를 들면 1대당 조업 시간이 종전의 가격 협상 포지션에서 추정한 바와 같이 단기간으로 감축되지 않을 것이라는 것을 받아들이는 것) 또는 사실을 변경하는 행위일 수 있다(예를 들면 계약 유형의 변경).

○ 양보가능한 사안을 모색하는 경우
- 추정되는 업체의 양보 내용에 답하여 정부가 기꺼이 내놓을 수 있는 양보안을 파악한다.
- 정부의 잠재적 양보 내용을 대가로 업체로부터 기대할 수 있는 양보 사항을 파악한다.

협상전략 수립
협상전략의 선택은 협상자의 개성 및 업체의 협상자가 사용할 것으로 예상되는 전략에 대한 조사결과에 따라 달라진다.

○ 윈/루스 전략을 피하라. 정부는 항상 윈/윈 결과를 추구해야 한다.
○ 자신과 다른 사람이 되려고 하지 말라. 다른 협상자에 잘 먹혀드는 전략은 자신에게는 잘 어울리지 않을 수는 있다. 그러나 그것이 새로운 것을 시도해서는 안 된다는 것을 의미하는 것은 아니다.
○ 어떤 협상 전략의 성공적인 사용은 많은 계획수립을 필요로 한다. 협상자는 정부를 보호하고 합의점을 향해 나아가는 방식으로 대응해야 한다. 업체가 들고나올 전략을 예측하고 미리 대응방안을 마련해야 한다.

7) 협상 계획의 수립

초안 작성
협상 초안을 작성한다. 내용은 기관 및 계약부서의 규정에 따르나 다음과 같은 정보를 포함한다.

○ 배경 (예를 들면 계약내용, 계약대상업체, 협상 현황 등)
○ 주요 협상 쟁점과 경미한 협상 쟁점(가격 및 비가격 사안)
○ 주요 쟁점에 대한 협상 우선순위 및 포지션(가격에 관한 최소포지션, 목표포지션, 최대포지

선을 포함한다)

○ 협상 접근 방식

계획을 검토한다

주요 협상 팀원들과 협상계획을 검토한다.

○ 팀원에게 계획을 설명한다.

○ 약점과 대안을 파악하기 위해 팀원의 의견을 개진한다.

　통상적으로 동일한 업체와의 협상 경험이 있는 자로부터 입수한 정보에 의존한다.

○ 필요한 경우 계획을 수정한다.

○ 계획을 실행에 옮기는 과정에서 각 팀원이 수행할 역할을 정한다.

○ 포지션과 전체의 계획이 공정하고 합리적인지를 확인한다.

팀원의 계획 수립

팀원은 전체 협상 계획을 지원하는 데 사용할 수 있는 개별적인 계획을 수립한다.

○ 다음 사항을 강조한다.

　- 정부는 윈/윈 접근방법을 적용하도록 노력한다.

　- 정부의 주 협상자의 역할은 정부팀의 의장이며 팀장이다. 주 협상자만이 업체와 협상할 권한을 부여받은 유일한 직원이다.

　- 다른 팀원은 협상에서 정보를 청취하고 업체가 제출한 정보를 평가하고 협상을 지원하는 역할을 수행한다. 팀원들은 정부의 주 협상자인 팀장의 지시 없이 업체의 협상자와 말을 걸거나 대화를 해서는 안 된다.

　- 협상 기간 동안에 다른 팀원들은 토론 중인 어떤 사안에 대해 공개적으로 정부의 포지션과 의견 불일치 점을 나타내서는 안 된다. 필요한 경우 팀장이 그러한 주제를 다루기 위해 전원회의를 소집할 수 있다.

○ 회기 중 각 팀원의 맡은바 역할을 이해하도록 하여야 한다.

- 회기 중에 다루어야 할 쟁점을 확인한다.

- 팀원이 관련 정부의 포지션을 이해하도록 한다.

- 예상되는 역할을 검토한다(예를 들면 정부의 포지션을 설명하고 동 포지션에 대한 업체의 질의에 답하는 등).

○ 모든 협상에 있어서 각 팀원은,

- 협상과 관련되는 문제에 대해 협상장소 밖에서 업체직원과 의견을 교환해서는 안 된다.

- 업체 직원 및 기타의 권한 없는 자에게 정부 포지션에 대한 정보를 누설해서는 안 된다.

- 어떠한 접대를 받아서도 안 된다(점심을 대접받거나 그 외의 어떤 대접을 받는 행위 금지).

○ 경쟁적인 협상에서는 팀원이 다음과 같은 행동을 하지 않도록 주의한다.

- 특정 업체에게 특혜를 주거나 특정 업체를 유리하게 하는 행위

- 독창적인 기술 또는 업체의 지적 재산권을 훼손할 수 있는 정보를 포함하여 특정 업체의 기술적 솔루션을 다른 업체에게 누설하는 행위

- 해당 업체의 허락 없이 동 업체의 가격을 누설하는 행위

- 업체의 과거의 이행 실적 평가 관련 정보를 제공한 개인의 신상을 누설하는 행위

- 관계 공무원 이외의 다른 자에게 계약업체 결정 관련 정보를 의도적으로 제공하는 행위

8) 관리자에게 협상계획을 보고한다

관리자의 지지 필요

계약협상을 성공으로 이끌기 위해서는 관리자의 지지를 받아야 한다. 관리자의 지지를 받지 못한다면 정부 협상팀원들과 업체가 곧 이를 알게 되고 그렇게 될 경우 팀원과 업체는 더 이상 협상자의 안내나 답변을 기다리지 않고 관리자와 직접 해결하려 할 것이다.

협상팀장은 관리자와의 소통을 계속해야 한다.

○ 상대적으로 낮은 관리자가 관심을 갖는 계약(예를 들면 금액이 작은 계약)에 있어서 소통은 예산 확보, 업무량, 기타의 일반적인 관리자의 관심에 중점을 둔다.

○ 최고위층이 관심을 갖는 계약에서의 소통은 핵심 쟁점에 중점을 둔다. 통상 이러한 소통은

협상 계획, 특히 팀의 협상 목표에 대한 핵심 사항에 대한 브리핑을 수반하게 된다.

관리자에 대한 브리핑

관리자에 대한 브리핑은 협상자에게 협상계획의 강점과 약점에 대한 관리자의 의견 및 정책 지침을 확보할 기회가 된다. 실제로 협상과정에서 여러 직책의 관리자에게 여러 번의 브리핑을 하는 경우가 많다.

협상 이전 단계에서의 브리핑은 다음을 포함한 다양한 형식으로 이루어진다.

○ 비공식적 구두 발표
○ 공식적 구두 발표
○ 서면 보고

실제의 브리핑 양식은 기관의 방침, 계약부서의 지침 및 담당자의 취향에 따라 달라질 수 있다. 예를 들면 어떤 관리자는 구두 프레젠테이션을 선호하는 반면 다른 관리자는 서면 보고를 요구한다.

환류

사전협상 브리핑의 형식이 무엇이든 간에 관리자에게 정보가 제공되어야 한다. 특히 관리자에게 다음의 기회를 보장하여야 한다.

○ 협상계획을 승인하거나 거부할 기회
○ 협상의 유연성에 대해 관리자의 통제를 받아야 할 사항을 파악할 기회

협상팀은 협상 도중 하나 이상의 핵심 쟁점에 대한 평가내용을 변경하게 될 경우 어떠한 일이 발생하게 될지를 알아야 한다(예를 들면 원래의 협상 목표가격보다 더 높은 가격이 합리적인 것으로 판단되는 경우).

- 계약관이 동 포지션을 공정하고 합리적인 것으로 판단하는 경우에 한해서 협상 포지션을 선택

할 권한을 협상팀에게 부여할 수 있으며,

- 관리자가 승인한 특정 범위 이내의 포지션으로 협상하도록 할 수 있으며,
- 관리자가 승인한 특정 포지션으로 협상하도록 제한할 수 있다.
- 협상계획의 변경으로 인해 사전에 정한 관리자의 제한조건을 일탈하게 될 경우 관리자에게 그러한 변경사항을 승인하거나 거부할 수 있는 기회가 보장되어야 한다.

9) 협상의제 작성

필요성
협상 동안 가장 어려운 과제 중의 하나는 관계없는 주제를 피하면서 중요한 의제로 토론을 제한하는 일이다. 생산적이고 효율적인 협상을 위한 가장 좋은 방법은 양측이 다룰 의제를 미리 설정하여 이에 따라 진행하는 것이다.

타이밍
협상 시작 이전에 업체가 검토할 수 있도록 의제의 초안을 제공한다. 이렇게 함으로써 정부가 중요한 것으로 생각하는 사안에 대해 업체가 검토할 수 있는 기회를 제공하고 변경할 사안을 정부에게 제시할 기회를 제공한다.

어떤 협상가는 협상이 개시 전까지 의제를 제시하지 않고 기다리는 것을 선호한다. 그러할 필요가 있는 경우도 있지만 이러한 방법은 의미 있는 협상의 출발을 지연시킬 수 있다. 업체가 의제에서 확인되지 않는 핵심 쟁점을 협상하는 데에 준비되어 있지 않는 경우 협상의 진행은 영향을 받을 수 있다.

협상의제 작성
협상의제는 다음 사항을 포함한다.

○ 다루어야 할 주제 및 순서
○ 타임 스케줄

○ 협상 개최 장소

○ 정부 및 업체의 협상팀의 성명, 직함, 전화 번호

5. 비경쟁적 계약 협상

비경쟁 계약 협상은 정부와 단일 업체 간의 의견 교환을 말한다. 그러한 협상은 계약체결 전후로 진행된다.

협상의 패턴은 관련 쟁점의 수, 중요도, 복잡성 또는 협상자의 개성에 따라 달라진다. 예를 들면,

○ 협상을 완료하는 데에 소요되는 시간은 수분에서 수개월에 이르기까지 다양하다.

○ 회의의 회수는 1회에서 20회 이상까지 다양하다.

○ 단일 협상자가 모든 회의를 주재할 수 있고 서로 다른 협상자가 서로 다른 주제를 다루도록 할 수도 있다.

1) 협상단계를 파악한다

주 협상자의 임무

주 협상자는 협상이 진행하는 동안 정부 협상팀의 리더로서의 임무를 수행한다.

○ 협상 전 과정 동안 팀을 이끈다.

○ 회의를 개회한다.

○ 제안서 분석 및 협상 지원에 필요한 추가적인 팩트를 확보한다.

○ 팩트를 검토하고 협상 쟁점을 파악한다.

○ 쟁점에 대해 협상을 한다.

○ 쟁점에 대해 합의를 한다.

○ 회의를 종료한다.

2) 협상팀을 리드한다

협상팀은 정부를 대표하는 개인의 그룹 이상이 되어야 한다. 협상회의의 개회에서부터 팀은 단일체로서 활동해야 한다.

○ 회의 개최 이전에 준비가 완전한지를 확인한다.

매 협상시작 이전에 모든 필요한 준비 사항을 확인한다. 특히 회의실이 완전히 갖추어져 있고 팀원이 참석 준비가 되어 있고 협상 계획을 실행함에 있어서 맡은 바 임무를 수행할 준비가 되어 있는지 확인한다.

○ 필요한 때에 팀의 지원이 가능하도록 한다.

통상 협상에 참여하는 정부 측의 직원 수는 소수정예가 실용적이나 필요한 지원을 제공할 수 있는 인원은 확보되어야 한다.

○ 팀원을 관리한다.

업체에 대해 통합적인 포지션을 제시하고 효과적인 의사소통을 확보하는 데에 필요한 관리를 적극적으로 수행한다.

3) 전원회의를 통한 통합된 정부의 포지션 유지

협상에서 전원회의(caucus)란 팀 포지션을 검토하고 조정하기 위한 팀 회의를 말한다.

○ 다음과 같은 경우 팀 회의를 갖는다.
 - 직접 만나거나 전화로 다른 팀원들과 협의를 할 필요가 있을 때
 - 팀의 협상 참여에 대한 통제를 복구할 필요가 있는 경우
 - 민감한 쟁점 또는 취약한 부문으로부터 협상을 전환할 필요가 있는 경우
○ 업체의 팀으로부터 떨어져 있는 곳에서 팀원 전원이 참석하는 전원회의를 개최한다.
○ 30분 미만의 전원회의에서는,
 - 가급적 다른 방으로 옮긴다.

- 다른 방을 사용하기 어려우면 협상회의 장소를 전원회의로 사용 가능한지 업체에 양해를 얻는 것을 고려한다.
- 필요한 경우 다른 사람이 회의내용을 들을 수 없는 다른 장소를 물색한다.

○ 팀 회의가 장시간이 소요될 것으로 예상되는 경우 양 팀 모두 휴정에 들어간 후 재개할 것을 제안한다.

○ 긴장을 완화하고 협상의 속도를 관리하기 위해 휴식을 취한다.
- 휴식은 양자에게 새로운 정보를 은밀하게 평가할 수 있는 기회와 팀의 포지션을 재평가하는 기회를 제공함과 동시에 협상 테이블로부터 떨어져 있는 휴식 시간을 제공한다.
- 언제라도 휴식시간을 요청할 수 있다.
  • 짧은 휴식은 화장실에 가거나 간식을 할 수 있는 시간을 제공한다.
  • 점심과 관련해서는 좀더 긴 휴식이 필요하다.
  • 하루 이상, 일주일, 또는 수주 간의 휴정이 필요한 경우도 있다.

○ 협상은 업체의 협상가들에게 포지션을 재평가할 기회를 부여하거나 양보 가능한 사안을 파악할 수 있는 기회를 부여한다.

○ 어떤 자가 도발적인 언동을 하거나 정서에 호소하는 발언을 한 이후의 휴식은 정상적인 분위기를 회복하는 데에 도움이 된다.

○ 논쟁을 좋아하는 자를 진정시키는 효과를 거둘 수 있다.

4) 회의 개회

협상회의를 개회하는 것은 회의의 무대를 설정하는 것이 되므로 매우 중요하다. 개회는 전체적인 분위기에 부정적 또는 긍정적인 영향을 미쳐 회의 내내 그러한 분위기가 계속될 수 있으며 윈/윈 합의 가능성에도 영향을 미칠 수 있다.

○ 업체측 협상팀과 인사
- 업체의 모든 협상팀과 정중한 인사를 나눈다 .
- 도착 즉시 팀원들을 환대한다.

- 팀원과 악수를 교환한다.
- 사교적인 인사말을 교환하면서 우호적인 분위기를 조성한다. 취득 과정에 있어서의 업체의 협조에 대한 감사를 표시한다.
○ 자기소개 시간을 갖는다.
- 참석자들이 서로를 아는 사이라면 별도의 소개 시간은 불필요하다. 그러나 약간의 소개 시간이 협상에 도움이 될 수 있다.
- 각 정부팀원을 팀장이 소개하거나 각 팀원이 스스로를 소개하도록 할 수 있다. 소개는 성명, 직위, 협상에서의 담당업무 등을 포함한다.
- 같은 방법으로 업체팀원을 소개하여 줄 것을 요청할 수 있다.
- 참여자가 각 상대 팀원을 기억할 수 있도록 회의 테이블에 모든 팀원의 명패 또는 직원 명부를 비치하는 것을 고려해 볼 수 있다. 명패가 사전에 테이블이 비치되어 있다면 상대 팀원에게 편의에 따라 좌석을 재배치할 수 있는 시간을 준다.
○ 참석자가 안락감을 느끼도록 한다.
- 사적 담화는 협상 동안의 긴장을 해소하고 참석자들이 보다 편안함을 느끼도록 하는 데 도움이 될 수 있다.
○ 배경 정보를 간단히 검토한다.
- 상호의 이해를 돕기 위해 협상 중인 계약 건과 관련된 정보를 검토한다. 특히 협상 진행에 영향을 줄 수 있는 특이한 제약조건이 있는지 검토한다(예를 들면 예산 집행 기한의 임박).
○ 윈/윈 목표를 강조한다.
- 정부의 공정과 윈/윈 결과에 대한 관심을 표한다. 업체가 그러한 정부의 관심사항을 공유할 것으로 기대하고 있음을 암시하라.
○ 협상의제를 검토하고 필요한 경우에 각 참여자에게 사본을 제공한 후 상대 업체 팀으로부터 의견을 구한다. 구체적으로 협상의제에 추가로 포함할 사안이 있는지에 대해 질의한다.

5) 팩트를 검토하고 협상 쟁점을 확인한다

계약조건과 업체의 제안서를 검토하여 정부팀이 핵심 협상 쟁점을 파악하고 있는지를 확인한다.

○ 공통의 쟁점 사항에 대해 특별한 주의를 기울인다. 양 당사자가 추진 중인 계약 이행, 계약조건, 업체가 제시한 예외 인정 사항, 업체가 제안서의 일부로서 제출한 팩트, 추정, 판단에 대한 정보에 대해 양 당사자가 동일한 이해를 할 수 있도록 한다.

○ 협상 이전의 의견교환이 있는 경우 동 의견 교환의 결과를 요약한다.

협상을 진행하기에 앞서 양 당사자는 일반적 사실관계와 쟁점이 명확하다는 것을 느끼도록 하여야 한다.

일반적인 사실관계와 쟁점이 명확하지 않은 경우 협상을 착수하기 전에 추가적인 사실확인 업무를 추진한다. 사실 확인 업무는 협상 이전의 의견 교환 수행에 사용된 지침과 동일한 지침에 따른다.

사실확인 업무는 흥정이 시작되더라도 반드시 종료되는 것은 아니다. 추가로 쟁점이 발생하는 경우 추가적인 사실확인이 필요할 수도 있다.

○ 합의 부문과 협상 쟁점을 요약한다.

때로는 합의된 부분을 요약하는 과정에서 이전에 파악하지 못한 쟁점이 확인되기도 한다.

6) 쟁점에 대한 협상

협상은 설득, 추정과 포지션의 변경, 가격, 납품 일정, 기술적 조건, 계약 유형 또는 발주 건에 대한 기타의 조건 등의 쟁점에 관해 의견을 주고받는 것을 포함한다. 비경쟁적 협상에서 협상은 양 당사자가 합의에 이르거나 일방이 합의를 할 수 없음을 결정할 때까지 계속된다.

○ 협상계획에 따라 추진한다. 협상계획에 따라 전 협상에 걸쳐 주도권을 잡는다.
  - 의제에 따라 쟁점을 다룬다.
  - 질의하고 상대의 답변을 듣고 답변의 적합성, 진실성과 일관성을 평가한다. 잘 듣는 것은 오해의 소지를 줄이고 업체 측의 협상자가 말하고 있는 것에 대해 진정한 관심을 갖고 있다는 것을 보여준다.
  - 윈/윈 결과를 성취할 수 있도록 적절한 전술과 대응 조치를 취한다.
○ 계약조건 관련 쟁점에 대해 협상을 시작한다.

- 계약조건에 대한 합의점을 목표로 협상을 시작한다.
- 계약조건을 다루는 경우 항상 계약가격에 미치는 잠재적 영향을 감안해야 한다. 계약조건 은 계약원가 구성과 계약가격에 중요한 영향을 미친다는 점을 유념하라. 불필요한 계약조 건을 설정함으로써 높은 가격을 벗어나지 못하도록 해서는 안 된다.
- 최종 합의점에 이르기까지 기술적 조건과 가격 간의 절충 가능성을 고려해야 한다. 예를 들 면 계약체결과 납품요구 날짜 간의 기간을 늘리게 되면 계약금액을 낮출 수도 있을 것이다.

○ 기술적 쟁점에 대한 최종 합의에 이른 후에 가격에 대해 흥정을 한다.
- 일단 계약조건에 대해 합의를 보면 계약가격에 대한 흥정을 시작한다.
- 계약 유형에 가격협상을 맞춘다. 확정 고정가격 유형의 계약을 협상하는 경우 가격합의는 총 계약가격으로 제한한다. 다른 유형의 계약에서는 하나 이상의 계약사항을 협상하여 계 약가격을 정할 필요가 있다. 예를 들면 고정가격 인센티브 확정 계약을 협상하는 경우 목표 원가, 목표이윤, 목표 초과 시 분담비율, 목표 미달 시 분담비율 및 한도가격에 대해 합의를 해야 한다.

○ 공정하고 합리적인 가격을 목표로 협상하라. 업체가 제시한 가격이 비합리적으로 낮은 경우 협상을 통해 가격을 기꺼이 높여 주어야 하며 제시한 가격이 비합리적으로 높은 경우 협상을 통해 가격을 낮추어야 된다는 것을 말한다. 정부의 가격 책정 목표는 다음과 같은 가격이 되 어야 한다는 점을 유념하라.
- 구매자에게 공정한 가격이어야 한다.
- 판매자에게도 공정한 가격이어야 한다.
- 시장 상황, 대체품 확보 가능여부, 가격 관련 요소, 비가격 요소를 모두 고려하여 합리적인 가격이어야 한다.
- 가격분석 비교 결과를 기준으로 협상하는 경우 해당 정보가 기밀 또는 독점적인 정보가 아 닌 한 정부의 공정하고 합리적인 가격 추정치를 정하는 데에 사용한 정보를 공유해야 하며 정부의 가격이 업체의 가격보다 합리적인 가격임을 설득할 필요가 있음을 유념해야 한다.

○ 협상이 원가 분석을 기준으로 이루어지는 경우 먼저 업체의 작업도면과 동 도면이 각 비목별 원가 및 이윤에 미치는 영향을 검토한다.
- 통상 다음 순서로 계약 원가를 다룬다.

① 공사의 직접비용(예를 들면 재료비, 노임, 및 기타)

② 간접비용 (일반관리비 등)

③ 이윤

- 모든 비목에 대해 합의를 요구해서는 안 된다.

- 가격 분석에 활용 가능한 기준을 고려한다. 계약원가 정보를 벗어나서는 안 된다. 정부의 목표는 언제나 공정하고 합리적인 가격을 확보하는 것이다.

7) 쟁점에 대한 합의

협상할 때에 모든 쟁점을 고려하여 합의할 필요가 있다는 것을 유념하라. 그러나 모든 쟁점에 대한 합의에 도달하려고 할 필요는 없다. 예를 들면 공정하고 합리적인 계약가격에 도달할 수 있다면 계약원가에 관련된 모든 쟁점에서 합의를 이끌어낼 필요는 없다.

○ 주기적으로 합의 부문을 검토한다.

협상 시작에 앞서 합의점을 검토하고 전체적인 합의점에 도달할 때까지 주기적으로 합의점을 검토한다. 주기적인 검토는 합의된 부문을 강화하는 경향이 있으며 합의된 부문이 미합의된 부분보다 더 중요하다는 것을 나타낸다.

○ 미합의 된 부분에 순서를 매긴다.

미합의점에 대한 협상 순서를 부여하는 방법은 여러 가지가 있다. 특정 방법이 반드시 다른 방법보다 좋은 것은 아니다. 협상 대상 쟁점, 협상을 둘러싸고 있는 상황, 협상자의 스타일 등이 성공 가능한 협상 방법을 결정한다. 또한 정기적으로 동일한 당사자와 협상을 하는 경우 예측 가능한 패턴이 중요하지 않을 수 있다. 방법은 다양하다.

- 가장 중요한 주제를 맨 처음 다루고 다음 차순위 쟁점을 다루는 방법

• 쟁점이 생기면 합의에 이르도록 한다.

• 합의점에 이르지 못하는 경우 그 주재는 뒤로 미루고 다음 주제로 나아가라.

• 일단 2번째 중요한 쟁점에 대해 협상을 시작하면 더 중요한 미해결 문제와 동 2번째 문제 간 절충을 시도한다.

- 2번째 중요한 쟁점을 먼저 협상한 후 그다음 가장 중요한 쟁점을 다루는 방법:
  - 2번째 쟁점에 대해 합의에 도달하는 것이 더 쉬울 수가 있다. 성공은 상호협조 분위기를 이끌어 내는 역할을 한다.
  - 상호협조 분위기는 보다 중요한 문제에 대한 합의를 보다 쉽게 이루도록 한다.
○ 업체의 요구사항을 먼저 협상한다.
  - 업체에게 중요한 쟁점을 맨 처음 양보함으로써 윈/윈 환경을 조성할 수 있고 상응하는 업체의 양보를 쉽게 얻어낼 수 있다.
  - 이러한 접근 방식은 명백한 위험이 수반된다.
  - 업체가 정부의 양보에도 움직이지 않을 수 있다. '우리의 주요 요구사항이 해결되었으니 정부의 요구사항을 들어줄 필요가 있겠는가?'라는 생각을 가질 수 있다.
  - 업체의 기대치가 커질 수 있다. 모든 업체의 요구사항이 충족되었는데도 추가로 더 많은 것을 요구할 수도 있다 .
○ 반대로 정부의 요구사항을 먼저 협상하는 경우,
  - 정부에게 중요한 사항에 대해 합의함으로서 협상을 하는 데에 있어 주도권을 잡을 수 있으며 윈/윈 환경을 조성할 수 있다.
  - 이 방법 또한 위험을 수반한다. 업체가 정부의 요구사항을 불합리한 것으로 인식하고 협상을 거부할 수 있다.
○ 합의점에 도달하기 위해 상호 공통의 문제를 해결하는 방법을 사용하라.
  - 대안을 찾아내기 위해 업체의 협상자와 함께 작업한다. 공동으로 일을 하면 원래의 포지션보다 더 나은 대안을 찾아낼 수 있을 것이다. 이러한 목표 달성에는 브레인스토밍 토론 방법이 유익할 수 있다.
  - 대안의 수용가능성을 검토한다. 대부분의 대안은 한쪽 당사자에게는 수용이 불가능한 경우가 많다. 그럼에도 불구하고 수용 가능한 여러 가지 대안이 있을 수 있다.
  - 최선의 대안을 선택한다. 양 당사자가 수용가능한 단일안을 찾는 것은 쉽지 않다. 그러나 여러 가지 대안이 있는 경우 상호 만족도가 가장 높은 안을 선택한다. 예를 들면 정부는 후속 경쟁 계약에서 유용하게 사용할 수 있는 기술적 자료를 원하는 반면, 업체는 경쟁업체가 지적 재산권에 접근하는 것을 허용하는 것을 원하지 않는다. 이러한 해결이 난망해 보이는

문제도 양 당사자의 권리를 보호하는 계약상의 조항을 둠으로써 해결되기도 한다.

○ 합의를 도출하기 위해 절충방식을 사용한다.

- 해법을 찾기 어려운 차이점을 내포하고 있는 쟁점들이 있을 수 있다. 양 당사자는 각자의 포지션이 가용 가능한 정보를 기준으로 할 때 상대 포지션보다 훨씬 더 합리적이라고 생각한다. 이러한 문제에 부딪치면 절충방식을 통해 합의점을 찾도록 시도하라

- 양보를 하면 최소한 그에 상응하는 양보를 보상받도록 하라. 그러한 양보는 동일한 주제일 수도 있고 서로 다른 주제일 수도 있다. 정부에게 상대적으로 중요도가 낮은 양보안이 업체에게는 매우 중요한 사안일 수 있음을 유념하라.

- 합리적인 포지션을 제시해야 한다. 장점을 충분히 설명, 상대방을 설득하기에 충분한 입증자료를 제시한다.

- 윈/윈 결과를 얻기 위해 실제로 희생할 수 있는 양보안을 준비하라.

○ 제안, 역제안, 합의 및 미해결 문제 등에 대한 기록을 유지한다. 이러한 기록 목록은 해결된 문제와 미해결된 문제에 대한 현 포지션을 정하는 데에 도움이 될 수 있다.

○ 합의에 도달한다.

- 불필요하게 토론을 연장하지 말라. 원만한 합의점을 도출할 모멘텀을 포착하라.

○ 상대방이 주저하는 경우,

- 제시한 합의점에 대한 장점을 강조하라.

- "이 안이 모두에게 좋은 안입니다." 또는 "우리 모두에게 좋은 거래임을 확신합니다."와 같은 확신을 준다.

- 합의점을 도출할 확고한 의지를 갖고 합의에 전력을 다한다.

8) 회의를 종료한다

합의점에 이르면 곧바로 협상회의를 종료한다.

○ 합의사항에 대한 핵심 요소 검토

검토를 통해 합상자가 나중에 다른 사안에 합의한 것으로 오인하는 것을 막을 수 있다.

○ 합의 시 악수로 응대한다. 악수는 상호 합의의 상징적인 제스처다.

6. 계약체결 이전과 이후의 협상 간의 차이점 파악

1) 계약체결 이후의 협상

2가지 유형의 사후 협상 방식으로 검토한다.

○ 서로 다른 계약조건에서의 공정한 조정
○ 계약 종료 조건에서의 정산

2) 협상의 유사성

협상의 상이점보다는 유상성이 더 많다는 것을 유념한다. 계약체결 전후의 협상에 관계없이 정부는,

○ 윈/윈 결과를 추구하며
○ 협상관련 팩트와 쟁점 설정에 필요한 경우 협상에 앞서 업체와 의견 교환을 하며
○ 협상계획의 승인을 효과적으로 준비하며
○ 협상계획과 협상 기술을 사용하여 상호 만족스러운 결과를 얻는다.

3) 공정한 조정을 위한 특별 고려 사항 숙지

정부는 특정 상황에서의 공정한 조정을 정하는 여러 가지 조정조항을 사용 공정한 조정을 협상할 수 있다. 다음 조항을 포함한다.

○ 변경 조항

○ 정부 자산 조항

○ 공사 연기 조항

○ 정부의 공사 연기 조항

○ 공사 중단지시 조항

○ 서로 다른 공사장에 관한 조건 조항

4) 공정한 조정 목표

동 용어가 함축하듯이 목표는 공정한 조정에 있다. 일반적으로 공정한 조정은 모든 관계자에게 공정한 조정을 말한다.

5) 공정한 조정 요소

공정한 조정 계약가격의 변경을 고려하고 납품 공정 같은 다른 조건이 영향을 받을 수 있다는 것을 감안하여야 한다.

○ 가격 변경은 행위 수행 이전의 계약을 이행하는 데에 들어가는 합리적인 비용과 조정 이후에 계약이행에 소요될 합리적인 가격을 고려하여야 한다.

○ 납품 일정 같은 계약조건은 계약 이행 행위에 미치는 영향을 고려해야 한다. 예를 들면 새로운 조건을 충족할 부품을 6개월 동안 어떤 가격으로도 공급받을 수 없으나 원래의 계약조건을 충족하는 부품은 재고가 있는 경우 생상은 중단되어야 한다.

○ 조정 항목 간 절충이 가능하다. 예를 들면 납품 요구 물량이 증가하는 경우 계약업체는 변경 물량의 납품 일정에 맞춰 납품하는 조건으로 더 높은 가격을 요구할 수 있으나 정부가 납기를 연장할 경우에는 더 낮은 가격을 수용할 수도 있다.

6) 공정한 조정 협상에서의 특수 문제

공정한 조정 협상은 종종 특수한 협상 문제를 유발하기도 한다. 가장 큰 문제는 계약가격 조정과 관련된다. 위에서 언급한 바와 같이 목표는 공정한 조정이며 이는 계약자를 조정을 불가피하게 한 행위 이전보다 유리하지도 불리하지도 않은 포지션에 두는 것이다.

선호하는 가격 조정 방식은 조정을 유발한 행위 이전의 계약을 이행하는데 소요되는 합리적인 비용과 조정 이후의 합리적인 비용 간의 차이를 협상하는 것이다. 공정한 조정 이윤에 따라 조정이 이루어질 수도 이루어지지 않을 수도 있다.

○ 어떤 비용이 합리적인지를 결정한다

새로운 계약 협상에 적용되는 원가의 인정 가능성에 대한 규정은 공정한 조정에도 적용가능하다. 그러나 협상에 익숙하지 않은 많은 업체들이 종종 이자 비용 같은 원가로 인정받을 수 없는 비용을 청구할 수 없다는 것을 이해하지 못하는 경우가 있다.

정부는 업체가 부담한 실비용에 대해 전문가의 의견에 의존해야 할 경우가 있을 수 있다. 특히 업체가 적절한 원가 회계 시스템을 갖추지 못한 경우 그러하다.

정부가 실제로 이행이 완료된 공사부문에 대해 전문가의 의견에 의존해야 할 경우가 있을 수 있다. 특히 업체가 계약이행을 관리하는 시스템을 갖추지 못한 경우 그러하다. 업체가 취소된 공정 또는 아직 이행되지 않은 공정의 원가 부분을 터무니없이 낮추고 완공 부문을 과다하게 추산하는 경우 특별히 문제가 된다.

7) 균등한 조정 협상에 있어서의 업체의 어드벤티지

공정한 조정 협상은 계약체결 이전에 보이지 않았던 협상의 우위를 업체에게 제공할 수도 있다.

○ 계약관은 일방적 계약 수정을 하는 데에 있어 시간제약을 받는다. 그러한 제약은 계약관이 협상 종료에 압력을 가한다. 그러나 업체에 대한 압력은 증가하지 않는다.

8) 공정한 조정 협상에서 정부가 유리한 점

공정한 조정 협상은 원 계약체결에서는 없었던 협상에 유리한 점을 제공할 수 있다.

○ 정부의 수요를 충족하는 데에 차질이 생기지 않도록 계약이행은 계속되어야 한다.
○ 납품이 완료된 품목에 대한 지불은 공정한 가격 조정의 일부분으로서 가격이 조정될 때까지 보류될 수 있으며, 업체에 대한 협상 압력은 증가된다.
○ 업체는 실원가를 부담하고 있으나 정부는 합리적이지 못한 비용지불을 인정하지 않는다(실비용 여부를 불문하고).

9) 조정 협상 결과가 윈/윈인 경우의 이익

협상에서 합의점을 찾는 것은 일반적으로 다음과 같은 이유로 양자에게 이익이 된다.

○ 일방적인 계약관의 결정은 그것이 합리적인 결정이라 하더라도 윈/루스의 인상을 주기 쉽다.
○ 분쟁은 장기간 지속되고 분쟁해결을 위한 양자의 비용 또한 상당하다.
  정부가 이기는 경우 계약관의 일방적 결정은 윈/루스의 인상을 줄 수 있다.
  업체가 분쟁에서 이길 경우 정부가 윈/루스 포지션을 체택하였으나 실패한 것으로 보일 수 있다.

7. 계약의 해지에 관한 유의사항

1) 계약의 해지

(1) 정부 편의상의 계약해지

계약해지 조항은 정부에게 해지하는 것이 정부에게 이익이 되는 경우(즉, 해지에 따른 손해배상을 감안하더라도 이익이 되는 경우) 정부에게 계약을 해지할 수 있는 권한을 부여하고 있다. 분쟁 합의에 대한 구체적인 조건은 제품이 일반 시중에서 구입할 수 있는 상업적 물품인지의 여부와 계약의 유형에 따라 다르다.

(2) 업체의 하자 또는 업체의 원인 제공으로 인한 계약 해지

하자로 인한 계약해지 조항은 업체가 계약상의 의무 이행을 하지 못한 경우 정부에게 계약을 해지할 수 있는 권한을 부여한다. 구체적인 정부의 권리는 상업적 물품인지 여부와 계약의 유형에 따라 다르다.

해지 협상

비상업적 물품의 고정가격 유형의 계약을 정부의 편의상 임의 해지에 대한 협상은 통상 다른 유형의 해지 협상보다 복잡하다.

○ 상업적 물품/용역을 임의로 계약 해지하는 것은 해지 통보 이전에 이행된 계약부분의 비율과 해지와 관련된 보상의 적합성 판단에 중점을 둔다.
○ 원가보상부 계약을 임의로 해지하는 경우 업체가 인정 가능한 원가와 이윤을 받을 수 있는 권리가 있으므로 따로 협상할 사항이 거의 없다.
○ 업체의 계약 불이행으로 인한 계약해지는 관련 규정이 계약조건에 기술되어 있으므로 협상할 부분이 거의 없다.

비상업적 고정가격 계약에 대한 임의 해지 목표

비상업적 고정가격 임의 해지에 대한 목표는 이미 이행한 공정과 이윤의 합리적인 인정을 포함한 해지 부분에 대한 준비 비용을 공정하게 보상하는 방식이 되어야 한다.

○ 공정한 보상은 판단의 문제이며 정확하게 측정될 수 없다.

○ 공정한 보상에 도달하는 데에는 여러 가지 방법이 적합할 수 있다.

○ 사업적 판단의 사용이 해결의 핵심이다.

○ 원가 특정 비목 또는 이윤에 합의하지 않고도 양 당사자는 지불해야 할 총금액에 대해 합의할 수 있다.

비상업적 고정가격 임의 해지 해결 지침

1차적인 목표는 합의에 의해 해결방안을 찾는 것이다.

○ 회계정보는 공정한 해결방안을 협상하는 자료를 제공하나 융통성을 발휘해야 한다.
적절한 경우에 원가의 추정이 가능하나 차이가 있을 수 있으며 합의에 의해 의심스러운 부분이 해결되어야 한다.
다른 종류의 데이터, 기준, 표준 등이 공정한 보상에 대한 자료가 될 수도 있다.

고정 가격 계약에서의 임의 해지로 인한 분쟁해결 협상의 특수 문제

고정 가격 계약에서의 임의 해지로 인한 분쟁해결 협상은 특별한 문제를 야기할 수 있다.

○ 가장 큰 문제는 해지 과정에서의 분위기이다. 신규 계약 협상을 둘러싸고 있는 분위기는 희망이요, 새로운 시작인 반면, 해지를 둘러싸고 있는 분위기는 기회의 상실이다. 대부분은 불신과 분노의 분위기에 빠진다. 정부는 윈/루스 협상으로 끌고 가는 이러한 분위기를 허용해서는 안 된다.

○ 해지와 분쟁 해결 타결 기간 간의 간격이 장기간이 되므로 정보의 확보 및 해지를 둘러싼 팩트를 입증할 정부의 능력에 영향을 미칠 수 있다. 특수 시험 장비, 중요한 기록 등이 장기간의

협상 기간 동안 멸실될 수 있으며 해지 이후에 발생하는 비용이 해지 이전의 발생한 비용과 섞일 수도 있다.

○ 정부는 업체가 부담한 실비용에 대해 전문가의 의견을 따를 수밖에 없는 경우도 있다. 이러한 경우는 특히 업체가 적절한 원가 회계 시스템을 갖추지 못한 때에 발생한다.

고정가격계약 임의 해지로 인한 분쟁 해결 협상에서의 정부가 유리한 점

고정가격계약의 임의 해지로 인한 분쟁해결 협상은 정부에게 원 계약에서는 없었던 부분에서 협상에서의 우위를 제공한다.

○ 통상 정부는 합의점에 이르게 되면 업체에게 추가로 지불해야 할 부문이 발생한다. 이러한 점이 합의에 이르려는 업체의 욕망을 끌어 올린다.
○ 고정가격 계약의 임의 해지 조항은 계약관이 일방적으로 합리적이라고 판단되는 금액을 지불하고 해지할 수 있도록 하고 있다. 물론 계약업체는 해지에 대해 이의를 제기할 수 있으나 비용이 많이 들고 시간이 오래 걸린다. 가장 주요한 것은 성공을 담보할 수 없으며 특히 계약관의 결정이 합리적인 경우 업체가 승소할 가능성은 거의 없다.

협상에 의해 해결 방안을 찾는 윈/윈 전략의 이점

협상으로 해결방안을 합의하는 것은 일반적으로 양측 모두에게 좋은 거래가 된다.

○ 해지에 대한 계약관의 일방적인 보상결정은 그 결정이 합리적인지와 관계없이 윈/루스의 느낌을 준다.
○ 관련 당사자 모두에게 분쟁은 비용이 들고 장기간의 시간이 소요된다.
  정부 측이 이길 경우 계약관의 결정은 업체에게는 여전히 일방적으로 당하는 느낌이 들 수 있다.
  업체 측이 이기는 경우 정부가 윈/루스 포지션을 채택하여 패배한 것으로 느낄 수 있다.

서류 작성

서류 작성은 협상에 의해 타결된 계약가격에 영향을 미친 중요한 팩트와 쟁점을 확인하는 과정이기도 하다. 최소한 다음 사항이 포함되어야 한다.

○ 업체가 제출한 제안서 및 관련 정보
○ 가격 협상 보고서
○ 협상 동안 참고한 회계 분석 자료 및 기술 분석 보고서의 사본 또는 보관 장소
○ 추가적인 정보 요구사항에 대한 기록

가격 협상 결과 보고서

협상 종료 직후 계약관은 계약 협상의 주요 사안을 개괄적으로 설명하는 가격 협상 결과 보고서를 작성하고 계약 파일에 사본 1부를 첨부한다. 양식은 다양하나 다음 정보를 포함하여야 한다.

○ 협상 목표(신규 계약, 최종 가격 결정 등)
○ 적절한 인식 번호를 포함하여 해당 계약 건에 대한 설명(예를 들면 제안 요구 번호 등)
○ 협상에 있어서 정부와 업체를 대표하는 자의 성명, 직책, 소속 등
○ 업체 시스템에 대한 현황(예를 들면 구매, 가격 추정, 회계, 임금 등), 협상에서 영향을 미치는 범위 이내의 내용에 한한다
○ 업체가 원가 또는 가격 책정 자료를 제출하여야 할 경우
  - 계약관이 제출받은 원가 자료 등에 의존한 정도 및 가격 협상에 사용한 정도
  - 원가/가격 자료를 어느 정도로 부정확하고, 불완전하고, 업데이트가 필요한 것으로 판단하였는가?
  - 그러한 점을 인식한 이후 계약관이 취한 조치
  - 그러한 것을 인식한 이후 업체가 취한 조치
  - 결함 있는 자료가 협상 가격에 미친 영향
○ 업체의 제안서에 대한 요약, 가격 조사원의 자문 내용, 동 자문을 벗어나 결정한 경우 그 사유, 정부의 협상 목표 및 협상 포지션
  - 가격의 적정성 판단이 원가 분석을 기준으로 한 경우 주요 원가 비목을 다룬 요약 내용
  - 가격의 적정성 판단이 가격 분석을 근거로 한 경우 동 판단을 지원하는 데 사용한 자료의 제

공자 및 자료의 유형을 포함한 내용
- ○ 사전협상 목표의 설정 및 협상에 의한 합의에 영향을 미친 가장 중요한 팩트 또는 고려사항. 양 포지션 간 중요한 차이가 있는 경우 이에 대한 설명을 포함한다
- ○ 이윤에 대한 사전협상 목표의 근거 및 협상에 의해 타결된 이윤
- ○ 협상에 의해 타결된 가격이 공정하고 합리적임을 입증하는 서류

가격 협상 보고서의 원가 요소 요약

원가 분석을 사용하는 경우 원가 요소에 대한 요약 내용은 업체의 원가 산출 근거, 정부의 목표 및 협상 목표금액 등을 다루어야 한다.

가격에 영향을 미치는 사항 또는 고려 사항에 대한 가격협상 보고서의 분석

제안서, 정부의 목표, 협상 금액에 영향을 미치는 중요한 팩트나 고려해야 할 사항에 대한 서류 작성 시 다음 사안이 미치는 영향을 고려한다.

- ○ 구매하고자 하는 물품/용역
- ○ 구매 수량
- ○ 계약이행 장소
- ○ 납품 일정 또는 공정
- ○ 제안서상의 납품일정, 목표 납품 일정 및 협상에 의해 타결된 납품 일정간의 차이
- ○ 다음을 포함한 유사 물품 구매 실적에 대한 정보
  납품시기, 수량, 계약유형, 단가 또는 합계 금액(해당되는 경우 목표 가격과 최종가격을 포함한다.)
- ○ 기타 특이 사항 등

8. 의사소통

의사소통은 언어 그 이상이다. 훌륭한 협상가가 되려면 먼저 훌륭한 의사 소통자/전달자가 되어야 한다. 불행히도 대다수 협상자는 의사소통은 단지 구두에 의한 의견 교환 또는 서면에 의한 언어적 교환으로 생각한다. 그러나 언어적 의견 교환은 단지 사람이 주고받는 메시지의 일부만을 설명한다. 연구결과는 전체 의사소통 스펙트럼의 70~90%는 언어적 방법이 아니라는 것을 보여 주고 있다. 결국 우리는 협상 동안 우리가 마주치는 다양한 비언어적 의사 소통형식을 인지하여야 한다.

우리가 부단하게 비언어적 의사소통을 주고받고 있으나 대부분은 우리가 비언어 방식으로 의사소통을 하고 있으나 방법을 인지하지 못한다. 주의 깊게 관찰하면 우리는 주요 전문가(예를 들면 의사, 변호사, 정치인, CEO, 계약 협상자 등)는 훌륭한 비언어적 의사 소통자(전달자)들 이다.

어떤 사람들은 그것을 카리스마라고 부르고 다른 사람들은 그것을 스타일이라고 부른다. 그것이 무엇이든 그들은 그것을 가지고 있다.

1) 다양한 형식의 비언어적 의사소통을 인지한다

비언어적 의사소통의 중요성

우리가 협상가의 언어적 메시지만 인지한다면 전체 의사 소통내용 중 중요한 부분을 놓치게 된다. 비언어적 메시지와 언어적 메시지 모두를 파악한다면 훨씬 유리한 위치에 서게 될 것이다.

○ 비언어적 의사소통 기술은 상대 협상 당사자들로부터 유용한 정보를 수집하는 데에 도움이 된다.
○ 비언어적 소통을 이해하게 되면 무심코 비밀 정보 또는 정부의 포지션에서 약점을 노출하는 비언어적 시그널을 보내 자신의 협상포지션을 불리하게 하는 것을 사전에 방지할 수 있다.

비언어적 소통 부분

비언어적 소통은 말하거나 글을 쓰는 언어 부분 이외의 모든 형태의 의사소통을 포함한다. 계약 협상에 영향을 미치는 3가지 부문의 비언어적 의사소통이 있다.

○ 표정, 몸놀림. 동작, 제스처와 자세를 이용한다.

○ 공간 또는 다른 사람들과의 거리를 이용한다.

○ 외모, 악수 같은 신체의 접촉, 음성 등을 이용한다.

의식적 또는 무의식적 메시지

비언어적 소통은 의식적 또는 무의식적인 메시지를 동반할 수 있다.

○ 의식적인 비언어적 의사소통

- 의식적 비언어적 소통의 전달자는 메시지를 보내고 있다는 사실과 그러한 메시지의 일반적 의미를 지각하고 있다. 예를 들면 포옹을 하고 있는 사람은 그가 어떤 사람을 안고 있고 그 행동이 통상 감정을 표현하는 것이라는 것을 인식하고 있다.

- 의식적 비언어적 소통을 받는 자는 그가 메시지를 받았다는 것과 보내는 자가 의도하는 의미를 인지하고 있다. 예를 들면 포옹을 받는 자는 일반적으로 그 메시지가 우정의 표시라는 것을 인지한다.

○ 무의식적 비언어적 소통

- 무의식적인 메시지는 메시지를 받는 자의 잠재의식과 소통한다. 잠재의식적인 메시지를 받는 자는 그 메시지를 의식적으로는 자각하지 못한다. 그러나 그러한 메시지 또한 중요하다.

- 직감적 반응은 무의식적 비언어적 소통을 무의식적으로 인지하기 때문에 발생하는 것일 수 있다.

- 경찰 복장 또는 군인 복장은 무의식적으로 그 복장을 입고 있는 사람의 권위를 나타낸다.

- 정장을 차려입은 옷차림으로부터 성공과 신뢰를 느낄 수 있다.

- 옷차림에 신경을 쓰지 않는 모습은 실패와 신뢰의 부족을 나타내는 메시지가 될 수 있다.

- 무의식적인 메시지가 의식적인 메시지 수준으로 지각하게 할 수는 없으나 여전히 상대방에게 영향을 미친다. 사실, 무의식적인 메시지가 의식적인 메시지보다 더 강력할 경우도 있다.

- 광고의 세계에서는 무의식적 비언어적 메시지의 예를 많이 볼 수 있다.

- 젊고 아름다운 사람들은 광고 대상 제품이 젊음 및 아름다움과 관련이 있다는 메시지를 무의식적으로 전달하기 위해 자주 광고에 출연한다.
- 업체는 그들의 제품을 영화에 노출시키기 위해 많은 돈을 투자한다. 이러한 방법이 전통적인 제품 광고는 아니나 그 영화와 단순히 협찬을 맺는 것만으로도 관중에게 영향을 미치는 무의식적인 메시지를 전달한다.

의도적 또는 비의도적 메시지

의식적 또는 무의식적 메시지 모두 의도적 또는 비의도적으로 전달될 수 있다.

○ 비의도적 비언어적 소통
  - 대부분의 비언어적 메시지는 비의도적이다. 사실, 대다수 협상가들은 그들이 비언어적으로 소통하고 있다는 것을 인지하지 못한다.
  - 몸짓은 비언어적 소통 중 비의도적 성격이 특히 명확한 영역이다. 매일, 사람들은 무의식적으로 얼굴 표정, 제스처, 자세 등을 통해 비언어적 신호를 보낸다. 예를 들면 거짓말을 하는 사람은 무의식적으로 눈을 자주 깜박이면서 메시지를 비언어적으로 상대방에게 보낸다.
  - 비의도적 비언어적 의사소통이 계획하지 않은 신체적 반응을 표현하므로 그러한 의사소통은 특히 구도에 의한 의사소통 또는 의식적 비언어적 의사소통보다 정직한 경향이 있다.
○ 의도적 비언어적 소통.
  - 비언어적 의사소통은 박학다식한 사람에 의해 제어될 수 있다.
  - 거짓을 말하는 자는 눈을 자주 깜박거린다는 것을 아는 사람은 거짓을 말할 때 눈을 깜박이지 않으려고 특별히 신경을 쓸 수도 있다.
  - 포옹이 우정을 표현한다는 것을 아는 사람은 의도적으로 방심을 유도하거나 우애를 증진하려는 노력의 일환으로 적대시하여야 할 상대방을 포옹할 수도 있다.

비언어적 메시지의 해석

비언어적 메시지를 전체 의사 소통체계의 일부로 해석해야 한다.

○ 통상적으로 각자의 비언어적 메시지는 대부분의 메시지가 여러 가지 의미를 내포할 수 있으므로 이것만 가지고 명확하게 해석하기는 어렵다. 예를 들면,

- 하품은 주의의 산만, 신체적 피로 또는 양자 모두를 나타낼 수 있다.
- 순간적인 눈 깜빡임은 기만을 의미할 수도 콘택트렌즈의 잘못 착용을 의미할 수도 있다.

○ 비언어적 메시지는 동시에 받고있는 다른 의사소통과 합치되는 경우 해석하기가 쉬워진다. 예를 들면 특정인이 말하는 동안 눈이 마주치는 것을 피한다면 눈 깜빡임을 부정직을 나타내는 것으로 해석할 수 있다.

○ 일관성이 없는 비언어적 메시지는 해석하기 불가능할 수 있다.

문화적 차이

비언어적 메시지를 보내거나 받는 경우 항상 문화적 차이를 감안해야 한다.

특정 사회에서 특별한 의미를 갖는 메시지가 또 다른 사회에서는 완전히 다른 의미를 갖는 경우가 있다. 예를 들면 미국에서는 진술함과 관심의 표시로서 시선을 마주한다. 다른 사회에서는 존경과 존중을 표하기 위해 다른 사람과 대화할 때에 아래를 쳐다보아야 한다고 믿는다. 그 사회에서는 눈을 똑바로 보는 것은 불경스럽고 모욕적인 것으로 받아들인다.

2) 몸짓으로 표현하는 방법이 협상에 미치는 영향을 기술한다

몸짓 표현과 자세

몸짓 표현에 대한 연구는 135가지의 독특한 제스처, 얼굴 표정, 몸짓 표현, 머리를 움직이는 표현 등을 보여 주고 있다. 그러한 표현 중 80가지의 표현은 얼굴과 머리로 하는 제스처이며 그중에는 9가지의 미소의 종류가 포함되어 있다.

그러한 제스처와 표현은 표현자의 태도를 파악할 수 있는 정보를 제공한다. 동시에 일어나는 물리적 신호는 서로를 보완하고 메시지를 둘러싸고 있는 모호함을 줄이는 역할을 한다. 예를 들면 열정 또는 간절함은 종종 머리를 자주 끄덕이면서 미소를 보이는 방법으로 나타난다.

협상기간 동안 비언어적으로 의사소통하는 일반적 자세는 2가지 분류 즉 긍정적 자세와 부정적 자세로 나눌 수 있다.

긍정적인 자세

몸짓언어가 암시하는 긍정적인 자세는 윈/윈 결과를 성취하기 위한 열의를 암시할 수 있다.

긍정적인 자세에 대한 주요 상징은 다음과 같다.

○ 대화자들이 눈을 듣는 사람들의 눈에 초점을 맞춤으로써 존경심을 보인다.

○ 다음과 같은 방법으로 신뢰감을 표현한다.

   - 호주머니에 손을 넣고 엄지손가락을 밖으로 노출

   - 코트의 옷깃에 손을 올림.

   - 작별 인사 제스처

○ 다음 하나 이상의 방법으로 관심을 표명할 수 있다.

   - 대화자를 향하여 고개를 기울이거나

   - 의자 끝에 앉거나

   - 상대방에게 눈의 초점을 맞춘다.

○ 간절함은 다음의 방법으로 나타날 수 있다.

   - 두 손을 비비는 행위

   - 필요 이상의 미소

   - 고개를 자주 끄덕이는 행위

부정적인 자세

부정적인 몸짓의 자세는 기만적 성격을 나타내거나, 협상에 있어서 윈/루스 접근방법을 상징할 수 있다. 부정적인 자세를 보여 주는 일반적인 행동은 다음과 같다.

○ 기만과 부정직의 의미로 하는 행동

   - 자주 눈을 깜빡임

   - 말하는 동안 손으로 입을 가림

   - 자주 헛기침을 하는 행위

   - 대화 중에 시선을 피하는 행위

- 곁눈질하는 행위

　○ 방어적임을 의미하는 행위로 하는 행동

　　　- 가슴 위에 팔짱을 끼는 행위

　　　- 종아리를 꼬고 앉는 행위

　　　- 검지손가락으로 다른 사람을 가리키는 행위

　○ 불안감을 나타내는 의미로 하는 행동

　　　- 손을 깊숙이 호주머니에 넣는 행위

　　　- 잠시도 가만히 있지 못하고 안절부절못하는 행위

　　　- 연필을 입에 물고 있는 행위

　　　- 기침을 자주 하는 행위

　　　- 손톱을 물어뜯는 행위

　　　- 손을 부들부들 떠는 행위

　○ 좌절감을 나타내는 의미로 하는 행동

　　　- 목 뒤를 문지르는 행위

　　　- 눈썹을 그리는 행위

　○ 일반적으로 다음의 행위는 따분함 또는 무관심을 나타낸다.

　　　- 상대방에 시선을 두지 않고 다른 곳을 주시하는 행위

　　　- 손을 맞잡는 행위

　　　- 엉성한 자세

　　　- 무언가 다른 것에 집착하고 있는 행위

제스처

제스처를 해석하거나 사용할 경우 특별히 유의하여야 한다. 특정 사회에서 의미하는 제스처가 다른 사회에서는 이와는 완전히 다른 것을 의미할 수 있다. 다른 지역에서 온 자와 협상을 할 시에는 서로 다른 해석에 마주칠 가능성이 높다.

　상대방이 같은 미국 출신인 경우라도 그 사람이 부모로부터 물려받은 유산의 일부분으로써 상호 다른 해석을 할 가능성도 있다.

○ 머리를 위아래로 끄덕이는 것은 미국에서는 동의를 의미하며 좌우로 젓는 것은 반대를 의미한다. 그러나, 다른 나라에서는 정반대의 의미를 갖는 경우도 있다.

○ 미국에서 손으로 O.K 표시를 하는 것은 어떤 공동체에서는 외설적인 표현이 된다.

○ 엄지손가락을 세우는 행위는 대부분의 국가에서 긍정적인 신호가 되나 어떤 지역에서는 그러한 제스처를 예의 없는 무례한 행위로 생각한다.

○ 검지와 중지로 V자 모양을 하는 행위는 미국에서는 승리 또는 평화를 의미한다. 그러나 어떤 나라에서는 외설적인 제스처로 해석된다.

몸짓언어 사용

계약협상에서 몸짓언어 지식을 여러 가지 방법으로 사용할 수 있다.

○ 협상회의를 준비할 때에 정부 팀원들과 주요 몸짓언어(body language)를 검토한다.
  - 정부 포지션 지지를 요청할 시에 긍정적인 자세를 보여 줌으로써 보다 신뢰감을 느끼도록 한다.
  - 부정적인 태도를 보일 경우 전체 정부의 포지션에 의문을 들게 한다.
  - 팀원이 무관심을 표출한 경우 동 쟁점이 정부에게 중요하지 않은 것으로 생각하게 한다.
○ 협상회의를 진행하는 동안 여러 가지 방법으로 자신이 알고 있는 몸짓언어에 관한 지식을 사용할 수 있다.
  - 업체 협상자의 태도를 훨씬 더 쉽게 파악할 수 있다.
  - 몸짓언어의 일부분을 선택하여 확대 추측하지 말라. 다음과 같은 사항에 유념하라.
    • 몸짓언어의 유형이 유사하나 실질적으로는 상당히 차이가 나는 의미를 함축할 수 있다.
    • 정통한 협상가는 몸짓언어를 관리할 수도 있다.
  - 언어적 의사소통을 지원하는 몸짓언어의 사용에 유의한다. 예를 들면 시선을 맞추는 것은 진실성 확보에 도움이 된다.

3) 물리적 환경이 협상에 어떠한 영향을 미치는지 검토

물리적 환경

물리적 환경은 협상자에게 매우 중요한 비언어적 메시지를 전달한다. 환경의 주요 핵심은 다음을 포함한다.

- 협상 회의 시설
- 협상 테이블 배열, 크기 및 좌석 배치
- 협상자 간의 거리
- 협상자들에 대한 상대적 평가
- 시청각 보조 기구

협상회의장 시설

협상회의장 시설을 보면 정부 기관의 조직 규모, 협상의 중요성 정도를 알 수 있다.

- 협상자들은 협상 설비와 관련 자신도 모르는 메시지에 반응하는 경향이 있다.
  - 근사한 협상 설비는 손님과 협상의 중요성에 대해 긍정적인 메시지를 전달한다. 그러한 메시지는 주최 측의 자신감을 높여 주고 상대 협상자의 자신감을 낮추는 역할을 할 수 있다.
  - 조악한 협상 시설은 비우호적인 비언어적 메시지를 전하며 그러한 비우호적인 메시지는 주최 측의 자신감을 낮추고 상대 협상가의 자신감을 높여 주는 역할을 한다.
- 협상자들의 반응은 최고급의 카펫 또는 고가의 가구에 의해 영향을 받을 수 있으나 신체적 안락감에 의해 더 많은 영향을 받는다.
  - 다소 낡은 정부 시설도 관련 참여자에게 안락감을 주는 경우에는 긍정적인 결과를 줄 수도 있다.
  - 적절한 조명, 공간, 비품 및 실내 온도도 영향을 미친다.
  - 물리적 불편함은 이미 압박을 받고 있는 참여자의 자세에 영향을 미칠 수 있다. 상대 협상팀이 그러한 불편함이 정부 측의 윈/루스 전략이라는 것으로 인식하게 되는 경우 업체 협상

팀의 자세에 영향을 미칠 수 있다.

협상 테이블 배치

매 회의 시마다 적용할 수 있는 표준 테이블 배치도는 없으나 테이블 배열은 중요한 의식적 비의식적 메시지를 전달한다. 그러한 메시지는 베트남 전쟁을 종료하기 위한 협상이 관련 양자가 협상 테이블 모양을 협상하느라 거의 1년 이상 지연되었다고 할 정도로 중요한 의미를 갖는다.

○ 협상에 가장 좋은 테이블 배치는 상황에 따라 다르다. 그러나 신뢰를 주는 테이블 배치로 윈/윈 협상 자세를 보여줄 수 있다. 반대로 양자 간의 불신이나 불평등을 전달하는 테이블 배치로 윈/루스 자세가 조성될 수 있다.

테이블 크기

회의 탁자는 양 팀의 참석자가 충분한 서류작성 공간을 제공하고, 참고자료와 서류가방을 가까이에 둘 수 있을 정도의 크기이어야 한다. 협상의 복잡성과 소요시간에 따라 각각 다르지만 특수전문가 또는 옵서버 참가자가 있는 경우에 대비 몇 개의 보조 좌석을 추가할 수 있다. 그러나 추가좌석은 협상에서 행동의 장애가 되지 않도록 배치해야 한다.

협상 테이블에서의 주 협상자의 위치

주 협상자의 공간적 위치는 일반적으로 협상팀의 중앙이다.

○ 중앙이라는 위치는 권위의 상징을 보여 주며 단합된 협상팀의 이미지를 준다. 예를 들면 미국 대통령은 항상 각료회의 주재 시 회의 탁자의 중앙에 앉는다.
○ 팀의 중앙이 아닌 어딘가에 주 협상자가 착석하는 것은 효율적이지 않다. 특히 탁자 맨 끝에 위치를 잡으면 어떤 팀원이 귓속말로 조언을 한다든가 주 협상자에 메모를 전하기가 어렵게 될 수 있다.

협상자 간의 공간적 거리

각각 다른 문화를 가진 사람들은 소통에 있어서 서로 상이한 공간적 간격이 필요하다. 너무 간격을 좁게 유지하거나 넓게 유지하면 미국에서는 부정적인 영향을 줄 수 있다. 대부분의 사람들은,

○ 친근한 의사소통을 위해 1.5피트 이하로 가까운 간격을 유지한다. 그러나 1.5 피트 이하로 가까운 공간의 간격에서 중요한 소통을 시도하는 경우 예민한 반응을 보일 수 있다.
○ 대부분의 사업상 거래 또는 컨설턴트에서는 4.0~12피트의 거리를 유지한다. 4피트는 회의 탁자를 지날 수 있는 거리에 불과하다는 것을 유념하라.
○ 12피트 이상의 거리에서는 형식적으로만 소통한다.

협상자들에 대한 상대적 평가

○ 우러러본다는 어구는 존경을 가르킨다. 우리는 이 문장이 바로 상투적 문구이라는 것을 알 필요가 있다. 사실, 대부분의 미국인은 더 높은 신분의 사람을 따르도록 되어 있다. 학생은 앉아 있고 선생은 서 있다. 판사는 더 높은 단상에서 재판을 관장하며 정치 지도자는 높은 단상에 올라 지지자들에게 연설한다.

어떤 협상가는 다른 협상자보다 자신이 더 높은 위치에 있게 함으로써 이러한 조건을 이용하려 한다. 혹자는 다른 협상자들이 앉아 있을 때에 서서 요점을 말한다. 어떤 사람들은 그들의 의자를 다른 팀보다 더 높은 수준으로 올리기까지 한다.

상대 협상자가 반말을 하면서 위협하는 것을 허용해서는 안 된다. 필요한 경우 일어서서 상대 협상자에게 앉도록 요구한다.

시청각 장치의 사용

시청각 장치를 활용 협상팀을 지원한다.

칠판은 협상의제, 쟁점 및 합의점을 요약 설명하는 데에 아주 훌륭한 기능을 가지고 있다. 그러나 칠판에 쓰는 사람은 기록의 힘을 가진다는 것을 유념하라. 무엇을 쓸 것인가를 관리하는 방법으로 의제를 수정할 수 있고, 핵심 쟁점을 정할 수 있고 합의안을 만들 수도 있다. 그러한 힘은 협상의 진행과 결과에 상당한 영향을 미칠 수 있다.

4) 개인의 성격이 협상에 미치는 영향을 인지한다

외모

외모가 비언어적 의사소통에 미치게 될 영향을 알아야 한다. 타고난 장점을 인지한다는 것은 매우 중요하다.

○ 신체적 매력은 자신을 어떻게 인식하고 타인이 자신을 어떻게 인식하는가에 영향을 미친다.
  - 매력적인 사람은 매력이 없는 사람보다 더 환영을 받으며, 더 좋은 직업을 구하며 보다 자긍심이 높으며 사회적 지위가 높다.
  - 매력적인 사람은 대인관계의 초기와 진행과정에서 우대를 받는다.
○ 키는 인식에 영향을 미친다.
  - 키가 큰 사람은 통상적으로 키가 작은 사람보다 더 지배력이 있는 것으로 인식된다.
  - 키가 큰 여성은 작은 남성을 만났을 때에 훨씬 더 지배력이 있고 스마트한 것으로 인식된다.
○ 몸매는 인식에 영향을 준다.
  - 다소 마른 체형의 사람은 통상 다른 체형에 비해 보다 적극적이고 자립적인 성격으로 인식된다.
  - 비만한 사람은 통상 게으르고 동정심이 많고 의존적인 성격으로 인식된다.
  - 깡마르고 허약해 보이는 사람은 보통 의심이 많고 예민하고 비관적인 성격으로 인식된다.

개인 의상

옷차림새의 중요성은 의상이 성공을 좌우한다는 말이 있듯이 말할 필요가 없다.

의복은 신뢰, 호감, 매력, 지배력 같은 인식에 영향을 미치며 특히 신뢰성에 가장 큰 영향을 미친다는 연구 결과가 있다. 그럼에도 불구하고 많은 협상자는 협상과정에서의 개인 의상의 중요성을 무시하는 경향이 있다. 그러한 외면은 상호 만족스러운 협상결과를 얻을 수 있는 능력에 부정적인 영향을 준다.

○ 자신의 의상이 협상 상황에 적합한지를 확인하라.

- 통상적으로 협상에 임할 때에는 승진이나 직장을 구할 때의 인터뷰 시 착용한 것과 같이 차려 입어야 한다. 그러한 옷차림은 자신의 신뢰성과 전문성을 강조한다.

○ 만약 보다 편한 복장을 선택한 경우

- 업체에게 보다 편한 분위기를 조성할 의도로 평상복을 차려입었다는 것을 업체 협상팀에게 알려주라.
- 보다 편안한 복장은 자신의 신뢰성과 전문성에 대한 비언어적 강조를 축소하는 경향이 있다는 것을 기억하라.
- 청바지 같은 옷은 건설 현장 또는 이와 유사한 현장에서 협상을 벌이고 있지 않는 한 협상에 적합하지 않다.

○ 유니폼을 착용하는 경우

- 일반적으로 유니폼을 입고 있는 사람은 그러지 않은 사람보다 더 강력한 파워를 가지고 있는 것으로 인식되는 경향이 있다.
- 유니폼을 바르게 착용하지 못하는 경우 자신이 몸담고 있는 조직 및 상대 협상자에게 결례가 될 수 있다.

일반적인 몸단장

몸단장 특히 거부감을 주는 몸단장은 다른 사람들의 인식에 심각한 영향을 줄 수 있다. 거부감을 느끼지 않도록 몸단장에 신경을 써야 한다(예를 들면 머리를 빗지 않은 모습 또는 면도를 하지 않은 얼굴 등).

음성

목소리에 의해 전달이 되는 비언어적 메시지는 협상 동안에 귀중한 정보를 제공한다. 협상 동안에 고려하여야 할 화법의 특성이 있다.

○ 목소리의 크기

- 목소리를 크게 하지 않고 자신의 의사를 전하기는 어려울 수 있다. 그러나 소리를 지른다거나 거친 목소리는 파괴적이거나 모욕적으로 인식될 수 있다. 속삭이듯 목소리를 낮추는 것

은 소리를 지르는 것보다 더 효과적으로 자신의 의견을 전달하는 경향이 있다.

○ 음조/음의 고저

- 대부분의 사실에 입각한 의사소통은 목소리 음조의 변화를 포함한다. 단조로운 음조는 무
  관심이나 피곤함을 의미하는 것으로 받아들일 수 있다. 높은 음조의 목소리는 흥분하고 있
  는 것으로 받아들일 수 있다.

- 낮은 음조의 목소리는 화가 나 있는 것으로 받아들일 수 있다.

○ 속도

- 대화의 속도를 낮추면 듣는 사람에게 좌절감을 줄 수도 있다. 속도를 점점 높이게 되면 몰입
  도가 높아지게 된다. 빠른 속도는 예민함을 의미하는 것으로 받아들여질 수 있으며 대화를
  이해하기 어렵게 할 수도 있다.

○ 규칙적인 패턴

- 규칙적이거나 리듬감을 갖는 음성 패턴은 일반적으로 신뢰적이거나 권위가 있는 것으로 들
  릴 수 있다.

- 불규칙적인 음성은 더 사려 깊거나 아니면 확신이 가지 않는 것으로 인식될 수 있다.

○ 발음의 명확성

- 각 단어를 분명하게 말하면 이해하기가 쉬워진다.

○ 억양

- 각 단어를 발음할 때에 올바른 억양을 사용한다. 잘못된 억양으로 발음하면 무지 또는 무능
  한 것으로 인식될 수 있다.

○ 침묵

- 침묵은 강한 메시지를 전달할 수 있다. 침묵은 청취할 기회를 부여한다. 업체의 협상팀이
  무엇을 말하는지 어떻게 말하는지를 들음으로써 유용한 정보를 확보할 수 있다.

악수

대부분의 협상은 악수에서 시작되어 악수로 끝난다. 손을 잡아 악수하는 것은 무의식적인 비언
어적 메시지를 상대방에게 전달한다. 악수는 상대의 손을 움켜쥐며 관심을 전달하는 행동이다. 이
러한 메시지는 각자를 인식하는 데에 있어서 중요한 영향을 미칠 수 있다. 자신이 먼저 손을 내밀

고 상대방을 똑바로 응시하면서 미소를 지으며 상대방의 손을 약간 강한 느낌이 들 수 있을 정도로 확실하게 잡는다.

○ 최초 악수할 때에 긍정적인 첫인상을 주도록 한다.
  - 악수를 통해 긍정적인 느낌이 전달되도록 한다.
  - 살짝 움켜쥐는 완전한 악수는 긍정적인 면을 전달한다(예를 들면 힘, 신뢰, 진정성 등).
  - 느슨하게 하는 둥 마는 둥 하는 악수는 호감이 가지 않는 메시지를 전달할 수 있다(연약함 및 불안감). 어떤 사람들은 느슨하게 쥐거나 손끝만을 꽉 쥘 때에 모욕감을 느끼기도 한다.
  - 단단히 꽉 쥐는 악수 방식은 긍정적인 메시지를 보내기 어렵다. 겁박할 의도가 있는 것으로 오해할 수도 있다. 또한 상대방에게 통증을 줄 수도 있다. 윈/윈 협상을 시작 하는 데에 있어서 좋은 방식이 아니다.
  - 다른 사람을 똑바로 보면서 미소를 지으면 정직과 우정을 시사한다.
  - 약간 상하로 움직이는 것은 관계의 강점을 강조한다. 그러나 다른 사람의 손을 너무 강하게 상하로 흔들지 말라. 통상 과격한 것으로 받아들이며 통증을 유발할 수도 있다.
○ 합의문을 봉투에 넣은 후에 악수를 한다. 이러한 악수는 지속적으로 긍정적인 관계를 위한 발판이 된다.
  - 다음과 같은 방법으로 우정과 지속적인 관계의 중요성을 강조한다.
    • 악수를 약간 길게 한다.
    • 양손으로 상대방의 손을 꽉 잡는다.
    • 악수를 하면서 상대방의 팔, 팔꿈치, 팔 윗부분 등을 잡는다.
  - 협상기간 동안 조성된 긴장이 사라지도록 미소와 긍정적인 언어를 사용한다.
  - 악수를 하지 않는 것은 긍정적인 관계 지속 희망에 대해 심각한 손상을 끼칠 수 있다.

악수의 차이

악수를 해석할 때에 주의하라. 다른 비언어적 메시지와 같이 문화적 차이가 미칠 수 있는 영향을 고려해야 한다.

○ 일부 중동국가와 아시아 문화권에서는 손을 꽉 쥐는 악수보다는 부드럽게 쥐는 악수를 선호한다.

○ 일부 아시아 국가에서는 악수를 하는 동안 상대방의 눈을 정면으로 쳐다보는 것은 기를 꺾는 행위로 인식한다.

○ 이슬람 문화권에서는 남성이 여성과 악수를 하지 않는다. 친족이 아닌 남성과 여성의 신체적 접촉은 금지되어 있다.

○ 미국에서 어떤 여성들은 손바닥을 아래로 한 채로 손을 뻗기도 하고 악수보다는 손가락을 잡는 것을 선호한다. 그러나 대부분의 사업에 종사하는 여성은 남자 또는 여자와 악수를 할 때 손을 꽉 잡고 악수하는 것을 선호한다. 손가락만을 잡고 악수를 하는 경우 기분이 상하게 할 수 있다.

9. 협상 성공을 위한 10가지 원칙

성공적인 협상가가 되기 위해 특별한 협상 스타일을 사용할 필요는 없으나 윈/윈 협상가가 따라야 할 10가지 기본 협상원칙을 이용하는 경우 성공할 가능성이 높아진다. 그러한 원칙은 정부계약 협상에서 상호 만족스러운 결과를 얻기 위해서는 무엇을 하고 무엇을 하지 말아야 되는가에 대한 중요한 지침이 된다.

1) 준비하라

준비의 중요성

성공한 협상가는 일반적으로 가장 준비를 잘한 협상가이다. 준비 없이 협상가의 경험, 기술, 설득력 등이 완전히 작동하지 않는다. 또한 다른 협상원칙도 준비 없이 완전한 효과를 보지 못한다.

정부협상가의 적절한 준비는 매우 중요하다. 업체 측의 협상가가 정부 측보다 더 잘 준비가 된 경우 업체는 협상력에 있어 큰 우위를 갖게 된다. 업체 측 협상 팀원들이 정부보다 그러한 계약에서 보다 많은 시간을 소비하지 않을지라도 동일한 제품을 반복하여 판매하는 데 소비하는 누적된 준비 시간은 개별 구입자보다 우위에 서게 된다. 더군다나 업체는 일반적으로 비교적 독창적인 제품 또는 서비스에 대해 더 잘 알고 있는데 그 이유는 업체가 그것을 생산하거나 그것을 발명하였기 때문이다.

협상자의 인식

연구 조사에 의하면 수많은 정부 계약 협상자들은 협상 준비의 중요성에 대해 잘 알지 못하고 있음을 보여 주고 있다. 정부 관료들은 협상 성공에 영향을 미치는 중요목록에서 준비를 낮게 평가하는 경향이 있다. 모든 전문가들이 준비가 협상 성공에 가장 중요하다고 말하고 있는데 왜 그러한가?

○ 아마도 조사대상이 된 협상가들이 협상이 시작되기 전 정말로 필요한 준비의 양에 대해 알지 못하고 있을 수 있다. 사실, 시장조사부터 업체와 의견 교환에 이르기까지 정부가 해야 할 모든 것은 준비에 해당된다. 준비는 계약협상에 있어서 성공적인 결과를 가져오는 데에 영향을 미친다.

○ 아마도 정부가 준비의 중요성을 알고 있으나 각 협상에 준비할 시간이 없다고 생각할 수도 있다. 그들이 준비를 잘 하지 않아서 시간이 없을 수도 있다. 준비의 소홀은 거듭되는 해명, 수정, 추가 협상이 필요한 잘못된 계약으로 이어진다.

준비로부터 얻어지는 이점

대부분의 협상에서 적절한 준비는 상대방의 요구사항에 대한 연구 및 그러한 요구사항을 충족할 방법의 파악과 더불어 양쪽 당사자의 포지션의 약점 및 강점에 대한 면밀한 검토를 포함한다. 성공적인 협상가들은 그러한 부문에 있어서의 비교적 크지 않은 준비라도 충분한 가치가 있다는 것을 인식하고 있다. 준비를 소홀하게 되면 성공 가능성에 부정적인 영향을 미친다. 적절한 준비 없이 쟁점을 협상에 들어가서는 안 된다.

2) 목표를 높여 잡는다

높은 목표 설정의 중요성

협상가들의 기대 수준은 협상 결과와 밀접하게 연결되어 있으며, 따라서 성공적인 협상가와 상당한 관련성이 있다. 기대치는 사람들이 그들의 성과를 판단하는 측정기 역할을 한다. 일반적으로 기대치가 높을수록 보다 높은 성과를 낼 수 있다. 이러한 인과관계는 기대치가 행동에 영향을 미치고 그러한 행동이 협상 결과에 다시 영향을 미치기 때문이다.

긍정적인 사고의 힘

기대치와 실행성과 간의 상호관련성은 우리 삶의 많은 부분에 영향을 미친다. 다른 말로 표현하면 잘할 것이라고 생각하는 경우 성공의 가능성이 더 높아진다. 반대로 성공하지 못할 것이라고 생각하는 경우 일반적으로 성공을 하지 못할 가능성이 더 높아지는 경향이 있다. 이러한 주제는 일상에서 꾸준히 실증되고 있다. 예를 들면 스포츠 감독은 팀이 그들이 갖고 있는 능력을 전부 보일 경우 승리할 수 있다는 것을 강조하는 방법으로 팀 승리의 동기를 부여한다. 만약 감독이 "상대방이 우리보다 더 크고 힘이 세니까 밖에 나가서 다치지 않게 해"라고 말한다면 어떤 일이 일어나게 될까?

실험실 및 강의실 경험

동일한 조건에서 그들이 생산한 제품에 대해 보다 많은 금액을 받기를 바라는 판매자는 일반적으로 더 낮은 기대치를 갖은 판매자보다 더 높은 가격으로 판매하는 경향이 있다는 것을 보여 주고 있다. 이와 유사하게 보다 더 낮은 가격으로 구매하고자 하는 구매자는 동일한 상황에서 기대치가 더 낮은 구매자에 비해 더 적은 금액으로 구매를 하는 경향이 있다.

압박과 제한하는 행위가 기대치에 영향을 미친다

일반적인 사람들과 같이 협상자들도 그들에게 영향을 주는 압박과 제한 사항에 대해 보다 더 잘 알고 있다. 그 결과 구매자는 지불해야 되는 금액 이상의 비용을 지불하고 매입하는 경우가 있고, 반면에 매도자는 받아야 하는 금액보다 적은 금액을 받고 매도하는 경우가 있다.

이같은 현상을 보여 주는 좋은 사례로 개인의 자동차 구매를 들 수 있다.

○ 개인 판매자는 종종 실제 그 자동차의 가치보다 더 적은 금액으로 판매를 한다. 그 이유는 동 매도자가 차량 매각과 관련된 문제와 그 자신의 개인적인 압박에 대해 보다 더 잘 알고 있기 때문이다.

○ 이와 유사하게 승용차를 사려는 사람들은 종종 그들의 승용차 구매와 관련한 개인적인 압박 (예를 들면 교통을 위한 긴급 수요)을 절실히 의식하고 있으면서도 매도자가 직면해 있는 압박감에 대해서는 인식하지 못하고 있다.

○ 그러한 압박감에 대해 잘 알고 있는 측은 통상 협상과정에서 보다 많은 성공을 거둔다. 상대방이 직면하고 있는 압박감에 대해 알지 못하므로 훌륭한 협상가라고 할지라도 예상보다 기대수준이 낮아지는 이유를 설명해 주고 있다.

긍정적인 가정을 한다

기대치를 높게 설정하는 핵심은 협상 포지션에 대해 긍정적인 추정치를 개발하는 것이다.

긍정적인 가정은 높은 기대 수준으로 이어지는 반면, 부정적인 가정은 낮은 기대 수준으로 이어진다.

중고차 공식 등록 가격이 1,800만 원인 자동차가 이러한 현상을 설명하는 좋은 사례이다.

○ 대부분의 매도자는 1,800만 원이 그 차의 매각에서 받을 수 있는 최대금액이라고 추정할 것이다.

○ 긍정적인 가정을 하는 매도자는 중고차 등록 가격은 1,800만 원 안팎에서 그 차가 팔릴 것이라는 것을 의미하는 평균 가격을 나타내는 것으로 추정한다. 그들은 평균 가격 이상으로 매도하는 판매자 중의 한 사람이 되기를 기대한다. 이러한 긍정적인 가정은 보통 협상에 있어서 성공 가능성을 높이는 역할을 한다.

항상 윈/윈 결과를 목표로 하라

정부계약 협상에서 기대수준을 높게 설정하는 것은 단순히 좋은 가격으로 계약을 체결하는 것이상이 되어야 한다. 가격과 비가격 쟁점(예를 들면 계약 조건)을 모두에 대해 기대수준을 높여 윈/윈 결과가 성취되도록 하는 방식으로 목표치를 높게 잡아야 한다.

목표를 높여 잡는 것이 윈/윈 협상접근 방식과 상충되어서는 안 된다. 높은 수준의 기대치는 좋은 품질, 적기 납품, 상호 호혜적인 장기간의 관계를 포함한다. 또한 통상 공정하고 합리적인 것으로 간주할 수 있는 가격대가 있다. 협상에서 동 합리적인 가격의 최소 추정치 아래로 계약가격을 협상할 것으로 기대하는 것은 윈/윈 접근 방식이 아니다. 공정하고 합리적이지 않은 가격으로 협상목표를 정하게 되면 윈/루스 또는 루스/루스 결과로 이어질 수 있다.

3) 타협할 여지를 남겨라

타협할 여지의 중요성

타협은 협상의 성공을 위해 매우 중요하다. 가장 훌륭한 기술을 가진 협상가라 하더라도 성공적인 결과를 얻기 위해서는 양보를 감수하여야 한다. 그러나 많은 협상가들의 포지션이 기대수준과 너무 가까워 협상타결을 위해 실질적인 희생을 하기가 어렵게 된다. 결과적으로 타협할 여지의 결여가 양 당사자들이 좌절감을 느끼게 만들어 상호 만족스러운 합의점에 이르지 못하게 할 수 있다. 일부를 양도하더라도 목표에 도달하도록 타협할 수 있는 여지를 두고 협상 포지션을 설정하는 것이 바람직하다.

계약가격을 협상할 때에 정부 협상가들은 일반적으로 최종적인 가격에 합의하기 전에 타협할 수 있는 위치에 있기 위해 궁극적으로 목표로 하는 최종목표가격보다 낮은 지점에서 초기의 협상 위치를 정한다.

반대로 업체 측은 일반적으로 그들이 기대하는 것 이상을 요구하여 상대방이 수락 가능한 결과의 범위에서 흔쾌히 타협하도록 유도한다.

타협은 계획을 필요로 한다

정부 측만이 정부 목표를 업체에게 제시하는 경우 업체 측의 협상자는 정부가 그러한 포지션에 도달하는 과정에서의 타협내용을 완전히 이해하지 못하고 정부가 융통성이 없다고 생각하기 쉽다.

정부는 공정하고 합리적인 것으로 보이는 포지션의 범주를 입증할 수 있는 여러 가지 포지션을 개발할 필요가 있다. 여러 가지 다양한 포지션은 상호 만족스러운 결과에 도달하는 데에 필요한 양보를 이끌어 내는 유연성을 발휘할 수 있게 한다.

타협 기대 예시

어떤 문화권에서는 모든 가격이 협상가능하다. 심지어는 음식이나 택시 가격까지도 협상이 가능할 수 있다. 미국에서는 이러한 기본적인 품목의 가격은 정해져 있으나 더 금액이 큰 제품의 가격(예를 들면 승용차나 집 등)은 협상 가능한 것으로 본다. 일반적으로 판매자는 높은 가격으로 출발하고 협상을 통해서 가격을 내려가며 구매자는 낮은 가격에서 출발하여 협상을 통해 높여 간다.

협상을 통한 가격의 조정이 가능할 것으로 기대되는 경우 처음 시작하는 포지션을 목표치에 너무 가깝게 가져가는 것은 좋은 전략이 아니다. 예를 들어 집을 매각할 때에 처음부터 $170,000을 요구한다면 $170,000로 협상을 타결하기 어려워진다. 이렇게 어려워지는 이유는 솔직함 때문이다. 미국인들은 문화적으로 집의 실제매각 가격은 처음 요구하는 가격보다 낮을 것이라는 예상을 전제로 하고 있다.

자동차 딜러들은 차를 판 대가로 받을 것으로 예상하는 가격보다 더 높은 표시가격 제도를 활용하며 오랫동안 이러한 관행을 따라왔다. 이러한 관행은 판매자가 좋은 가격으로 협상하는 것을 용이하게 한다. 중요한 것은 할인 가격으로 차를 구매하는 것은 구매자의 만족도를 높여 주는 역할을 하여 구매자는 표시가격 아래로 가격이 합의되었다는 이유로 좋은 거래를 한 것으로 느낀다는 것이다.

타협할 여지를 주지 않을 경우의 불이익

어떤 협상자들은 빠른 해결을 보기 위한 최선의 방법으로 처음부터 목표에 맞추거나 목표에 매우 근사하게 의견을 제시하고 그 다음 어떤 추가 양보를 하지 않는 방식을 생각한다.

그러나 그러한 포지션의 설정은 루스/루스 결과를 초래할 수도 있다.

업체 측 협상자들은 협상 동안에 타협을 기대한다. 정부 측의 유리한 제안은 협상의 기대치를 높인다. 협상자는 정부의 제안을 근거로 즉시 타결할 수는 있다. 그러나 업체에게 더욱 유리한 거래가 곧 나올 수 있을 것으로 기대하기 때문에 협상은 계속된다. 정부가 추가 타협안을 제시하지 못하는 경우 협상자는 좌절하며 화를 내는 경우까지 있다. 협상은 실제로 보다 더 계속될 수 있으나 결국 결과에 대해서 쌍방 모두 불만을 가지게 된다.

유의사항

양보할 여지를 남겨 두기 위해 비합리적인 포지션을 설정해서는 안 된다. 그러한 포지션은 일반적으로 역효과를 낳는다. 그러한 포지션은 업체 측 협상자로 하여금 정부 측을 윈/루스협상자로 보이게 한다.

확보 가능한 팩트와 합리적인 판단에 준거한 타당한 근거를 가진 포지션으로 시작함으로써 그렇단 오해를 사지 않도록 유의한다. 정부계약에 있어서 처음 제시한 포지션은 공정하고 합리적인 가격대에서 최소한의 포지션을 설정해야 한다.

4) 업체 측에 압박을 가하라

상대측이 받고 있는 압박을 고려하라

협상자는 자연히 협상자 자신의 한계에 대해 보다 더 잘 알고 있으며 다른 사람들의 압박에 대해서는 잘 알지 못한다. 다행히 이러한 약점을 경감할 수 있는 여러 가지 방법이 있다.

○ 상대측 협상자가 직면하고 있는, 알려져 있지 않은 압박이 있다고 믿는다. 믿는 것 자체가 우리 측의 포지션에 대한 압박의 일부를 경감 할 수 있다.
○ 협상 준비과정에서 구체적인 압력 요소가 무엇인지 파악한다.
○ 업체 측 협상자에게 영향을 미치는 압박 신호를 파악하기 위해 협상하는 동안 주의 깊게 듣고, 본다.

경쟁적인 대안을 고려한다

비경쟁적인 협상에서 경쟁 가능성이 있다는 힌트만으로 업체를 압박할 수 있다. 예를 들면 정부는 다음과 같이 잠재적 대안을 언급하는 방법으로 업체 측에 상당한 압박을 가할 수 있다.

○ 구매 진행을 취소하고 다시 공고

○ 제품의 사양을 변경하여 경쟁을 확대

○ 구매조건을 변경하여 경쟁을 확대

○ 새로운 공급원을 발굴

○ 외부 업체와 계약을 하지 않고 정부의 내부인력이 직접 계약내용을 집행

인위적 압력에 저항

업체 측 협상가의 자격증 또는 지위 같은 피상적인 압력이 정부에 대한 협상압력을 높이는 경향이 있다.

○ 근사해 보이는 직함과 잘 꾸며진 협상 사무실은 자신이 이런 꾸며진 압력에 동요하지 않는 한 협상에서 어떤 영향을 미치지 못한다. 예를 들면 업체 측의 협상자가 부사장이라는 사실로 인해 판매사원의 협상 상황보다 더 압박감을 느껴서는 안 된다. 그러한 직함에 대한 인지도가 어떤 구매자에게는 레버리지를 제공하는 경우가 있으므로 이러한 점을 이용하기 위해 어떤 회사에서는 모든 판매사원이 부사장의 직함을 부여하기도 한다.

○ 벽면에 나열된 인증서 및 명함에 명시된 인증 자격 등에 신경을 쓰지 말라. 그러한 자격을 소유하고 있는 것 자체가 협상자가 협상 쟁점에 대한 전문가라는 것을 인식시켜 상대를 제압하는 도구로 이용되는 경우가 있다.

5) 약점을 드러내지 말라

자신의 입지를 약화하거나 업체의 협상능력을 증진할 수 있는 정보를 누설해서는 안 된다. 이러한 원칙이 일반 상식임에도 대부분 간과되는 경향이 있다.

정직하되 경계하라

정직과 예의 바른 행동은 항상 정부 협상에서 가장 중요하다. 그러나 약점을 드러내는 것을 피하기 위해 부정직해질 필요는 없다. 협상 포지션에 부정적인 정보를 드러내지 않고 또는 거짓을

말하지 않고도 질의에 답하는 여러 방법이 있다.

우리는 일반적으로 직설적인 질의에 직설적으로 답하는 것을 회피하거나 또는 답변내용의 워딩을 세밀히 다듬는 방식을 활용한다. 예를 들면 일반적으로 차를 판매할 때에 소유자에게 왜 차를 팔려고 하는지 질문을 한다. 이때에 매도자는 "이 차가 기름을 많이 잡아먹어서요."라고 답하여 자신의 약점을 스스로 드러내기 쉽다. 그 대신 기름을 많이 잡아먹는 약점을 밝히기를 원하지 않는 매도자는 그러한 약점을 드러내는 것을 회피하면서도 "그냥 다른 차를 사고 싶어서요." 또는 "다른 차를 운전해보고 싶어서요." 또는 "그냥 차를 매각하고 싶어서요."라고 말하는 방법으로 정직함을 계속 유지할 수 있다.

약점을 드러낼 경우의 불이익

정부 협상자들이 불필요하게 약점을 드러내 그렇게 드러난 약점 때문에 가격을 더 높은 가격으로 계약한 사례가 많다.

○ 상대가 묻지도 않았는데, 담당 엔지니어가 협상 동안에 업체가 제안한 350만 불은 자신의 군 사령관이 이 계약을 원하고 본 구매 건에 대해서 1천만 불의 예상이 확보되었으므로 상당히 좋은 가격이라고 말하였다면 그 결과 적정가격보다 수천 불 이상 고가로 계약될 수도 있었을 것이다.

○ 기관의 협상가는 부주의로 해당 건설계약의 적시 이행의 중요성에 대한 정보를 누설하였다. 그러한 정보 때문에 업체 측의 협상자는 정부의 협상시간이 촉박하고 경쟁 업체로부터 또 다른 견적서를 유인할 수 있는 시간이 없을 것이라는 결론을 내린다. 그러한 정보는 정부의 협상 능력을 심각하게 약화시켜 예상보다 훨씬 높은 가격으로 계약가격을 협상하게 된다.

○ 업체의 협상자가 스스로 하청업체에 대한 대금지불이 지연되었다는 정보를 밝힘으로써 업체에 대한 동정심을 유발하려는 시도는 정부 측 협상자가 그러한 약점을 이용하는 경우 오히려 역효과를 가져온다. 이러한 약점이 밝혀짐에 따라 윈/루스의 정부 협상자는 예상 외의 낮은 가격으로 협상을 타결할 수 있게 된다.

6) 양보 사안을 현명하게 사용하라

양보의 중요성

타협 또는 양보는 협상의 중요 부분이므로 대부분의 성공한 협상가는 양보할 시기와 방법에 대해 잘 알고 있다. 어떤 양보를 할 것인가, 언제 양보할 것인가, 어떤 방법으로 양보할 것인가는 모두 협상의 결과에 중요한 영향을 미친다.

양보의 양

성급하게 양보하거나 너무 과도하게 양보하는 것으로 보여서는 안 된다. 천천히 그리고 조금씩 양보하라. 너무 과도하게 양보하거나 너무 성급하게 양보하는 것은

○ 불필요하게 상대 협상자의 기대치를 높일 수 있다. 양자가 점차 합의점에 이르기보다는 상대 협상자의 기대치가 높아짐에 따라 양 협상자가 실제로는 훨씬 더 멀어지는 결과를 초래한다.
○ 상대방에게 양보는 중요한 것이 아니라는 느낌을 주거나 합의점에 이르지 못 할까 봐 안절부절못하고 있다는 느낌을 줄 수 있다. 여러 번에 걸쳐서 작은 것을 내놓는 방법이 한두 번의 큰 양보안보다는 공정과 합리성을 더 명확하게 보여 주는 성향이 있다.
○ 추후 협상을 위한 여지가 줄어든다.
○ 상호 공동의 만족스러운 결과를 얻는 데 필요한 것보다 더 많은 양보를 해야 할 수도 있다.

돌아오는 것

타협의 정신과 양보안을 연계하라.

○ 상대방 측의 양보에 대해 감사를 표하고 추가 양보의 필요성을 강조한다.
○ 상대방이 상응하는 양보를 얻거나 상응하는 양보를 요구하지 않고는 양보를 해서는 안 된다.
　예를 들면 정부 측의 희생의 보장은 업체 측의 양보와 연계되어 있다는 점을 말한다.
　양보와 연계함으로써 자신이 제공한 양보가 매우 귀중한 것이라는 점을 상기시킨다.
　협상자들은 일반적으로 희생이 요구되는 부문에 더 높은 가치를 부여한다.

자신의 양보와 연계함으로써 연계가 아니면 이루어지지 않을 수도 있는 양보안을 얻어 낼 수 있다.

동등한 양보의 함정

협상자들은 종종 동등한 양보를 요구한다. 특히 가격협상 시에 그러한 경향을 보인다. 예를 들면 "우리는 10만 불을 낮추려 하고 있다. 그러니 당신들도 최소한 상응하는 양보를 제시할 것으로 믿는다".

절반씩 절충하여 합의를 보는 방식

절반씩 절충하여 합의를 보는 방식은 동등한 양보 전술의 일 유형이다.

가격 협상에서 가장 자주 일어나며 일면 그럴 듯하게 보인다. 그러나 협상결과로 얻어진 계약가격이 공정하고 합리적이라고 보장할 수 없다. 예를 들면 업체 측의 포지션이 불합리하게 높고 정부 측의 포지션은 목표포지션과 가깝다고 가정하면 양자가 절반씩 절충하여 합의를 보는 방식은 불공정하고 불합리한 가격으로 합의를 보는 결과를 초래할 가능성이 높다.

업체 측이 제안한 절반씩 절충하여 타협하는 안으로는 정부의 목표치를 충족할 수 없는 경우 그 제안을 업체 측의 새로운 포지션으로 받아들이고 그 지점에서부터 협상을 계속한다. 업체 측이 상호 절반씩 양보하자는 제안할 때 동 협상자는 실제에 있어서는 새로운 협상 포지션을 채택한 것이라는 점을 유념해야 한다. 만약 정부가 이를 거부한다면 그런 제안을 한 업체 측 협상자는 통상 쉽게 물러서지 않는다.

7) 제대로 말하라(똑바로 말하라)

중요성

진부한 문구인 "말하는 내용이 중요한 게 아니고 어떻게 말하는지가 중요하다(아 다르고 어 다르다)"는 성공적인 협상가가 상대 협상가와 의사소통하는 방식에 적용된다. 좋은 대인관계의 중요성은 가장 중요하다. 이유는 간단하다. 정부는 상호 만족스러운 결과를 협상해내려고 한다. 정부가 가장 양보를 많이 하는 안을 제시하더라도 상대 업체 측이 업신여김을 당한 것으로 느끼거나 불쾌감을 느낄 경우 그 안은 거절당할 수도 있다.

제대로 말하는 핵심 포인트

제도로 말하고자 할 때 고려해야 할 여러 가지 사안이 있다.

○ 자신과 자신의 아이디어를 팔아라.
- 설득력 있는 세일즈맨으로부터 기대할 수 있는 정도의 예의를 갖추어 응대한다.
- 말하기 전에 생각하라. 가급적 부정적인 반응을 예상하고 대비하라.
○ 자극적인 용어를 사용하지 말라.
- 예를 들면 "어리석다."라는 표현보다는 "부정확하다."라는 표현으로, "고집 세다."라는 표현 보다는 "단호하다."는 표현을 사용한다.
○ 예의를 갖추고 경의를 표한다.
- 언제나 공손하고 예의바른 매너로 업체 측 협상자와 대화한다. 상대를 공격하는 것으로 보일 수 있는 방식으로 답변하지 말고 사업가 같은 매너로 의견 차이를 설명하는 것이 특히 중요하다. 예를 들면 수락할 수 없는 제안에 대한 답변은 "그러한 제안은 나에게는 모욕적입니다."라고 표현하는 대신에 "우리는 이 문제를 해결하려는 당신들의 노력에 감사를 표합니다. 그러나 우리는 여전히 갈 길이 멉니다."라는 표현을 사용한다.
- 예의 없는 언어의 사용은 상대방을 화나게 하여 상호 만족스러운 결과를 얻기 어렵게 한다.
○ 품위를 갖추되 사무적이어야 한다.
- 성함을 파악하여 사용하라. 상대방이 기분이 상할 수도 있으니 이름을 부르거나 별명을 부르지 말 것.
○ 단순함을 유지하라.
- 협상자들은 일반적으로 이해하기 어려울 때 동의하지 않는 경향이 있다.
○ 대명사를 사용하지 말 것
- 대명사를 사용하여 불화를 일으키지 말라. "당신 측의 입장"이라는 말 대신에 "○○○ 회사의 입장"이라는 표현을 사용한다.
○ 협력의 필요성을 강조한다.

- 양 당사자는 쟁점을 해결하기 위해 함께 일할 필요가 있다.
○ 힘과 자신감을 투영하는 목소리로 말한다.
  - 진정성이 없거나, 자신감이 없거나 해결을 너무 열망하는 것으로 보이지 않도록 주의하라.
  - 화난 목소리로 또는 거들먹거리는 목소리로 말하는 등 상대 협상자를 무시하는 것처럼 보여서는 안 된다.
○ 상대방에 대한 부정적인 언사를 피하라. 협상 과정에 참여한 어떤 자에 대해서도 부정적인 언사를 하지 않도록 유의한다.
  - 특정 상대 팀원에 대한 부정적인 언사는 전체 팀원들을 불쾌하게 만들 수 있다.
  - 자신이 속해 있는 팀원에 대한 부정적인 언사는 자신을 옹졸하게 하고 팀 내 불화를 불러온다.
○ 평상심을 유지하며, 화를 내지 말라.
  - 상대방이 자신을 화나게 하는 언사를 하더라도 평상심을 유지하라. 상대방이 무례하거나 도발적이더라도 공손하게 대하라.

제대로 말하지 않은 경우의 불이익(대가)

제대로 말하지 못하는 경우 협상과정에서 돌이킬 수 없는 피해를 입을 수 있다. 상대 파트너에 대한 비우호적인 언사는 전체 협상에 불리한 분위기를 조성할 수 있다. 기분이 상한 협상자는 모든 제안을 거부할지도 모른다.

8) 가격 이외의 문제를 해결하라

가격 이외의 문제 해결의 중요성

모든 협상은 가격 문제와 가격 이외의 문제 모두를 해결하지 못하면 종료되지 않는다. 그러나 많은 협상자들은 양측이 직면하고 있는 가격 문제만을 지각한 체 협상에 들어가서 업체 측의 중요한 비가격 요구사항을 파악하지 못한다. 반대로 성공적인 정부 협상자들은 상대편의 비가격 요구사항을 파악한다.

협상의 목표를 단지 가격 문제로 한정하지 말라. 비가격 부문의 요구사항과 상대방을 설득할 수 있는 방안을 찾아라. 비가격 요구부문은 해당 쟁점사항을 상대방이 구체적으로 명시하지 않기 때문에 파악하기 어려운 경우가 많다. 예를 들면 가족이 경영하는 회사를 매입하기 위한 협상은 그 기업의 매각 가격을 흥정하는 것보다 훨씬 더 많은 것을 포함하고 있다. 매각자의 가격 이외의 중요한 문제 즉 장기간 고용해온 노동자의 고용을 보장한다든가 또는 그 기업명칭에 가족 이름을 계속 존속하도록 한다든가 하는 문제를 다루어야 한다.

비가격 쟁점의 파악

고려해야 할 일반적인 비가격 쟁점 사항은 다음을 포함한다.

○ 기술적 사양
○ 데이터 요구사항
○ 계약의 유형
○ 계약 시 자금 지원 사항
○ 납기
○ 옵션
○ 정부가 제공할 자산

9) 인내력을 활용하라

인내력 활용의 중요성

인내력을 보인다는 것은 모든 협상에는 늘 압박감이 따르기 때문에 생각보다 쉽지 않다. 협상이 빨리 타결될수록 계약이행이 그만큼 빨리 시작되고 압박감은 자연히 완화된다.

그럼에도 불구하고 정부는,

○ 업체 측 협상자에 대한 스트레스를 높일 수 있도록 인내심을 발휘하여야 하며
○ 인내심을 갖고 합의에 연연하지 않는다는 것을 상대방에 보여 주고 자신의 포지션에 있어서의 확고한 의지를 지속적으로 보여 준다.
○ 인내심을 갖고 협상을 지속할 의지를 보이거나, 필요한 경우 협상속도를 늦추는 방법으로 특

정 문제를 둘러싸고 있는 감정을 가라앉힌다.

인내심이 많은 협상자는 추가 협상으로 수백만 불의 양보를 얻어내기도 한다. 한 사례에서 정부는 수요처에서 요청한 날짜에 가격협상을 완료하지 않고 2일간 협상 타결을 지연하는 방법으로 500백만 불짜리 계약 건에서 40백만 불을 감가하여 협상을 타결하였다.

문화적 장벽

미국 협상자들은 다른 사회의 협상자들보다 인내심이 적다. 인내한다는 것은 미국 문화에서는 때로는 바람직하지 않은 기질로 보이기도 한다. 반대로 인내심을 미덕으로 보는 사회(예를 들면 일본 및 러시아)의 협상자는 협상에서 인내심을 갖는 것이 협상력을 증진하는 요인이 된다.

인내력을 발휘하지 못한 대가

연구 결과는 양 당사자 모두에게 좋은 조건으로 거래를 하는 데에는 시간이 걸린다는 것을 보여 준다. 양 당사자가 동일한 팩트에 접근하는 통제된 환경에서 협상시간을 아주 짧게 잡는 것은 일반적으로 판매자 측이든 구매자 측이든 간에 어느 일방에 유리한 결과인 윈/루스 결과 또는 불균형적인 결과를 가져오는 경향이 있다. 반대로 동일한 정보를 기준으로 보다 길게 협상시간을 가져가면 한층 더 균등한 결과를 가져오는 경향을 보인다. 이러한 결과는 양측 모두가 자신들의 포지션을 설명하고 상호 만족스러운 결과를 성취하기 위한 방법을 개발하기 위해서는 보다 시간이 필요하다는 것을 보여 준다.

10) 협상을 중단하거나 협상에 복귀하는 것을 망설이지 말라

협상 중단 또는 복귀 능력의 중요성

교착상태를 언제나 외면할 수만은 없다. 사실, 때로는 불공정하거나 불합리한 협상상대자들과 거래를 할 때 교착상태가 불가피한 경우가 있다. 노련한 협상가들도 상호 합의점에 이르지 못하고 루스/루스 결과를 경험해야 하는 때도 있다. 그러나 일단 더 좋은 거래가 성사될 수 없다고 인식하면 협상자는 나쁜 거래를 벗어나기 위해 자리를 박차고 나오거나 다시 협상 테이블로 돌아가는 것을 두려워해서는 안 된다.

거부할 권리

나쁜 거래라고 판단한 경우 거부할 수 있어야 한다. 감정 또는 시간 제약이 정부에게 가장 이익이 되도록 행동하거나 생각하는 것을 방해해서는 안 된다. 그러나 정부 팀은 교착상태가 정부에 가장 유리한지를 객관적으로 판단해야 한다. 긴급 수요 물품의 경우에는 정부가 교착상태로부터 루스/루스 결과의 루스 결과를 얻는 대신에 윈/루스 결과의 루스 편이 되는 것이 더 좋을 수 있다.

복귀 의지

교착상태 이후에 협상에 복귀할 의지가 있어야 한다.

만약 보다 더 좋은 거래를 다른 곳에서 적시에 할 수 없다는 것을 알았다면 자존심을 접고 협상 재개에 나서야 된다.

교착상태 이후 상대방이 먼저 움직이도록 하는 것이 좋지만 궁극적으로 그런 일이 일어날지는 확신할 수 없다. 정부 측에서 먼저 움직이더라도 상대방은 환영할 것이다. 교착상태에 의해 양 당사자가 받는 압력이 대단하기 때문이다.

교착상태는 종종 윈/윈 협상에 있어서 자기주장을 굽히지 않는 주 협상자 간의 성격 충돌 때문에 발생한다. 직업적 전문성과 윈/윈 자세는 성격 충돌에 의해 야기되는 교착상태를 방지하는 데 도움이 되지만 어떤 경우에는 협상을 다시 개시하기 위해서는 불가피하게 주 협상자를 바꾸어야 할 경우가 있다.

협상 중단 리스크

협상 중단 또는 협상 중단 위험을 자신의 협상에 유리한 수단으로 활용할 수는 있다. 그러나 일단 협상이 중단되면 협상을 다시 착수하여 정상적으로 진행하는 것이 어려울 수도 있다. 자신의 협상 중단 및 협상 중단 위협이 양보로 이어진다면 그러한 방식은 성공적인 전략이 된다. 협상 중단이 실패하여 입지가 약화된 경우에는 화해하기 어려워진다. 협상을 중단해야 한다고 생각하는 지점에 이른 경우 그러한 협상 중단이 미치게 될 영향을 고려해야 한다. 상대방이 협상 중단을 보다 유연성을 발휘해야 하는 명확한 암시로 받아들일 것으로 믿는 경우 그 경우에서의 협상 중단은 적절한 대책이 될 수 있다. 반면에 협상 중단을 윈/루스 음모로 받아들일 우려가 있는 경우 먼저 협상 중단을 선언해서는 안 된다.

전문성을 유지하라

업체가 협상을 중단하려 한다고 생각되는 경우,

○ 업체의 행동을 사전에 막아라.

양 당사자가 생각할 시간을 갖고 자신들의 포지션을 검토할 수 있도록 휴식 시간을 제의 할 수 있다.

○ 전문성을 유지하라.

"협상을 종료하기로 한 것에 대해 유감스럽게 생각합니다.", "만약 심경에 변화가 있어 협상을 재개하기로 한다면 우리는 기꺼이 본 쟁점에 대한 협상을 계속할 것입니다." 같은 표현을 사용하라. 화를 표출한다거나 좌절감을 표출하는 것은 업체 측의 협상 복귀 재고에 전혀 도움이 되지 않는다. 전문 직업인다운 반응은 교착상태를 막을 수 있고 이후에 협상을 더 쉽게 재개할 수 있다.

최상의 협상대안을 고려하라

협상 중단이 임박한 경우 항상 최선의 협상 대안을 고려해야 한다. 관리층과 협의하여 현 포지션과 대안을 평가한다. 그러한 평가에는 다음과 같은 사항을 고려해야 한다.

○ 현재의 정부의 포지션은 사용가능한 정보를 기준으로 하여 합리적인 것인가?

- 비상시 작전 같은 수요가 매우 급박한 경우가 아닌한 비합리적인 합의를 회피해야 한다. 만약 정부 포지션이 합리적인 경우 다음 질의를 계속할 필요가 있다.

○ 정부측의 최상의 협상 대안은 무엇인가?

- 만약 정부측의 포지션(제안)이 합리적이고 업체측의 포지션(제안)이 불합리하다고 믿는다면 "우리가 업체와 상호 만족스러운 결과에 다다르지 못할 경우 어떤 일이 일어날까?"에 대한 답을 해야 한다. 현재와 향후의 수요에 대한 영향을 고려하라. 때로는 비합리적인 협상

결과가 이용가능한 대안보다 더 나을 수도 있다.

○ 업체 측의 최상의 협상 대안은 무엇인가?

　－ 업체가 계약을 얼마나 필요로 하는지를 고려한다. 여러 이유로 계약이 매력적일 수 있다(예를 들면 업체의 고용, 간접비용 배정, 기술 향상 등).

○ 어떤 방법으로 정부의 포지션을 더 강화할 수 있는가?

　－ 정부의 포지션을 강화하고 업체의 포지션을 약화시키는 방법으로 정부의 포지션을 훨씬 더 강화할 수 있다. 업체의 포지션을 약화시키는 가장 효과적인 방법 중 하나는 경쟁을 도입하는 것이다.

협상 복귀

보다 매력적으로 보이는 대안이 나타나지 않는 한 협상을 깨트리지 말라. 또한 상황이 변할 경우 특히 업체가 보다 합리적으로 변할 경우 협상테이블로 복귀할 수 있도록 열려 있어야 한다.

10. 전략의 사용

1) 윈/윈 전술의 사용

윈/윈 결과를 얻기 위한 전략

전략은 일반적으로 윈/윈 결과를 쉽게 얻기 위해 사용된다. 그러나 윈/윈 전략 조차도 남용될 수 있고 윈/루스 협상자에 의해 협상전략으로 이용될 수도 있다. 윈/루스 사용의 대응 조치는 각 전술에서 전개된다.

자제

자제는 행동을 삼가는 행위이다.

○ 윈/윈 전술에서의 사용

정부와 업체의 협상자가 어떤 쟁점에 동의를 하지 않는 경우 정부는 협상이 그 쟁점에서 교착 상태에 빠지지 않도록 하기 위해 참고 기다리는 방법을 사용할 수 있다. 그 대신에 정부는 정부가 동의할 수 있는 쟁점에 대해 조사한다. 지연행위로 인해 양 당사자 모두에게 서로 다른 시각에서 미해결 쟁점을 검토할 수 있는 시간을 확보할 수 있다.

○ 원/루스 전술에서의 사용

참고 견디는 전술은 원/루스 협상가들이 어떤 쟁점에 대한 합의를 미루고 다른 사람에게 양보하도록 압박하는 수단으로 사용할 수 있다.

○ 원/루스 전술 대응 방안

미합의 부문에 있어서의 양보안 거래를 제안한다. 정부가 한 쟁점을 양보하는 대신 그 대가로 업체에게 동등한 중요도를 가진 양보를 요구한다.

질의

질의는 상대방의 포지션을 탐색하기 위한 질문의 사용을 수반한다.

윈/윈 전술에서의 사용

○ 윈/윈 전술에서의 사용

- 윈/윈 전술에서 다음과 같은 질의를 할 수 있다.
- 상대측의 구체적인 정보 또는 추가 팩트를 확보할 목적으로 하는 질의
- "업체가 할 수 있는 최선책은 무엇인가요?" 같은 구체적인 답변을 구하기 위한 질의
- "고려 해 보았나요?"로 시작하는 질문을 사용하여 대안을 파악
- "왜?" 같은 질의를 사용하여 난관을 돌파한다.
- "언제 시작할 수 있나요?" 같은 질문으로 상대방이 합의에 도달하도록 지원

○ 윈/루스 전략으로 사용

- 윈/루스 협상가는 상대방의 협상 포지션의 한도에 관한 정보를 알아낼 목적으로 질의를 할 수 있다. 예를 들면 상대 협상가는 "본 계약에 투입되는 금액이 얼마인가요?"라는 질문을 할 수 있다. 만약 정부 측이 정직한 답변을 한다면 상대측 협상자는 남은 협상 기간 동안 그 수치를 협상 목표로 사용할 수 있다.

○ 윈/루스 전략으로 사용할 경우의 대응 방안

　- 만약 그러한 질의가 윈/루스 전략으로 사용될 것으로 의심이 갈 경우

　　• 동 질의에 답변하지 않거나

　　• 정부 측의 협상 포지션에 부정적 영향을 미치지 않고 답변할 수 있는 질문으로 질문내용을 재구성하거나

　　• 또 다른 질문으로 대응하거나

　　• 묵묵히 듣기만 하는 식으로 대응한다.

상대의 반응을 시험해 보는 시안

반응을 떠 보기 위한 시안은 특정 청중의 반응을 시험해 보기 위해 제시하는 시안을 말한다. 정부 측은 "~라면 어떻게" 같은 구절로 말문을 연 제안을 업체에게 제시하는 방법으로 상대를 떠 보기 위한 시안을 제시할 수 있다. 어떤 약속을 하지 않고 정부는 협상 목적의 솔루션을 정중하게 제안할 수 있으며 명확한 약속을 하지 않고 업체 측의 협상자에게 대안을 수용하거나, 거부하거나, 제시할 수 있는 기회를 줄 수 있다.

○ 윈/윈 전략에서의 사용

이러한 전략을 사용하여 윈/윈 해법을 제시한다. 이러한 시안을 업체 측의 협상자가 대안을 제시하도록 유도하는 하나의 방편으로 사용할 수 있다.

○ 윈/루스 전략으로 사용

윈/루스 협상가들은 하나의 함정으로 시안을 사용할 수도 있다. 예를 들면 협상가들은 해법으로 특정 가격을 제시할 수 있다. 상대방이 이를 받아들인다면 동 협상자는 그것을 거부할 명분을 찾는다. 협상가는 어떤 것도 양보하지 않고 정부 목표를 간파한다.

○ 윈/루스 목적의 사용에 대한 대응 방안

시안의 수락에 대해 의구심이 있는 경우 바로 응답하지 말고 시간을 끌어라. 시안은 회신하는 데에 상당한 시간이 필요하고 일반적으로 현장에서 분석할 수도 없다. 특히 시안을 받아들일 경우 협상 범위의 제한선을 넘지 않도록 주의하라.

대체 포지션

동시에 2개 이상의 대체 포지션을 제시하는 방법으로 특정 쟁점을 해결하기 위해 하나 이상의 방법을 선택할 수 있다는 점을 암시하라.

○ 윈/윈 전략으로서의 사용

- 정부의 입장에서 수락 가능한 대안을 제시한다. 업체 측 협상자는 업체의 포지션에 가장 우호적인 옵션을 선택할 기회를 갖는다. 정부는 수락 가능한 솔루션을 얻고 업체의 포지션에 전가 되는 비용은 최소화된다. 또한 선택 프로세스는 업체의 협상자들에게 해당 솔루션에 있어서 주인 의식을 부여한다. 그러한 주인의식은 전반적인 협상 분위기를 개선하여 다른 쟁점에 대해서도 만족스러운 합의에 이르게 한다.

○ 윈/루스 전략으로서의 사용

- 윈/루스 협상가는 핵심 쟁점에 대해 2가지 이상의 수락 불가능한 솔루션을 제시할 수도 있다. 정부 측이 이를 거부하는 경우 협상자는 그러한 거부를 정부가 불합리한 주장을 하고 있다는 비난 구실로 사용할 수 있다.

○ 윈/루스 목적 사용에 대응 방안

- 각 대체 포지션에 대한 찬성과 반대는 쉽게 드러나지 않을 수도 있다. 선택하기 전에 충분한 시간을 갖고 모든 옵션의 장점과 단점을 분석하라. 그것이 제시한 안 중 가장 좋은 안이라는 것 때문에 불합리한 솔루션을 받아들여서는 안 된다. 만약 모든 대안이 수락하기 어려운 안이라면 그러한 안을 거부하는 것에 그치지 말고 또 다른 대안을 제시하라.

수락 기간

수락 기간은 협상에 임한 일방이 상대방의 제안을 수락해야 하는 기간을 말한다. 신속한 결정을 강요하지 않고 이러한 전략을 이용 업체의 협상자에게 정부의 솔루션 또는 아이디어를 파악할 시간을 줄 수 있다

○ 윈/윈 전략으로 사용

- 근무시간이 종료되는 시점에서 다음날까지 곧바로 휴회를 제안하는 방법으로 수락 기간을

연장할 수 있다. 다음 날 아침까지 협상자는 정부의 제안에 대해 생각하고 상급 관리자와 협의를 할 시간을 갖게 된다. 일반적인 사람같이 협상자도 새롭고 생소한 것을 받아들이는 데에는 시간이 필요하다.

○ 윈/루스 전략으로 사용

- 윈/루스 협상자는 수락 기간을 지연작전으로 사용할 수 있다. 특히 시간의 압박이 심하거나 협상 모멘텀이 자신에게 유리한 경우 유용하게 사용할 수 있다.

○ 윈/루스 전략에 대한 대응 방안

- 빠른 동의에 대한 모멘텀을 상실할 수 있으므로 제안에 반응하는 데에 너무 오래 걸리지 않도록 하라. 시간이 너무 많이 소요되면 윈/루스 협상자들에게 추가 지연 전술 개발의 기회를 제공하는 것이 될 수 있다.

브레인스토밍

브레인스토밍은 아이디어를 자유롭게 교환함으로서 대안을 개발하는 테크닉이다. 이러한 전략을 사용하는 협상가는 생각나는 대로 말하고 문제를 해결할 방법 또는 대안을 공개적으로 토론한다. 브레인스토밍 회의 동안에는 아이디어에 대한 가치 판단은 하지 않는다. 이후에 평가, 사용할 수 있도록 단지 아이디어를 기록만 한다.

○ 윈/윈 전략으로 사용

협상가가 새로운 아이디어에 열려 있고 진지한 경우 브레인스토밍은 윈/윈 결과에 도달하기 위한 다양한 방법을 파악하는 데에 유용한 전략이 될 수 있다.

○ 윈/루스 전략으로 사용

브레인스토밍이 작동하게 하기 위해서는 협상자는 새로운 아이디어에 열려 있어야 하며 진지하여야 한다. 진지하지 않은 윈/루스 협상자는 자신은 아무 정보도 주지 않으면서 상대방의 수락 가능한 대안에 대한 정보를 얻는 데에 브레인스토밍 회의를 이용할 수 있다.

○ 윈/루스 용도 사용 대응 방안

윈/루스 대응 방안은 아무것도 말하지 말고 듣고만 있는 것이다. 양 당사자 모두 또는 어느 일방도 아이디어를 공유하지 않는다.

살라미 작전

이런 전술을 사용하는 협상가는 모든 것을 한꺼번에 요구하는 것이 아니라 한 번에 하나씩만 요구한다.

○ 윈/윈 전략으로 사용

살라미 전략을 사용하여 복잡한 쟁점을 보다 이해하기 쉽도록 여러 세부 항목으로 나눌 수 있다. 다른 의제로 옮겨가기에 앞서 각자의 포지션을 충분히 설명하고 거래할 기회를 갖게 된다. 세부 항목에 대한 포지션을 명확하게 이해하면 전체 쟁점에 대한 서로 다른 포지션을 보다 더 잘 이해할 수 있게 된다. 마치 복잡한 수학 문제 같다.

○ 윈/루스 전략으로 사용

윈/루스 협상가들은 얼마나 많은 쟁점이 있는지를 미처 인식하기도 전에 이 기법을 사용 다양한 쟁점에 대해 양보를 얻어낼 수도 있다. 미처 알기도 전에 협상을 통해 모든 유연성을 제거해 버리며, 더욱이 어려운 문제들은 미처 다루지도 못했다.

○ 윈/루스 용도 사용에 대한 대응

상대방이 윈/루스 협상자로 의심이 드는 경우 최선의 대응책은 협상자로 하여금 정부가 양보안을 내놓기 전에 모든 요구사항을 구체화하도록 요구하는 것이다. 단편적인 협상 결과는 거부하라.

포괄적 방법

포괄적 방법은 살라미 방식과 반대 개념이다. 포괄적 방법은 협상 시작 이전에 모든 쟁점을 테이블 위에 올려놓도록 설계되어 있다. 포괄적 방법을 전략으로 사용하는 협상자는 모든 요구사항을 한번에 개략적으로 설명하면서 협상을 시작한다.

○ 윈/윈 전략으로 사용

윈/윈 협상가들이 사용하는 경우 이 전술은 모든 문제를 테이블 위에 올려놓고 모든 사람들이 협상과제를 이해하도록 한다.

그러나 최종적으로 핵심 의제가 압축되지 못한 상태에서 사소한 문제에 상당한 시간을 허비

할 수 있다.

○ 윈/루스 전략으로 사용

윈/루스 협상가들은 이런 전략을 사용 폭설이 도시를 뒤덮듯이 상대를 마비 상태로 몰아 제압하려 할 수 있다. 동 협상가는 상대측이 모든 요구에 압도당해 핵심 쟁점을 파악하지 못하기를 바란다.

○ 윈/루스 전략 용도 사용에 대한 대응

양보를 하기 전에 관련 쟁점에 우선순위를 매겨 어떤 쟁점이 상대방에게 중요하고 정부입장에서의 각 쟁점별 중요도는 어떠한지를 확인한다.

유형별 분류
....

협상자는 유형별로 쟁점을 분류하는 전략을 사용 상호 만족스러운 결과에 중요한 영향을 미치는 쟁점을 파악한다. 이러한 전술은 쟁점이 많으나 몇 개의 쟁점만이 중요한 경우 특히 유용하다. 모든 쟁점에 대해 만족스러운 결과를 거두기는 사실상 불가능 하나, 전체적인 측면에서는 만족스러운 결과를 얻을 수는 있다. 일단 중요쟁점에서 만족스러운 결과를 얻으면 상대적으로 중요도가 떨어지는 쟁점에 대해서는 보다 빨리 해결할 수 있다.

○ 윈/루스 전략으로서 사용

윈/루스 협상자는 그에게 중요한 쟁점들을 해결한 후 상대방의 핵심 쟁점은 미해결 상태로 두는 방법으로 쟁점을 분류하려고 할 수 있다.

○ 윈/루스 전략 사용에 대한 대응

해당 구획에 자신의 핵심 쟁점이 포함되어 있는지 확인한다. 보다 유연성을 유지하기 위해서는 결과에 대해 잠정적으로 승인하는 방안을 고려할 수 있다. 후에 그 결과가 불공정한 것으로 판단하면 철회할 수 있다.

2) 윈/루스 전략의 확인 및 적절한 대응 방안

윈/루스 결과를 위한 전술

여기에서 기술한 전술은 일반적으로 윈/루스 전략으로 간주한다. 이는 그러한 전략이 상대방을 속임으로써 협상 목표를 용이하게 달성하려는 협상 방법을 묘사하기 때문이다.

윈/루스 전략의 태생적인 사기성 또는 부정직 때문에 일반적으로 윈/윈 협상가에게는 권유되지 않는다.

그럼에도 불구하고 이러한 전술을 이해함으로써 업체의 이용에 올바로 대처할 수 있다.

계수

정부계약 협상에서 많은 쟁점이 비율, 또는 기타의 추정 계수와 관련이 있다. 이러한 추정 계수에 대해 흥정하는 것은 상호 만족스러운 결과에 이르는 데에 매우 중요하다. 그러나 협상자가 그러한 계수를 사용 총 계약에 미치는 영향을 왜곡시킬 우려도 있다.

○ 사용

윈/루스 협상자는 이러한 계수를 사용 원가 또는 가격에 미치는 실제의 효과에 대한 관심을 다른 데로 돌린다. 예를 들면 정부의 "간접 재료비는 7%이며 업체측의 포지션은 6%이고, 업체의 간접 제조비는 111%이며 정부의 포지션은 110%이다. 차이는 1%이므로 업체는 간접 재료비 부분에서 정부안을 받아들이고 그 대신 정부는 간접 제조비 부문에서 업체의 안을 받아들이는 것으로 절충을 할 것을 제안합니다"라고 말한다. 간접 재료비에 배정된 금액은 $75,000이고 간접 제조비에 배정된 금액은 $800,000임을 인식하지 못하면 일면 균등한 교환으로 보인다. 그러한 교환 거래로 정부는 $7,250($8,000-$750)의 손실을 입을 수 있다.

○ 대응 방안

모든 금액에 관한 계산은 실제 적용되는 금액을 적용한다. 예를 들면 직접비용을 협상하는 경우 항상 비율 변경만 고려하는 것이 아니라 총비용 또는 가격에 대한 비율 변경이 미치는 효과를 고려한다.

서프라이즈

협상자는 상대방의 협상자를 놀라게 하거나 충격을 주기 위해 즉흥적으로 보이는 이벤트를 계획한다.

○ 용도

일반적으로 서프라이즈 전술은 협상을 중단하고 협상 플랜에서 벗어나도록 하기 위해 사용된다. 윈/루스 협상자들은 상대방이 그러한 서프라이즈에 대해 정서적인 반응(예를 들면 화를 낸다든가, 쇼크를 받는다든가, 두려움을 느낀다든가)을 할 것으로 기대한다. 더 나아가 그러한 정서가 상대방의 협상 업무에 부정적인 영향을 미치기를 기대한다. 쇼크나 두려움은 향후의 발생 가능한 보다 더 강력한 충돌을 회피하기 위해 특정 쟁점을 양보하게 할 수도 있다.

○ 대응 방안

아는 것이 최상의 대응책이 될 수 있다. 어떤 협상자는 서프라이즈 전술을 사용하는 것으로 알려져 있다. 준비가 될 때까지 응답하지 말라. 필요한 경우 팀 회의를 소집 감정이 아닌 이성으로 대응하고 있는지를 확인한다.

약화

이러한 전술을 사용하는 협상자는 위협, 모욕, 최후통첩 등을 이용하여 자신을 방어한다. 대부분의 사람들은 언어적 공격에 분노하게 되므로 그러한 공격은 역풍을 맞지만 쉽게 겁을 먹는 협상자들에게 때로는 효과적일 때도 있다.

○ 용도

이러한 위험한 전술을 사용하는 협상자는 상대방을 협박하는 방법으로 양보를 얻기를 기대한다. 어떤 협상가는 연방정부 기관에 대한 판매와 관련한 업무의 관료적 형식주의를 지적하거나 정부 요원의 숙련도에 대하여 부정적으로 말함으로써 정부 협상자의 신뢰를 낮추려고 한다.

○ 대응책

- 위협이 비윤리적이거나, 법률에 반하거나, 부도덕한 경우 적절한 기관(예를 들면 협상자의

상급 관리층)에 보고할 것이라고 말하라.

- 만약 상대방이 그러한 위험을 실행에 옮기려고 할 경우 그 결과가 미치는 장기적 관점에서의 위험과 비용을 설명하라.
- 그 위험을 감지하지 못한 것처럼 하면서 다음 주제로 넘어간다.
- 상대방이 이러한 전략을 선택한 경우 흔들리지 말고, 상대방에게 존중해줄 것을 주장하며 자신은 계속해서 사무적이고 예의 바르게 행동한다.

침묵

이런 전략을 사용하는 협상자는 협상 포인트에 대해서는 아무 말도 하지 않는다. 1차적인 바람은 특정 쟁점이 제기되지 않는 것이다. 만약 특정 쟁점이 제기되면 침묵을 지키거나 다른 쟁점을 말하는 방법으로 해당 쟁점을 회피한다.

○ 용도

이러한 전략은 일반적으로 협상자가 자신들의 포지션에서의 약점을 노출시키고 싶지 않은 경우 사용한다. 예를 들면 정부에게 부품을 팔려고 하는 업체는 해당 부품은 보증 대상이 아니라는 사실에 대해 언급하지 않기를 바란다. 그러한 전략은 상대방이 말을 하도록 하여 정보를 얻고자 할 때에 사용될 수 있다. 그러한 경우에 어떤 협상자는 상대방이 일부러 침묵을 지킬 때에 자신의 포지션에 대한 정보를 말하거나 밝혀야 할 의무감을 느낀다. 때로는 이러한 협상가는 상대방의 포지션을 수락하고는 대화를 마치려고 한다.

○ 대응 방안

회피하는 주제에 대한 정보를 알아내기 위해 끈질기게 효과적인 질문을 퍼붓는다.

상대방을 속이는 동작

협상에서 이러한 전술은 오해의 소지가 있는 진술 또는 행동을 수반한다.

○ 용도

상대를 속이는 동작은 상대 협상자에게 가짜 인상을 주거나 협상가를 속여 사실이 아닌 것을 밀도록 한다. 예를 들면 업체는 상대방에게 단지 작은 나무들을 베어 내는 작업을 한 것에 불과함에도 건설 프로젝트가 이미 시작되었다고 말하는 방법으로 상대방을 기만할 수 있다. 사실 필요한 기반 정비 장비를 다른 현장에서 사용 중이므로 해당 업체는 공사를 시작조차 할 수 없다.

○ 대응 방안

- 탐색적 질문을 통해 실제 현황을 판단하거나 숨겨진 주제를 끄집어낸다.
- 예를 들면 어느 정도까지 공사가 완성되었나요? 같이 질문 요지를 명확하게 하여 질의한다.

제한된 권한
....
관련 조치가 이미 완료되었기 때문에 포지션을 받아들일 것을 요구하는 경우가 있다. 예를 들면 하도급 계약 가격이 이미 책정되었기 때문에 협상자들이 서명이 된 하도급 계약서를 제시하고 하도급 비용은 이미 협상 대상이 아니라고 말할 수도 있다.

○ 대안

모든 것이 협상 대상이 된다고 주장하라. 위의 예에서 비용이 실비라고 할지라도 합리적인 가격임을 입증할 책임은 업체에게 있음을 지적하라.

11. 경쟁적 토론(협상)

경쟁적 토론은 경쟁적 취득의 일부로 행해지는 의미 있는 협상이다. 주된 목적은 유인서에서 정한 시방서 및 평가 항목을 기준으로 하여 정부에게 가장 유리한 계약을 할 수 있도록 정부의 능력을 최대화 하는 데에 있다.

○ 토론(협상)은,
- 경쟁범위 이내에 포함되는지를 판단하기 위해 각 업체별로 수행한다.
- 각 업체와의 토론내용은 해당 업체의 제안서에 따라 조정된다.

- 해당 제안서의 의미 있는 약점, 결함, 기타 제안서의 문제를 수정하거나 설명함으로써 해당 제안서의 계약자로 선정될 수 있을 정도로 잠재력을 실질적으로 중진할 수 있는지 고려한다.

○ 토론의 종료 시점에서 여전히 경쟁범위 이내에 있는 각 업체에게는 지정된 날짜까지 최종적인 수정 제안서를 제출할 기회가 부여된다.

○ 최종적인 업체선정은 해당 유인서에서 기술한 업체선정 기준에 따라 평가한 제안서 비교 평가결과를 토대로 하여 결정된다.

○ 경쟁적 토론(협상)을 위한 방법을 파악한다.

   - 토론 동안 팀을 적극적으로 이끈다.

   - 토론 회의를 개회한다.

   - 팩트를 확인한다.

   - 쟁점에 관해 협상을 한다.

   - 필요한 경우 중간 수정 제안서를 제출한다.

   - 필요한 경우 경쟁범위에서 업체들을 배제한다.

   - 각 업체에게 최종 수정 제안서 제출을 요구한다.

○ 정부팀원을 적극적으로 이끈다.

   - 경쟁적 토론에서 팀을 이끌 때의 핵심 책무는 비경쟁적 협상에서 팀을 이끄는 것과 동일하다.

   - 회의가 시작되기 전에 준비가 완료되도록 한다.

   - 필요한 경우 팀 지원이 가능하도록 한다.

   - 팀원의 참여를 관리한다.

   - 전원회의를 소집 통합된 정부안을 도출한다.

   - 휴식시간을 활용하여 긴장을 낮추고 토론의 속도를 조절한다.

○ 개회

   - 개회 시에 고려할 필요가 있는 사안은 비경쟁 협상의 개회에서 다루어야 하는 사안과 동일하다.

   - 상대방과 인사를 한다.

   - 소개할 시간을 갖는다.

- 참석자들이 보다 편안함을 느끼도록 한다.
- 참고자료를 간략하게 검토한다.

○ 그러나 경쟁적 토론이 비경쟁적 협상과 동일하지 않다는 점에 유의할 필요가 있다. 다음과 같은 사안에 유의한다.
- 계약관은 토의 도중에 추후 토론에서의 업체의 포지션을 명확하게 할 수 있도록 제안서 수정을 요구하거나 수정 제안서를 제출하는 것을 허용할 수 있다.
- 정부가 요구하지 않은 경우 제안서 수정을 허용해서는 안 된다.
- 토의 후에 각 제안서 제출 업체에게 최종 수정 제안서를 제출할 기회를 부여한다.
- 계약업체선정을 위한 평가기준 및 시방서를 기준으로 정부에게 가장 유리한 조건을 제시한 업체와 계약을 체결하게 된다.

1) 팩트의 검토 및 토의 쟁점 파악

경쟁적 토론에서 팩트에 대한 초기 검토는 비경쟁 협상에서의 팩트에 대한 초기 검토와 유사하다.

○ 공통적인 쟁점에 특히 유의하라.
○ 토론에 앞서 주고받은 의견 교환의 결과를 요약한다.
○ 필요한 경우 추가적인 사실확인절차를 거친다.
  비경쟁 협상에서와 같이 합의 부문과 미합의 부분을 요약하는 것이 아니라, 토론이 필요한 것으로 파악된 쟁점을 요약한다. 일반적으로 그러한 쟁점은 다음과 관련된다.
- 제안서의 결함
- 중요한 제안서의 약점
- 계약관의 관점에서 업체가 해당 제안서를 수정하거나 의문점을 소명할 경우 계약체결 잠재력이 상당히 증강될 수 있는 기타의 부문

2) 쟁점에 대한 흥정

비경쟁적 협상에서와 같이, 경쟁적 토론에서의 흥정은 설득, 추정 및 포지션의 변경을 포함한다. 토론은 가격, 납기, 기술 사양, 계약 유형 및 기타 계약조건과 관련된 문제를 다룬다.

경쟁적 환경에서의 흥정은 업체의 최종 제안서 수정에서 다루어져야 할 문제에 대한 상호의 이해를 얻는 데에 맞추어져 있다. 계약시방서에 변경이 있는 경우 모든 참여 업체들이 동일한 계약시방서에 맞추에 제안서를 작성할 수 있도록 관련 유인서를 수정하여야 한다.

○ 토론 계획에 따라 추진한다.
- 토론 계획에 따라 추진하며 토론이 종료될 때까지 주도권을 잡는다.
- 정부의 의제에 따라 쟁점을 다룬다.
- 질의하고 청취한 후 제안서의 적합성, 일관성, 진실성을 평가한다.
- 윈/윈 결과를 얻기 위해 적절한 전술과 대응책을 사용한다.
○ 제안서상의 결함은 정정되어야 한다.
- 결함이라는 용어는 제안서가 정부 시방서를 충족하는 데에 중대한 하자가 있음을 의미하거나 계약이행의 실패 위험을 증가시키는 여러 가지 중대한 약점을 말한다.
- 제안서에 결함이 발견되는 경우 토론과정에서 업체가 문제 부문을 파악, 해당 결함을 정정함으로서 제안서를 개선할 기회를 갖도록 한다. 예를 들면 업체가 제시한 프로젝트 매니저가 계약의 최소 요건을 충족하지 못하는 경우 업체에게 그러한 사실을 지적, 수정할 기회를 준다.
- 결함을 수정하는 방법을 제시해서는 안 된다.
- 결함이 정정되지 않으면 제안서 평가 시에 해당 결함으로 이행 위험 수준이 수락 불가능한 것으로 평가될 수 있음을 강조해야 한다.
○ 약점은 수정을 통해 개선될 수 있음을 설명한다.
- 약점은 제안서상의 흠결로서 계약 이행 실패의 위험을 증가시킨다.
- 제안서에 중대한 약점이 있는 경우 정부는 약점의 일반적 사항에 대한 정보를 제공한다. 예를 들면 제안한 인력이 계약 이행에 필요한 기술면에서 단지 최소한의 자격만을 갖추었다

면 업체에게 그러한 내용을 지적하라. 단순히 유인서 상의 조건을 다시 설명하는 데에 그쳐서는 안 된다.

- 받을 수 있는 최대 등급보다 낮은 등급을 받는 모든 부문에 대해 토론할 필요는 없다. 그러나 불평등하게 토론을 진행해서는 안 된다. 예를 들면 어떤 업체와는 중요한 약점에 대해서만 토론하고 특정 업체와는 모든 제안서상의 약점을 토의해서는 안 된다.

- 약점을 교정할 수 있는 방법을 제시해서는 안 된다.

- 약점이 교정되지 않으면 제안서 평가 시 그 약점으로 인해 이행 위험의 수준이 높아지게 된다는 점을 강조하라.

○ 개선의 여지가 있는 부문이 있는지 확인하라.

- 계약은 유인서의 평가기준을 고려하여 정부에게 가장 유리한 업체에게 돌아간다는 것을 강조하라.

- 관련 유인서에서 의무적 최소요구사항을 초과하는 기술적 해법에 대해 점수를 부여하도록 정한 경우 정부는:

  • 의무적 최소요구사항 이상의 이행 능력 증가분에 대해 협상하라.

  • 의무적 최소요건만 충족하고 그 대신 가격을 더 낮춘다면 의무적 최소요건을 초과하면서 가격이 더 높게 제시한 제안자보다 경쟁에서 더 유리할 수 있다는 점을 안내한다.

- 정부의 분석에서 업체가 제시한 비용 또는 가격이 불합리하게 높은 것으로 나타난 경우 업체에게 그 사실을 알리고 분석 기준을 제공하라.

- 만약 분석결과가 해당 공사를 위한 업체 제시 가격이 불합리하게 낮은 것으로 나타난 경우 업체에게 이를 알리고 분석 기준을 제공한다.

  • 원가 보상 유형의 제안서의 경우에는 업체에게 제시한 가격이 평가를 위해서 정부에게 가장 발생 가능성이 높은 비용 기준으로 하여 조정될 수 있음을 환기하라.

  • 고정가격 유형의 계약에서는 업체에게 비합리적으로 낮은 가격을 제시할 경우 이행 위험 같은 적절한 평가부문에서 참작이 된다는 점을 환기하라.

○ 부적절한 행위를 하지 마라. 팀원들이 다음의 행위에 연루되지 않도록 하라.

- 특정 업체를 우대하는 행위.

- 특정 업체의 독창적인 기술적 솔루션을 누설하는 행위. 독창적인 기술(물품)의 혁신적이고

독특한 용도 또는 특정 업체의 지적 재산을 타 업체에게 누설할 수 있는 정보 등을 포함한다.

- 업체의 허락 없이 특정 업체의 가격을 공개하는 행위.

- 업체의 과거 이행실적 평가에 대한 업체에 대한 평판 정보를 제공하는 자의 신상을 공개하는 행위.

- 법령에 위반하여 고의로 계약업체 결정 정보를 제공하는 행위.

○ 업체를 오도하지 말라.

- 업체를 오도하여 최초의 제안서 평가 기간에 파악된 문제점을 충분히 다루지 못하고 최종 수정 제안서를 제출하는 일이 없도록 하라. 예를 들면 해당 제안서의 가격이 이미 비합리적으로 낮은 것으로 나타났음에도 추가 감가 여지가 있는지를 검토하도록 압박해서는 안 된다. 그러한 토의는 비용의 현실성을 감안하지 않고 가격을 낮추어 최종 수정 제안서를 작성토록 해당 업체를 오도할 수 있다.

- 그러한 최종 수정 제안서는 원래의 제안서 보다 더 정부에게 가치가 더 적은 제안을 한 것으로 평가될 수 있다.

○ 중간 수정 제안서

- 업체에게 토의 또는 제안서 평가에 필요한 것보다 더 많은 정보를 제출하도록 요구해서는 안 된다. 통상 토론은 업체가 최초 제출한 제안서를 기준으로 진행된다. 그러나 계약관이 향후의 토론을 위한 업체의 포지션을 명확히 하기 위해 토론 동안에 제안서 수정을 요구하거나 허용할 수 있다.

3) 경쟁범위에서 배제

토론이 시작된 후에 계약관은 특정 업체가 더 이상 계약체결을 위해 고려되는 등급 이상을 득하지 못한 것으로 판단되는 경우 해당 업체를 경쟁범위에서 배제할 수 있다.

○ 계약관은 업체와 제안서의 모든 부분을 토의하거나 경쟁범위에서 업체를 배제하기 전에 제안서를 수정할 기회를 부여할 필요는 없다.

○ 계약관은 업체를 경쟁범위에서 배제한 경우에는 이후부터는 해당 업체로부터 제안서 수정을

요구하거나 접수해서는 안 된다.

4) 최종 수정 제안서 제출 요청

토론을 종료한 후에 그때까지 경쟁범위에 들어 있는 각 업체에게 최종 수정 제안서를 제출할 기회를 주어야 한다. 최종 수정 제안서 제출 요청은 모두 서면에 의해 이루어지며 요청서는 간단명료하여야 한다.

○ 최종 수정 제안서 요청 시 그때까지 경쟁범위에 포함되어 있는 업체가 최종 수정 제안서를 제출해야 할 마감일자를 함께 통보하여야 한다.
○ 해당 업체들에게 다음 내용을 통보한다.
  - 동 최종 수정 제안서는 반드시 서면으로 작성되어야 하고
  - 정부는 추가 수정 제안서를 요구하지 않고 업체를 결정하고자 한다.

5) 최종 제안서에 대한 비교 평가

(1) 업체선정 계획

최종 수정 제안서의 평가는 유인서 발부 이전에 수립된 업체선정 계획에 따라 수행된다.
업체선정 계획 양식은 기관과 구매 부서에 따라 다르나 다음 사항을 포함해야 한다.

○ 정부에게 가장 유리한 업체 결정 기준
○ 업체선정 기구의 조직
○ 제안서 평가 기준
○ 평가 절차

(2) 정부에게 가장 유리한 업체 결정 기준

경쟁 상황에서 제안서 평가 및 업체선정 결정 프로세스는 업체의 제안서를 불편부당하고 종합적으로 평가하여, 정부에게 가장 유리한 제안서를 제출한 자를 계약자로 선정할 수 있도록 설계되어야 한다. 취득 상황에 따라 정부에게 가장 유리한 제안서는 기술적으로 수락 가능한 제안서 중에 가격이 가장 낮은 제안서일수도 있고, 또는 가격과 비가격 요소 간의 절충을 고려하여 정해질 수 있다.

○ 기술적으로 수락 가능한 제안서 중 가장 낮은 가격을 제시한 제안서를 평가하는 방식은 기술적으로 수락 가능한 제안서 중 가장 낮게 평가되는 가격을 제시한 제안서를 선택한 결과가 정부에게 가장 유리한 제안서를 선택한 것으로 귀결될 것으로 예상되는 경우 적합하다.
○ 비용/가격과 이외의 요소 간(예를 들면 기술적 평가 및 과거 이행실적 평가)의 절충을 고려하는 제안서 평가 프로세스는 최저가격 제시 업체 또는 기술적 측면에서 최고 등급을 받은 업체 이외의 다른 업체와 계약을 체결하는 것이 정부에게 가장 유리할 수 있는 경우에 적합하다.

(3) 업체선정 기구

업체선정 기구는 업체선정 결정 기준, 기관 또는 계약 부서의 정책, 발주 계약 건의 규모 등을 포함한 여러 가지 요소에 따라 다양하다.

○ 기술적으로 적합한 제안서 중 최저가격을 제시한 업체 평가 방식을 사용하는 경우 별도의 공식적인 조직이 불필요하다.
○ 계약관이 업체선정 결정 업무를 수행하는 계약업체 결정 주체가 된다.
○ 상황에 따라 계약관이 제안서 분석에 있어서 기술적 또는 회계적인 지원을 요구할 수 있다.
○ 절충 평가 프로세스를 사용하는 경우 조직은 통상 보다 더 공식적인 조직이 된다.
  - 계약관이 보통 계약업체 결정의 주체로서의 역할을 수행하나, 기관의 장은 다른 자를 계약업체 결정 담당관으로 임명하여 특정 계약 건이나 특정 종류의 계약을 전담하도록 할 수 있다.

- 통상적으로 전문 팀의 지원을 받거나 특정 팀을 지정하여 지원을 요청할 수 있다.
- 실제로 업체의 제안서를 검토하는 팀은 계약업체 결정 평가위원회, 업체평가위원회, 업체 평가팀 또는 이와 유사한 명칭을 사용한다. 그러한 전문가팀은 이후에 각 제안서의 서로 다른 부문을 평가할 수 있도록 여러 가지 팀으로(예를 들면 비용/가격 부문, 기술 부문, 과거 이행 실적 평가 등) 나누어 업무를 분담할 수 있다.
- 계약업체선정 조직 구성에서 고위 공무원으로 구성된 자문팀을 포함할 수도 있다. 동 자문단은 업체선정 자문위원회 또는 이와 유사한 명칭으로 알려져 있으며 업체결정의 업무 수행에 관해 계약업체 결정담당관에게 자문을 하거나 계약업체선정 평가 결과를 분석, 제공하여 동 담당관을 지원한다.

(4) 제안서 평가 기준

제안서 평가는 유인서에 기술된 평가기준에 의해 이루어져야 한다.

○ 기술적으로 수락 가능한 제안서를 제출한 업체 중 최저가를 제시한 업체를 계약업체로 선정하는 평가 방식을 사용하는 경우 해당 유인서는 "비가격 부문의 적합성 기준을 충족하거나 초과하는 제안서 중 가장 낮은 가격을 제시한 업체와 계약을 체결한다는 내용을 기술하여야 한다.

○ 가격 요소와 가격 이외의 요소 간 절충을 고려하는 평가 방식을 사용하는 경우 해당 유인서는 다음 사항을 명확히 하여야 한다.
- 해당 제안서는 계약체결결정에 영향을 미칠 모든 평가 항목 및 세부 항목을 명확히 기술하여야 한다.
- 가격 이외의 평가 항목이 가격평가 부문보다 훨씬 더 중요한지, 대략 동일한 수준으로 중요한지, 훨씬 덜 중요한지를 기술한다.
- 가격 이외의 평가 항목 간의 상대적 중요도를 기술한다.
- 달리 기술하지 않는 경우 가격 이외의 평가 항목은 통상 중요도의 순으로 유인서에 기술된 것으로 추정한다.

- 유인서에서 다른 방식의 정보가 제공될 수 있다(예를 들면 평가항목 2와 평가항목 3을 합하면 중요도에서 평가항목 1과 비슷하다).

(5) 평가 절차

제안서 평가 절차는 유인서를 발급하기 이전에 확정되어야 한다.

○ 기술적으로 수락 가능한 제안서를 제출한 업체 중 최저가를 제시한 업체를 계약업체로 선정하는 평가 방식을 사용하는 경우 단지 해당 제안서의 기술의 적합성 여부만을 평가한다. 가격부문과 가격 이외의 부문 간 절충을 해서는 안 된다.
○ 가격 부문과 가격 이외의 부문 간의 절충하는 평가 프로세스를 사용하는 경우의 제안서 평가 절차는,
  - 발주 건을 성공적으로 이행할 수 있는 업체의 능력 평가에 대해 규정해야 한다.
  - 계약상황과 계약부서에 적합한 평가 방식(예를 들면 색깔로 등급을 매긴다든지, 추상적인 표현으로 등급을 매긴다든지, 아니면 수치로 평가한다든지 또는 1등급 2등급으로 표현한다든지 등)을 사용한다.
  - 유인서에서 정한 가격 이외의 평가 항목에 대해 평가한다.
  - 각 제안서별로 비용/가격의 합리성 및 비용의 현실성을 평가한다.
  - 제안서를 다른 제안서와 서로 비교하는 것이 아니라 각 제안서의 평가 결과를 비교한다.

(6) 평가

의사 소통 필요성에서의 차이
효과적으로 정보를 전달하기 위해 요구하는 사항은 제안서 평가 프로세스에 따라 다르다.

○ 기술적으로 수락 가능한 제안서를 제출한 업체 중 최저가를 제시한 업체를 계약업체로 선정하는 경우, 최저가격 제안서가 어떤 이유로 부적합한 것으로 판단되지 않는 한 제안서 평가

과정에서 서류를 작성하거나 의사소통할 필요가 거의 없다. 계약관은 최저가 제안서를 부적합한 것으로 판단한 사유를 명확히 서류로 작성해야 한다(예를 들면 이행능력이 없는 업체, 비균형적인 가격, 불합리한 가격 등).

○ 계약자를 절충 평가를 기준으로 하여 결정하는 경우 통상 상당히 많은 문서 작성이 필요하다.

　- 각 기술 제안서를 평가해야 하고 계약업체선정 계획안에 따라 등급을 부여한다. 등급을 부여한 사유를 명확히 문서로 작성하여야 한다.

　- 계약관이 과거의 이행실적이 적절한 평가 항목이 아니라는 이유를 서류로 작성하지 않는 한 과거의 이행실적은 평가대상이 되어야 한다. 과거의 이행실적을 평가대상으로 하는 경우 평가방법 및 절차는 계약업체선정 계획안에 따라야 하며 그 결과를 문서로 작성하여야 한다.

　- 각 가격 제안서의 평가는 반드시 가격의 합리성 평가를 포함하여야 하며, 원가보상부 계약 등의 특정 경우에는 비용의 현실성 평가도 함께 포함된다. 동 평가 결정에 대한 사유를 문서로 작성해야 한다.

절충을 위한 기술 평가

절충방식에 의한 계약업체 결정에 있어서 업체선정 계획은 통상적으로 각 업체의 기술제안서를 평가하는 자들에게 유인서상의 시방서와의 합치 여부, 기술적 우수성, 경영능력, 기술자의 자격, 이전의 경험 같은 사항을 고려하여 평가하도록 요구한다. 각 업체의 제안서 평가는 다음을 포함한다.

○ 업체의 능력에 대한 평가

　해당 계약의 기술적 요구사항을 수행할 수 있는 업체의 능력에 대한 전반적인 판단

○ 제안서에 대한 평가

　- 계약상황에 적합한 평가 방법(예를 들면 색깔로 등급을 표시, 추상적으로 등급을 표시, 수치로 등급을 표시, 또는 서열로 등급을 표시하는 방법 등)을 사용한다.

　　• 미리 정한 수락 가능성 판정 기준에 따라 각 평가 항목별로 제안서의 가치를 평가한다.

　　• 각 제안서의 평가등급은 적절한 서술적 분석이 수반되어야 한다.

절충 판단을 위한 과거의 이행실적 평가

과거의 이행 실적에 대한 정보(업체의 평판 정보)는 업체가 성공적으로 이행할 수 있는 능력을 보유하고 있는지를 보여주는 하나의 지표이다. 과거 이행 정보에 대한 비교평가는,

○ 계약관의 업체 이행능력 판단과는 별개로 독립적으로 행해진다.

○ 다음사항을 고려한다.
  - 과거 이행정보의 현재성 유관성
  - 과거 이행정보의 제공자/기관
  - 과거 이행정보의 맥락
  - 이행실적의 일반적 추세

○ 다음과 관계되는 정보를 고려한다.
  - 관련 경험이 있는 주요 직원
  - 시방서의 주요 부분을 담당할 하도급 업체

○ 다음과 같은 경우 과거의 실적에 대해 해당 업체를 우호적으로 평가하거나 불리하게 평가해서는 안 된다.
  - 해당 업체가 관련 과거 이행실적 기록이 없는 경우
  - 과거 이행실적에 대한 정보에 접근할 수 없는 경우

절충 판단을 위한 가격 평가

○ 가격의 합리성을 평가한다. 제시한 가격이 공정하고 합리적인지를 판단하기 위해 가격분석을 사용하되 필요한 경우 비용분석기법을 사용한다. 다음과 같은 가격에 대한 정보를 계약관에게 제공해야 한다.
  - 구매자에게 공정하지 않은 가격
  - 판매자에게 공정하지 않는 가격
  - 시장 상황, 대체 가능한 물품, 가격 관련 사항 및 가격 이외의 사항을 감안, 비합리적인 가격

○ 필요한 경우 원가 현실성을 평가한다.
  - 해당 발주 건이 원가보상부 계약인 경우 다음을 판단하기 위해 원가의 현실성을 사용하여

야 한다.

- 정부는 현실적으로 해당 발주 건을 위해 얼마를 지불하기를 희망하는가?
- 발주 건의 사양에 대한 업체의 이해도
- 발주 건을 이행할 수 있는 업체의 능력

- 해당 발주 건이 고정가격 유형의 계약인 경우 다음을 판단하기 위해 원가의 현실성 분석결과를 사용할 수 있다.

- 계약이행과 관련한 재무적 리스크를 평가
- 발주 건의 시방서에 대한 업체의 이행도 평가
- 발주 건을 이행할 수 있는 업체의 능력

(7) 문서 작성 및 배포

경쟁적 토론에 있어서의 문서 작성 시 계약체결 결정에서의 타당성에 대해 충분히 기술해야 한다. 계약가격 협상타결에 영향을 미친 중요한 팩트와 쟁점을 포함하여야 한다.

○ 비경쟁적 협상에서 문서로 작성해야 되는 것과 같은 동일한 정보를 문서로 작성해야 한다.
- 업체가 제출한 제안서 및 관련 정보
- 가격 협상 기록
- 협상 중에 고려한 회계분석 보고서 또는 기술분석 보고서 사본 또는 보관 장소에 대한 기록
- 제안서 및 업체의 회신을 보완 설명하는 업체의 추가 정보 요청 기록
○ 또한 경쟁적 토론에서는 다음 사항을 문서로 작성한다.
- 경쟁범위 설정과 관련된 문서
- 계약관의 계약업체선정 결정

가격협상 기록

경쟁적 토론에서의 가격협상 기록에 대한 요구사항은 비경쟁적 협상에서의 요구사항과 일반적으로 동일하다.

○ 다음의 가격협상기록 항목을 포함한다.

   - 협상목적(신규 계약, 최종 가격 책정 등)

   - 인식번호(예를 들면 제안요구번호 등)를 포함한 취득 건에 대한 설명

   - 의회. 또는 다른 기관, 상사(즉 즉각적인 계약행위를 위해 계약체결 및 검토 과정에서 통상
     적으로 권한을 행사하지 않는 공무원)의 지시로 인한 행동 또는 영향에 대한 토의

○ 업체별로 토론의 세부 사항이 다루어져야 한다. 기관/계약부서의 정책 및 협상의 복잡도에
   따라 그러한 세부 사항은 가격협상 기록에서 다루어질 수 있다. 다음 정보를 포함한다.

   - 협상에서 정부와 업체를 대표하는 자의 성명, 직책, 및 소속 부서.

   - 업체가 원가/가격 책정자료 제출의무가 없는 경우 그러한 예외적용 근거.

   - 업체가 원가 또는 가격 책정 자료 제출 의무가 있는 경우 계약관이 가격협상에서 어느 정도
     제출된 자료에 의존하였는지.

   - 제출된 자료가 부정확하거나, 불완전하거나, 최신자료가 아닌 것으로 파악한 경우 계약관
     이 취한 조치 사항, 업체가 취한 조치 사항 및 가격협상에 있어서 그러한 결함 있는 자료가
     미치는 영향.

   - 원가 분석 자료를 기준으로 하여 가격의 합리성(적합성)을 판단한 경우 관련 문서는 각 주
     요 원가 항목을 다루어야 한다.

   - 가격 분석 자료를 기준으로 하여 가격의 적절성을 판단한 경우 그러한 판단을 이끌어 내는
     데에 사용된 자료의 종류, 동 자료를 제공한 자/기관을 포함하여야 한다.

   - 사전 협상 목표 설정에 영향을 미친 중요한 팩트 및 고려사항.

   - 양자 간의 중요한 차이를 설명하는 자료를 포함하여 협상에 의해 타결된 합의내용.

   - 협상에 의해 결정된 가격이 공정하고 적정한 가격이라는 것을 입증하는 서류

가격협상기록 배포

   가격 관련 업무의 현장 지원이 필요한 경우 가격협상 기록에 관한 서본 1부를 현장 가격 지원 사
무소로 송부한다. 현장 가격 지원업무를 보다 효과적으로 할 수 있는 방법에 관해 권고할 사항이
있으면 이를 함께 통보한다.

기술 보고 및 회계 보고

경쟁적 토론(협상)에서 문서로 작성할 내용은 최초 제안서 및 최종 제안서의 평가 보고서를 포함한다.

경쟁범위 설정

경쟁범위에 대한 서류는 최상의 등급을 받은 제안서를 제출한 그룹을 나타내는 경쟁범위를 설정함에 있어서 계약관이 사용한 근거(rationale)를 명확히 기술한다. 효율성을 목적으로 경쟁범위를 추가로 감축하였다면 동 감축에 사용된 근거를 기술해야 한다.

계약업체 결정

계약관의 계약업체 결정에 관한 서류는 동 결정을 하는 데에 있어서 계약관이 사용한 근거를 명확히 기술해야 한다. 계약관에게 추천한 사항을 따르지 않고 계약관이 다른 결정을 한 경우 서류의 내용이 더욱 중요해진다.

가격 분석

제5장

1. 가격 분석 환경 검토

계약전문가로서의 직무 중 가장 중요한 부분은 정부가 공정하고 적정한 가격으로 물품 및 용역을 구매하는 데에 있어서 필수적인 가격분석업무를 수행하는 것이다. 계약가격 책정에 대한 연구를 시작하기 위해 판매자의 가격 목표 및 접근 방법, 정부의 가격 목표, 계약가격책정에 대한 정부의 접근 방법, 취득 프로세스에 있어서의 잠재적 참여자 등의 가격 결정 환경을 조사한다.

가격은 물품의 인도 및 용역의 이행 대가로 구매자가 판매자에게 지불하는 금액이다. 달리 표현하면 가격은 구매자가 특정 물품 또는 용역취득을 위해 지불하는 금액이다. 그러나 가격이 공급자의 비용을 제대로 반영하지 못하고 이윤도 제공하지 못하는 경우 손실이 발생하게 된다. 계약가격이 비용에 못 미치는 경우 이행 위험은 증가한다. 계약업체는 다른 자원(예를 들면 다른 계약으로 발생한 이윤, 여유자금, 수정 계약분의 초과 가격 등)의 자금을 동원하여 계약이행에 따르는 자금을 조달해야 한다. 만약 계약자가 계약을 충분히 이행하지 않는 방법으로 비용을 관리하려 든다면 채무 불이행사태가 실제로 발생하게 된다.

1) 판매자의 가격 목표와 접근 방법을 파악한다

가격 예측

구매자와 판매자는 동일한 가격을 사로 다른 관점에서 바라본다. 거래 당사자인 양자는 자신만의 독특한 가격 목표를 가지고 있다. 시장에서 판매자는 계약가격에 대해 상이한 방식으로 접근을 한다는 것을 알아야 한다.

○ 동일한 시장에서도 판매자가 서로 다르면 가격 목표가 달라지고 접근 방식도 달라질 수 있다.

○ 동일한 업체일지라도 계약환경이 다르면 목표와 접근방식이 달라질 수 있다.

가격목표

판매자에게 계약 가격은 비용부담과 회사의 경영 목표 달성이라는 2가지의 중요한 목표를 가진다.

비용부담

대부분의 회사는 회사가 판매하는 모든 거래에서 손해를 본다는 것을 구매자가 믿도록 하려 한다. 그러나 불행히도 거래란 그렇게 일방적으로 흘러가지는 않는다. 판매자는 특정 계약 건 또는 특정 유형의 계약에서는 손실을 받아들일 수 있으나 계속하여 비용을 충당하지 못할 경우 생존이 불가능하다.

경영목표

모든 회사는 여러 가지 경영목표를 가지고 있다. 최고의 기업에서는 경영목표는 명확하게 정의되고 시장 결정에 맞추어 조정된다. 그러나 경영목표가 명확하지 않은 회사도 있다.
공통의 목표는 다음 내용을 포함한다.

○ 단기 및 장기적 수익성
○ 시장 점유율
○ 장기적인 생존 가능성
○ 품질
○ 기술을 선도
○ 생산성 향상

운영목표를 달성하기 위해서 회사는 비용을 충당하고 전체적인 이익을 달성해야 한다. 어떤 제품은 원가 이하로 팔 수도 있으나 그러한 경우 다른 제품이 손실을 보충하고도 남을 충분한 이윤을 얻어야 한다. 이윤은 투자, 제품 개발, 생산성 개선, 채무 원리금 상환, 투자자에 대한 보상에 의해 반드시 확보되어야 한다.

2) 가격에 대한 판매자의 접근방식을 파악한다

제품 가격 결정에 있어서 판매자는 2가지 접근방식 즉 원가 기준 가격 또는 시장 기준 가격 결정 방식 중 하나를 사용한다. 다음은 각 접근방식과 관련한 공통적인 전략이다.

원가 기준 가격

원가 기준 가격 결정 방식은 다음과 같이 분류된다.

○ 원가에 일정 비율의 이윤을 더하여 가격을 책정하는 방식
○ 직접비/총비용을 기준으로 이윤을 부가하는 방식
○ 기업이 사용한 자본에 대한 수익을 달성하는 데에 도움이 되는 방식으로 제품가격을 책정하는 방식

시장 기준 가격

시장 기준 가격 분류 방식은 다음과 같다.

○ 이윤을 최대화한 가격
○ 시장 점유율 가격
○ 최고 가격(market skimming)
○ 당기 수익 가격(current-revenue pricing)
○ 차별적 가격
○ 시장 경쟁 가격(market-competition pricing)

3) 판매자의 원가기준 판매전략을 검토한다

일반적 접근방법

원가를 기준으로 가격을 책정하는 접근방식은 제품을 생산하는 업체의 원가 분석을 수반하며

이에 적절한 이윤을 더하여 판매가격을 책정한다.

판매자는 제조 방법 및 제품 판매 수량을 포함하는 많은 가격 결정 요인에 따라 가격을 책정한다.

판매자의 적정 이윤은 다음을 포함한 많은 요소에 의해 영향을 받는다.

○ 경쟁
○ 회사의 목표
○ 필수 자금
○ 위험 요소

원가 기준 가격 전략

이윤을 어떤 방법으로 계산하고 적용하는가? 3가지 기본 전략이 있다.

(1) 원가에 이윤을 더하여 가격을 책정하는 방식(mark-up pricing)

정의

원가에 이윤을 더하는 방식에서의 가격 책정은 추정 직접비 또는 총 원가에 일정 비율의 이윤을 더하는 방식이다. 기준치가 직접비인 경우 이윤은 간접비용(즉 간접비 및 일반관리비)에 이윤을 더한 금액이 산출되도록 한다.

원가에 일정 비율의 이윤을 더하는 방식을 이해하기 위해서는 이러한 기법을 사용할 때에 업체가 따라야 할 절차를 이해해야 된다.

○ 판매고를 추정한다.
○ 추정한 판매량에서의 단위생산원가를 추정한다.
○ 적용할 이윤 비율을 판단한다.
○ 제품 생산 원가에 이윤비율을 적용하는 방법으로 단위당 판매 가격을 계산한다.

예시
......
이윤율(mark-up rate)을 기준으로 가격을 산정하는 방식에 따라 다음 제품의 가격을 책정한다.

○ 조건

　추정 판매량: 1,000대

　추정 단위 원가: $80

　이윤율(mark-up rate) : 20%

○ 단위당 판매 가격 계산

　단위당 판매가격 = 단위 원가 + (이윤율(mark-up rate) × 단위 원가)

　= $80 + (0.20 × $80)

　= $80 + $16 = 96

구매자의 전략 암시
....
이윤은 단순히 직접비용 또는 총 비용의 비율을 나타내는 이윤율(mark-up rate)을 사용하여 정해진다. 비율은 다음에 따라 달라진다.

○ 시장 요인

　생산라인, 전통, 경쟁, 및 기타 다른 시장 요인이 이윤비율에 영향을 미친다. 해당 제품을 생산하기 위해 필요한 투자는 통상 이윤율 설정에 있어서 고려해야 하는 요인 중 하나이다. 유사한 제품은 통상적으로 유사한 이윤율을 사용하여 가격이 결정된다. 그러나 신제품은 통상 장기간 시장에서 유통되었던 유사한 기존 제품보다 훨씬 더 높은 이윤율을 사용하여 가격이 책정된다.

○ 이윤율을 적용함에 있어서 사용되는 비용(원가) 기준

- 직접비에 대한 이윤율:

　직접비용을 기준으로 이윤율을 정하는 회사는 총 비용 기준 이윤율을 기준으로 하는 업체보다 훨씬 더 높은 이윤율을 적용하다. 이유는? 직접비를 기준으로 한 이윤율은 이윤은 물론 간접비도 포함해야 하기 때문이다. 100% 이상의 이윤율도 매우 합리적일 수도 있다.

- 총 비용을 기준으로 하는 이윤율:

전체 비용을 기준으로 이윤을 정하는 업체는 단지 직접비만을 대상으로 하여 이윤율을 정하는 업체보다 훨씬 더 낮은 이윤율을 적용한다. 전체 비용에 대한 100% 이윤율은 통상 과다한 것으로 간주된다.

○ 이윤율을 사용한 가격 책정 방식의 사용은 산업별로 각기 다르다

이윤율을 적용하여 가격을 책정하는 방식은 고객이 판매가격을 흥정할 것으로 예상되는 산업 분야(예를 들면 자동차)에서 사용된다. 이윤율로 표시되는 이윤은 판매자에게 양보할 공간을 확보할 수 있도록 그만큼 높은 가격으로 책정된다. 따라서, 현명한 구매자는 관련 산업의 이윤 관행을 알아야 한다. 현재 시장에서 통용되고 있는 이윤을 알고 있다는 것은 적정가격을 협상하는 데에 있어서 매우 유리하게 작용할 수 있다.

○ 이윤율을 사용하는 가격 책정 방식은 제품별로 각기 다르다

이윤율을 이용하여 책정하는 가격은 통상적으로 단일 고객이나 소수 구룹의 고객에 제공되는 용역 또는 독특한 제품에 적용된다. 이윤율은 보통 관련 위험 및 용역의 유형에 따라 달라진다.

(2) 직접비 또는 총비용을 기준으로 이윤을 부가하는 방식

정의

직접비/총비용을 기준으로 이윤을 부가하는 방식은 가격이 비용과 이윤 간의 관계를 기준으로 한다는 점에서 이윤율을 이용하여 가격을 책정하는 방식과 유사하다. 직접원가를 기준으로 하여 이윤을 결정하는 가격은 간접비용과 이윤 모두를 충족해야 한다. 총비용을 기준으로 이윤을 정하는 가격은 단지 이윤만을 제공해야 한다.

대다수 업체는 이러한 방법이 판매고의 일정 부분을 원가와 비용으로 보고하는 회계 기준과 부합되므로 그러한 기법을 사용한다.

절차

직접비용을 기준으로 하는 이윤 방식을 사용하여 가격을 산출하기 위해서는 다음 절차를 사용

해야 한다.

1단계: 판매량 추정

2단계: 동 추정 판매량에서의 추정 원가

3단계: 사용할 이윤율을 결정

4단계: 비용에 마진율을 적용, 판매가격을 산출

예시
......
원가를 기준으로 하는 이윤율을 적용하여 다음 제품 가격을 산출한다.

○ 조건

추정 판매량 = 1,000 대

추정 단위당 원가 = $80

이윤율 = 40%

○ 단위당 판매가격 산출:

단위 당 판매가격 = 원가/(1-이윤율)

= $80/(1-0.40)

= $80/0.60

= $133

구매자를 위한 전략 암시
....
mark-up rates와 같이 margin rates도 생산라인, 전통 및 경쟁에 따라 좌우된다. 유사한 제품은 유사한 mark-up rates를 사용하여 가격을 책정한다. 회사 경영은 종종 업체가 벌어들인 마진율(이윤율)에 의해 평가된다.

관련 산업의 관행적인 이윤율을 알아야 한다. 가장 널리 사용되고 있는 이윤율을 알게 되면 적정가격 협상에 유리한 위치를 점하게 된다. 특히 일반 시장에서 거래되는 상업적 제품(범용제품) 구매에서 그러하다.

(3) 자본에 대한 수익을 달성하는 데에 도움이 되는 방식으로 제품가격을 책정하는 방식(rate-of-return pricing)

용어의 정의

rate-of-return pricing 방식은 원가에 이윤금액을 더하는 mark-up pricing 방식과 유사하다. 그러나 이윤금액은 제품을 제공하는 데에 필수적인 노무비와 재료비를 기준으로 산출되는 것이 아니고 제품을 생산하는 데에 투입된 재정 투자금액, 동 투자를 유치하는 데 필요한 투자수익률 및 추정 매출 규모를 기준으로 산출된다.

절차

rate-of-return pricing 방식을 사용하여 이윤을 결정하는 절차는 다음과 같다.

○ 투자금액에 대한 기대(희망) 수익률을 판단한다.
○ 필요한 투자금액을 추산한다.
○ 판매 수준을 추산한다.
○ 예상 매출 수준에서의 단위 원가를 추정한다.
○ 단위당 기대 이윤을 계산한다.
○ 판매가격을 산출한다(추정원가 + 기대 이윤).

동 산출 방식을 사용하여 다음 제품가격을 산출한다.

○ 조건 :
   기대 수익률 = 15%
   추정 투자금액 = $600,000
   추정 판매고 = 5,000대
   추정 단위당 총비용 = $80
○ 판매가격 산출

단위당 기대 희망 이윤 = (15% × $600,000)/5000 = $90,000/5,000 = 대당 $18

단위당 판매가격 산출 = $80 + $18 (단위당 원가 + 단위당 이윤) = $98

구매자를 위한 전략 암시

이러한 가격 결정 방법을 사용하는 업체는 다른 원가 기준 가격 책정 방법을 사용하는 업체들보다 전체적인 매출 규모의 변화에 훨씬 더 민감하다. 그러한 업체는 이윤율보다는 수익률에 관심이 많다. 낮은 품목가격과 높은 판매 수량이 결합되면 실제로 수익률이 증가할 수 있다. 반면에 높은 품목 가격과 낮은 판매 수량이 결합되면 수익률이 감소할 수 있다.

4) 판매자의 시장 기준 가격 결정 전략 검토

경쟁적 시장에서 판매자는 마켓팅의 4P 즉 가격(price), 제품(product), 장소(place) 및 판촉(pro-motion)을 고려한다. 회사는 그들이 평가한 시장 상황(예를 들면 수요와 공급 예측) 및 업체의 경제적 상황을 토대로 하여 전체적인 판매목표 달성을 위해 가격 결정 전략을 개발한다. 본 장은 여러 가지 시장 상황에서 사용될 수 있는 시장 기준 가격 책정 전략을 다룬다.

(1) 이윤 극대화 가격책정 전략

정의

이윤 극대화 가격책정 전략에서 판매자는 가격이 올라갈수록 수요가 감소하고 가격이 내려갈수록 수요가 증가하는 것으로 가정한다. 이러한 전략을 사용하는 업체는 이윤을 극대화하는 단위당 가격과 판매수량의 조합을 파악하기 위해 시장을 면밀하게 분석한다.

전략

이러한 전략을 이용하는 경우 판매자는 다음의 의문을 고려한다.

○ 수요가 가격에 민감한가?

가격이 올라가면 수요는 감소하는가?

가격이 내려가면 수요는 증가하는가?

○ 이윤 극대화 전략의 포인트는 무엇인가?

이윤 극대화 전략 포인트는 가격과 수요 간의 관계 분석을 통하여 판단되는가?

○ 이러한 가격 결정 전략은 다음의 상황에서 매우 효과적이다.

가격이 수요에 영향을 미치는 중요한 마케팅 요소인 경우

경쟁자가 가격 변화에 비교적 느리게 반응하는 경우

가격과 고객 수요 간의 관계를 효과적으로 추정할 수 있는 경우

○ 경쟁자가 가격 변화에 신속하게 반응하는 경우에는 효과적이지 않다.

구매자 입장에서의 전략 암시

가격과 시장에서의 수요를 알아야 한다. 수요자들과 연합하여 가격인하 혜택을 활용하면 정부는 상당한 비용을 절감할 수 있다. 정부 계약에 있어서 정부 수요를 기준으로 한 구매 수량의 추정치는 일반적으로 고정되어 있다. 업체의 가격이 아무리 낮더라도 정부가 취득하는 수량은 변하지 않는다. 따라서 업체가 계약을 따내기 위해 필요한 가격보다 더 낮은 가격을 제시하는 것은 이익이 되지 않는다(즉 가격을 낮출 경우의 수량 증가를 기대할 수 없으므로 정해진 수량을 기준으로 하여 가격을 책정한다는).

(2) 시장점유율 기준 가격책정(market-share pricing)

정의

시장 점유율 기준 가격책정(market-share pricing)은 장기간의 이익은 시장 점유율과 관련이 있다는 가정을 기반으로 한다. 이러한 전략을 사용하는 경우 시장 침투를 통해 시장을 장악하는 데에 목표를 둔다. 회사는 고객을 확보하고 경쟁을 약화하기 위해 가격을 비교적 낮게 책정한다. 초기에는 손실이 발생할 수 있으나 구매량이 증가함에 따라 단위당 단가도 낮아져 장기적 관점에서의 이윤은 확보된다.

이러한 전략을 이용할 때에 판매자는 통상

○ 효율적인 운영 체계를 구축하려고 하며
○ 시장점유율을 확보하기 위해 경쟁자의 가격 이하로 가격을 책정하며
○ 원가가 낮아지면 가격을 더 낮추려고 시도한다.

구매자 입장에서의 전략 암시

구매자로서 업체의 원가를 낮출 수 있고 적정 이윤을 제공할 수 있는 대량 생산의 효율성을 적극 장려해야 한다. 포드사의 T 모델은 이러한 전략을 업체가 사용하는 것은 일반적으로 수비자에게 이익이 된다는 경우의 하나이다. 포드사는 보다 많은 고객을 유치하기 위해 가격을 낮추었다. 다른 경쟁 업체는 시장에서 살아남기 위해 가격을 낮추거나 제품을 개량할 수밖에 없었다.

업체의 계약가격이 원가를 충당할 수 없어 계약이행을 위태롭게 할 수 있다는 증거가 있는 경우 정부는 업체의 buy-in 행위(시장에서 다른 경쟁자를 축출하기 위해 원가 이하로 입찰하는 행위)를 막아야 한다.

정부는 특히 다음의 경우 관심을 갖고 대응하여야 한다.

○ 판매자의 재정자원이 제한적인 경우
○ 판매자가 감당할 수 없는 능력 이상으로 시장 점유율을 확대하기 위해 모험을 하고 있는 것으로 보이는 경우

(3) 최고 가격(market skimming) 책정

정의

가격이 높을수록 가치가 있는 것으로 인식이 되는 제품에 대해 기꺼이 더 높은 가격을 지불할 의사가 있는 구매자에 판매하는 방식으로서 높은 이윤을 확보할 수 있도록 단위당 가격을 책정한다. 구매자의 수요가 충족된 이후 또는 경쟁업체들이 유사한 제품을 더 낮은 가격으로 생산한 이

후에는 전체적인 이익을 유지할 목적으로 판매수량을 높여 가격을 낮출 수 있다.

전략
......
이러한 전략을 적용할 시에는 판매자는 다음 사항을 고려한다.

○ 비교적 낮은 매출로 높은 이익을 달성하기 위해 가격을 높게 설정한다.
○ 높은 가격을 기꺼이 감수하고자 하지 않는 구매자들을 유인/공고하기 위해 시간이 지나면 가격을 낮춘다. 이러한 전략은 개인용 컴퓨터가 좋은 예이다.
○ 수년간 비교적 높은 가격을 유지한다.
○ 회사는 최고의 제품을 위해 기꺼이 높은 가격을 지불하려는 고객의 구미에 맞춘다.
○ 품질경쟁이 심화되면 가격은 내려가기 시작한다.

구매자 입장에서의 전략 암시
....
구매자로서 최고제품이 정부가 필요로 하는 제품의 성능을 초과하는 제품이거나 품질에 대한 인식이 제품의 우수성보다 우월한 홍보를 기반으로 하고 있는 경우 정부는 실수요자가 최고제품을 구매하는 것을 자제하도록 조치해야 한다.

최상위 제품이 반드시 가성비가 가장 높은 제품은 아니라는 점을 유념해야 한다. 가성비가 가장 높은 것으로 인정받기 위해서는 가격이 높은 제품의 편익이 높은 가격을 지불할 만한 가치가 있을 정도로 높아야 한다. 예를 들면 스테인리스 나사못은 최고제품일 수 있다. 그러나 동 나사못이 목제 캐비닛을 제조하는 데에 사용될 경우 그 품질은 더 높은 가격을 정당화하지 못한다.

정부는 경쟁을 확대하고 가격을 통제할 수 있도록 다양한 공급원을 개발하여야 한다.

(4) 당기수익 관점에서의 가격 책정(current-revenue pricing)

정의
......
이런 가격 책정 방식에서는 장기적 관점에서의 이윤보다는 당기 수익을 최대화하는 데 중점을 둔다. 이러한 전략을 사용하는 회사는 통상 장기적인 시장의 불확실성 또는 업체의 재정적 불안정에 관심을 둔다. 회사 입장에서는 오늘의 확실한 현금이 내일의 더 많은 금액보다 훨씬 더 중요하다.

전략

이러한 방법을 적용하는 경우 판매자는 수익을 최대화할 수 있는 가격과 수량의 조합을 판단해야 한다.

구매자 입장에서의 전략 암시

이러한 전략은 위험이 높을 때 사용빈도가 높다는 것을 알 필요가 있다. 가격을 더 낮추고 사업 환경을 보다 안정적인 유지함으로써 위험을 줄일 수 있다. 제품에 대한 장기적인 수요를 고려하라.

○ 수요는 한때는 높으나 다음에는 사라질 수 있다.
○ 단기적 현금 회수가 장기적 이익보다 더 중요하다.
   모든 업체가 이행능력을 갖추고 있는지 확인하라. 제한적 재정자원을 가진 업체는 이러한 전략을 사용할 가능성이 있다.
○ 단기적 현금 수요를 충족하지 못할 경우 회사의 미래가 보장되지 않는다.
○ 단기간에 집중하는 것은 회사의 장기적 미래를 위태롭게 할 수도 있다.

(5) 판매촉진을 위한 저가 전략(promotional pricing)

정의

"판매촉진용 저가전략"이라 함은 각 제품의 이익을 확보하기보다는 전체 생산라인의 판매고를 높일 수 있도록 제품가격을 책정하는 것을 말한다.

전략

이런 전략을 사용할 경우 판매자는 다음 사항을 고려한다.

○ 특정 제품을 낮은 가격에 파는 것이 관련 제품의 판매량을 늘려 이윤을 증가시키게 될 것인지 판단한다.

○ 높은 가격으로 제품을 판매하는 것이 제품의 품질 이미지를 높여 이윤을 확대할 것인지를 판단한다.

구매자 입장에서의 전략 암시

이러한 전략은 고객층이 다양한 제품 즉 잡화에서 전기 및 용역에 이르기까지 각 종 제품 가격을 책정하는 데 사용될 수 있다. 여러 가지 품목의 단가계약을 위한 견적서를 평가하는 공무원은 특히 이러한 전략을 사용하여 제출한 제안서에 주의해야 한다.

홍보용 계약 체결은 다양한 형태를 띠고 있다.

○ 미끼 상술 가격 전략(bait and switch pricing)은 여러 품목을 단가계약하기 위해 견적서를 제출하는 업체에게 매력적이다. 이러한 전술을 사용하는 업체는 낮은 가격을 책정한 품목(예를 들면 특정 작업에 대해서는 낮은 단가를 적용)을 사용하여 구매자를 유인/공고한 후 보다 나은 품목(즉 더 고가인 작업 부문)으로 구매자를 유인/공고한다.

○ 저가의 품목은 다수의 품목을 동일한 업체로부터 구매하는 상황에서는 매력적일 수 있다. 이러한 전략을 사용하는 업체는 한 품목, 또는 특정 그룹의 품목가격을 원가에 가깝거나 동일하게 때로는 원가 이하로 가격을 낮춘다. 고객들은 낮게 책정된 품목을 사는 동시에 관련된 다른 물품을 사게 된다(예를 들면 특정 시스템의 가격을 낮게 정하고 동 시스템의 소모품 가격은 높게 책정하는 방법).

○ 명성가격 전략(prestige pricing, 고품질 이미지를 전달하기 위해 인위적으로 높은 가격을 매기는 전략)은 전체 생산라인의 이미지를 높여 보다 많은 구매자를 유인/공고하기 위해 사용하는 고품질 고가격 정책이다. 예를 들면 많은 컨설턴트는 구매자가 가격을 높게 책정하지 않은 업체로부터 구매하는 것을 꺼리는 경향이 있다고 생각한다. 달리 말하면 품질을 평가하는 것이 거의 불가능하여 높은 가격만큼 품질이 높은 것으로 인식된다.

(6) 수요차별적 가격 책정(demand-differential pricing)

정의

수요 차별적 가격 책정에서는 서로 다른 세분화된 시장에서 팔린 물품 또는 용역은 세분화 차이와 관련되는 한계비용과 일치하지 않는 방법으로 가격이 책정된다.

전략

이러한 방법을 사용하는 경우 판매자는 다음 사항을 고려한다.

○ 가격책정에 영향을 미치는 세분화 요소를 파악한다.

  - 고객

  - 제품 형태

  - 장소

  - 시간

○ 각 세부 분야에서의 수요 강도를 판단한다.

○ 실제의 경쟁자 및 잠재적 경쟁자를 파악한다.

○ 수요의 차별화가 고객의 불만을 유발하지 않도록 한다.

구매자 입장에서의 전략 암시

각 상품에 대한 여러 가지 세분화의 영향에 대해 알아야 한다.

○ 고객들은 협상 기술이나 구매력에 따라 상이한 가격을 지불할 수 있다(예를 들면 자동차 구매). 또한 고객의 유형(예를 들면 도매업자, 소매업자, 또는 정부)에 따라 가격도 달라질 수 있다.

○ 제품 형식(예를 들면 전자 부품 조립제품)은 구성품에 조립 용역을 더한 가격보다 더 높은 가격을 보장할 수 있다.

○ 거래 장소가 가격에 영향을 미칠 수 있다. 뉴욕에서 팔린 제품의 가격은 오하이오에서의 제

품가격에 뉴욕까지의 운송비를 더한 가격보다 훨씬 더 높을 수 있다.

○ 시간이 가격에 영향을 미칠 수 있다. 특히 상당한 고정 투자와 수요에서 최고점에 이른 산업 분야에서 그러하다. 예를 들면 전기요금 같은 서비스 요금은 비수기 시간에는 더 낮은 요금을 책정한다.

(7) 시장 경쟁 가격(market-competition pricing)

정의

시장 경쟁 가격에서는 경쟁자가 취하거나 취할 것으로 예상되는 가격결정 행위에 대한 경쟁적 조치/반응에 중점을 둔다. 비교적 동종의 시장에서 이러한 전략을 구사하는 회사는 경쟁제품의 가격을 기준으로 하여 가격을 책정한다.

전략

서로 다른 업체들이 경쟁자의 가격과 보조를 맞추는 수준으로 가격을 책정할 가능성이 있다. 이러한 전략을 구사하는 경우 판매자는 다음 사항을 고려한다.

○ 경쟁업체의 가격 또는 예상 가격을 판단한다.
○ 경쟁업체의 가격과 보조를 맞추어 가격을 책정한다.
  주요 전략은 봉함입찰가격결정 과 실세가격결정방식(실세가격 결정 방식: 제품가격 설정에 있어서 비용이나 수요에 입각한 판단보다는 동일 업종의 타사 결정 가격 평균 수준에 따르는 방식)을 포함한다.
○ 봉함입찰 가격은 판매자가 경쟁자의 입찰 가격을 추정하도록 하며, 판매자가 이윤을 얻는 입찰가격을 판단하도록 하며, 향후 토론 없이 입찰서가 수락되거나 거부될 것임을 알고 입찰서를 제출하도록 한다.
○ 실세가격 결정은 판매자가 경쟁자가 부담할 가격을 판단하도록 하며, 경쟁범위 내에 있는 제품 가격을 결정하도록 한다.

경쟁과 시장 가격에 관한 정부의 정책은 판매자들이 시장 경쟁 가격을 사용하여 가격을 결정하도록 설계되어 있다. 정부는 시장 가격 책정 방법 중 단지 하나의 방법에 불과함을 유념할 필요가 있다. 대부분의 업체들은 가격을 낮추는 방법으로 계약을 성사시키는 시장에서 경쟁을 하는 것을 주저한다.

2. 정부의 가격 결정 목표 파악

정부 구매에서 1차적인 가격 결정 목표는 이행능력이 있는 업체로부터 공정하고 적정한 가격으로 물품 및 용역을 취득하는 것이다.

협상절차를 이용하여 계약을 체결하는 경우 정부는

○ 각 각의 계약 건에 대한 가격을 별건으로 하여 독립적으로 결정하여야 한다.
  - 다른 계약에서의 가격 감가액을 평가 요소로서 사용해서는 안 되며
  - 다른 계약건에서 실현되거나 예상되는 이익이나 손실을 고려해서는 안 된다.
○ 비상상황 발생 시에 계약가격을 조정하기로 정한 경우 동 비상 상황 시 적용할 부분을 계약가격에 포함해서는 안 된다.

1) 공정하고 합리적인 가격을 지불하라

공정하고 합리적인 가격의 이해

정부 가격결정의 첫 번째 원리는 계약가격이 공정하고 합리적어야 한다는 것이다.

연방 취득 규정에 따라 계약 가격 경정에 있어서의 계약관의 첫 번째 목표는 계약유형, 원가, 이윤을 조화롭게 하여 정부와 업체 모두에게 공정하고 합리적인 가격이라는 결과를 달성하는 것이다. 계약관은 각 계약 건의 계약 조건(납기, 지불조건 등)을 고려하여 해당 계약 건의 가격이 공정하고 합리적인지를 판단해야 한다.

○ 무엇이 공정한 가격인가?

- 구매자에게 공정하기 위해서는 가격은 다음을 충족해야 한다.

- 납품할 물품의 공정 시장 가격(만약 동 가격이 가격 분석을 통해 확인될 수 있다면), 유사한 제품, 품질 및 수량조건의 물품에 대한 유사한 경쟁적 시장조건 하에서 이를 충분히 알고 있는 구매자와 판매자 간의 시장거래가격이라고 가정하면 공정한 시장 가치의 지불을 기대할 수 있다.

- 이행능력이 있는 업체가 합리적으로 효율적이고 경제적인 이행 방법을 사용할 경우 발생할 수 있는 계약 물품 납품비용과 합리적인 이윤을 더한 금액이다.

○ 구매자로서는 너무 높은 가격을 불공정한 것으로 간주한다. 만약 구매자가 너무 가격이 높다는 데에 동의한다면 어떤 일이 일어나는가?

- 귀하는 정부 계약관 또는 계약 전문 공무원으로서 가장 기본적인 책무를 이행하지 못하게 될 것이다.

- 귀하는 정부의 재정을 낭비하게 된다.

- 국가 공무원으로서 귀하의 결정에 대해 공개적으로 책임을 져야 하므로 귀하는 관리자, 감사원, 국회 또는 국민들에게 설명을 해야 한다.

○ 판매자 입장에서 공정해야 한다.

- 판매자에게 공정한 가격이 되기 위해서는 계약조건을 충족할 수 있는 판매업체의 능력측면에서 현실적이어야 한다.

- 판매자에게 불공정한 가격 리스크.

- 왜 정부는 저가입찰이 비현실적인지에 대해 관심을 가져야 하나? 비현실적 가격은 판매자와 구매자 모두를 위험에 빠뜨리기 때문이다. 정부에 대한 위험은

  • 손실을 줄이기 위해 제품 품질을 위한 비용을 줄일 수도 있으며,

  • 납품이 늦어질 우려가 있으며,

  • 계약 불이행으로 인한 재구매로 납품이 지연될 수 있으며

  • 향후 정부와의 거래를 거부하거나 정부와의 사업을 중단할 우려가 있다.

특별히 유의해야할 상황

판매자에 대한 공정은 경쟁적 상황과 비경쟁적 상황 모두에게 문제가 될 수 있다.

○ 원가 이하의 가격
 - 원가 이하의 가격이 판매자에게 반드시 불공정한 것은 아니다. 여러 가지 이유로 입찰자는 거래의 판단에 있어서 원가 이하의 입찰서를 제출하기로 결정할 수 있다. 그러한 입찰서가 무효는 아니다. 낙찰자가 자신이 제시한 가격으로 해당 계약 건을 이행할 수 있는지는 업체의 적격성 즉 이행능력과 관련된 문제이다.

○ 벌충구매(buying-in)[5] 관행에 대해서는 경계해야 한다
 - buying-in 이란 다음을 예상하고 원가 이하로 견적을 하는 것을 말한다.
 - 계약체결 이후 계약금액을 높일 수 있는 것으로 예상하고(예를 들면 가격을 높여서 납품 지시하도록 하는 방법으로)
 - 또는 인위적으로 가격을 높인 가격으로 후속 계약을 따내어 이전의 저가계약으로 입은 손실을 만회하는 것을 말한다.

○ 오류 또는 착오가 없는지 유의해야 한다.
 - 견적한 가격은 판매자가 원가를 계산함에 있어서 심각한 오류를 범함으로써 예상을 벗어날 정도로 낮아질 수 있으며 또한 그러한 원가 이하의 견적 가격은 업체의 비적격성(이행능력이 없음)을 나타낼 수도 있다.

○ 가장 낮게 평가된 가격만을 근거로 하여 계약업체를 결정하는 것은 이후에 계약 이행이 불가능하거나 납품이 지연되거나 불만족스러운 계약 이행으로 추가 비용을 부담하게 될 경우 명목상의 절약으로 실제는 비용이 더 지출되는 일종의 위장 절약(false economy)이 될 수 있다. 최저가격으로 정부구매를 하는 것은 중요하지만 이러한 원칙이 단지 해당 업체가 가장 낮은 견적서를 제출했다는 것만으로 계약을 해야 된다는 것은 아니다. 계약대상 업체는 업체의 계약 이행능력을 명확하게 입증해야 한다. 필요한 경우 그가 제시한 하도급 업체의 이행능력도 함께 입증해야 한다.

---

5) 연방구매 규정 FAR3.501은 업체가 buying-in 손실을 만회하지 못하도록 하는 여러 가지 기법을 소개하고 있다. 불합리한 가격 견적 처리에 대한 지침에 대해서는 FAR 15.405를 참조하라. 연방 구매규정중 위에서 기술한 부분은 업체가 제시한 계약 유형과 가격이 내포하고 있는 정부에 대한 리스크를 계약관이 판단할 것을 권고하고 있다.

○ 특정 업체가 다른 업체가 제시한 가격 또는 정부가 추정한 가격보다 훨씬 낮은 금액을 제시한 경우 해당 견적서는 오류가 있을 가능성이 있는 견적서로 다룬다[6].

합리적이란 무엇인가?

합리적인 가격이란 신중하고 유능한 구매자가 다음의 자료를 감안하여 흔쾌히 지불하고자 하는 가격을 말한다.

○ 시장 상황

공급, 수요, 경쟁 및 일반적 경제 조건 같은 경제 동인(economic forces)은 항상 변한다. 따라서 오늘 합리적인 가격이 내일은 불합리한 가격이 될 수도 있다.

- 수요와 공급

  • 수요와 공급은 (the forces of supply and demand) 제품의 가격에 중요한 영향을 미친다.

  • 수요가 변하지 않으면 공급의 감소는 통상 가격의 상승을 유발한다. 반면 공급의 증가는 가격의 하락을 유발한다.

  • 공급이 변하지 않는 경우 수요가 감소하면 통상 가격 인하를 유발한다. 반면 수요 증가는 가격인상을 초래한다.

- 일반적 경제상황

  • 일반적 경제상황은 모든 제품의 가격에 영향을 미치나 그 영향은 동일하지는 않다. 인플레이션과 디플레이션은 화폐가치에 영향을 미치며, 경기침체, 경기호황, 불황 및 경기후퇴는 가용생산능력에 영향을 미친다.

- 경쟁

  • 경쟁이 없는 경우 공급과 수요의 작용은 효율적으로 가동하지 못할 수 있다. 구매자 또는 판매자가 가격결정 과정에서 우위를 점할 수 있다.

○ 시장은 구매자 수, 판매자 수, 제품의 균질성, 시장 진입과 퇴출의 용이성을 고려하여 정의될 수 있다.

---

6) 그러한 경우에 FAR Part 14 and Part 15는 해당 견적서가 계약상의 업무를 이해하고 있고 해당 견적으로 계약을 이행할 수 있는지 판단하기 위해 진상조사(fact-finding)를 할 수 있도록 허용 하고 있다.

○ 판매자의 가격 결정력과 비교하여 구매자의 상대적 가격 결정력은 상이한 시장 상황에 따라 변화한다. 다음의 표는 각 상황에서의 상대적 가격결정 방식을 설명한다.

경쟁 수준	구매자	판매자	시장 진입/퇴출	가격 결정력 비교
완전 경쟁	다수 업체	다수 업체	비교적 용이	구매자와 판매자간 가격결정력에 있어서 균형을 이룸
효율적 경쟁	제한적	제한적	비교적 용이	구매자와 판매자간 가격결정력에 있어서 비교적 균형을 이룸
과점	다수 업체	소수 업체	제한적	판매자에게 상대적으로 훨씬 더 유리한 가격 결정력
소수 구매자의 시장 지배	소수 업체	다수 업체	비교적 용이	구매자에게 상대적으로 훨씬 더 유리한 가격 결정력
독점	다수 업체	단일 업체	제한적	일방적 판매자 우위의 가격 결정력
구매자 독점	단일 업체	다수 업체	비교적 용이	일방적 구매자 우위의 가격 결정력
양자 독점	단일 업체	단일 업체	제한적	협상에 의해서 가격 결정력이 정해짐(정부 수의 계약과 동일)

수요를 충족할 수 있는 대체품

취득을 함에 있어서 계약관은 대안을 고려해야 한다. 경쟁적 계약에 있어서 계약관은 제일 먼저 개별 업체가 제시한 가격이 다른 경쟁적인 제안서에 비해 어떠한지를 판단해야 한다. 그러나 계약관의 분석은 거기에서 멈춰서는 안 된다. 물품/용역에 대한 대체품을 고려해야 한다. 예를 들면 봉함 입찰 절차는 수락 가능한 입찰서의 가격이 다른 측면에서는 불합리한 경우 관련 유인/공고서의 취소할 수 있도록 허용하고 있다. 또한 협상에 의한 구매 절차는 계약관이 취소한 것이 국가에 유리한 것으로 판단한 경우 모든 제안서를 불합격으로 처리할 수 있도록 하고 있다.

가격관련 평가 항목

신중한 구매자는 물품을 취득하는 것과 물품을 소유하는 것의 차이점을 고려할 것이다. 경쟁계약에서 이러한 가격관련 요소를 고려하기 위해 유인/공고서는 다음과 같은 고려사항을 규정한다.

○ 계약가격에 포함되어 있지 않는 소유 비용(costs of ownership)

시장조사 결과는 여러 가지 제품이 수요를 충족할 수 있다는 것을 보여 준다. 그러나 각 제품들은 유지비용 및 수리 비용면에서는 상당히 차이가 난다. 제안서 평가 기준은 정부에 대한 관련 비용을 고려할 수 있도록 규정되어야 한다.

○ 계약체결 및 관리 비용

경쟁적 계약 상황에서는 계약관은 품목별로 견적을 하고 모든 품목을 합한 총금액을 함께 견적하도록 요구할 수 있다. 계약관은 품목을 나누어서 5개 업체와 계약을 체결할 수도 있고 총합계 금액에서 가장 낮은 가격을 제시한 특정 1개의 업체와 계약을 체결할 수도 있다. 어느 방법이 정부에게 가장 유리한지를 판단하기 위하여 제안서 평가 기준은 여러 건의 계약을 체결하고 관리하는 데 드는 비용을 고려하여 판단할 수 있도록 평가기준을 작성하여야 한다.

비경쟁적 취득

비경쟁적 취득에 있어서 계약관은 견적 가격에 포함되어 있지 않은 잠재적 위험과 비용에 신경을 써야 한다. 표면상으로는 합리적인 것으로 보이는 가격이 업체가 제시한 가격조건에 따라 비용이 정부에 전가되는 경우 그 가격은 불합리한 가격일 수 있다. 예를 들면 업체가 견적한 가격이 표면상으로는 합리적으로 보일 수 있으나 업체가 제시한 계약조건이 필요한 공구를 제공할 책임을 제안요구서에 정한 업체가 아니라 정부에게 전가하고 있는 경우 그 가격은 불합리한 가격이 될 수 있다.

고정가격 계약에서와 같이 업체가 제시한 가격은 원가증가의 위험 부분을 정부에게 전가하는 원가 보상 계약을 사용하는 조건인 경우 금액과 관계없이 불합리할 수 있다.

가격 이외의 평가 요소

어떤 구매에서는 과거의 이행 실적 및 경쟁업체의 관련 기술적 능력 같은 가격 이외의 평가 항목과 가격 관련 평가 항목 간의 절충을 통해 업체를 결정해야 할 경우가 있다[7]. 특히 원가보상부 계약을 최저 제안가격을 기준으로 하여 경쟁을 하도록 해서는 안 된다. 그렇게 하면 업체가 비현실적으로 낮은 가격을 제출하고 계약 이행과정에서 초과 비용을 정부에게 전가할 가능성이 높아진다.

---

7) FAR 15.101-1

판단을 통한 결정

특정 견적서의 가격이 공정하고 합리적인지의 결정은 판단의 영역이다. 공정하고 적정한지에 대해 명확한 답변을 받을 수 있는 간단한 공식은 존재하지 않는다. 공정하고 적정한지의 판단은 시장상황, 구매사양을 충족할 수 있는 대체품 여부, 가격 관련 평가 요소 및 각 구매와 관련되는 가격 이외의 평가 요소 등에 영향을 받는다. 또한 정부가 업체와 협상할 수 있는 가격이 어떤 가격인지에 따라 영향을 받을 수 있다. 연방구매 규정은[8] 다음과 같이 기술하고 있다.

"공정하고 합리적인 가격"이란 모든 원가 비목에 대해 합의에 이르러야 하는 것은 아니며 또한 협상에 의해 타결되는 가격이 반드시 계약관의 최초의 협상포지션 이내에 들어야 되는 것도 아니다. 자문적 권고사항, 계약 전문 공무원의 보고서, 업체의 회계 시스템에 대한 현재의 상태 등을 고려하여야 하며 업체와의 협상타결에 필요한 필수적인 판단 및 최종 가격 합의에 대한 권한과 책임은 전적으로 계약관에게 있다. 그러나 업체가 계속하여 계약관이 불합리하다고 판단한 특정 가격을 주장하거나 이윤을 요구하여 계약관이 권한을 부여받은 모든 조치를 취하였으나(대체 공급원 개발 가능성에 대한 판단을 포함한다) 성공하지 못한 경우 해당 계약관은 상급자에게 동 계약 건에 대한 처리지침을 요청하여야 한다.

2) 각 계약 건 별로 가격을 정한다

정부 가격 책정 목표의 두 번째 원리는 계약은 각각 별개로 가격이 책정되어야 한다는 것이다.

관점

재정적 결과 측면에서 하나의 계약과 다른 계약의 균형을 맞추려고 노력하는 것이 인간의 본성이다.

- ○ 판매자의 포지션은 해당 계약업체가 지난번의 계약에서 손실을 보았다. 그러므로 다음 계약에서는 그 손실을 벌충해야 하는 입장일 수 있다.
- ○ 구매자의 입장은 지난번의 계약에서 업체가 너무 많은 이윤을 남겼으므로 다음 계약에서는

---

8) FAR 15.405(a)

이윤이 제한되어야 한다는 입장일 수 있다.

정부 계약

이런 자세는 인간적인 면에서는 이해할 수 있을 것이나 정부 계약에서는 타당한 근거가 되지 못한다.

구매자와 판매자는 업체와 정부 간의 모든 거래에 대해 완벽한 정보를 갖지 못하고 있고, 경쟁, 수요 및 공급의 변화가 시장에 미치는 영향과 사업 조건의 변화 등으로 정부 계약은 매우 복잡해진다.

따라서, 계약관은 각 견적 가격이 모든 관련 당사자들에게 공정하고 합리적인 가격이 되도록 개별적이고 독립적으로 가격을 책정해야 한다.

3) 우발비용(만일의 사태)을 배제한다

정부 계약 가격 책정 목표의 세 번째 원리는 계약은 계약체결시점에서 합리적으로 추정할 수 없는 우발비용을 배제하여야 한다는 것이다.

우발비용의 정의

우발비용은 현재 알려지거나 알려지지 않은 사유로 발생하는 미래의 발생 가능한 비용으로 그 결과가 현재 시점에서 판단되지 않은 상황을 말한다.

우발 비용의 유형

정부 계약에서 중요한 2가지 유형의 우발비용이 있다.

○ 현재 파악되고 존재하는 조건으로부터 발생 가능한 우발비용으로서, 동 우발비용은 합리적인 정확도 범위 이내에서 예측가능하다.

○ 현재 파악되거나 파악되지 않은 상황에서 발생 가능한 우발비용으로서 그 비용을 업체 및 정부에게 균등한 결과를 제공할 정도로 정확하게 측정할 수 없다.

가격 결정

다음 표는 계약 가격 측면에서 각 우발비용의 유형을 다루는 방법을 나타내고 있다.

우발상황	예시	계약가격
합리적인 정확도 범위 이내에서 예측 가능	○ 불합격 처리 비용 ○ 결함 있는 제품의 처리비용	이런 유형의 우발비용은 가급적 계약금액을 정확하게 추정할 수 있도록 계약 금액에 포함시켜야 한다.
업체 및 정부에게 균등한 결과를 제공할 수 있을 정도로 정밀한 추정이 불가능한 경우	○ 계류중인 소송결과 ○ 변동이 심한 원자재 가격 비용	이런 유형의 우발비용은 원가 추정치에서 제외한다. 그러나 적절한 계약 범위에 대한 협상을 용이하게 하기 위한 별도의 설명이 필요하다.

예를 들면 특정 제품에 귀하가 폭넓은 제조 경험이 있는 경우 업체와 정부는 제품 생산 기간 동안 합리적으로 예상되는 스크랩의 양에 대해 쉽게 합의할 수 있다. 이 경우의 우발비용은 계약 원가 추정치에 포함되어야 한다.

반면에, 원자재 가격의 변화가 심한 시기에는 아무런 일이 발생하지 않을 수도 있는 데에도 불구하고 가격 인상을 충당하기 위한 우발비용을 견적서에 포함하도록 하는 것은 불합리할 수 있다. 이러한 경우 정부는 극심한 가격 변동을 별도로 고려할 수 있는 계약 유형(예를 들면 경제적 가격 조정부 고정 가격 계약)의 사용을 고려 해야 한다. 이에 대한 분리 고려 조항은 보다 나은 가격 책정과 보다 효율적인 경쟁을 제공하게 된다.

3. 정부의 계약가격책정 접근방법을 파악한다

공정하고 합리적인 가격을 판단하는 접근방식

정부 구매자로서의 1차적인 목표는 공정하고 합리적으로 가격으로 이행능력이 있는 업체로부터 물품/용역을 취득하는 것이다. 이러한 목표를 달성하기 위해 3가지 접근방법을 사용할 수 있다.

○ 가격 분석

○ 원가 분석

○ 원가의 현실성 분석

본 장에서는 각 접근법, 정의, 사용상황, 고려해야 할 사항에 대해 학습한다.

1) 가격 분석에 고려해야 할 사항을 파악한다

가격 분석의 정의

가격 분석이란 별도로 각 비목 및 이윤을 평가하지 않고 업체의 견적 가격이 공정하고 합리적인지를 판단하기 위해 업체가 제시한 가격을 조사 평가하는 프로세스를 말한다.

가격 분석은 필요한 경우 원가 비목에 대한 평가가 추가될 수도 있다.

가격 분석 사용 시기

업체가 원가 또는 가격 책정자료를 제출할 필요가 없는 경우 전체적 가격이 공정하고 적절한지를 확인하기 위해 가격 분석 자료를 사용해야 한다.

업체가 의무적으로 원가/가격 책정 자료를 제출해야 하는 경우, 각 원가 비목별 원가의 적정성을 평가하기 위해 원가 분석 자료를 이용해야 한다. 그러나 견적한 전체 가격이 공정하고 적정한지를 입증하기 위해서는 가격 분석 자료를 이용한다.

가격 분석 기준

가격 분석은 언제나 다른 업체의 견적 가격과의 비교형식을 수반한다. 계약관은 가격이 공정하고 적정한지를 판단하는 데에 사용할 비교기준을 결정할 책무를 진다. 비교기준은 다음과 같다.

○ 유인/공고서에 따라 접수된 견적 가격

○ 경쟁적 공표가격 목록, 시장 공표 가격, 유사 지수, 및 할인 또는 리베이트 약정을 포함한 시중 가격

○ 동일 유사 제품에 대한 종전의 견적 가격 및 계약 가격(다만 견적 가격에 대해서는 견적가격에 대한 비교의 타당성 및 합리성을 모두 입증할 수 있는 경우에 한한다)

○ 정부의 예정가격

○ 유사 동일한 품목에 대한 시장조사를 통해 확보한 가격

서술한 가격 분석 기준 순서는 일반적 바람직한 우선순위를 나타낼 뿐 그 순위는 확정적으로 정해진 것이 아니다.

예를 들면,

○ 상업적 가격 목록, 시장 가격과 비교하는 것은 경쟁적 견적서와 비교하는 것과 동일한 수준으로 바람직하다. 결국 상업적 제품의 가격은 상업적 시장 경쟁에 의해 정해진다.

○ 정부 예정가격은 통상 가격 분석자료로는 가장 바람직하지 않은 비교기준으로 간주 된다. 그러나 예정가격이 시방서와 시장에 대한 광범위하고 세부적인 분석을 토대로 한 경우(예를 들면 시설공사의 경우) 동 정부예정가격은 가격분석의 가장 좋은 기준이 될수 있다.

또한 최근의, 신뢰할 수 있는 유효한 자료를 토대로 한 모든 기준을 사용해야 한다. 예를 들면 최근의 경쟁적 계약에서 최종적으로 지불한 가격을 고려한다(특히 지난 달에 체결된 계약이 합리적인 가격으로 체결된 경우 그러하다).

구매자의 평가 및 서류 작성

가격분석이란 주관적인 평가이다. 특정 조달 건에서 서로 가격 분석 기준이 다르면 가격의 적정성에 대해 판단도 다르게 된다. 동일한 정보가 제공된 경우에도 계약관이 다른 경우 가격의 적정성에 대해 상이한 결정을 내리게 될 수도 있다.

가격이 공정하고 합리적이라는 판단은 전적으로 담당 계약관의 재량에 속한다. 계약관은 가격 결정에 사용한 근거에 대해 서류를 작성하여야 한다. 그렇지 않으면 추후에 계약파일을 검토하는 공무원은 계약관의 결정에 영향을 미친 사항을 알거나 이해하지 못할 수도 있다.

2) 원가 분석 시 고려해야 할 사항을 파악한다.

원가 분석의 정의

원가 분석이란 다음의 각 원가 비목과 제시한 이윤의 검토 및 평가를 말한다.

○ 견적업체/계약자의 원가 또는 가격책정 자료 또는 이외의 정보
○ 추정원가에 대한 자료로부터 추정함에 있어서 적용된 판단 요소

분석의 목적은 합리적인 경제성과 효율성을 가정하여, 제시한 원가가 공정하고 적절한 계약원가를 어느 정도 나타내는지에 대한 의견을 형성하는 데에 있다.

원가의 분석 자료를 사용하는 경우

다음 상황 중 하나에 해당되는 경우 원가 분석을 할 수 있다.

○ 업체가 원가 또는 가격책정 자료를 제출할 의무가 있는 경우. 그러한 경우에는 업체는 완전하고 정확하고 최근의 자료를 제출하여 모든 견적 원가와 이윤을 입증하여야 한다.
○ 계약관이 가격의 적정성 또는 원가의 현실성에 대한 계약관의 결정을 지원할 수 있는 원가/가격책정 자료 이외의 원가정보를 제출하도록 요구한 경우. 이러한 상황에서는 단지 가격의 적정성 또는 원가의 현실성을 판단하는 데에 필요한 정보만을 요구해야 한다. 예를 들면, 계약관이 업체가 제시한 가격을 유사 제품에서 종전에 지불한 가격과 비교할 때에 그러한 자료를 요구할 수 있다. 2가지 제품 간의 차이가 가격에 미치는 영향을 판단하기 위해 업체의 원가 정보가 필요할 수 있다.

원가 분석은 가격분석자료를 보완하는 기능을 한다

원가 분석은 효과적인 가격 분석을 위한 대안이 아니다. 원가 분석은 업체가 제시한 방법을 사용하여 계약을 이행하는 데에 얼마만의 비용이 들 것인가에 대한 정보를 제공한다. 그러나, 원가 분석자료가 시장이 해당 계약 건에 대해 기꺼이 지불하려고 하는 금액에 대한 정보를 반드시 제공

하는 것은 아니다. 그러한 용도라면 가격분석이 필요하다.

예를 들면, 귀하가 자동차를 주문제작 방식으로 구매하고자 할 때에, 귀하의 의뢰를 받은 이웃에 사는 자동차 제작 기술자는 귀하가 주문한 대로 자동차를 만들어 주기로 하였다고 가정하자. 자동차를 제작함에 있어서 필요한 부품과 공구를 구매하기 위해 경쟁방식으로 견적을 받았으며, 인건비는 단지 최소 임금만을 지불하였으며, 단지 아주 적은 이윤만을 요구하였다.

해당 자동차의 제작비용이 조립라인을 거쳐 제작한 자동차와 비교하면 어떠할 것으로 생각되는가? 아마도 10배는 더 비쌀 것이다. 부품 자체가 5배 이상 고가일 것이다. 연장 등의 도구 사용 비용도 한 대의 차에 모두 전가될 것이다. 노동비 또한 싸다고 하지만 조립라인의 노임보다 더 효율적일 것 같지 않다. 이 가격이 합리적인 가격인가? 단지 가격 분석을 통해서만 가격의 합리성을 결정할 수 있다.

3) 원가 현실성 분석이 필요한지를 확인

원가 현실성 분석의 정의

원가 현실성 분석이란 각 업체가 제시한 원가 추정치의 세부 비목을 검토 평가하여 해당 원가 비목이 계약 이행에 현실적인지, 시방서를 명확하게 이해하고 있는지, 업체의 기술제안서에서 기술한 이행방법과 재료와 일치되는지를 판단하는 독자적인 정부의 프로세스이다.

원가 현실성 분석의 사용이 필요한 경우

원가보상계약유형에서는 계약이행 시 발생 가능한 비용을 판단하여 정부에게 가장 유리한 제안서를 평가하는 데 있어서 동 발생 가능한 비용의 추정치를 사용하기 위해 각 제안서의 원가 현실성 분석을 실시한다.

○ 원가 보상 계약 제안서와 관련한 발생 가능한 원가는 업체가 제시한 원가와는 상당히 다르다. 가장 발생 가능한 원가 추정치는 견적업체의 제안서로 발생하게 될 가능성이 가장 높은 계약원가 추정치를 반영해야 한다.
○ 원가 분석 결과를 기준으로 하여 현실적인 수준으로 원가 비목에 있어서 추가 또는 감축 사항

을 반영할 수 있도록 제시한 원가와 이윤을 조정하는 방식으로 발생 가능한 원가를 판단한다. 인센티브 조건부 고정가격계약에서도 또는 이례적으로 경쟁적 고정가격 계약에서도 경쟁적 제안서를 평가함에 있어서 원가 현실성 분석자료를 사용할 수 있다.

○ 다음 경우에서의 고정가격계약에서 원가 현실성 분석자료의 사용을 특별히 고려한다.

   - 새로운 시방서를 경쟁업체들이 충분히 이해하지 못할 우려가 있는 경우

   - 품질이 중요한 경우

   - 과거의 경험으로 보아 업체가 제시한 견적금액이 품질저하를 초래할 우려가 있는 경우

○ 고정가격 계약의 제안서를 평가하기 위해 원가의 현실성 분석을 이용하는 경우 이행 위험평가 및 업체의 이행능력 판단에서 원가현실성 분석결과를 이용할 수 있다. 그러나 유인/공고서에 명시된 평가기준을 사용하여 제안서를 평가해야 하며 분석결과로서 견적 가격을 조정해서는 안 된다.

4. 잠재적 취득팀원 파악

취득팀은 취득과 관련된 모든 사람을 포함한다. 고객부터 제/용역을 제공하는 업체에게 이르기까지의 모든 사람을 망라한다. 본 장에서는 취득과정에 참여하는 정부 참여자를 정부 취득팀으로 표현한다.

정부는 모든 정부 취득팀원의 능력, 기술 및 지식을 유지하고 증진하는 데에 필요한 교육 훈련, 직업개발 및 기타의 자원을 제공할 책무를 부담한다. 이러한 책무는 공무원으로서의 특정 전문지식 부문과 팀원으로서의 각 개인의 역할 모두에게 적용된다.

잠재적 팀원

대부분의 계약에서 정부취득팀은 상대적으로 규모가 적다. 다음은 계약가격결정에 있어서 핵심 역할을 하는 팀원이다.

○ 계약관 또는 계약보좌관

○ 사업관리 담당관 (즉 프로그램 매니저 또는 프로젝트 매니저)

○ 실수요자

○ 품목 담당관

다음 공무원으로부터 지원을 받을 수 있다.

○ 재고 담당관

○ 회계 담당관

○ 기술 담당관

○ 자산관리 담당관

○ 법률고문(변호사)

○ 경쟁확대 담당관

○ 계약 관리관

○ 가격/원가 분석관

다음의 표는 계약가격 결정에 있어서 정부취득팀이 담당하게 될 역할을 설명하고 있다.

팀원	계약가격 결정에 있어서의 통상적인 역할
계약관	계약관은 계약을 체결하고 관리하고 종결하고 관련 판단을 하고 사실관계를 파악할 수 있는 권한을 가진 공무원이다. 계약관이 위임한 권한의 범위 이내에서 계약관을 대표하는 공무원을 포함한다.
계약보좌관	계약보좌관은 해당 계약 건을 담당하는 계약관의 위임에 따라 여러 가지 다양한 계약업무를 수행한다. 계약보좌관은 가격 결정에 대한 핵심 정보를 제공하나 가격의 적정성에 대한 최종 결정권은 계약관에게 있다.
사업관리 담당관	사업관리 담당관은 구매요청을 작성함으로서 취득행위를 시작한다. 구매요청서는 구매조건을 구체적으로 기술하고 통상 정부예정가격을 포함한다. 구매요청서를 송부한 이후에도 동 사업관리 담당관은 다음 업무를 지원할 수 있다. ○ 유인/공고서를 개선하기 위한 대체품 검토 ○ 계약체결에 적용할 잠재적인 가격 관련 파악 ○ 가격분석에서 사용되는 여러 가지 비교기준 간의 중요한 불일치사항에 대한 설명 ○ 가격관련 결정에 대한 자문 또는 정보 제공

실수요자	실수요자는 사업관리 담당관이거나 아닐 수도 있다. 사업관리담당관이 실수요자가 아닌 경우 유인/공고서를 작성하고 가격관련 결정을 할 때 실 수요자와 협의하는 것이 유용할 수 있다. 또한 실수요자는 제품에 대한 지식이 해박하므로 정부예정가격에 있어서 사업관리 담당관보다 더 나은 정보를 제공할 수도 있다.
품목 담당관	어떤 기관은 품목 담당관을 지정 운영하고 있는데, 동 담당관은 주로 해당 품목에 대한 시장조사 업무를 수행한다.
재고 담당관	재고 담당관은 정부 보관창고 및 기타 보관 설비에 있는 재고량에 대한 정보를 기록한다. 특히 사용자가 정부 재고량에 의존하고 있는 경우 교체 물품을 위한 구매요청서를 발급한다. 재고 담당관은 납품에 미칠 잠재적인 영향, 재고 수준, 재고관리 비용 측면에서 유인/공고서/계약서에 관심을 갖는다.
회계 담당관	회계 담당관은 업체가 제시한 원가/가격책정 자료 및 업체의 기록(특히 회계 장부)을 검토 분석하는 업무에서 특수 훈련을 받고 경험을 쌓은 회계사를 말한다. 회계 담당관의 지원은 원가제안서 분석에서 가장 중요한 역할을 한다. 국방부에서는 계약관련 회계 담당관은 국방부의 계약회계사무소에 소속된다. 다른 기관에서는 회계 담당관은 통상 감사실에 배치된다.
기술 담당관	기술 담당관은 일반적으로 시방서 또는 작업 설명서 또는 규격서와 기술 평가 항목 및 기준을 작성하고 기술 제안서를 평가하는 업무를 담당한다. 많은 취득 건에서 사업관리 담당관이 기술 담당관의 역할을 담당한다. 그러나 규모가 큰 구매 건에서는 기술전문가로 구성된 팀 또는 위원회(구체적인 납품 대상에 따라 엔지니어, 과학자 또는 이와 유사한 전문직으로 구성된다)가 구성되어 이를 담당한다. 가격 결정 측면에서 보면, 기술 담당관은 납품 대상을 제조하는 데에 필요한 원가와 수요를 충족하기 위해 확보가능한 상업적 제품의 공급업체 및 제품의 유형을 잘 이해하고 있을 수 있다.
자산관리 담당관	자산관리 담당관은 운송비용, 정부가 제공하는 자산, 및 자산의 유지관리 비용을 수반하는 가격 관련 요소를 선정하고 적용하는 것을 지원한다. 완전 생애주기 비용을 기준으로 공고를 한 경우 모든 비용이 포함될 수 있다.
법률 담당관	법률가는 계약체결 및 입찰공고 이후 입찰초청서 취소와 같은 가격 관련 결정에 대한 정당성을 검토하는 역할을 담당한다.
경쟁확대 담당관	경쟁확대 담당관은 취득계획을 심사하고 시방서/규격서를 분석하여 완전 공개에 장애물이 되는 사항을 파악하여 제거한다. 또한 수의 계약사유를 검토한다. 가격 결정 관점에서 보면 동 담당관은 가격 경쟁을 최대화함에 있어서의 소중한 협력자가 된다.
원가/가격 분석관	어떤 계약부서는 가격분석관을 별도로 임명하여 본 책자에서 기술한 업무수행을 지원하도록 한다. 통상 금액이 크거나 복잡한 조달건에 한해 별도로 분석관을 둔다.
계약 관리관	어떤 정부기관은 계약 행정 전담 사무소를 운영한다. 동 사무소는 소속 계약관리관이 특정 업체의 가격책정 관행 및 제품에 대해 보다 완전한 정보를 가지고 있는 경우 가격 제안서의 사전 검토에 관여한다. 계약관리관은 어떤 종류의 수정계약 건에 대한 가격결정업무를 담당할 수도 있다.

유인/공고서 발급 이전의 시장조사

정부 구매에 있어서 시장조사는 정부 수요를 충족시킬 수 있는 시장 내의 수용능력에 대한 정보의 수집 및 분석을 수반한다. 시장조사제도 및 절차는 물품/용역을 취득하고 배분하는 데에 가장 접합한 접근방법에 이르도록 설계되어야 한다. 관련 공무원은 적절한 수요를 파악하고 그러한 수요를 충족하는 품목을 취득할 수 있도록 절충하는 방안을 모색해야 한다.

정부의 수요를 가장 잘 충족할 수 있는 물품/용역을 취득하기 위해 정부취득팀은 정부의 진정한 수요를 이해하고 시장에서 무엇을 취득할 수 있는지를 파악해야 한다.

구매요청서는 구매요청자가 수행한 시장조사 결과를 반영해야 한다. 의뢰인은 정부 취득 팀으로부터 입수한 정보, 특히 실사용자(의뢰인과 다른 경우)와 기술담당 공무원로부터 입수한 정보를 고려해야 한다. 계약팀원들은 가급적 의뢰인의 시장조사활동을 지원해야 한다. 예를 들면 계약체결기관에 보관되어 있는 카탈록 및 가격목록은 의뢰인의 시장조사 활동에 매우 귀중한 자료가 될 수 있다. 계약관은 시방서 서류 작성 업무를 담당해서는 안 되며 팀의 다른 사람이 기관의 장이 정한 체널 밖으로 업체선정정보를 누설하지 않도록 단속하여야 한다.

시장조사를 위한 정보

시장조사를 하는 경우 입찰 예상 업체에게 필요한 최소한의 정보보다 더 많은 정보를 요구해서는 안 된다. 대부분의 업체는 시장조사결과가 해당업체에 이익이 되는 한 기꺼이 정부의 시장조사 업무를 지원한다. 대부분 그들이 공급하는 제품이 정부수요를 충족할 수 있다는 것에 대해서는 완벽한 정보를 제공할 것이다. 그러나, 업체는 그 제품이 가지고 있는 문제점 또는 더 낮은 금액으로 정부의 수요를 보다 잘 충족할 수 있는 제품에 대한 정보는 꺼리는 경향이 있다.

일반적으로 특정 제품 또는 산업에 대한 정보는 정부구매 참여가 예상되는 업체 이외의 정보원으로부터 확보가 가능할 수 있다. 동 정보에는 다음 정보를 포함한다.

○ 정부 및 업계에서의 관련 전문 지식이 많은 자

○ 유사 또는 동일 사양을 충족하기 위해 시도한 최근의 시장조사 결과

○ 기관의 취득 관련 정보를 제공하는 정부 데이터베이스

○ 기업, 구매 관련 공무원 및 고객 간의 온라인 소통

○ 다른 정부기관, 무역협회 또는 기타의 다른 정보원으로부터 확보한 유사제품에 대한 공급자 목록

○ 제작자, 중간 공급자, 및 딜러가 제작, 공표한 카탈록 및 기타의 일반적 제품 명세서

시장조사 결과

다음을 위해 시장조사결과를 사용한다.

○ 기관의 요구사항를 충족할 수 있는 업체가 있는지를 판단

○ 정부의 수요를 충족하는 상업적 시중 거래 물품 또는 동일한 상업적 거래 물품은 없으나 다음의 경우에 해당되는 제품이 있는지를 판단

  - 수요를 충족할 수 있는 제품

  - 기관의 수요를 충족하기 위해 수정이 필요한 제품

  - 적정한 수준으로 시방서를 변경할 경우 기관의 수요를 충족할 수 있는 제품

○ 상업적 물품 또는 수정이 가능한 물품이 어느 정도의 부품교체 수준에서 가능한지를 판단

○ 품질 보증조건, 구매자의 금융지원, 보수유지, 포장, 마킹 같은 상업적 품목의 생산, 보수. 유지 및 지원과 관계되는 회사의 관행 검토

○ 재생자원의 최대한 활용을 보장하고 에너지 보존 및 효율성 촉진

시장조사 및 가격 결정

시장조사를 이용하여 정부의 수요를 개발하고 동 수요를 어떤 방법으로 충족할 것인지를 판단한다. 유인/공고 이전의 단계에서 이루어진 결정이 정부가 무엇을 취득할 것인지와 정부가 지불할 가격을 정하는 데에 있어서 핵심 요소가 되므로 이에 대한 사전 시장조사가 필요하다.

예를 들면,

○ 계약업체의 이행 비용을 증가시키는 계약체결 결정은 통상 계약가격을 증가시키는 경향이 있다.

○ 계약이행 비용을 감소시키는 계약체결 결정은 통상 계약가격을 증가시키는 경향이 있다.

○ 경쟁을 제한하는 계약행위는 통상 계약가격의 상승을 초래한다.

○ 경쟁을 용이하게 하는 행위는 통상 계약가격 하락을 초래한다.

○ 업체의 리스크를 증가시키는 행위는 통상 계약가격의 상승 요인이 된다.

○ 업체의 리스크를 제한하는 행위는 통상 계약가격의 하락 요인이 된다.

계약 담당 공무원이 시장을 보다 잘 이해할수록 정부 수요를 적정한 가격으로 충족할 수 있는 의사결정을 보다 더 잘할 수 있게 된다.

시장에 대한 이해는 정부수요를 충족하는 계약 건의 적정가격에 대한 추정치(예정가격)를 보다 정확하게 작성할 수 있도록 한다. 예정가격 및 계약가격에 영향을 미치는 요소는 취득 계획단계의 핵심 정보가 된다. 또한 계약가격에 대한 예정가격은 계약가격의 적정성에 대한 최종 판단에 중요한 정보가 된다.

1. 구매요청서 및 관련 시장조사 검토

계약가격을 결정함에 있어서 예정가격에 어느 정도 의존할 것인지에 대한 판단을 할 때에 동 예정가격 과정에서의 분석의 품질 및 깊이를 고려한다.

최소한 다음 5가지 부문을 고려해야 한다.

○ 어떤 방법으로 예정가격이 작성되었는가?

○ 어떠한 가정을 근거로 하여 작성되었는가?

○ 어떤 정보와 분석을 사용하였는가?

○ 정보는 어디에서 확보하였는가?

○ 종전의 예정가격은 실제 체결한 가격과 비교하면 어떠한가?

구매요청서

구매요청서는 계약기관에 공식적으로 요구사항을 전달하는 서류이다. 통상 정부의 요구사항에 대한 서류를 계약가격의 예정가격과 맨 처음 통합한 것이 구매요청서이다. 통상적으로 구매요청서는 필요한 용역/물품의 취득 자금이 확보 가능하다는 확인을 포함한다.

정부예정가격

예정가격은 정부에 의해 독자적으로 산출된다. 동 가격은 동 산출금액이 통상 적정 계약가격에 대해 계약공무원에게 주는 첫 암시가 되며 또한 계약가격 분석에 있어서 고려해야 하는 기준의 하나가 되므로 매우 중요하다. 동 예정가격 산출 프로세스는 자동화된 시스템에 의존할 수도 있고 직접 공무원이 작성할 수도 있으나, 구매요청자의 시장조사를 잘 반영하여야 보다 정확한 예정가격을 산출해낼 수 있다.

구매요청서의 시장조사 결과를 검토

취득 건에 대한 새로운 시방서 및 계약조건을 작성하기 이전에 시장조사를 하여야 한다. 논리적으로 보면, 이러한 업무는 구매요청자의 직무에 속한다. 구매요청자의 예정가격의 품질은 통상적으로 구매요청자의 시장조사 품질에 좌우된다. 적절한 취득 기법 및 가격의 적정성 결정에 대한 예정가격의 중요성 때문에 조달 절차를 더 진행하기에 앞서 해당 예정가격을 면밀히 검토해야 한다.

1) 예정가격이 어떤 방법으로 작성되었는지?

예정가격 작성

정부 예정가격에 대한 신뢰성을 판단하기 위해 예정가격이 어떤 방법으로 작성되었는지를 알아야 한다. 구매요청서는 자동화된 시스템에 의해 작성될 수도 있고 구매요청 공무원 또는 예정가격 작성 전문 공무원이 직접 작성할 수도 있다.

○ 자동시스템에 의해 산출된 예정가격

  - 자동화된 시스템에 의해 작성되는 구매 요청 금액은 시스템 내에 내장되어 있는 알고리즘

에 따라 산출된다. 가장 일반적인 알고리즘은 단가를 최근에 지불한 단가와 동일하게 정하는 방식이다.

- 자동 시스템에 의해 산출된 예정가격은 시장상황의 변화내용을 고려하지 못한다. 품질 변화와 관련되는 가격의 변화 같은 기본적인 요소조차 고려되지 않는다. 예를 들면, 필요한 양이 5,000대라고 가정하자. 만약 최근의 취득이 1대였더라도 5,000대의 대당 가격은 1대만을 구매한 건에서의 가격과 동일하게 취급된다.

- 자동시스템에 의해 작성된 구매요청서를 기준으로 구매를 추진하는 경우 그 요청서를 작성할 때에 어떤 시장 상황이 고려되었는지를 알아야 한다. 예정가격 산출 시에 고려되지 않은 부문은 계약담당공무원의 시장조사에서 특별히 유의할 부분이 된다. 일단 자동시스템에 의한 예정가격 산출 알고리즘을 이해하였다면 그러한 알고리즘의 변경 가능성에 대해서도 계속하여 주시해야 한다.

○ 담당공무원이 직접 산출한 구매요청 가격

- 예정가격은 통상 구매요청서 작성을 담당하는 공무원이 작성한다. 기관이 다르거나 동일 조직 소속이라도 담당자가 다른 경우 다른 방법을 사용하여 예정가격을 작성할 수도 있다.

- 예정가격은 시장조사 동안 파악된 시장의 변경내용을 반영하여야 한다. 불행히도 많은 공무원이 이를 알지 못한다. 자동 시스템에 의한 예정가격과 같이 수작업에 의한 예정가격도 시장 상황의 변화를 고려하지 않고 지난번에 지불한 가격을 기준으로 작성되는 경우가 있다.

- 담당 공무원은 각 개인이 작성한 예정가격이 어떤 방법으로 작성되었는지와 신뢰성에 대한 다른 문제가 검토될 수 있는지를 판단해야 한다. 그렇게 함으로써 시장조사에 대해 구매요청자가 투자한 시간의 양을 판단할 수 있는 정보를 파악할 수 있다.

2) 어떤 가정을 하였는지?

모든 추정치는 가정을 수반한다. 그러한 가정을 알고 이해하는 것은 신뢰성 있는 예정가격 작성에 대한 예정가격 작성자의 이해도 파악에 도움이 된다.

가정에 대한 분석

대부분, 사용자/기술담당공무원/프로그램 담당 공무원은 가격에 영향을 미치는 가격 요소 및 시장의 동인(market forces)을 잘 알지를 못한다. 결국 예정가격 산출은 정확하지 않을 수 있다.

예정가격산출에 사용된 근거가 명확하지 않거나 합리적이지 않을 경우 의문을 가져야 한다. 가격 결정에서 주먹구구식 방법이 있을 수 없다. 만약 담당 공무원이 알고 있지 못한다면 의문을 가져야 된다. 예정가격 및 부대서류에 대해 의문을 가짐으로써 시장의 현실과 합치되지 않는 가정을 파악할 수 있고 구매요청자와 협력하여 계약절차가 시작되기 전에 예정가격을 개선할 수 있다.

사례 1: 구매 요청자가 10년이 지난 계약가격을 사용하여 예정가격을 작성하였다.

○ 추정

구매요청자는 마지막으로 지불한 가격이 합리적인 가격이며 따라서 동 시장의 상황은 10년간 변하지 않은 것으로 추정하였다.

○ 분석

수일 또는 수주가 지난 시점에서 수량, 납기, 기타 다른 요소가 변하지 않은 경우 해당 가격이 변하지 않은 것으로 추정하는 것은 합리적일 수 있다. 그러나 본 건의 경우에는 직전의 구매가 10년이 지난 시점에 이루어졌다. 통상, 10년 동안 가격이 변하지 않는 것은 비합리적이다. 일단 예정가격 산출에 사용된 가정을 파악하였다면 담당공무원은 그것을 평가하고 시장의 현실과 불합치되는 사항이 있는 경우 조정을 한다.

사례 2: 구매요청자는 3입방피트 용량의 트럭 100대의 예정가격을 지난달에 구매한 2입방 피트 용량의 트럭구매에서 지불한 가격을 기준으로 산출하였다.

○ 추정

구매요청자는 최근의 가격이 적정한 가격이었고 단가는 대당 용량의 차이에 영향을 받지 않는 것으로 추정하였다.

○ 분석

1대당 가격이 1대당 용량에 영향을 받지 않는다는 가정은 합리적일 수 있고 그렇지 않을 수도 있다. 그러나 용량에 있어서의 차이는 계약담당자가 시장조사 동안에 보다 면밀한 검토가 필요하다는 것을 말하고 있다.

3) 어떤 정보와 분석이 사용되었는가?

구매요청자가 구매하고자 하는 물품/용역에 대해 무엇을 알고 있고 예정가격 작성에서 어떤 분석유형을 사용하였는지를 판단하는 것이 중요하다.

시장조사정보

성공적인 예정가격 작성자는 자신이 담당하는 품목을 잘 안다. 예정가격을 작성하기 전에 제품 정보와 동 제품에 대한 시장 정보를 수집한다. 그들의 시장조사 업무는 통상적인 업무의 필수 부분인 진행 중인 프로세스의 일부이거나 일회성의 업무일 수 있다.

가장 신뢰가 높은 예정가격은 세부적인 시장조사를 마치고 동 구매 요청에 적용되는 다음 질의에 긍정적인 답변을 할 수 있는지에 의해 결정된다.

○ 예정가격 작성자는 시방서, 구매 조건 등의 구매 서류에 대해 상세한 분석을 하였는가?

○ 새로운 구매 건과 이미 분석된 정보 사이에서 이행, 품질 및 인수 기준의 차이가 존재하였는가?

○ 작성자가 다음을 포함한 해당 품목에 대한 시장을 잘 알고 있는가?

- 최종 계약가격
- 일반 시장 가격 변화
- 현재 시장에서 유통되고 있는 가격
- 수량에 의한 가격 인하 분기점
- 대체가능한 물품/용역

추정치 분석

시장 정보 단독으로는 충분하지 않다. 작성자들은 예정가격을 산출해 내기 위해서는 적절한 분석을 이용할 수 있어야 한다. 논리적 분석은 단순히 작성자의 판단과 경험을 기준으로 하는 것보다는 훨씬 더 정확한 예정가격을 제공한다. 가장 정확한 추정치는 통상 적절한 정량적 기법을 사용한 논리적 분석의 결과이다.

논리적 분석

논리적 분석은 알려진 정보를 제시하고 그 정보가 어떻게 예정가격 장성에 사용되었는지를 명확하게 설명한다. 이러한 분석은 통상 정량적 기법을 활용할 수도 있고 그렇지 않을 수도 있다.

정량적 기법

적절한 경우 정량적 기법을 사용하여 조정을 하여야 한다. 예를 들면 지수를 사용하여 가격 변경사항을 계량화하고 종전의 가격책정 자료를 조정할 수 있다.

비교

전문적인 판단 같은 용어를 사용하였으나, 전문적 판단이 어떻게 적용되었는지에 대한 사실에 입각한 자료 및 설명이 없는 예정가격은 통상적으로 가치가 적다. 정확한 정보, 적절한 계량적 기법, 또는 논리적인 분석을 토대로 한 예정가격이 일반적으로 훨씬 더 정확하다. 예를 들면 기술의 변경을 분석함에 있어서 다음 방법 중 어느 것이 가격추정에 더 유용하겠는가?

전문적 판단

"프로젝트 엔지니어 경력 20년과 그동안 쌓인 해당 제품에 지식을 활용, 해당 제품에 대한 예정가격을 대당 $585,000으로 산출한다."

논리적 분석

"우리는 최신 감지기를 교체하는 구매를 추진하고 있다. 1년 전에 해당 제품은 음성 민감도에서 이러한 수준으로 제작되지 못했다. 최근, 유사한 민감도 향상이 이루어진 제품이 종전의 민감도가 떨어지는 제품보다 30% 고가로 공급되고 있다. 따라서 본 제품의 추정가격은 종전 제품 가격 $450,000에 비해 30% 높은 $585,000으로 추정한다."

4) 정보의 출처는?

구매요청자의 시장정보에 대한 폭과 깊이가 예정가격의 품질에 상당한 영향을 준다. 예정가격 작성에서 구매요청자가 사용한 정보의 공급원이 무엇인지를 파악하라. 정보의 공급원을 알면 예정가격의 신뢰도를 평가하기가 훨씬 더 쉬워진다.

정보원(정보의 공급원) 추정

대부분의 예정가격 작성자는 예정가격 작성 기준으로 가격 이력에 지나치게 의존한다. 역사적 가격 즉 가격이력은 과거의 어떤 시점에서는 탁월한 정보원이 된다. 그러나 시장과 정부 수요는 시간이 지남에 따라 변화한다. 유사 품목에 대한 과거의 가격은 구체적인 정부 시방서를 기준으로 한 것이나 현재의 시방서는 상업적 시장에서 공통적으로 거래되는 제품을 기준으로 한 것일 수 있다. 그러한 상황에서 과거의 가격은 현실성이 높은 가격추정치를 제공하지 못할 수도 있다.

구매요청자에 예정가격과 더불어 자료공급원에 대한 자료를 함께 제출하도록 하라. 제작자 카탈록 같은 정보는 계약공무원의 시장조사를 위한 훌륭한 시발점이 될 수 있다.

제품 분석

구매시방서가 독특하고 구매 선례 가격이 없는 경우 작성자는 다른 형태의 분석에 의해 예정가격을 산출해야 한다. 설계, 개발, 생산, 납품 및 인수에 수반되는 위험과 제품 생산에 필요한 재료비 및 노임의 평가를 토대로 하여 예정가격을 작성하는 것도 하나의 선택지다.

그러한 예정가격 작성이 필요한 경우 원가 추정치를 산출하는 데에 사용되는 자료가 최근 자료일수록 그 예정가격은 보다 신뢰할 수 있게 된다.

호도하는 정보

재고 목록 같은 많은 데이터 정보원은 가격 산정에서 사용하기 곤란한 정보가 될 수 있다. 가격 정보는 보통 최신 자료가 아니며 일반적으로 해당 정보원에 대한 정보가 거의 없는 경향이 있다. 가격은 과거의 지점에서의 역사적 가격일 수도 있고 역사적 가격의 평균치를 나타낼 수도 있다. 시장 상황에서의 변화를 반영, 이러한 가격을 조정하기는 쉽지 않다. 결국, 그러한 데이터를 예정가격 산출에 사용하고자 하는 경우 매우 주의하여야 한다.

작성자의 독립성을 강조

제작자의 카탈로그 및 다른 시장조사 방법의 사용이 권장되지만 작성자는 제작자를 접촉하거나 구체적인 견적서를 청구해서는 안 된다. 특히 정부 예정가격이 가격의 적정성을 판단하는 주요 기준이 될 수 있는 수의 계약의 경우 그러하다. 만약 예정가격과 견적 가격이 모두 동일한 업체의 정보를 기준으로 작성될 경우 가격의 적정성을 측정하는 독립적인 측정 장치가 없게 된다. 만약 작성자가 시방서, 가격결정 방법, 할인율 등을 잘 이해하기 위해 제작자와 접촉해야 한다면 다음 2가지의 중요한 조치를 취해야 한다.

○ 먼저, 해당 제작업체를 접촉할 필요성에 대해 계약관과 협의하라.
○ 또한 서면으로 귀하가 시장조사 업무를 수행하고 있으며 제품 또는 가격에 대한 정보가 더 필요하며 귀하는 지금 어떤 견적서를 요구하고 있는 것이 아니라는 점을 업체에 분명히 전달하라.

5) 이전의 예정가격과 계약가격을 비교하면 어떠한가?

예정가격의 검토는 작성자의 이전의 실적의 검토를 포함하여야 한다. 과거의 업체의 이행실적이 미래 이행의 지표인 것처럼, 과거 작성자의 실적에 대한 품질은 현재 예정가격의 지표가 된다.

과거 계약금액과의 비교

작성자의 과거 예정가격이 공정하고 적정한 것으로 판정된 종전의 계약가격에 근접하였는가?

만약 답변이 긍정적이라면 유사 기법을 사용하여 작성된 현재의 예정가격을 보다 신뢰할 수 있다. 만약 답변이 부정적이라면 그러한 예정가격은 신뢰하기 어렵다.

2. 시장조사에서 계약 책정 가격을 고려한다

예정가격은 단지 계약가격에 대한 예비적 추정치에 불과하다. 최소한도로 계약담당공무원의 조사는 다음의 데이터 공급원을 고려해야 한다.

○ 이전의 가격 결정 자료

○ 공표가격

○ 참여가 예상되는 업체로부터의 시장조사 자료

○ 기타 정보원으로부터 입수한 시장조사 자료

시장조사에 있어서 고려해야 할 사항

정부의 계약조건, 시장 조건 등의 상이함 때문에 시장조사의 프로세스도 달라진다. 다음 표는 시장조사 항목을 파악하고 시장조사를 수행할 때에 당당 공무원이 답해야 할 질문사항을 기술하고 있다. 모든 구매에서 다음 표에서 제시한 질문사항으로 충분한 것은 아니다. 어떤 구매에서는 다음 표에 열거되어 있지 않은 전문적인 질의가 필요할 수도 있다. 그러나 다음의 조사항목과 관련 질의내용은 시장조사를 위한 표준적인 프레임워크를 제공한다.

◆ 시장조사에서 고려해야 할 사항

조사항목	다음과 같은 질의에 답변할 수 있어야 한다.
가격이력	○ 해당 품목의 과거의 계약가격과 관련, 어떤 정보를 사용할 수 있는가? 해당 계약 이후 제품변화와 관련, 어떤 정보를 이용할 수 있는가? ○ 정부가 지불한 가격과 다른 구매자가 지불한 가격 간 차이가 있었는가? 있다면 사유는?
현재의 경쟁 여건	○ 시장에 어느 정도의 판매자가 있는가? ○ 시장에 어느 정도의 구매자가 있는가?
전체적인 현재의 수요	○ 정부가 구매하고자 하는 수량과 다른 구매자가 구매하고자 하는 수량의 관계는? ○ 정부의 구매 물량으로 인해 판매자의 규모의 경제성이 증가된 점을 충분히 반영하여 시장가격보다 더 낮춘 가격이 적정한 할인율을 적용한 것인지? ○ 정부의 발주 수량이 너무 커서 판매자에게 예기치 못한 가격인상을 초래할 수 있거나 생산능력을 초과하게 할 수 있는지?
수요와 공급의 추세	○ 수요가 현재보다 계약체결 시점에 현재보다 높거나 낮아질 것인가? ○ 공급능력이 수요를 따라갈 수 있는지?

수요의 패턴	○ 수요와 공급에 주기적인 패턴이 있는가? ○ 지금부터 6개월 이후에 계약을 체결하면 당장 계약하는 것보다 더 낮은 가격으로 계약할 수 있을지? ○ 아니면 현재의 가격으로 구매하여 비축해 놓은 것이 더 나은 건지?

계약가격에 영향을
미칠 것으로
예상되는 기타의 시장동인
(market forces)
	○ 가까운 장래에 가격인상을 초래할 요인은 무엇인지?
	  - 파업?
	  - 노동력 부족?
	  - 하도급 업자 장애물?
	  - 에너지 난(부족)?
	  - 기타 원자재 난
	○ 향후 가격인하를 예상할 수 있는 요인은 있는지?

가격 전략	○ 시장에서의 업체들의 가격 전략은? ○ 예상되는 가격에 대한 암시사항은?
물품/용역의 공급원	○ 어떤 업체가 가장 정부의 유인/공고에 답하여 견적서를 제출할 가능성이 높은지? ○ 어떤 업체가 제출할 가능성이 가장 낮은지? 그 이유는?
제품의 특성	○ 다른 제품과의 특성은? ○ 어떤 제품이 정부수요(현재의 구매요청서 내용)에 잘 부합되는지? ○ 기술적 특성과 가격 간의 절충점은?
납기/이행 조건	○ 현재의 보급 채널은? ○ 현재의 수송비용은? ○ 제품의 생산 주기는?
소유관련 비용	○ 보증기간 및 조건은? ○ 종전의 제품 수리비용은? ○ 각 제품별 종전의 유지/보수비용은?
계약조건	○ 민간 거래에서 사용된 계약조건은? ○ 다른 정부구매에서 사용되어온 계약조건은? ○ 민간거래에서 사용되는 계약유형과 정부취득에서 사용된 계약유형은?
문제점	○ 유사 계약 건에 있어서의 과거의 하자 비율 ○ 어떤 이행상의 문제가 있었는지? ○ 유사한 계약에서 클레임이나 원가 초과 발생이 있었는지?

1) 가격 결정 자료

계약체결 이전에 계약관은 다음 사항을 검토한다.

○ 물품/용역의 구매 이력

○ 적절한 표현이 필요한 경우 그림, 도면, 기타 그래픽 표현을 포함하여 공급물품에 대한 설명

이러한 요구를 한 이유 중 하나는 구매추진 중인 건에 대한 적정한 가격을 추정함에 있어서 종전의 가격을 참고하도록 하기 위해서이다. 그러나 계약관은 정부의 가격 자료로부터 확보한 정보는 과거의 사실을 보여준다는 점을 유념해야 한다. 계약관은 그러한 정보를 시장조사로부터 확보한 정보와 함께 참고하여 가격추정의 정확성을 증진한다.

구매이력에 대한 정보원

구매전력은 여러 가지 정보원으로부터 확보될 수 있다. 가장 좋은 정보원은 계약 파일, 컴퓨터로 처리된 취득 자료 파일, 공무원이 직접 기록한 정보 등이다.

계약 파일

통상 과거의 가격 결정 정보에 대한 최상의 정보원은 원 계약 파일이다. 동 파일을 통해 가격의 적정성을 판단하는 데에 사용된 논거, 및 상세 정보를 확인할 수 있다.

컴퓨터에 입력된 취득 데이터 파일

컴퓨터는 구매결정을 함에 있어서 가장 중요한 것으로 간주되는 자료에 즉각적으로 접근할 수 있게 한다. 컴퓨터 데이터 파일이 계약 파일만큼 완전하지는 않을 수 있으나 적절한 시기에 구매자가 사용할 수 있는 형식으로 핵심 자료를 제공한다.

공무원이 직접 작성한 품목 기록

그러한 품목 기록은 일반적으로 컴퓨터가 제공하는 취득 파일에 포함된 자료와 유사한 자료를 제공한다.

종전의 취득 가격 결정 정보 조사

종전의 가격은 시장정보의 좋은 정보원이 된다. 종전의 시장정보에 대한 조사는 과거의 특정 시점에서의 제품 취득 상황에 대해 많은 것을 알려 준다. 그러한 정보를 유용하게 활용하기 위해서는 과거의 시장 상황이 어떠했는지, 이후 어떻게 변했는지를 판단할 수 있어야 한다. 다음 표는 종전의 취득 정보를 검토함에 있어서 고려해야 할 조사 항목과 질의 내용을 기술한다.

◆ 가격 결정에 대한 종전의 취득 자료

조사항목	다음과 같은 질문에 답변할 수 있어야 한다.
공급과 수요의 추세	○ 과거 구매의 시기는? ○ 그 시기에 지배적인 시장 상황은?
수요의 패턴	○ 각 구매공고에서 발주한 수량은? ○ 구매한 수량은?
가격 추세	○ 계약가격은? ○ 탈락한 업체의 견적가격과 계약가격을 비교하면?
초기비용 및 가격 결정 전략	○ 계약가격은 일회용 엔지니어링 기구 사용 또는 기타 착수 비용을 포함하였는지? ○ 미래의 가격이 유사 또는 관련 비용을 포함하고 있는지? ○ 물품/또는 용역 가격으로부터 분리하여 착수 비용을 지불하는 것이 불가피한지?
물품 또는 용역의 공급업체	○ 종전의 공고 건에서는 몇 개 업체를 유인/공고하였는지? ○ 구체적으로 어떤 업체에게 참여를 권유하였는지? ○ 몇 개의 업체가 제안서/입찰서를 제출하였는지 ○ 구체적으로 어떤 업체가 제안서/입찰서를 제출하였는지?
제품 특성	○ 종전 계약 시방서와 현재 추진 중인 계약 시방서에서 중요한 차이가 있는지?
납품/이행 조건	○ 납품이행 기간은? ○ 무슨 달에 이행하였는지? ○ 업체가 납품 기일을 준수하였는지? ○ 적기 납품을 위해 추가 비용을 요구하였는지?
소유 비용	○ 구매와 관련하여 어떤 소유비용이 관련되었는지?
계약조건	○ 과거의 일반 계약조건은? ○ 종전계약건과 계약조건(포장 조건, 계약유형 등)에서 중요한 차이가 있는지?
문제점	○ 계약이행 동안에 발생한 문제점은?

2) 공표가격

예비적 예정가격을 작성함에 있어서 여러 가지 유형의 공개 정보가 있다. 동 공개 정보에는 카탈록, 제품 브로슈어, 무역 신문 자료, 정부의 경제 자료 등이 있다.

(1) 제작자 및 공급업체의 카탈록

카탈록은 쉽게 구할 수 있는 자료정보원이다. 정부 구매에 사용되는 제작자 및 공급업체의 카탈록은 정부의 웹사이트를 통해 쉽게 구할 수 있다. 동 카탈록에서 이용할 수 있는 자료는 다음 정보를 포함한다.

○ 제품에 대한 설명
○ 그림
○ 가격 및 수량에 따른 할인율
○ 최소 납품 조건
○ 납기
○ 견적 또는 납품지시를 위한 연락처

(2) 제품 설명서 및 홍보자료

제품 설명서 및 홍보자료는 카탈록보다 훨씬 더 상세한 정보를 제공한다. 이런 유형의 자료는 회사의 웹사이트에서도 구할 수 있다. 가격 및 납품에 대한 상세 정보가 포함되어 있으나 판매조건 협상에서 더 많은 융통성을 행사할 목적으로 그러한 정보를 제공하지 않는 경우도 있다.

다음은 제품 설명서 및 홍보자료에서 파악할 수 있는 통상적인 자료이다.

○ 상세 규격
○ 그림. 도면
○ 견적 및 납품 지시 연락처
○ 가격 정보
○ 납품 관련 자료

(3) 조달청 단가계약

조달청은 정부기관이 사용할 용도로 다양한 물품을 구매, 배분하는 비축 프로그램으로 잘 알려져 있다. 또한 조달청은 다수공급자 계약목록 제도를 운영 대량구매와 연계하여 기관의 공통 사용

물품/용역을 간단한 절차로 정부 기관에 제공하고 있다. 조달청은 각 업체들과 제3자 단가계약을 체결 소정의 기간 동안 정해진 가격으로 물품/용역을 공급한다.

3) 참여 예상 업체로부터 입수한 시장조사 자료

조기 의견 교환 권장

정부 계약에 참여가 예상되는 업체는 계획수립 목적 시장조사의 좋은 정보원이다. 정부구매팀과 참여가 예상되는 업체 간의 조속한 의견교환을 통해 취득 전략, 정부 계약조건, 제안서 작성 지침, 제안서 평가기준, 참고서류, 및 기타 기업의 관심사항에 대한 문제를 파악하고 해결할 수 있다.

조속한 의견 교환을 촉진하는 기법

제안요구서 초안을 공개할 때에 평가 항목 및 가격 요소를 포함하여 가급적 완전한 제안요구서 초안이 되도록 해야 한다. 그러한 수준의 세부적 내용이 없다면, 업체는 정부의 유인/공고계획을 충분히 파악하기 어려워 정부의 유인/공고기관에 의미 있는 의견을 제시하기 어렵다. 업체와 조기에 의견을 교환하는 기법에는 다음과 같은 방법이 있다.

○ 기업 및 중소기업 회의

　많은 기업들은 기술적 성취 및 상관행에 대한 정보를 공유하기 위해 주기적인 회의를 갖는 것을 지원한다.

○ 공청

　공무원은 공청회를 이용하여 정부의 구매 발주 건에 대한 정보를 배포할 수 있다. 참가 예상 업체 및 기타 이해 당사자는 질의를 할 수 있으며 취득 결정권자에게 정보를 제공할 수도 있다.

○ 대면 회합

　실질적으로 계약문제와 관련이 있는 참여 예상 업체와의 회합에는 반드시 계약관이 참여하여야 한다.

○ 유인/공고 이전의 사전 공고

　협상에 의한 취득에 대비한 예비적 조치로서 본 공고를 사용할 수 있다. 잠재적인 업체에게 공고문을 발급하고 동 공고문을 요약 게재한다.

○ 제안요청서 초안

발주 건에 대한 유인/공고서 초안을 배포한다. 동 초안은 가급적 부당하게 경쟁을 제한하거나 특정업체를 유리하게 할 수 있는 구체적인 사항이 있는지를 언급할 기회를 참여 예상 업체에게 부여할 수 있는 완전한 형태로 작성되어야 한다.

○ 정보 요청서

정부가 현재는 계약을 할 의도는 없으나 계획수립목적으로 가격, 납기, 기타의 정보를 파악하고자 하는 경우 정보 요청서를 사용할 수 있다. 동 정보요청서에 대한 회신은 견적서가 아니며 정부는 동 견적서를 이용 계약체결 할 수는 없다.

○ 유인/공고서 발급 이전 또는 제안서 접수 이전의 회의

제안서 접수 이전 또는 유인/공고서 발급 이전의 회의절차를 이용할 시에는 동 회의에서 배포된 자료는 업체가 요구가 있을 시 요구한 모든 업체에게 제공되어야 한다.

○ 현장 방문

업체의 제조공장 방문 또는 정부 발주 건의 시공 예정 장소 방문을 통해 정보 교환을 할 수 있다.

정보의 공개

제안서 작성에 필수적인 구체적인 취득 정보는 입찰 참여 예상 업체에게 공개되어야 하고 그러한 정보는 가급적 이른 시기에 일반 대중에게 공개되어야 한다. 업체의 요구에 따라 업체에게 제공된 정보는 공개할 경우 해당 업체의 비공개 사업전략을 누설할 우려가 있는 경우 공개해서는 안 된다.

아래 표는 참여 예상 업체와의 정보 교환을 위해 여러 가지 메커니즘으로부터 입수 가능한 자료를 요약하고 있다.

자료 공급원	확보 가능한 자료의 유형
기업/중소기업 회의	○ 기업 능력 및 상 관행에 대한 일반적인 정보
공청회	○ 정부의 계약조건에 대한 기업의 의견
대면 회담	○ 정부의 수요를 충족할 수 있는 방법과 수단에 대한 각 기업의 의견
유인/공고 이전의 공시	○ 해당 발주건에 대한 참여예상 업체의 관심 표명 ○ 잠재적 참여 대상 업체의 경영, 엔지니어링, 및 생산 능력에 대한 정보 ○ 관련 물품 및 용역의 일반적 기술내용을 토데로 한 기타 예비 정보
제안요구서 초안	○ 필요 이상으로 경쟁을 제한하여 정부의 부담을 높이게 될 계약조건이 있는지에 대한 의견 ○ 불필요하게 복잡하거나 특정 업체에게 유/불리하게 작용할 수 있는 평가 기준이 있는지에 대한 의견
정보요청서	○ 대량구매 할인 분기점에 대한 의견 ○ 납품 기한에 대한 의견 ○ 발주 유인/공고 건에 영향을 주는 시장 상황에 대한 정보 ○ 시방서 등 구매조건에 대한 의견
유인/공고 이전의 회의	○ 가격을 끌어 올릴 수 있는 불확실성에 대한 정보 ○ 가격을 끌어 올릴 수 있는 비상업적 계약조건에 대한 정보 ○ 경쟁을 제한하거나 가격에 영향을 미칠수 있는 기타의 계약조건에 대한 정보
현장 방문	○ 공장 방문은 기업의 역량에 관한 정보를 제공한다. ○ 업체의 정부 계약 이행장소의 방문은 계약가격과 이행에 영향을 미칠 요인들에 대한 파악하는 데에 도움이 된다.

3. 현실성 있는 가격을 추정하기 위해 시장조사 결과를 활용한다

시장조사를 할 때에 참고한 정보원을 서류로 작성하라. 상업적 시장에서 동일 유사한 품목을 판매하는 업체를 포함하는 경쟁을 어떠한 방법으로 확대할 수 있을 것인지를 고려하라. 동시에 최근의 구매조건 특히 정부 특유의 구매조건이 어떻게 경쟁과 가격에 영향을 미칠 것인지를 고려하라. 경쟁을 제약하는 구매조건은 계약가격을 올리게 된다.

1) 시장조사결과를 평가하라

조사내용을 평가함에 있어서 고려해야 할 사항

조사내용이 완벽할수록 그러한 조사 결과로부터 산출되는 가격 추정치에 대한 신뢰감은 더욱 커진다. 아래 목록은 시장조사 결과의 품질을 평가하는 데에 사용할 질의 내용을 열거하고 있다. 특정 질의가 필요 없는 구매 건도 있을 수 있다. 예를 들면 첫째 질의는 종전의 계약가격 사용을 다루고 있다. 만약 정부가 해당 제품이나 유사제품을 구매한 경험이 없다면 동 질의는 추정치 품질의 평가에서 작용되지 않는다.

예정가격을 작성함에 있어서 고려해야 할 사항

예정가격을 작성함에 있어서 다음 사항을 고려하였는가?

○ 제품에 지불된 종전의 가격 및 이후 제품 또는 시장의 변화를 고려하였는가?

○ 업체 간의 현재수준의 경쟁과 그것이 계약가격에 미칠 영향을 고려하였는가?

○ 현재 구매추진 중인 수량의 증감이 계약가격에 어떠한 영향을 미치게 될지 고려하였는가?

○ 수요와 공급 추세를 추정할 때에 취득 시기의 변화가 계약가격에 미칠 영향을 고려하였는가?

○ 수요와 공급주기 변화를 추정할 때에 취득시기의 변화가 가격에 미치게 될 영향을 고려하였는가?

○ 가까운 장래에 가격에 영향을 미칠 것으로 예상되는 다른 요인에 대해 고려하였는가?

○ 예상 참여업체의 가격 전략이 계약가격에 미칠 영향을 고려하였는가?

○ 시장에서 유인/공고에 응할 것으로 예상되는 업체를 추정하고 동 업체들의 가격과 참여하지 않을 것으로 예상한 업체의 가격 비교결과를 고려하였는가?

○ 구매조건이 업체의 견적가격을 높이는 방향으로 작용할 것인가?

○ 서로 다른 업체로부터의 서로 다른 제품이 보유비용을 달리하는가?

○ 납기/이행기간 조건의 불필요한 제약이 예상 참여업체의 견적가격을 높이는 방향으로 작용할 것인가?

○ 계약조건의 불필요한 제약이 업체의 견적 가격을 높이지는 않는가?

○ 유사 계약 건의 계약이행과정에서 발생한 문제와 관련되는 위험을 개선할 수 있는 방법은?

조사결과의 평가

위 목록의 모든 질의에 "예."라는 답변을 할 수 있다면 예정가격 작성을 위한 시장조사업무를 잘 수행한 것이 된다. 만약 "아니오."라고 답하게 한다면 조사는 불완전한 것이 된다.

2) 예정가격 작성

자료가 다르면 예정가격도 달라진다

시장조사를 할 때에 서로 다른 예정가격으로 유도할 수 있는 서로 상이한 여러 가지 자료를 접할 수 있다. 11개월 전에 특정 품목을 위해 지불한 가격을 사용하면 예정가격이 $19,700이 될 수 있으나 4%을 인상하여 지불한 최종 가격을 사용하게 되면 예정가격은 $20,488이 될 수 있다. 특정 상업적 업체의 유사 품목에 대한 카탈록가격은 $19,750이었다. 2번째 업체의 유사품목에 대한 카탈록 가격은 $19,900이었다.

여러 가지 예정가격을 고려하라

어떤 추정가격이 옳은가? 답은 없다. 추정치를 산출하기 위해 사용된 정보를 기준으로 보면 모두 유효한 추정치로 보인다. 이것은 다른 추정치를 배제하는 것이 옳다고 말할 수 있는 단일 추정치가 없다는 것을 나타내고 있다. 사실상 $19,700에서 $20,488에 이르는 가격대를 적정한 가격으로 정의하고 있다.

귀하는 다음과 같은 여러 가지 추정치를 서류로 작성할 수 있다.

◆ 예비 예정가격

예정 가격	산출 근거
$19,700	11개월 전에 공정하고 적정한 것으로 판단된 계약가격을 기준으로 예정가격 산출
$20,488	1개월 이전의 가격에 유사물품에 대한 생산자 가격 지수를 이용하여 산출한 물가인상분을 4%를 더하여 예정가격을 작성
$19,750	발주 물량에 대한 A사의 현 카탈록 가격을 기준으로 예정가격을 산출
$19,900	발주 물량에 대한 B사의 현 카탈록 가격을 기준으로 산출한 예정가격

최적의 예정가격

자료가 동일하더라도 예정가격 작성자가 다르면 예정가격으로 사용할 추정가격에 대해 다른 의견을 가질 수 있다. 따라서 예정가격의 범위를 정하고 각 예정가격 별로 그 사유를 제시하는 것이 매우 중요하다는 것을 설명해 준다. 이 경우에는 $19,750의 예정가격이 가장 합리적으로 보인다. 이유는 동 예정가격이 현재의 카탈록을 기준으로 하고 있기 때문이다. 더 낮은 $19,700의 가격은 11개월 지난 가격임을 잊지 말라.

계약의 유형과 위험

예정가격이 이전의 계약 자료 또는 시장 자료를 기반으로 작성되었든 또는 유능한 작성자의 판단을 기반으로 작성된 것인지에 관계없이 작성자들은 미래의 원가와 가격을 산출할 때에 계약유형과 그에 따른 이행 위험이 계약업체에게 미치는 영향을 고려해야 한다.

예를 들면 제대로 된 예정가격 산출 규정이라면 고정 가격 계약에서 작성되는 예정가격에 있어서 이행 위험이 미칠 수 있는 영향을 포함할 것이다. 제안 이전 단계에서의 이행위험과 제안 단계에서의 이행위험은 불확실성 추정과 유사하다. 이 같은 맥락에서 작성자는 고정가격계약에 따른 이행의 변동성 가능 차원에서 미래 이행과 관련된 위험을 평가하여야 한다. 또한 동 미래의 이행과 관련되는 위험은 이행과 관련된 비용과 발생 가능한 위험의 영향을 포함하여야 한다.

구매 전략

이 절에서는 경쟁에 관한 여러 가지의 구매 결정의 영향과 계약 가격을 검토한다. 다음 세 가지 질문에 대한 답변을 제공한다.

○ 보다 효과적인 가격 경쟁을 위해 유인/공고 목록을 개선할 수 있는 방법은?

○ 보다 효과적인 가격 경쟁을 위해 비즈니스 조건을 개선할 수 있는 방법은?

○ 보다 효과적인 가격 경쟁을 위해 구매 홍보 방법을 조정할 수 있는 방법은?

경쟁을 촉진하는 이유

계약 담당자는 경쟁 절차를 사용하여 완전하고 공개적인 경쟁을 제공해야 한다. 경쟁은 다음의 세 가지 측면에서 계약가격 책정에 중요한 영향을 미친다.

○ 경쟁은 기업이 합리적인 가격에 고품질 제품을 제공하도록 장려하는 최선의 방법으로 광범 위하게 인정되고 있다.

○ 경쟁을 통해 이루어진 가격은 업체가 제안한 가격의 적정성을 평가하는 데 사용할 수 있는 가장 좋은 기준의 하나이다.

○ 적절한 가격 경쟁은 비용 또는 가격 자료 제출을 요구하는 관련 규정의 적용을 배제하는 가장 일반적인 근거가 된다.

"가격 경쟁 극대화"란 무엇을 의미합니까?

가격 경쟁을 극대화하려면:

○ 최고의 공급업체로부터 경쟁력 있는 제안을 유인/공고(가격, 품질, 적시성 측면에서)해야 한다.

○ 합리적인 가격을 제안한 제안서를 확보하기 위해 당해 유인/공고서는 가급적 정부의 요구사항이 최소화되도록 작성해야 하며 계약 조항은 그러한 요구사항의 충족과 관련 비용 리스크 간의 균형을 고려해야 한다.

주요 인수 팀원

경쟁을 극대화하기 위해서는 정부 수요에 대한 상세한 분석이 필요하다. 효율적으로 수행하기 위해서 이러한 분석은 영향력 있는 구매팀원이 참여해야 한다. 팀원의 참여는 구매 건마다 다르나 통상 다음의 공무원 중 계약체결 공무원과 1명 이상의 팀원이 참여한다.

○ 실수요기관의 핵심 직원
○ 수요 관리자(핵심 결정권자)
○ 공급업체 시장조사 및 분석에 있어서의 담당 공무원
○ 계약체결 공무원(취득 결정의 효율성을 담당하는 직원)

경쟁에 대한 장애물

여러 가지 구매 상황에서 서로 다른 양식을 사용하여 유인/공고서나 계약서를 구성할 수 있다. 그러나 양식과는 관계없이 다음과 같은 경쟁의 장애물이 있다.

◆ 격경쟁에 대한 잠재적 장애물

유인/공고 항목	잠재적 장애물
물품/용역 및 가격	○ 수요를 통합하는 데에 실패
구매조건 작성	○ 모호한 용어 사용 ○ 과도하거나 상관행을 벗어난 조건 ○ 성과 기준 규격이 바람직한데도 디자인 기준 규격을 사용 ○ 상표명을 사용한 규격 ○ 소수업체에게만 허용하는 "특정 상표 또는 그와 동등한 제품"이라는 표현을 사용 규격 작성 ○ 시중제품을 구매하는 데에 있어서 정부 고유의 시방서(규격)를 사용 ○ 특정 제품을 목표로 한 시방서, 즉 단일 특정 제품 또는 고가 제품의 특유한 특징에 맞춰 작성한 시방서(규격)

포장 및 마킹	○ 상관행을 벗어난 조건 ○ 과도한 조건 ○ 편향된 조건
검사 및 인수	○ 상관행을 벗어난 조건 ○ 과도한 조건 ○ 편향된 조건
납품 또는 이행	○ 상관행을 벗어난 조건 ○ 시장 사이클과 맞지 않은 납품 조건(예를 들면 제철이 아닌 시기에 납품을 요구) ○ 납기를 지나치게 단축
계약관리자료	○ 상관행을 벗어난 조건 ○ 필요 이상의 과도한 요구사항
계약 특수 조건	○ 상관행을 벗어난 조건 ○ 필요 이상의 과도한 요구사항
계약 조건	○ 상관행을 벗어난 조건 ○ 과도한 요구사항(보증기간을 상관행에 비해 지나치게 장기간 설정) ○ 해당 공사에 내재된 위험을 고려할 때에 잘못된 계약 유형을 사용 ○ 경쟁을 유도하는 조건 미사용
참여업체에 대한 지침 및 조건	○ 상관행을 벗어나는 조건 ○ 과도한 요구사항
평가	○ 기술적 평가 항목에 비해 가격에 너무 적은 비중을 부여(예를 들면 특정 고가 제품에 맞춘 독특 한 제품특징에 비중을 둠)

1. 관련 조건 개선

유인/공고서와 계약서는 계약자가 충족해 줄 것으로 예상되는 물품 또는 용역의 조건을 포함해야 한다. 그러한 조건은 완전 공개경쟁을 촉진하도록 설계된 방식으로 구체적으로 기술되어야 하며 정부의 최소한의 필요사항을 충족하는 데에 불가피한 제한적 조항만을 포함하여야 한다).

보다 효과적인 경쟁을 확보하기 위해 구매에 관한 서술 및 관련 조건(즉 공통 계약 서식)을 개선하는 다음의 전략을 망라한다.

○ 통합 구매
○ 경쟁을 촉진할 수 있도록 정부 수요를 기술
○ 새로운 물품 이외의 것을 취득 검토

○ 납품 기간 및 이행 기간 검토

○ 위약금 검토

1) 통합 구매(수요의 통합)

정부 기관은 다음의 수량으로 물품을 조달하여야 한다.

○ 가급적 총비용 및 단위당 비용에서 정부에게 가장 유리한 결과를 가져올 수 있는 수량을 선택해야 한다.

○ 정부가 필요할 것으로 예상되는 수량을 초과해서는 안 된다.

계약체결에서 일반적 추정은 수량이 많을수록 더 많은 경쟁을 유발하고 규모의 경제로 인해 가격이 더 낮아진다는 것이다. 그러나 대부분의 재고관리 시스템은 더 많은 수량이 가격에 미치는 영향을 고려하지 않는다. 가격은 구매 수량에 관계없이 고정된 것으로 간주한다. 통상 재고 관리 시스템이 통합 구매의 이점을 고려하지 않으므로 계약담당공무원은 1차적으로 수요를 통합하는 업무를 담당한다.

통합 결정
정부 수요를 검토하고 물품 또는 용역의 목록을 작성할 때에 다음 내용을 검토한다.

통합 결정		
다음 질의에 '예'라고 답할 수 있는 경우	다음에 해당되는 경우	최종 결정 내용
계약기관이 다음 해에 특정품목에 대해 보다 많은 구매요청을 받을 것으로 예상되는가? 다음 해의 총 기관수요를 합리적으로 추정할 수 있는가? 본 구매요청 건은 정부가 부담할 총비용을 경감할 수 있도록 기 파악된 다른 구매요청건과 통합할 수 있는가?	수량 및 납품 조건이 정해져 있고 관련 예산이 확보되었는가?	한 건의 수량 확정 단가계약으로 통합하여 구매추진
	수량 또는 수요 시기가 확실히 정해지지 않았고 관련 예산도 현재 완전히 확보된 것이 아님	한 건의 납품 수량 불확정 단가계약으로 통합하여 구매 추진

구매요청서를 통합

귀하가 다수의 부서로부터 동일한 품목에 대한 구매요청을 받을 것으로 예상하는 경우 그러한 기관들이 대략적으로 동일한 시점에서 구매요청서를 제출하도록 요청하라. 그다음 모든 구매요청서의 수량을 합산한 총 수량을 한 건으로 묶어 계약을 체결한다. 귀하가 여러 수요부서가 동일한 품목을 필요로 할 것으로 예상한 경우 전화로 수요기관의 의견을 수집하는 방법을 검토하라. 물론 동일한 품목을 수요로 하는 다른 기관의 계약에 참여하거나 이용하는 것도 고려할 수 있다.

경제적 납품 지시 물량

통합 구매의 주요 단점은 보관창고를 당장 필요로 하지 않는 물품으로 가득 채울 수도 있다는 것이다. 정부는 미사용 물품을 보관하는 데에 매일 비용을 부담하게 된다. 시간이 지날수록 비용이 대량구매로부터 얻은 이익 절감액을 초과할 수도 있다. 따라서 한 번의 납품에 구매할 수량을 결정할 때에 물품의 구매 비용과 재고 비용 모두를 합한 금액이 최소화되도록 하여야 한다. 이것은 매월의 재고량에서 출고될 수 있는 물량을 감안하여 산출한 대당 보관비용 대비 대당 구매 비용의 균형점을 의미한다. 경제적 납품 수량은 취득 비용과 보관비용 간의 최상의 균형점을 나타내는 수량을 말하며 이것은 어느 한 시점에서 계약체결하거나 납품지시할 수량을 말한다.

재고 관리자가 있는 경우 그와 협력하여 경제적 납품 수량을 판단하라. 또한 경제적 납품 수량 판단과 관련되는 정보를 업체로부터 구할 수도 있다.

미확정 수량 단가 계약, 수량 미확정 제3자 단가계약

미확정 수량 단가 계약은 정부에게 유연성을 제공하고 정확한 납품시기에 대하여 제한적 의무만을 부과, 장기간의 수요를 통합함으로서 구매력을 확대할 수 있다. 동 계약은 해당 계약 건에서의 정부 의무의 한계를 설정하여 재고관리에서 정부가 부담하여야 할 비용을 최소화하도록 납품 일정상의 유연성을 제공한다.

2) 경쟁을 촉진할 수 있도록 정부 수요를 기술하라

수요에 대한 설명서 작성 목표

○ 취득할 물품/용역의 특성에 따라 완전 공개경쟁을 촉진할 수 있는 방법으로 수요를 기술해야 한다.

○ 법에 따라 또는 기관의 최소한의 수요를 충족하기 위해 불가피한 경우에 한해 제한적인 조건을 포함하여야 한다.

계약관의 임무

통상 계약관은 수요의 기술에 대한 최종적인 책임자가 아니다. 수요의 기술은 통상 기술담당자와 수요기관의 임무이다. 그러나, 취득팀의 일원으로서, 계약관은 정부 수요를 충족하는 데에 있어서 구매지식을 공유할 필요가 있다.

3) 새로운 재료를 사용한 제품이 아닌 제품의 취득을 검토하라

시장를 통해 새로운 재료로 생산한 물품이 아닌 물품(예를 들면 재생물품)을 취득하거나, 정부의 잉여자산 또는 재고물품을 사용하는 것이 정부에 더 유리한 상황을 파악할 수 있다. 그러한 물품은 새로운 재료를 사용한 물품 가격의 일부만으로도 구입할 수 있다. 그러한 물품을 공급하는 업체를 유인/공고할지를 결정함에 있어서 정부의 이익을 최우선적으로 고려하라.

4) 납품 스케줄을 검토한다

납기는 핵심적인 계약조건이며 유인/공고서 및 계약서에 명확히 기술되어야 한다.

납기는 현실적이어야 하며 수요를 충족할 수 있어야 한다. 불합리하게 짧은 납기 또는 지키기 어려운 납기는:

○ 경쟁을 제한하는 경향이 있으며

○ 중소기업 정책과 부합하지 않으며

○ 가격인상을 초래할 수 있다.

5) 위약금 검토

정부 계약에서 위약금 조항은 계약업체가 계약상의 납품 기한을 지키지 못할 경우 정부가 청구할 금액에 대해 정부와 업체가 약정한 규정을 말한다. 위약금은 통상 납기 지연 일자의 수별로 산정된다. 위약금 조항은 어떤 유형의 계약에서도 사용할 수 있으나 통상 공사계약에서 사용된다.

위약금 조항을 계약조건에 포함하도록 할 것인지를 결정할 때에 계약가격, 경쟁, 및 계약관리에 미칠 수 있는 영향을 검토한다.

○ 참여업체의 위약금과 관련한 우려는 계약가격을 올리고 경쟁업체를 줄일 수 있다. 너무 여유가 없는 납품 기한은 업체의 우려를 높이는 경향이 있다. 적시 이행에 대한 위험이 상당한 경우 위약금보다는 적극적인 이행 인센티브 사용을 검토하라.

○ 계약자가 적기 이행이 불가능하거나 어려울 것으로 인식하는 경우 계약관리 비용 또는 계약관리의 고충이 증가할 것이다. 계약자가 납기 내에 계약을 이행하지 못한 것을 정당화하기 위해 정부의 작위 또는 무작위를 이용하려고 시도함으로써 여러 가지 클레임이 발생할 수 있다.

적정 요율

위약금 조항을 사용하는 경우 요율을 건별로 산정하되 업체가 적시에 계약이행을 하지 못한 경우의 정부에 대한 실제의 손해금 추정치를 기준으로 계산한다. 예상되는 실제 손해에 대한 어떤 언급도 없이 정한 요율은 벌과금으로 간주 되어 집행이 불가능할 수 있으므로 동 요금이 합리적으로 책정되도록 한다.

위약금 조항이 공사계약에 적용될 경우 해당 계약서는 위약금의 사정을 위한 일별 요금을 정하여야 한다. 최소한 동 일별 요금은 검사 및 감독 비용을 포함해야 한다. 공사를 적기에 이행하지 못함으로 정부가 기타의 다른 구체적 손실을 입은 경우 동 요금은 또한 그러한 요금을 보상받을 수 있는 금액을 포함해야 한다. 구체적인 손실의 예는 다음 내용을 포함한다.

○ 대체 설비 비용

○ 빌딩 및 장비 임대 비용

통상, 단일 위약금 요율(예를 들면 1일당 $500)은 계약상의 납기로부터 계약자가 실제로 납품을 하거나 계약이 만료될 때까지 적용된다. 그러나 정부에게 발생가능한 손해는 단순한 패턴에 따르지 않을 수도 있다.

○ 정부에게 발생가능한 손해를 반영하기 적절한 경우 2개 이상의 점증적 요율을 정할 수 있다.

○ 그 결과가 위약금에 대한 불합리한 평가가 되지 않도록 하기 위해 위약금 배상 금액을 적용할 수 있는 최대 금액 한도, 최대 기간 한도 또는 양쪽 모두를 명시할 수 있다.

2. 거래 조건의 개선

1) 위험 분석에 기반한 계약 유형

계약 유형의 선택은 경쟁과 계약가격 모두에 상당한 영향을 미칠 수 있다.

2가지 계약 범주
대부분의 계약 유형은 다음 2가지 범주 중 하나에 해당된다.

○ 고정 가격 계약 유형

○ 비용 보상 계약 유형

이 둘의 가장 큰 차이점은 위험에 대한 배정이다. 고정 가격 계약에서 계약자는 지정된 제품을 인도해야 하며 정부가 지불해야 하는 금액은 정해져 있다. 원가 보상 계약에서 계약서는 지정된 제품을 제공하기 위해 "최선의 노력"을 다해야 한다. 모든 비용은 배송 여부와 관계없이 계약서에 명시된 수준까지 보상을 받게 된다.

위험, 계약유형 및 가격

계약 상황에 내재된 위험을 분석하는 것은 적절한 계약유형 선택의 핵심 요소가 된다. 위험, 계약 유형 및 가격 간의 관계는 다음 예를 통해 입증할 수 있다.

○ 많은 개발 계약에서와 같이 위험이 계약자의 통제 범위를 벗어날 때 고정 가격 계약을 선택하면 가격이 상승하고 경쟁이 줄어든다.
○ 대부분의 생산 계약에서와 같이 위험이 계약자의 통제 범위 내에 있을 때 원가 보상 계약을 선택하면 비용을 통제하려는 계약자의 동기가 감소하는 경향이 있다.

2) 사회 경제적 조건의 적용 검토

정부는 국가의 사회 경제적 목표를 달성하기 위해 사회경제적 프로그램을 설정하였으나 이러한 프로그램은 잠재적 공급자를 제한할 수도 있다. 동 프로그램을 집행할 때에는 항상 경쟁과 가격결정에 미칠 수 있는 영향을 고려하라.

3) 지불과 금융 지원

원가 보상 계약에서는 계약업체는 통상 매월 단위로 발생한 비용을 보상받는다. 고정가격 계약에서는 다른 금융지원이 계약서에 명시되어 있지 않는 한 계약 완료시점에서 한꺼번에 대금을 지불한다. 때로는 재정지원을 하는 방법으로 경쟁수준을 높여 더 낮은 가격을 견적하도록 유도할 수 있다. 그러나 그러한 금융지원 확대 비용을 고려하여야 한다.

업체에 대한 금융지원

업체가 전 계약금액을 조달하라는 요구는 심각하게 경쟁을 제한할 수 있다. 특히 규모가 크고 장기간에 걸쳐서 이행을 해야 하는 계약의 경우 더욱 그러하다. 견적서를 제출한 어떤 업체는 운영자금 비용을 충당하기 위해 더 높은 가격을 제출할 수도 있다. 경쟁과 가격결정에 업체의 자금 조달이 미칠 영향을 인식할 때에 정부는 다른 재정 조건을 고려할 수도 있다. 그러나 정부의 자금 지원에 부정적인 측면도 있다. 정부 자금지원은 무상이 아니다. 정부 또한 차입금에 대한 이자를 부담해야 할 수도 있다.

또한 정부가 운영자금 지원을 하는 경우 계약자는 자금과 제품 모두를 보유하게 된다. 업체가 계약을 위반하거나 파산을 하게 되는 경우 정부 또한 제품과 자금 모두를 잃게 될 수 있다.

시중 유통물품의 재정지원 조건

어떤 시장에서는 시중 유통물품의 구매자가 통상 재정지원을 제공한다. 정부는 그렇게 하는 것이 정부에게 유리한 경우 동 물품 구매의 계약에서 적절한 재정지원 조건을 포함할 수 있다.

동 시중 유통 거래 물품의 구매 시 자동적, 기계적으로 재정지원조건을 포함하지 말라. 시장조사의 일부분으로서 재정지원에 대한 상관행을 검토하라. 특히 다음 사항을 검토하라.

○ 다른 구매자가 동 시장에서 자금지원을 제공하는 정도
○ 통상적으로 제공하는 전체 금융지원 수준.
○ 선금지불과 상응하는 지불이 있는 경우 동 지불금액의 금액 또는 비율
○ 중도금 등 중간 지불에 상응하는 대금 지불이 있는 경우 그에 대한 기준, 지불 회수, 비율
○ 지원금의 상계방법 및 납품대금 지불에 적용할 수 있는 특수 지불조항

4) 정부 자산의 제공

경쟁을 확대하고 전체적인 가격의 적정성을 확보하기 위해 정부 자산을 여러 가지 방법으로 이용할 수 있다. 자산이라는 용어는 설비, 원자재, 특수 공구, 특수 시험 장비를 및 기관의 특수 자산을 포함한다. 여러 가지 유형의 자산을 이용하여 경쟁과 가격에 영향을 줄 수 있다.

다음 표는 여러 가지 종류의 자산에 대해 정의하고 각종 자산의 사용이 경쟁과 가격에 어떠한 영향을 미치는지를 설명한다.

◆ 부 자산의 제공

자산의 종류	정의	경쟁 및 가격에 미치는 영향
설비	따라 정부 설비로서 제공된 플랜트 장비 및 제조, 보수, 조사, 시험을 위한 부동산.	설비를 제공하는 것은 경쟁자들이 중복 투자의 필요성을 경감하여 경쟁을 확대할 수 있다.
원자재	최종 납품 상품에 통합되거나 계약을 이행함에 있어서 소비될 자산. 부품, 원자재, 제품 원재료, 공구와 계약이 행과정의 통상적인 사용과정에서 소모될 수 있는 물품을 포함한다.	정부보유 원자재 공급을 통해 경쟁을 확대할 수 있다. 주요부품을 분리하여 발주할 경우 경쟁을 확대하여 부품 가격을 끌어내릴 수 있다. 정부가 보유하고 있는 부품을 제공할 경우 효과적인 경쟁을 확대할 수 있다.
특수 공구	지그, 다이, 픽스처, 몰드, 패턴, 탭, 게이지, 기타 장비 및 제조 보조 도구, 이들의 구성 요소, 모든 품목 및 이러한 품목의 교체품은 상당한 수정이나 변경 없이 사용할 수 있는 특수한 성격을 가진다. 특정 소모품 또는 부품의 개발 또는 생산 또는 특정 서비스로 제한된다. 재료, 특수 시험장비, 설비, 또는 특수 전동 공구 등은 포함되지 않는다.	정부의 특수 공구 제공은 1건 계약 또는 1건 프로젝트에만 사용될 수 있는 투자의 필요성을 줄임으로써 경쟁을 촉진한다.
특수 시험 장비	계약 수행 시 특수 목적 테스트를 수행하기 위해 엔지니어링, 설계, 제작 또는 수정된 단일 또는 다목적 통합 테스트 장치. 특수 테스트 목적을 위한 새로운 기능적 엔티티가 되기 위해 상호 연결되고 상호 의존적인 표준 또는 범용 항목 또는 구성 요소를 포함하는 장비의 항목 또는 어셈블리로 구성되어 있다. 여기에는 재료, 특수 도구, 시설(특수 테스트 장비 설치에 필요한 기초 및 유사 개선 제외) 및 일반적인 플랜트 테스트 목적으로 사용되는 플랜트 장비 항목은 포함되지 않는다.	특수 툴링과 마찬가지로 특수 테스트 장비에 대한 정부의 제공은 하나의 계약 또는 프로젝트에서만 사용할 수 있는 투자의 필요성을 줄임으로써 경쟁을 확대한다.

5) 기술과 가격간의 최적의 절충

경쟁을 축소할 수 있는 기술적 요구사항

본 장에서 이미 검토한 사안들은 경쟁과 가격에 지대한 영향력을 갖는다. 그러나 경쟁을 축소하여 가격을 높일 수 있는 기타의 다른 기술적 사항 및 거래 관련 사항이 있다.

○ 보안 요구사항

○ 업체의 투자를 확대하는 지불 조건

○ 극한의 상황에서도 안전을 요구하는 포장 조건

○ 입찰자/제안자에 대한 불명확한 지침

○ 불명확한 업체선정 기준

○ 서로 상충하거나 제한적인 계약 일반 조건

기술사항과 가격

기술적인 사항은 업체로 하여금 기술적으로 더 우수한 견적을 위한 절충으로서 더 높은 가격을 제시하도록 유도할 수도 있다. 기술평가 사항과 관련하여 질의할 핵심 사항은:

○ 기술평가 항목의 불필요한 제한이 더 높은 가격으로 취득하도록 강요하는가?

○ 기술평가 항목이 정부의 최소 수요보다 더 많은 것을 요구하도록 시방서를 구조적으로 수정하는가?

○ 계약가격에 미칠 영향을 감안, 해당 평가 항목이 계약조건 고유의 기술적 거래적 위험을 최소화하는데 반드시 필요한가?

○ 기술적 항목의 사용이 납세자에게 가장 유리한 결과를 가져올 것인가?

○ 견적자가 정부의 우선순위와 그러한 우선순위에 따라 업체가 평가될 방법을 이해할 수 있을 정도로 기술평가 항목이 명확한가?

원가 또는 가격 자료

○ 가격 합의 시점 또는 양 당사자 간 합의에 의해 정해진 날짜 기준으로 신중한 구매자와 판매자가 합리적으로 협상가격에 상당히 영향을 미칠 것으로 예상한 모든 사실을 말한다.

○ 사실에 기반하고, 판단에 의존하지 않으며 입증이 가능해야 한다.

○ 향후의 원가 추정에 대한 업체의 판단기준을 형성하는 자료를 포함한다. 동 자료는 예상 참여 업체의 판단의 정확성을 나타내는 것은 아니다.

○ 과거의 회계 자료 이상이 되어야 한다. 미래 원가의 추정에 대한 건전성과 이미 발생한 비용 결정의 타당성에 기여할 것으로 합리적으로 예상될 수 있는 모든 팩트를 포함한다.

○ 다음의 자료를 포함한다.

- 업체의 견적서

- 비경상 비용

- 제품 생산 및 생산 또는 구매 수량에 있어서의 변화에 대한 정보

- 사업 전망과 목표 및 관련 운영비용의 추정을 입증하는 자료

- 작업 능률과 관련되는 단위당 비용 추세

- 직접 제조 또는 하도급 계약에 의한 제조 결정

- 사업목표를 달성하기 위한 추정 자원

- 원가의 상당 부분을 부담할 수 있는 경영진의 결정에 관한 정보

정보의 우선순위

계약관은 가격이 공정하고 적정하다는 판단을 허용하는 데에 필요한 최소 규모의 정보를 확보해야 한다. 인증 원가/가격 자료가 필요하지 않는 한 계약관은 일반적으로 필요한 정보의 유형을 판단하는 데에 있어서 다음의 우선순위를 적용한다.

① 해당 가격이 적정한 경쟁에 근거한 경우:

업체로부터 추가정보가 없는 경우 계약관은 경쟁업체들의 원가 현실성을 판단하거나, 경쟁적인 접근방식을 평가하기 위해 인증 원가/가격 자료 이외의 자료 제출을 요구할 수 있다.

② 인증 원가/가격 자료 이외의 자료:

○ 가격 관련 자료(예를 들면 시장 가격 또는 카탈록 가격 또는 정부 및 비정부 기관에 대한 판매고)

첫째로 정부 내에서 입수 가능한 자료에 의존한다. 예를 들면 이전의 구매 건에 대한 계약 파일에 있는 자료, 시장조사 자료 등. 두 번째로, 해당 견적 업체 이외의 정보원으로부터 확보한 자료에 의존한다. 예를 들면, 카탈록 자료, 판매업체의 가격표 등. 불가피한 경우 해당 견적업체로부터 입수한 자료에 의존한다. 해당 견적업체로 자료를 구하는 것이 불가 피한 경우 동 업체가 제출한 자료는 최소한 동일 또는 유사 품목이 종전에 팔린 가격에 대한 자료로서 가격의 정성 평가에 적절한 자료를 포함해야 한다. 예를 들면 동일한 품목에 유사 수량의 정부 및 비정부 기관 판매자료, 업체의 카탈록, 할인율 등.

○ 원가 관련 자료(노동 분류별 시간 및 직접 또는 간접비 등)

③ 원가 또는 가격 결정 자료:

계약관은 원가 또는 가격 자료를 요청하기 이전에 공정하고 적정한 가격 여부를 판단하기 위해 모든 수단을 사용하여야 한다. 계약관은 불필요하게 원가 또는 가격 결정 자료를 제출하도록 요구해서는 안 된다. 그러한 요구는 제안서 작성 비용을 높이고, 취득 소요기간을 확장하고 업체 및 정부 자원의 낭비를 초래한다.

타당성

인증 원가 자료의 제출이 불필요한 경우 구매기관의 장은 계약관에게 기준선 이하의 가격 결정 행위를 위한 인증 원가/가격 자료를 확보할 수 있도록 승인할 수 있다. 다만 간이 구매기준선을 초과하는 구매로서 그러한 인증 원가/가격 자료가 없이는 가격의 적정성을 판단할 수 있는 다른 수단이 없는 경우에 한한다. 이러한 경우는 희귀한 상황이어야 한다.

예시
......

어떤 전투기 수리비로 $680,000을 견적하였다. 기술적 정보 및 시장조사를 기준으로 계약관은 동 수리비가 너무 비싸다고 생각하지 않았으나 정부 예정가격은 약 $380,000으로 추정하였다. 계약관은 인증 원가/가격 자료 없이는 동 가격의 적정성을 평가할 방법이 없었다. 구매 건의 민감성, 타이트한 예산의 제약, 이런 유형의 수리를 하는 업체는 단 하나밖에 없으며 과거에 정부에 바가지를 씌운 적이 있다는 사실 때문에 계약관은 계약기관의 장에게 인증 원가/가격 자료를 요구하기 위해 승인을 득하고, 동 인증 자료를 평가함에 있어서 현장의 가격 지원을 받고 동 인증자료의 제출을 요구하였다.

계약관은 업체에게 협상이 종료되기 전에 관련 자료를 제출하도록 요청할 수 있다. 그러나 유인/공고서에 모든 요구사항을 기술함으로서 업체가 제안서 작성 중에 요청한 자료를 수집하고 작성하도록 할 수 있다. 만약 제안서 접수 이후 자료를 요구한 경우 견적업체가 필요한 자료를 모아 작성하는 동안 계약절차를 연장해야 한다.

제안서 접수 이후의 관련 자료 제출 요구
......

가격 관련 정보 요구에 대한 결정은 제안서 접수 이후에도 할 수 있다.

○ 업체가 인증 자료의 제출을 요청받은 경우로서:

업체가 해당 자료를 제출하였으나 계약관이 후에 예외조항이 적용된다는 것을 알았을 경우 계약관은 업체에게 해당 자료가 정확하고 안전하고 최근의 자료임을 입증하도록 요구해서는 안 된다. 대신에 해당 자료를 인증 자료 이외의 자료로서 취급한다.

예외가 적용되지 않으나 업체가 처음 관련 자료의 제공을 거부하거나 제공된 자료가 적정 분석과 평가를 할 수 없을 정도로 결함이 있는 경우 계약관은 다시 자료를 요청하여야 한다. 만약 해당 업체가 계속하여 필요한 자료의 제출을 거부하는 경우 계약 체결 또는 가격 조정을 보류하고 상급자와 협의하여야 한다. 협의 시에 그 문제를 해결하기 위해 시도한 조치를 상세히 설명하고 다른 공급원으로부터 물품/용역을 확보할 수 있는지에 대한 의견을 보고 해야 한다.

○ 견적업체가 인증 자료를 제출할 필요가 없는 경우로서, 나중에 계약관이 해당 자료가 필요하

다고 판단한 경우 계약관은 계약협상 종료 이전에 해당 업체에게 자료의 제출을 요구하여야 한다.

○ 정부가 인증자료 또는 인증자료 이외의 자료의 제출을 요구하지 않았으나 나중에 계약관이 가격의 적정성을 판단하기 위해 인증 자료 이외의 자료가 필요한 것으로 판단한 경우 계약관은 업체에게 협상 종료 이전에 필요한 정보를 제출하도록 요구하여야 한다.

1. 인증 원가/가격 자료

인증 자료 요청 상황

적용 예외가 적용되지 않는 경우, 해당 가격이 인증 자료 요청 기준금액을 초과할 것으로 예상되는 경우 다음의 조치를 하기에 앞서 인증자료를 확보한다.

○ 협상에 의한 계약 체결 이전
○ 계약자와 각 하도급 업체가 인증 자료를 제출해야 하는 경우의 하도급 계약의 체결 이전
○ 계약 수정 이전
  인증 자료의 제출이 필요한지 결정할 때, 관련 인상분과 감액부분을 합산하여 적용 기준이 되는지를 판단한다.

2. 인증 원가자료의 제출 예외

1) 적절한 가격 경쟁 시의 적용 예외

계약관은 경쟁이 존재할 수 있으나 적절하지 않은 경우 또는 적절할 수는 있으나 실제로는 효율적이지 않아서 적절하지 않을 수 있다는 점을 유념해야 한다.

정부는 적절하고 효율적인 경쟁을 추구한다.

신규 계약 및 신규 하도급 계약의 면제 조건

계약관이 합의된 가격이 적절한 가격 경쟁을 토대로 이루어진 것으로 판단하면 인증 자료를 요구해서는 안 된다. 다음과 같은 경우 가격은 적절한 가격 경쟁을 기준으로 작성된 것으로 본다.

○ 다음 2가지 조건하에 2개 이상의 계약이행능력이 있는 업체가 독립적으로 경쟁하며 정부가 기술한 요구사항을 만족할 수 있는 견적서를 제출한 경우:
  가격이 업체선정에서 중요한 요소가 되는 경우로서, 해당 제안서가 정부에게 가장 유리한 가치를 보여주는 업체와 계약을 체결할 것이라는 조건에서 제안서를 제출하였으며
  달리 계약대상 업체의 가격이 적정하지 않다는 판단이 없는 경우:
  견적가격이 적정하지 않다는 판단은 그 사실을 진술하는 방법으로 입증되어야 하고 계약관 이상의 상급자의 승인을 받아야 한다.
○ 만약 해당 유인/공고서가 30일 미만 공개되었고 단지 한 건의 견적서만 접수된 경우 계약관은 추가로 최소한 30일 이상 재공고하여야 한다. 다만 계약부서의 장으로부터 본 규정의 적용을 배제하기 위해 승인을 받은 경우에는 그러하지 아니하다. 또한 최소 30일 이상 공고되었거나 또는 재공고되었으나 여전히 한 건의 견적서만 접수된 경우 계약관은 계약부서의 장이 특별히 이를 수락하지 않는 경우 이외에는 해당 업체와 협상에 의해 계약을 체결할 수 있다. 이러한 협상의 기준은 적절한 경우 인증 원가 자료이거나 또는 인증 자료 이외의 자료이어야 한다. 어떤 경우에도 협상가격을 원래 견적한 가격 이상으로 올려서는 안 된다.

계약수정 시의 원가 인증 자료

다음의 경우 상업적 품목에 대한 계약 또는 하도급 계약의 수정 건에서 인증 자료를 요구해서는 안 된다.

○ 원계약 또는 원 하도급 계약에서 다음을 이유로 원가 인증 자료의 제출을 면제 받은 경우 원계약 또는 원 하도급 계약이 적정가격 경쟁 또는 법령이 정한 가격을 토대로 하여 결정된 경우
○ 원계약 또는 하도급 계약이 상업적 물품 조달 건인 경우

적절한 가격 경쟁을 갖기 위해서는 가격이 계약업체선정에서 중요한 요소가 되어야 한다. 그러나 연방 취득 규정 또는 법률은 중요한 요소로 간주되기 위해서는 가격이 어느 정도 비중이 되어야 하는지를 정의하고 있지 않다.

○ 일반적으로 배정된 비중은 업체가 견적서를 작성함에 있어서 가격을 진지하게 검토하게 할 수 있을 정도로 커야 한다.

○ 감사원은 계약체결결정에서 가격에 단지 20%의 비중을 둔 계약 건에서 적절한 가격 경쟁을 인정하였다.

최근의 경쟁

구매규정은 어느 정도의 최근의 경쟁이 인증 원가 자료의 제출 면제 기준으로 인정되는지를 규정하고 있지 않다. 최근이라는 용어는 주관적으로 판단되어야 한다.

○ 가격은 가격의 적정성을 판단하는 기준으로 사용할 수 있을 정도로 충분히 최근의 가격이어야 한다.

○ 통상 경쟁이 12개월 이내에 발생한 이면 최근으로 간주된다.

○ 그러나 다음 사항을 유의해야 한다.
  - 최근의 경쟁을 근거로 하여 인증 자료 제출을 면제하기 이전에 시장을 조사 지난 경쟁 계약 이후 시장 상황이 어떻게 변하였는지를 파악한다.
  - 해당 제품의 시장이 극도로 변화가 심한 경우 단지 수개월 전의 가격일지라도 가격의 적정성을 판단하는 기준으로 사용하기에는 충분한 최근이 아닐 수 있다.

2) 법률에 의해 정해진 가격 제외

계약관이 합의된 가격이 법률에 의해 정해진 가격을 근거로 한 것임을 판단한 경우 신규 계약, 신규 하도급 계약, 또는 수정계약 또는 수정 하도급 계약에서 인증 자료를 요구해서는 안 된다.

적용 가능 품목

동 예외를 적용하기 위해서는 취득하고자 하는 품목의 가격이 법률에 의해 결정되어야 한다. 법률에 의해 가격이 정해지는 품목과 유사한 품목에 이러한 예외를 적용해서는 안 된다.

적용 배제 요청

유인/공고 조건 또는 계약 조건이 인증 자료의 제출을 규정하고 있더라도 업체는 법률에 의해 정해진 가격을 사용하는 예외인정을 요청할 수 있다. 동 예외 요청은 최소한 견적된 가격을 정하는 법률 또는 규정을 설명해야 한다.

3) 상업적 품목 제외

상업적 물품을 구매하는 경우 인증 자료를 요구해서는 안 된다.

○ 상업적 물품 정의에 부합하는 물품 구매에서는 인증 자료제출로부터 배제된다.
○ 상업적 품목에서 비 상업적 품목으로 변경되지 않은 계약의 수정에서는 인증 자료제출이 배제된다.

상업적 품목 확인

상업적 물품이 계약의 일부분으로서 수정되어야 하고 동 수정이 상업적 품목의 정의의 사소한 변경 부분에 해당되는 경우 동 상업적 품목의 수정과 관련되는 원가/가격은 인증 원가자료를 확보하기 위한 규정으로부터 면제되지 아니한다. 기본 상업적 품목과 관련되는 가격은 배제된다.

예외 요청 등

유인/공고 또는 계약 조건이 인증자료의 제출을 규정한 경우라도 업체는 상업적 제품 예외규정 적용을 요청할 수 있다. 적용 배제 요청은 최소한 동일 또는 유사한 제품이 종전에 상업적 시장에서 팔렸던 정보를 포함하여야 하며 동 정보는 현재의 취득 가격의 적정성을 평가하는 데에 적절하여야 한다.

○ 카탈록에 수록된 제품에 대해서는 업체는 다음을 포함하여야 한다.

- 카탈록 및 카탈록 날자 또는 견적 품목에 해당되는 페이지에 대한 설명. 또는 동 카탈록이 제안서를 제출할 구매기관의 파일에 있다는 설명.
- 현재의 활인 제도의 설명 및 가격표 사본.
- 각 견적가격의 기준 및 공표한 카탈록 가격과 견적 가격의 관계의 설명, 견적 가격이 발주 수량과 유사한 수량으로 최근에 판매한 가격과 어떠한 관계가 있는지에 대한 설명을 포함한다.

○ 시장 가격 제품인 경우, 업체는 다음 정보를 포함하여야 한다.

- 견적 업체 및 견적 날자 또는 기간 또는 시장 가격에 대한 기타의 기준.
- 시장의 특성에 대한 기술.

3. 인증자료 이외의 자료

인증 자료 이외의 자료 요구에 대한 제도

계약관은 가격의 적정성 또는 원가의 현실성을 판단하기 위해 필요한 경우 인증 자료 이외의 자료를 요구할 수 있다.

인증자료와 인증자료 이외의 자료 간 핵심 차이점은 인증 원가자료는 업체가 현재의 원가 자료에 대한 확약서를 제출하여야 하고 소정의 양식을 사용하여야 한다는 점이다. 반면에 인증 자료 이외의 자료는 동일한 자료에서 작성될지라도 확약서를 제출할 필요가 없고 서정의 양식을 사용하여 작성할 필요가 없다.

일반적으로 적절한 경쟁이 있으나 가격의 적정성을 판단하기 위해 추가정보가 필요한 경우 계약관은 가급적 해당 업체 이외의 정보원으로부터 필요한 정보를 확보한다.

적정한 가격 경쟁에 의해 가격의 적정성 판단이 이루어지지 않거나 법률에 의해 정해지는 가격이 아닐 경우 최소한 종전에 거래된 물품 또는 유사 물품의 가격으로서 가격의 적성을 판단하기에 적합한 가격 정보를 확보한다.

상업적 제품에 대해서는 관련 기간 동안 동일 또는 유사제품에 대한 자료로 판매정보요청을 제한한다. 유사 제품에 대한 판매 정보를 사용하는 경우 계약관은 가격에 대한 영향, 구매 중인 제품과 비교를 위해 사용되는 유사 제품 간의 차이로 인한 영향을 판단하기 위해 원가 정보를 요청할 수 있다.

계약관이 가격의 적정성 또는 원가의 현실성을 판단하기 위해 필요하다고 판단한 자료제출 요구를 거부한 업체는 계약체결 자격이 없는 것으로 간주된다. 다만 계약부서의 장이 계약체결이 되지 않을 경우의 비용이 증가하거나 정부에게 상당한 손해를 끼치게 될 것으로 판단한 경우로서 동업체와 계약체결하는 것이 정부에게 가장 유리하다고 판단한 경우는 예외로 한다.

◆ **인증 자료 이외의 가격 자료**

정보의 종류	요구사항 검토	분석에 필요한 질의 사항
카탈록 가격	○ 업체의 관련 상업적 카탈록, 날짜, 카탈록 가격 및 관련 할인율을 파악한다. ○ 발주 수량과 유사한 수량에 있어서의 최근의 판매 가격, 견적가격, 카탈록 가격 간의 차이가 있을 경우 업체에게 그 사유를 설명하도록 요구한다.	○ 업체가 상업적 카탈록 가격을 보유하고 있는가? ○ 최근의 상업적 판매가격은 카탈록 가격과 비교하면 어떠한가? ○ 견적 가격은 카탈록 가격과 비교하면 어떠한가?
시장 가격 (market pricing)	○ 최근의 시장 상황과 시장이 견적 가격에 미치는 영향을 기술한다. ○ 정보의 출처와 시장의 시세 일시/기간 또는 시장의 시세에 대한 기타의 기준, 기본시장가격 및 적용할인율 또는 기타의 가격 조정을 포함한다.	○ 해당 품목에 대한 상업적 시장이 존재하는가? ○ 시장가격에 대한 독립적이고 입증가능한 기록이 존재하는가? ○ 견적가격은 시장가격과 비교하면 어떠한가?
기타의 가격 입증 책임	○ 유사한 상황에서 다른 고객에게 부과한 가격에 대합 입증자료를 제공한다. 예를 들면 회사는 다른 고객들과의 계약서 사본을 제공할 수 있다.	○ 업체가 상업적 고객이 지불한 가격에 대한 입증 자료를 제공할 수 있는가? ○ 상업적 고객들은 지불한 가격을 입증할 수 있는가? ○ 견적가격은 유사한 상황에서 다른 고객이 지불한 가격과 비교하면 어떠한가?
통상적으로 제공되는 서비스	○ 가격분석의 기준으로 제공된 가격으로 기업이 구매한 것에 대해 제안업체가 제공하는 서비스를 설명한다. ○ 업체가 다르면 제품에 대한 지원 서비스도 다를 수 있다. ○ 동 서비스는 제품 보증, 설치 및 금융 서비스를 포함한다.	○ 다른 고객에게는 어떤 서비스가 제공되었는가? ○ 제공된 서비스를 기준으로 보면 정부 가격은 다른 고객이 부담하는 가격과 달라야 하는가?

통상적인 주문 규모	○ 가격 분석을 기준으로 업체가 제공한 회사의 지불 가격별 통상적인 주문 규모를 서류로 작성한다. ○ 가격은 해당 품목의 가격이 아니라 각 납품지시 건별 총 규모와 관련될 수도 있다. - 예를 들면 특정 납품지시가 해당 품목에 대한 100 개의 수량을 포함할 수 있고 그 외는 아무것도 포 함하지 않을 수도 있으나 또는 100개와 수천 개의 다른 품목의 수량을 포함할 수도 있다. 아마도, 납 품지시 수량이 클수록 가격이 더 낮아지는 이점이 있을 것이다.	○ 다른 고객의 납품 규모는 총 얼마인가? ○ 서로 다른 납품 규모를 감안할 때에 정부의 가격 은 다른 고객에게 청구한 가격과 달라야 하는가?
유사 고객에 대한 연간 판매규모	○ 유사한 고객에 대한 판매량을 기술하고 그들 고 객이 지불한 가격을 기재한다. - 예를 들면 상업적 업체는 주 고객들과 통상적인 주 문 수량 할인을 반복하여 초과하는 경우에 총 물량 을 대상으로 할인 협상을 하는 경우가 있다. 총 물 량을 비평가함에 있어서 계약관은 모든 정부 부서 로부터 파악된 수요량을 한 그룹으로 간주하여야 한다.	○ 유사한 상황에서 업체가 총 연간 구매량에 있어 서 더 큰 고객에게 더 낮은 가격으로 판매하는 가? ○ 연간 총 구매량에서 정부의 구매량과 유사한 다 른 고객에게 어떠한 가격을 부과하였는가?
최저가격으로 구매한 다른 고객	○ 동일 유사한 환경에서 최근에 최저가격을 부과한 정부 이외의 고객이 있는 경우 동 최저 가격을 기 록한다. ○ 정부 조달은 이러한 최우대 고객 대우를 받지 못 할 수 있으나 그러한 정보는 어떤 상황에서 어떤 고객이 가장 낮은 비용을 부담하였는지에 대한 유용한 정보를 제공한다. ○ 시장과 품목 종류를 기준으로 현재의 상황이 변 화가 있을 수 있다. 일반적으로 3개월에서 1년 사이에 변화한다.	○ 유사 또는 동일제품에 대해 최근의 최저가격은 무엇인가? ○ 정부 구매 환경은 동 최저가격 판매 환경과 어떻 게 다른가?

인증 자료 이외의 원가 자료

계약담당 공무원은 인증 자료 이외의 자료 제출 조건에 따라 동 공무원의 가격의 적정성 분석 또는 원가의 현실성을 뒷받침(입증)할 수 있는 원가자료를 제출토록 요구할 수 있다. 아래 표는 추가 자료가 필요한 상황을 조사하고 있다. 원가 정보를 분석하고 관련 질의에 답하기 위해 정부 기술 지원 및 회계 지원을 요청할 수 있다.

계약 상황	분석 목적	분석 질의
인증 자료 제출 기준선 미만의 견적으로서 단일 업체만이 참여할 것으로 예상되고 가격 분석만을 사용하여 가격의 적정성을 판단하기 어려울 것으로 예상되는 경우	가격의 적정성 결정을 지원하기 위해	추정 원가와의 관계를 기준으로 견적 가격이 적정한 것으로 보이는가?
원가 또는 가격 자료 제출의무가 면제될 것이나 인증 자료 제출 기준선 이상의 견적으로서 단일 업체만이 참여할 것으로 예상됨. 또한 가격 분석만을 사용하여 가격의 적정성을 판단할 수 없을 것으로 예상되는 경우		
경쟁적인 입찰/제안을 예상했으며 기술적 차이로 인해 가격 분석만으로는 가격의 적정성을 판단할 수 없을 것으로 예상한 경우		
가격 분석 기준으로 사용하기에는 상업적 품목의 매출규모가 너무 적거나 너무 오래전의 매출이어서 원가 분석이 가격의 적정성을 판단하는 유일한 합리적 방법인 경우		
원가 보상계약에서 경쟁적인 제안을 예상하는 경우	정부에 대한 발생가능한 비용을 판단하기 위해 원가의 현실성 분석이 필요	제시한 원가가 계약을 이행하기에 현실적인 비용인가?
고정가격 계약에서 경쟁적인 제안을 예상하고 있으나 모든 제안자가 새로운 계약조건을 이해하지 못하는 경우	특정 업체가 모든 계약 조건을 이해하고 있는지를 판단하기 위해 원가 현실성 분석을 사용한다.	제시한 원가가 계약조건의 명확한 이해를 반영하고 있는가?
고정 가격 계약에서 경쟁적인 제안을 예상하고 있으나 각 제안서로부터 이루어질 이행 품질에 대해 우려하는 경우	제안자가 제시한 가격으로 제시한 품질을 납품할 수 있는지를 판단하기 위해 원가 현실성 분석을 사용	제시한 원가가 업체가 제출한 기술 제안서와 합치되는가?
고정가격에서 경쟁적인 제안이 예상되나, 시장 분석 결과가 어떤 업체가 계약 이행을 위태롭게 할 수 있는 비현실적 가격을 제시할 수 있는 것으로 암시한 경우	제시한 가격으로 제안자가 모든 계약조건을 충족할 수 있는지를 판단하기 위해 원가의 현실성 분석을 사용	제시한 원가가 계약조건의 명확한 이해를 반영하고 있는가?

정보 요구사항

유인/공고서/계약서는 제출할 서식 및 자료에 대해 구체적으로 명시해야 한다.

○ 분석에 핵심적인 자료의 제출 조건을 상황에 맞게 조정한다(예를 들면 가격 자료만으로 충분한 경우 원가자료를 요구해서는 안 된다).

○ 계약관이 특정 형식이 중요하다고 판단하지 않는 한, 자료 제출 양식을 업체가 선택할 수 있도록 한다.

○ 가격협상을 지원하기 위해 사용되는 자료는 공정하고 적정한 가격을 협상할 수 있도록 충분히 최근의 자료이어야 한다.

○ 제안자 또는 계약자의 최신 자료의 요청을 협상제안의 적절성에 영향을 미치는 자료로 제한(예를 들면 가격표의 변경내용)한다.

1. 계약평가 기준 작성 프로세스

1) 품목을 그룹화한다

계약 체결 가능 조합

○ 모든 품목을 통합한다.

○ 서로 다른 각 품목에 대해 다수 업체와 계약.

○ 유사 품목을 모아 그룹을 만든다.

○ 희망수량 계약.

○ 다수 업체와 계약.

○ 분할 계약 체결.

유인/공고서를 작성할 시 계약체결을 위해 견적서를 평가함에 있어서 고려할 그룹과 가능한 계약 체결 조합에 대해 명확하게 정의해야 한다. 단 하나의 제품 1대를 공급하는 견적을 유인/공고하는 경우 단 하나의 업체만이 동 1대를 제공하기 위한 계약체결을 할 수 있다. 그러나 각 품목의 수 또는 수량이 증가하면 계약체결 건수도 증가할 수 있다. 계약체결에 있어서 언제나 효율적인 경쟁과 적정한 가격 결과를 보장하는 품목그룹핑 방법은 없다. 그러나 본 장에서 소개되는 각 방법은 적절한 상황에서 사용되면 경쟁을 확대하고 가격을 낮출 수 있다.

특정 상황에서 어떤 방법을 사용할 것인지를 결정할 때에 취득하고자 하는 제품과 참여 가능한 업체 모두를 검토하라. 정부와 기업의 관행을 파악하기 위해 시장조사 결과를 사용한다.

(1) 1개 업체와 모든 품목을 계약 체결(통합계약)

통합 계약

다음 표는 통합 계약을 체결에 대한 정의 및 가격 고려사항을 기술하고 있다.

◆ 통합 계약

정의	적용
정부에게 가장 유리한 견적을 제출한 단 하나의 업체와 계약 체결	일괄 입찰 조건에 의한 계약은 품목별 경쟁에 의해 특정 개별 품목별 저가 입찰의 합계보다 총 가격이 더 낮게 된다는 가정 아래 행해질 수 있다. 이러한 방법은 각 품목별로 독립적으로 판매할 때는 구매의 경제를 실현할 수 없어 패키지로 통합하여 발주 품목들을 판매하여 구매의 경제를 실현하고자 하는 경우 특히 적합하다. 예시: 많은 업체들이 각자의 구성품을 별도로 하나씩 구매하는 것보다(예를 들면 모니터, 프린터, 등) 더 저렴한 가격으로 컴퓨터 시스템을 견적하였다.
계약 체결 방법에 대한 조건: 계약체결은 모든 품목을 통합하여 체결될 것이다. 통합 최저 견적자는 각 품목별로 제시한 단가에 수량을 곱하여 품목별 합계를 산출한 후 그 품목별 합계금액을 더하는 방법(and adding the resultant extension)으로 결정한다. 계약체결 자격을 얻기 위해서는 모든 품목에 대한 가격을 제출하여야 한다.	

(2) 각 품목별로 다수 계약 체결

다음 표는 각 품목별로 다수 계약 체결하는 방법에 대한 정의 및 가격 고려사항을 기술한다.

◆ 품목별 다수 계약

정의	적용
각 품목 또는 품목을 그룹핑하여 계약을 함으로써 각 계약건별 계약체결 비용 및 계약관리 비용을 포함하여 총 비용이 가장 낮도록 하는 방법	품목별로 계약체결하는 것이 일괄입찰 기준으로 계약하는 것보다 총 가격에서 더 낮을 결과를 가져올 것으로 예상되는 경우. 이러한 방법은 예상 참여 업체가 통합 구매로부터 상당한 규모의 경제를 인식하지 못하는 경우 특히 적합하다. 예시: 어떤 회사는 컴퓨터 주변장치를 컴퓨터 제작사가 견적한 것보다 더 낮은 가격으로 판매한다. 그러나 그러한 회사는 해당 유인/공고서가 마이크로컴퓨터 시스템을 구성하는 모든 품목의 총 가격(해당 주변 장비를 포함한) 기준으로 계약체결하는 조건으로 공고된 경우 주변장비를 공급하기 위해 경쟁에 나설 수 없다.

관련 계약 조건 예시: 추가 행정 비용을 검토한 후에 다수 업체와 계약을 하는 것이 정부에게 가장 유리한 경우 다수 업체와 계약을 체결할 권리를 보유한다.
관련 계약 조건 예시 2: 다른 평가 항목에 더하여 하나 이상의 업체와 계약체결함으로부터 초래될 유·불리를 기준으로 입찰서를 평가할 것이다. 입찰서 평가를 목적으로 $500은 계약관련 행정 비용으로 추정한다. 동 추정 행정비용을 포함하여 정부에게 가장 낮은 비용을 초래하는 품목의 조합 또는 품목별로 각각의 계약이 이루어질 것이다.

(3) 그룹별 구매

○ 정의

각 계약 및 계약관리 비용을 포함하여 정부에게 가장 낮은 비용을 제공하는 그룹별 계약 체결.

○ 적용

업체가 개별품목에 대한 견적가격보다 다 낮을 것으로 예상되는 그룹별 합계 가격을 제출이 가능할 것으로 예상되는 경우. 이러한 방법은 견적업체가 특정 그룹을 패키지로 묶어 모든 품목을 계약하는 것이 중요한 규모의 경제 효과를 얻을 것으로 예상하는 경우 특히 적합하다.

○ 예시

프린터용 잉크 카트리지를 제작하는 업체는 팩스 기계용 카트리지를 함께 생산하는 경향이 있다. 서로 다른 잉크 카트리지에 대한 품목을 하나의 그룹으로 묶을 수 있다.

○ 관련 계약 조항:

계약은 각 그룹별로 통합하여 체결될 것이다. 그룹별 최저가격은 그룹의 각 품목별로 제시한 단가를 명시한 수량으로 곱한 후 모든 품목가격을 합산하는 방식으로 결정된다. 그룹별 계약을 위해서 업체는 그룹 내의 각 품목별로 가격을 제시하여야 한다.

(4) 총 품목 수량의 일부에 대한 희망 수량 계약

○ 정의

가장 저가로 평가된 가격을 제시한 업체가 정부가 제시한 총 수량보다 적은 수량에 대해 견적을 제출한 경우 견적한 수량만큼만 계약을 체결한다. 동일한 절차에 의해 차하위 가격을 제시한 업체와 계약을 하며 이러한 절차는 정부가 필요로 하는 수요량을 계약할 때까지 계속된다.

○ 적용

잠재적 공급업체가 정부가 필요로 하는 수량 전체를 공급할 수는 없으나 수요량 중 일부분을 최저가격으로 견적할 수 있는 경우.

○ 예시

어떤 업체들은 레이저 프린터 카트리지를 수리하는 데에 특화되어 있으며 동 카트리지를 신품 가격의 절반가격으로 견적을 하였다. 그러한 업체가 전체수요량을 충족할 수 있는 재생 카트리지를 보유하지 못한 경우 순차적 계약 체결을 허용하여 그들이 공급할 수 있는 수량을 잔여 수량을 가진 다른 경쟁업체와 경쟁을 할 수 있도록 한다.

○ 관련 계약 조항

a) 업체가 제시한 월별 수량 할당량에 이르기까지 가장 낮은 제안자에게 품목별로 계약이 체결된다. 제안자에 대한 계약은 회사가 제시한 월별 수량 할당을 초과하는 수량에 대해서는 체결되지 않는다.

b) 최저가격 제안자가 계약 기간을 나타내는 개월 수를 곱했을 때의 총 수량이 정부의 예상 연간 수요량보다 적은 수량을 견적한 경우, 정부는 예상 연간 요구사항을 충족하는 데 필요한 범위 내에서 순차적 계약을 체결할 수 있다. 그러한 경우, 해당 제안자가 제시한 월별 수량 배정량까지 최저가격 제안자와 계약체결을 하며, 그런 다음 모든 정부 수요량을 충족할 때까지 다른 제안자와 순차적으로 계약을 체결한다.

c) 순차적으로 계약체결이 이루어지면 일반적으로 계약자의 월별 배정수량 한도까지 각 품목별 최저가격을 제안하는 계약자에게 먼저 납품지시를 한 후 동일한 방식으로 다른 계약자에게 순차적으로 납품 지시한다. 어떤 경우에도 월별 배정 수량을 초과하여 계약자에게 납품 지시하지 않는다.

(5) 동일 품목에 대한 다수 계약

○ 정의

여러 업체가 정부의 수요를 충족할 수 있는 유사제품(반드시 동일할 필요가 없음)을 납품할 수 있는 상황에서 미확정 동일 수요를 위해 다수의 업체와 계약을 체결 대체품을 공급하는 계약을 체결하는 것을 말한다.

납품 지시 사무소는 수요기관의 수요에 가장 적합한 제품과 업체를 선전할 선택권을 갖는다.

○ 적용

- 정부의 수요를 충족하기에 적합하고 다음의 수량미확정 계약을 사용하고자 하는 경우.

- 자문 또는 지원 이외의 물품 또는 용역으로서 다수 계약업체와 계약에 우선순위를 부여할 수 있는 경우. 다만 단일 업체와의 계약이 적합한 경우에는 그러하지 아니하다.

- 모든 옵션을 포함하여 특정금액(미국의 경우 1,000만 불)을 초과하지 않고 계약기간이 3년 미만인 자문 및 지원 용역으로서 계약담당공무원이 다수 업체와의 계약에 우선순위를 부여할 수 있는 경우.

- 계약기간이 3년을 초과하고 모든 옵션을 포함한 금액이 특정금액을 초과하는 경우 다수업체와의 계약에 우선순위를 두어야 한다. 다만 다음의 경우는 그러하지 아니하다.

  • 계약관 또는 기관의 장이 지명한 자가 유인/공고서 발급 이전에 서면으로 동 용역이 독특하여 하나 이상의 업체와 계약을 하는 것이 타당하지 않다고 판단하는 경우. 그러한 판단은 계약과업이 너무 통합적이어서 단지 하나의 업체만이 동 업무를 합리적으로 수행할 수 있는 경우 적절할 수 있다.

  • 계약관 또는 기관이 지정한 자가 견적서 평가 이후 단지 하나의 업체만이 필요한 물품을 공급할 수 있다고 판단한 경우.

  • 단 하나의 견적서만 접수된 경우.

○ 관련 계약체결 조항 예시 1

정부는 본 유인/공고서에 따라 2개 이상의 업체에게 동일 또는 유사한 물품/용역을 납품하도록 하는 다수 공급자 주문 계약을 하거나 단일 업체와 계약을 체결하는 것을 선택할 수 있다.

○ 관련 계약체결 조항 예시 2

정부는 본 유인/공고서에 따라 동일 또는 유사한 자문 및 지원 용역에 대해 복수업체와 계약을 체결할 예정이다. 다만 정부가 견적서 평가 이후 단지 하나의 업체만이 요구한 품질수준으로 용역을 제공할 수 있다고 판단한 경우에는 그러하지 아니하다.

(6) 분할계약 체결

○ 정의

각 품목별 수요량에 대한 계약체결을 2개 이상의 업체와 쪼개서 계약체결할 수 있다. 분할 계산 방법 및 각 분할 규모는 유인/공고서에 기술된다. 계약체결 수량이 경제적 제조 수량이 되도록 최선을 다한다.

○ 적용

여러 공급업체와 계약을 하는 것은 그렇지 않을 경우 단지 한 업체만이 공급이 가능한 특정 제품에 대해 경쟁적인 공급원을 유인/공고하기 위해 필요하다. 분할 수량은 퍼센티지 분할 기준으로서 가장 유리한 조건을 제시한 업체가 수요량 중 가장 큰 비율을 가져가도록 한다.

○ 계약 체결 조건 예시

정부는 동 유인/공고서의 물량을 분할 계약 체결하고자 한다. 물량의 60%는 기술 점수를 1차적으로 가격을 2차적으로 고려하여 정부에게 가장 유리한 견적을 제출한 것으로 판단한 업체와 계약을 체결하게 될 것이다. 물량의 40%는 기술제안서가 수락 가능하고 견적 가격이 공정하고 적정한 것으로 판단되는 나머지 경쟁자에게 돌아갈 것이다.

1. 봉함 입찰에 있어서의 행정 비용 추정

행정 비용 요소를 반영하려 하는 경우

유인/공고서상의 서로 다른 품목에 대해 복수 계약 체결이 가능한 경우 정부는 정부에 재한 총 비용 측면에서 여러 가지 계약 조합의 영향을 고려하여야 한다. 추가적인 계약을 각각 관리하는 것이 비용이 적게 드는 경우 평가 시에 그러한 비용을 고려해야 한다.

일반적인 평가 조건

1단계: 유인/공고 조건을 결정한다.

봉함입찰에서 계약관이 복수의 업체와 계약을 하는 것이 정부에게 경제적으로 유리하다고 판단한 경우, 계약관은 견적서 평가에서 복수업체와의 계약에 들어가는 비용을 고려해야 한다. 예를 들면 미국 연방 구매 규정은 각 계약관의 관리 비용을 $500로 추정하고 있다.

협상 절차를 이용하는 경우, 다른 계약 목표가 복수업체 계약체결 비용에 대한 고려를 배제할 수 있다(예를 들면, 대부분의 수량 미확정 납기 미확정 계약에서는 복수계약체결을 선호한다). 만약 고려할 필요가 있는 경우, $500 비용 추정치를 이용하거나 타당성이 입증되는 경우 다른 합리적 추정치를 이용할 수도 있다.

2단계: 견적 가격을 판단한다.

계약체결에서 고려하고 있는 품목별 또는 그룹별 각 견적서의 가격을 판단한다.

3단계: 계약 체결가능한 조합을 평가한다.

계약 체결 가능 조합을 평가할 시에 견적서 평가에서 각 계약 건별 추정 관리 비용($500)을 고려한다. 비교적 단순한 계약 상황에서는 구체적인 계산 없이도 적절한 계약 결정을 판단할 수 있다.

그러나 대부분의 상황에서는 모든 계약 체결 가능 조합을 평가해야 한다. 입찰자 수가 너무 많아 계약가능한 조합의 수를 판단하기 어려운 경우 명백하게 계약 체결가능성이 없는 업체는 제외할 수 있다. 어느 업체가 계약체결 가능성이 있는지를 판단하고자 하는 경우 다음 사항을 고려한다.

○ 계약대상 업체는 통상적으로 1개 품목이상에서 가격이 낮다.

○ 다른 품목에서 낮은 가격을 제시한 업체가 많은 경우 행정 비용 $500을 감안하면 많은 품목에서 최저가와 근접한 가격을 제시한 업체가 계약을 따낼 가능성이 있다.

4단계: 계약 체결 결정

공고 조건에 따라서 오직 가격과 가격 관련 요소만을 고려하여 정부에게 가장 유리한 입찰자를 선택한다.

평가 예시
....
1단계: 유인/공고 조건을 결정한다.

평가 프로세스의 하나의 예로서 봉합입찰에 따른 계약을 고려한다. 입찰 공고서가 최저 평가 가격을 제시한 업체로서 이행능력을 갖추고 적합한 입찰서를 제출한 업체와 계약을 하는 것으로 기술하고 다음 조건을 포함하고 있는 것으로 가정한다.

○ 둘 이상의 복수 업체와의 계약을 위한 입찰서 평가

다른 평가항목에 더하여, 입찰서는 2개 이상의 업체와의 계약으로부터 초래될수 있는 정부에 대한 유불리를 기준으로 하여 평가될 것이다. 입찰서 평가 목적상, $500이 본 유인/공고서에 따라 각 계약서를 발급하고 관리하는 데에 소요되는 정부의 비용으로 추정하며 각 계약은 추정 관리 비용을 포함하여 총 비용이 정부에게 가장 낮은 목록의 조합 또는 품목별로 체결된다.

2단계: 견적 가격을 판단한다.

입찰서 평가 시 계약 체결 가능한 조합을 검토한다. 유인/공고서상 3개의 품목에 대한 입찰서가 2개의 업체로부터 접수되었다. 품목별 합계 금액 즉 단가에 수량을 곱하여 산출한 금액은 다음 표와 같다.

품목 번호	입찰자 1	입찰자 2
1	$74,000	$74,450
2	$94,750	$94,250
3	$22,125	$21,500

3단계: 계약가능한 조합을 평가한다.

평기 기준과 입찰서를 고려할 때에 3가지 가능한 계약 방법이 있다.

① 복수 업체와 계약

① 입찰자 1과 모든 품목을 계약

③ 입찰자 2와 모든 품목을 계약

① 복수 업체와 계약

○ 입찰자 1 및 입찰자 2 모두와 각각 계약을 체결하는 방식.

$500이라는 평가 요소를 고려하지 않고 임찰서를 검토하면 복수 업체와 계약체결하는 것이 논리적으로 부합하다. 그러한 절차에 따라 총 평가가격은 다음과 같이 된다.

품목 번호	입찰자 1과 계약체결	입찰자 2와 계약체결	합계
1	$74,000		$74,000
2		$94,250	$94,250
3		$21,500	$21,500
행정 비용	$500	$500	$1,000
평가가격	$74,500	$116,250	$190,750

② 입찰자 1과 모든 품목을 계약체결

모든 품목을 입찰자 1과 계약 한다면 총 평가가격은 다음과 같다.

품목 번호	입찰자 1과 계약	입찰자 2와 계약	합계
1	$784,000		$74,000
2	$94,750		$94,750
3	$22,125		$22,125
행정 비용	$500		$500
평가가격	$191,375		$191,375

③ 입찰자 2와 모든 품목을 계약 체결

품목 번호	입찰자 1과 계약	입찰자 2와 계약	합계
1		$74,450	$74,450
2		$94,250	$94,250
3		$21,500	$21,500
행정 비용		$500	$500
평가가격		$190,700	$190,700

4단계: 계약 결정

이 경우에는 총 가격면에서 정부에게 가장 낮은 비용으로 평가되는 결과를 가져오므로 입찰자 2와 모든 품목을 계약해야 한다. 복수의 업체와 계약하는 것이 총 견적 금액에서는 가장 낮은 것으로 보이나 추정 행정 비용 $500을 감안하면 모든 품목을 입찰자 2와 계약 체결하게 될 때에 총 평가 가격이 가장 낮다는 것을 알 수 있을 것이다.

2. 정부 제공 제조 및 연구 설비 요소

정부 제공 제조 및 연구 설비를 수반하는 견적서를 유인/공고하고 평가할 때에 고려해야 할 사항을 검토한다.

정부 제공 생산 및 연구 설비란 정부가 소유하고 있는 설비, 정부가 보유하고 있는 특수 시험 장비, 및 특수 공구로서 정부가 소유권을 갖고 있거나 동 소유권을 취득할 권리를 갖고 있는 자산을 말한다.

1) 경쟁 우위 제거

견적서 평가에서의 고려사항

견적서를 평가할 때에 다음을 위해 최대한 실무적인 노력을 해야 한다.

○ 정부 제공 제조 및 연구 설비를 보유하고 있는 업체에게 돌아가는 경쟁적 우위를 제거하라.
○ 경쟁적 우위와 관계없이 그러한 자산 제공 관련 정부의 비용 또는 절감효과를 검토하라.

가격 관련 항목으로 간주되는 경우

업체가 정부 제공 제조/연구 설비로 계약이행을 제시한 경우 그 결과 발생할 수 있는 경쟁적 우위를 제거하기 위해,

○ 정부는 그러한 정부자산의 이용을 제의한 업체의 견적서를 조정할 수 있다.

이것은 경쟁적 우위를 제거하는 수단으로 가장 많이 이용하는 방법이다. 견적서 평가에서 정부 자산 이용을 제의하여온 견적서를 연방구매 규정의 사용 및 요금 청구 조항의 조건에 따라 해당 자산의 사용에 청구될 수 있는 임대료를 사용하여 조정한다. 단지 평가 용도로 조정가격을 사용한다. 계약가격에 조정가격을 포함해서는 안 된다.

계약관이 그러한 평가 요소를 사용하는 것이 업체의 선택에 영향을 미치지 않을 것으로 판단한 경우 제안서를 조정해서는 안 된다.

유인/공고조항

정부자산이 경쟁적인 취득에서 사용을 요청할 것으로 예상되는 경우 해당 유인/공고서는

○ 통상 동 자산의 사용과 관련한 모든 비용(모든 수송비용 또는 복구비용 지불 같은)을 업체가
부담하도록 요구하여야 하고

○ 임대비용 또는 평가 대상이 되는 상응한 비용을 포함하여 견적서 평가 절차를 기술하고 모든
참여업체가 해당 견적서와 더불어 다음 정보를 제출하도록 요구한다.

- 견적 업체 및 하도급 업체가 임차료 없이 사용할 것을 제안한 모든 정부 자산에 대해 기술
또는 목록. 동 목록은 유인/공고서에서 사용 목적으로 제시한 자산과 다른 계약에서 업체
및 하도급 업체가 이미 보유하고 있는 자산을 포함하여야 한다.

- 이미 업체 및 동 업체의 하도급 업체가 보유하고 있는 자산이 속해 있는 시설계약 또는 기타
의 증서의 확인과 담당관으로부터 승인받은 사용 허가서.

- 사용 허용 기간(첫 날짜, 마지막 날짜 및 그 사이의 모든 기간을 포함한다).

- 연방규정에 따라 산출된 임차료금.

○ 관련 유인/공고서는 정부 자산을 사용하는 것은 (유인/공고서에서 기술하고 허용한 이외의
자산) 그러한 사용을 서면에 의해 계약관이 승인하지 않거나 임차료(연반규정에 따라 계산
된)를 부과하지 않거나 계약가격이 상응하는 금액만큼 감액되지 않는 한 허용되지 않는다고
규정해야 한다.

일반 평가 규정

1단계: 유인/공고조건을 결정한다.

관련 유인/공고서는 임차 요금, 평가되어야 할 상응한 금액, 입찰자가 입찰서와 함께 제출해야
할 정보를 포함하여 사용할 평가 절차를 기술해야 한다.

2단계: 견적금액을 판단한다.

3단계: 계약체결 가능한 조합을 평가한다.

정부가 계약에 관한 정부 자산의 업체의 사용에 대한 가격결정 관점을 평가하는 경우 자산 담당 계약관을 접촉하여 해당 자산이 계약에서 사용 가능한지를 확인한다. 유인/공고서에서 정한 견적 평가 절차를 따라야 한다.

4단계: 계약 체결을 결정한다.

사용하고 있는 방법이 무엇이든 간에 유인/공고서에서 정한 기준에 따라 정부에게 가장 유리한 조건을 제공하는 견적서를 선택한다.

계약 체결대상인 각 품목별, 그룹별 각 견적서의 가격을 판단한다. 각 견적 업체가 계약용도로 어떤 자산을 사용하기로 제안하였는지를 파악한다.

평가 예시

1단계: 유인/공고조항을 판단한다.

유인/공고서가 기술적으로 적합한 제안서를 제출하고 계약이행 능력이 있는 업체로서 최저가 격을 제출한 업체와 계약을 체결한 것임을 기술한 경우를 가정하여 보자.

견적서 평가 목적으로, 정부의 자산을 임차료 부담 없이 사용하는 것으로 보고 가격을 견적한 견적서는 경쟁적인 우위의 가능성을 제거하기 위해 조정할 것이다. 해당 조정은 그렇지 않으면 정 부 자산 사용 대가로 지불해야 할 임차료에 상응하는 조정 항목을 사용하여 이루어질 것이다.

2단계: 견적 가격을 판단한다.

2건의 견적서가 접수되었다.

견적업체	견적가격
업체 1	$352,000
업체 2	$347,000

업체 2만 정부자산의 무료이용을 제안했다. 동 정부자산은 전동 공구로서 사용기간은 1개월로 제시하였다.

3단계: 계약체결 가능한 조합의 수 평가.

해당 자산담당 계약관은 동 기기는 구입한 지 2년 미만의 기기로서 가격은 $200,000이다. 관련 규정을 이용하여 동 기기의 공정하고 적정한 임차료는 $6,000로 판단하였다. 평가에서 $6,000을 사용할 시 평가 가격은 다음과 같다.

견적 업체	견적가격	자산 임차료	평가가격
업체 1	$352,000	없음	$352,000
업체 2	$347,000	$6,000	$353,000

4단계: 계약 결정

위 평가 결과를 근거로 업체 1과 계약을 해야 한다. 동 가격은 정부의 입장에서 가장 낮게 평가된 가격이다.

2) 정부에 대한 비용과 절감액을 검토한다.

가격 관련 사항으로 간주해야 할 상황

견적서를 평가할 때에 자산 제공이 초래할 정부에 대한 비용 또는 절감액이 있는지를 검토한다.

가격 관련 유인/공고 조건

해당 유인/공고서는:

○ 통상 업체가 자산의 사용과 관련되는 모든 비용(모든 수송 및 복구 비용 등)을 부담하도록 요구한다.

○ 견적서 평가 시 그러한 비용 또는 절감액을 고려한다고 기술한다.

○ 정부 자산 제공 관련 정부에 대한 비용을 금액 또는 공식으로 상세히 기술한다.

　　- 복구 및 전환 비용

　　- 자산의 운송비용

　　- 업체가 자산의 수송비용을 부담하거나 사용에 적합하도록 하는 비용을 부담하는 경우 그러

한 관련 비용을 추가 평가 항목으로 사용하지 말 것

○ 정부 자산 사용 관련 정부에 대한 절감부분이 있으며 동 절감액을 구체적으로 기술한다. 장비의 비활성화 및 저장 비용의 회피로부터 초래되는 절감액을 포함한다.

일반 평가 조건

1단계: 유인/공고 조건을 판단한다.

유인/공고서는 견적서 평가 시에 고려해야 할 절약부분을 금액으로 표시하여야 한다. 비용은 달러가치를 사용하거나 공식을 서용하여 기술한다. 업체가 부담할 비용을 고려한 조정을 허용해서는 안 된다.

2단계: 견적 가격을 판단한다.

구매하고자 하는 품목별 또는 그룹별 견적서의 가격을 판단한다. 각 견적서를 검토하여 해당 견적서가 파악된 자산의 사용을 구체적으로 적시하고 있는지를 판단한다.

3단계: 계약체결 가능한 조합을 평가한다.

견적서 평가에서 각 견적서의의 정부 자산관련 비용과 절감액을 파악한다. 유인/공고서에서 정한 비용과 절감액을 사용한다.

4단계: 계약체결 결정

유인/공고서의 조건에 따라 정부에게 가장 유리한 견적서를 제출한 자와 계약을 체결한다. 정부 자산의 사용으로부터 초래된 정부에 대한 비용 및 절감액의 고려사항을 포함한다.

평가 예시

1단계: 유인/공고조건을 판단한다.

해당 유인/공고서가 기술적으로 적합한 이행능력이 있는 업체로서 가장 낮은 평가가격을 제출한 업체와 계약하는 것으로 정하고 있다고 가정하자. 동 유인/공고서는 또한 아래 조항을 포함하고 있다.

$9,000의 금액은 계약기간 동안 연장을 창고에 보관하고 유지하는 비용을 나타낸다. 관련 공구의 전체 목록은 유인/공고서에 포함되어 있다. 다른 제안서 조정에 추가하여 $9,000은 유인/공고서에 기재된 정부 자산의 사용을 제안한 견적서로부터 차감될 것이다. $9,000은 동 정부 자산을 창고에 보관하지 않을 경우 정부가 회피할 비용을 나타낸다.

2단계: 견적 가격을 판단한다.

2개의 업체로부터 견적서를 접수했다. 양 업체 모두 유인/공고서에서 기술한 공구의 사용을 제안하였다. 업체 1은 업체의 2의 공장으로부터 공구를 재배치하는 비용 추정치를 포함하고 업체 2는 동 공구가 자신의 공장에 이미 배치되어 있으므로 재배치 비용을 제시하지 않았다.

견적 업체	견적금액
업체 1	$364,000
업체 2	$370,000

3단계: 계약 체결가능한 조합을 평가 한다.

양 업체 모두 유인/공고서에 기술한 공구 사용을 제안하였다. 결과적으로 유인/공고서에 명기된 $9,000의 절감액은 각 견적업체의 견적 가격에서 공제된다. 장비의 재배치와 관련한 정부에 대한 비용을 고려하기 위해 추가적인 조정은 불필요하다. 재배치 비용은 업체 1의 견적에 포함되어 있으며 업체 2와 관련해서는 동 정부 자산이 이미 회사 내에 배치되어 있으므로 재배치 비용이 발생하지 않는다.

견적업체	견적 금액	정부의 비용 절감액	견적서 평가
업체 1	$364,000	$9,000	$355,000
업체 2	$370,00	$9,000	$361,000

4단계: 계약을 결정한다.

평가에서 양 업체 모두의 견적금액에서 $9,000를 공제해야 한다. 그 결과 양 업체의 견적금액 차이는 발생하지 않는다. 따라서 업체 1과 계약을 해야 한다.

3. 수송비용

가격 관련 사항으로 간주해야 하는 경우

수송비용이 품목 구매가격에 포함되어 있지 않은 경우 동 수송비용을 계약 결정의 일부로서 검토하여야 한다. 목표는 해당 구매가 정부에게 가장 유리한 기준으로 체결되도록 하고 해당 물품이 적시에, 양호한 상태로, 요구한 장소에 도착하도록 하는 데에 있다.

예시

FOB(공급자 창고 인수도) 계약을 체결하게 되면 정부가 업체의 창고에서 물품을 인수하여 동 창고로부터 운송비용을 부담하여야 한다. 반대로 목적지까지 운송 조건 계약 체결에서는 일반적으로 업체가 업체의 비용으로 정부의 하역 장소까지 계약 물품을 운송해야 한다.

유인/공고 조항

각 공급 유인/공고서를 작성하는 경우 계약관은 전체적으로 가장 낮은 비용 기준으로 판단한다. 해당 유인/공고서는 계약체결 시 어떻게 견적서를 평가하는가에 대해 기술한다.

일반 평가 조건

1단계: 유인/공고 조건을 판단한다.

해당 유인/공고서는 수락 가능한 선적 조건과 견적서 평가 기준을 기술한다.

- 해당 유인/공고서가 선적 목적지 조건으로 견적서를 제출할 것을 요구한 경우, 운송비는 견적금액에 포함되어야 한다. 운송비에 대한 판단이 필요하지 않다.
- 견적서가 업체 창고 인수도로 견적된 경우 가격평가 시 구매가격과 더불어 다음 사항을 고려한다.

  업체의 선적지점에서 유인/공고서에 정한 도착지점까지의 운송비용. 정부는 통상 제안서 평가에서 내륙 운송 요금을 사용한다.
- 견적서가 업체의 창고인수도 또는 수요처 인수 장소 모두가 허용되는 경우

수요처 인수 장소까지의 운송 조건 견적은 운송비를 고려하기 위한 조정이 불필요하나, 업체 창고 인수도 조건은 수요처 인수 장소까지의 비용을 고려하여 평가한다.

2단계: 견적 가격을 판단한다.

구매하고자 하는 품목 또는 그룹별 각 견적 가격을 판단한다. 각 견적서를 조사하여 관련 운송 조건을 파악하고 견적 조건이 유인/공고서에서의 요구조건과 합치되는지를 판단한다.

3단계: 계약 가능한 조합을 평가한다.

유인/공고서에서 정한 구체적인 평가 기준을 사용하여 견적서를 평가한다.

○ 적용 가능한 가장 낮은 운임을 사용하여 견적서를 평가한다.

○ 만약 관련 비용이 입찰서 개봉 이후 또는 견적서 마감이 이후에 입수 가능한 경우 동 금액을 평가에 사용해서는 안 된다. 다만 그 운임이 입찰 개찰 시점 또는 제안 마감 시점에서 적용 가능한 운임이 없는 경우에는 허용된다.

평가 예시

1단계: 유인/공고 조항을 판단한다.

유인/공고서가 기술적으로 적합하고 최저가격으로 평가되는 가격을 제시한 업체 중 이행능력을 갖는 업체와 계약체결할 것임을 기술한 것으로 가정하자. 또한 동 유인/공고서는 다음 조건을 포함하고 있다고 하자.

"업체 창고 인수 조건 및 수요처가 정한 납품장소 인도 조건 모두 견적 가능합니다. 정부는 계약관이 정부에게 가장 유리한 것으로 판단하는 것을 근거로 하여 계약을 체결할 것이다. 업체 창고 인수 조건 또는 수요부 지정 장소 인도 조건만이 수락 가능한 조건이며 제출된 내용을 기준으로 하여 평가될 것이다."

2단계: 견적 가격을 판단한다.

3개 업체가 접수되었고 1건은 수요처 인수장소 배송조건이며 다른 2건은 업체 창고 인수 조건이다.

견적 업체	배송 장소	견적 금액
업체 1	업체 창고 인수조건	$435,000
업체 2	수요부 지정장소 인수 조건	$450,000
업체 3	업체 창고 인수 조건	$436,000

3단계: 계약 가능한 조합을 평가한다.

운송 담당 계약관으로부터 최저 운송 비용과 부수 비용에 관한 정보를 득한다.

각 견적서 별 구체적인 선적 비용은 다음과 같다.

견적 업체	인수조건	견적 금액	운송 비용	평가 가격
업체 1	업체 창고 인수조건	$435,000	$2,600	$437,600
업체 2	수요부 지정 장소 인도 조건	$450,000	없음	$450,000
업체 3	업체 창고 인수 조건	$436,000	$1,500	$437,500

4단계: 계약 체결

가장 낮은 가격으로 평가되는 업체 3과 계약을 체결한다.

4. 옵션 및 다년간 계약

옵션과 다년간 계약을 수반하는 견적서를 유인/공고하고 평가할 시에 고려하여야 할 사항을 검토한다.

장기간의 비즈니스 관계

정해진 수요를 지원하는 용역 물품을 취득하기 위해 계약서를 작성한다. 예산에 의해 집행되는 계약은 현년도의 의회 승인 예산을 포함한다.

옵션과 다년도 계약은 장기적인 관계를 설정하는 2가지 방법이다. 이러한 기법은 봉함 입찰이나 협상계약에서 모두 사용될 수 있다.

1) 옵션 계약

정의

옵션은 계약서에 기술된 일방적인 권리로서 특정 기간 동안 정부가 계약서에서 요구되는 추가적인 물품 또는 용역을 구매하거나 계약 기간을 연장할 수 있도록 하는 권한을 부여한다. 정부는 특정 계약에서 명기된 어떤 옵션을 집행해야 할 의무는 없다.

유인/공고 조항

계약서에 옵션 조항을 포함하고자 할 경우 계약 유인/공고서에 해당 조항과 관련 평가 조항을 포함한다.

○ 옵션을 포함하고 있는 유인/공고서의 의무적 조항
  - 평가 기준을 기술해야 한다. 옵션을 배제하거나 포함하여 평가할 수 있다.
  - 정부는 계약 체결 시점에서 옵션을 집행할 수도 있다고 업체에게 알려야 한다.
  - 업체는 실제 납품 지시한 수량 및 날짜에 따라 여러 가지 옵션 가격을 제시할 수 있다는 점을 기술해야 한다.
  - 정부가 옵션을 평가할 가격을 명시해야 한다(예를 들면, 가장 높은 옵션 견적 가격 또는 구체적인 수요량에 대한 옵션 가격).
    • 업체는 실제 납품지시 수량 및 납품지시 날짜에 따라 옵션별로 여러 가지 가격을 제시할 수 있다.
    • 정부는 계약체결 시에 옵션을 집행할 수도 있다.
  - 유인/공고서가 옵션가격이 최초 수요의 가격을 초과해서는 안 되는 것으로 요구한 경우
    • 정부는 단지 동 견적의 수락이 다른 업체를 해하지 않는 경우에 한해 기본가격보다 더 높은 옵션 가격을 포함하고 있는 견적서를 수락할 수 있다고 명시하여야 한다.
    • 해당 품목의 최초 수량의 50% 이하로 추가 공급을 위한 옵션 수량을 제한한다.

- 통상적으로는 옵션가격을 제한해서는 안 된다. 만약 계약체결 평가에서 동 가격이 고려되는 경우 옵션가격을 제한하지 말 것.

○ 유인/공고서의 선택적 조항

이례적으로, 옵션을 최초 수요량 가격보다 더 높은 가격으로 견적하지 못하도록 요구할 수 있다(예를 들면 옵션이 계약 체결을 위해 평가가 불가능하거나 옵션의 향후 경쟁이 불가능할 경우).

평가

1단계: 유인/공고조항을 검토한다.

유인/공고 공고문은 옵션 조건을 구체적으로 명시하고 옵션의 평가 방법을 함께 기술해야 한다. 평가 조건에 따라 평가 시에 옵션을 포함하거나 배제해야 한다.

2단계: 견적 가격을 판단

구매하고자 하는 품목, 또는 그룹별로 각 견적서의 가격을 검토한다. 계약 체결을 위한 평가 시 고려해야 할 옵션 가격이 있는지를 파악한다.

3단계: 가능한 계약 조합을 평가한다.

유인/공고서에서 정한 구체적인 평가 기준을 사용 견적서를 평가한다.

4단계: 유인/공고서 조건에 따라 정부에게 가장 유리한 조건을 제시한 견적업체와 계약을 체결한다.

2) 다년간 계약

정의

다년간 계약은 수량측면에서 파악된 수용량을 취득하기 위해 사용되는 특수 계약 방법으로 총 비용은 5년간의 계획수요량을 초과해서는 안 된다.

이런 계약 방법은 최종적으로 부담해야 할 총 계약 자금이 계약 체결시점에서 확보되지 않았을 경우에도 사용할 수 있다. 그러나 후속 년도의 수요량을 뒷받침할 예산이 책정되지 않을 경우 해당 기관은 동 계약을 취소해야 된다. 다년도 계약은 만약 예산이 책정되지 않을 경우 업체에게 적용할 취소 조항을 규정할 수 있다. 다년간계약과 복수 년도 계약의 주요 차이점은 다년간 계약이 첫해 이후 각 프로그램 연도별 옵션을 집행하지 않고 1년 이상의 수요량보다 많은 수량을 구매한다는 것이다.

유인/공고조건

다년간 계약의 유인/공고서는 다음을 포함하여 견적서 평가에 고려해야 할 모든 사항을 파악하여야 한다.

- 첫해 프로그램 년도를 위한 품목별 수요량
- 각 프로그램 연도별 품목별 수요량
- 첫 프로그램 연도의 수요량에 대한 최저 평가 가격과 다년간 수요량에 대한 최저 평가 가격을 비교하는 기준
- 정부가 계약체결 이전에 단지 첫해의 수요량만 필요한 것으로 판단한 경우 정부가 동 첫해의 수요량만을 고려할 수 있는 권한을 갖는다는 조건
- 각 각의 취소 한도를 명시한 조항(퍼센트 또는 금액 기준으로) 및 취소를 조건으로 하는 각 프로그램 연도의 적용 날짜에 관한 조항
- 첫 프로그램 년도의 수량보다는 적은 수량으로 계약을 하지 않는다는 내용
- 연간 계약 체결의 행정 비용을 견적서 평가에서 고려하고자 할 경우 동 추정 비용을 유인/공고서에 설명해야 한다.

일반적 평가 규정

1단계: 유인/공고조건을 판단한다.

유인/공고서는 견적서 평가에 고려할 다년간 계약 체결 관련 모든 평가 요소를 설명해야 한다. 평가 요소가 복잡하고 계약 건마다 상당히 다를 수 있으므로 평가에 들어가기 전에 모든 평가요소

를 이행할 수 있도록 각별히 유의해야 한다.

2단계: 견적 가격을 판단한다.

첫해 프로그램 및 각 프로그램 연도별로 각 견적 가격을 판단한다.

3단계: 계약 체결가능한 조합을 평가한다.

첫해의 프로그램 수요량에 대한 최저 평가가격과 다년간 필요수량에 대한 최저 평가가격을 비교하는 기준을 포함하여 유인/공고서에서 정한 구체적인 평가 기준을 사용 견적서를 평가한다.

4단계: 계약 체결

유인/공고서의 조건에 따라 정부에게 가장 유리한 견적서를 제시한 업체와 계약을 체결한다.

5. 생애주기 비용

정의
......
생애주기 비용이란 취득, 운영, 유지, 또는 폐기에 이르기까지의 정부가 부담해야 할 총비용을 말한다.

○ 취득 비용은 정부 사용을 위해 품목을 취득하는 것과 관련된 계약 비용을 포함한 모든 비용을 말한다. 복잡한 제품에서는 여러 건의 계약이 필요할 수 있으며 비용은 제조, 납품, 설치와 더불어 연구 조사를 수반할 수 있다.
○ 운영 및 유지비용은 시스템을 운영하고 보수/유지하는 데에 필요한 서비스, 소모품, 장비와 관련되는 계약 금액을 포함한 모든 비용을 말한다.
○ 폐기 비용은 장비의 제거 및 장비의 폐기와 관련된 계약금액을 포함한 모든 비용을 말한다. 생애주기 비용을 고려하는 평가는 폐기 당시의 재판매 가격 또는 폐품 이용 가치를 감안해야 한다.

가격 관련 요소로 간주하는 경우

시스템 운영, 유지 및 폐기 비용이 취득 비용에 비해 상당한 품목의 경우 취득 계획수립 시에 생애주기비용을 고려한다. 그러한 고려는 관련 견적서가 상당히 다른 운영, 유지, 및 폐기 비용이 다른 품목을 포함할 것으로 예상되는 경우에 특히 중요하다.

그러한 업체선정 방식은 주요 무기같이 복잡한 품목이거나 자동차같이 단순한 물품에서도 적합할 수 있다. 더 복잡한 시스템에서는 계획 수립 시 다음 사항을 다루어야 한다.

○ 생애주기 비용 결과에 중요한 영향을 미치는 요소 및 그러한 평가 요소와 관련되는 비용을 경감할 수 있는 대안 평가를 위한 절충 연구
○ 생산 설계에 있어서의 생애주기 비용
○ 생애주기 비용 결과에 영향을 미칠 계약상의 의무. 추가로 생애주기 비용을 감축하기 위한 구매 이후의 후속 조치

유인/공고/공고 조건

견적서 평가에서 생애주기 비용을 고려하고자 할 경우 유인/공고서에

○ 참여 업체에게 계약 체결 결정 시 생애주기 비용을 어떠한 방법으로 고려할 것인지를 알리고 계약체결은 생애주기 비용을 포함하여 가장 낮게 평가된 가격을 기준으로 정해지며 계약체결 결정에서 생애주기 비용이 평가항목으로 고려될 수 있음을 알리고
생애주기 비용이 1년 이상 계속되는 경우 유인/공고/공고서는 종종 다음 중 하나 이상을 고려한 조정조항을 규정한다.
- 화폐의 시간 가치
- 비용의 불확실성
- 물가 상승률
○ 업체에게 생애주기 비용의 주요 비목을 추산하도록 요구한다. 추정치를 산출할 수 있도록 유인/공고서는 관련 정보(예를 들면 평가에서 고려할 추정 품목의 용도, 운영환경, 운영기간 등)를 제공하여야 한다.

○ 업체에게 생애주기 비용 추정치를 입증하기에 적합한 정보와 함께 관련 비용 추정치를 제공하도록 요구한다.
  - 추정 요구사항은 통상 다음과 같은 사항을 포함한다.
    • 반복 또는 비반복 제품 원가를 포함한 평균 단가
    • 단위당 운영, 보수비용(예를 들면 인력, 에너지, 필요 부품 등)
    • 단위당 처분 비용(예를 들면 정부시설에서 장비를 제거하는 비용)
    • 대당 폐품의 이용 가치 또는 잔존 가치

일반 평가 조건

1단계: 유인/공고 조건을 판단한다.

견적서 평가에서 생애주기 비용을 가격 관련 요소로 고려하고자 하는 경우 해당 유인/공고서는 생애주기비용 추정 조건을 기술하고 그러한 추정치를 입증하는 데에 필요한 정보와 동 정보가 계약체결 결정에 어떤 방법으로 고려될 것인지를 알려야 한다.

2단계: 견적 가격을 판단한다.

각 견적서의 가격을 판단한다. 견적 분석을 위해 필요한 생애주기 비용을 추정치를 파악하고 평가한다. 다음과 같은 질의를 한다.

○ 산출 방법은 합리적이고 제공한 정보에 의해 입증할 수 있는가?
○ 과거의 원가 평가를 포함하여 기타 파악된 정보와 비교할 시 해당 원가가 현실적인가?
○ 모든 파악된 원가 항목을 고려할 때에 해당 추정치는 완전한 것인가?

3단계: 계약 가능한 조합을 평가한다.

다음 조정방법을 포함한 유인/공고서에서 명시한 구체적인 평가 기준을 사용하여 견적서를 평가한다.

○ 화폐의 시간 가치

○ 원가의 불확실성

○ 물가 인상률

4단계: 계약을 체결한다.

유인/공고 조건에 따라 정부에게 가장 유리한 조건을 제시한 업체와 계약을 체결한다.

6. 에너지 보존 및 효율성 평가항목

가격 관련 항목으로 고려하여야 할 경우

에너지 비용은 많은 품목과 시스템의 중요한 운영비용이다. 따라서 각급 기관은 물품 및 용역 구매 시 에너지 효율성을 고려하여야 한다.

○ 취득 팀원은 계획서, 도면, 규격서 및 기타의 품목 관련 기술서를 작성함에 있어서 에너지 보존 및 효율성 자료를 추정 원가 및 기타의 평가항목과 함께 고려하여야 한다.

계약관은 그 결과가 의미가 있고, 현실적이며, 기관의 프로그램 및 수요와 부합하는 경우 에너지 효율성을 가격 관련 항목으로 고려하여야 한다. 고려는 통상 상당한 양의 에너지를 소모하는 시스템을 구매하고자 하는 경우 매우 의미가 있다.

유인/공고 조건

에너지 효율성을 가격 관련 평가항목으로 고려하고자 하는 경우 관련 유인/공고서는

○ 각 입찰/제안 참여자에게 계약체결에서 에너지 효율성이 어떤 방법으로 고려되는지 알려야 한다.

- 계약은 에너지 비용을 포함하여 가장 낮게 평가되는 가격을 기준으로 하여 이루어지거나, 에너지 비용을 계약체결 결정에서 평가 요소의 하나로서 고려할 것이다.

- 에너지 비용이 1년 이상 발생할 경우 유인/공고서는 다음의 하나를 고려할 조정조항을 규

정할 것이다.

- 화폐의 시간 가치
- 비용의 불확실성
- 인플레이션

○ 필요한 경우 예상 업체에게 에너지 효율성 표준에 대해 알릴 것. 동 에너지 효율성 표준은 해당 품목에 대한 에너지 효율성의 최소 수준을 정한다.

○ 필요한 경우 각 예상 업체가 해당 품목(예를 들면 중앙 난방장치, 세탁기, 냉동기, 에어컨 등)의 에너지 사용 및 효율성 표시 내용에 대한 상품 정보를 제공하도록 하여야 한다.

일반 평가 조건

1단계: 유인/공고 조건을 검토한다.

에너지 효율성을 평가 요소의 하나로 고려할 경우 해당 유인/공고서는 각 견적서부터 요구되는 비용정보를 파악하여 계약체결에서 동 비용이 어떤 방법으로 고려되는지를 기술해야 한다.

2단계: 견적 가격을 검토한다.

구매하고자 하는 품목별, 그룹별로 각 견적서의 가격을 검토한다. 견적서가 가격 분석에서 에너지 관련 비용요소를 평가하기 위해 유인/공고서에서 요구한 정보를 포함하고 있는지 확인한다.

3단계: 계약 가능한 조합을 평가한다.

다음 조정조항을 포함하여 유인/공고서에서 정한 구체적인 평기기준을 사용하여 견적서를 평가한다.

○ 화폐의 시간 가치
○ 비용의 불확실성
○ 물가 상승률

4단계: 유인/공고서의 조건에 따라 정부에게 가장 유리한 조건을 제시한 업체와 계약을 체결한다.

평가 예시

1단계: 유인/공고 조건을 검토한다.

50갤런 용량의 1,000개의 Hot Water Heater를 구매한다고 가정하자. 기술 공무원은 기기의 사용 가능 기간을 5년으로 추정하고 있다. 유인/공고서는 기술적으로 수락 가능한 견적서를 제출한 업체로서 가장 낮게 평가된 가격을 제시한 업체와 계약 체결하는 것으로 규정하고 있다. 유인/공고서는 또한 다음 조항을 포함하고 있다.

"계약은 가격과 에너지 비용을 고려하여 첫 5년간의 운영 기간 동안 취득 및 정부에 대한 소유권 총비용이 가장 낮은 업체와 체결할 것이다.

에너지 비용에 대한 추정치는 제작자가 정한 에너지 사용 및 요율성 표시 내용을 기준으로 하여 산출된다."

2단계: 견적 가격을 검토한다.

2건의 견적서를 접수하였다. 1,000대에 대한 가격은 아래와 같다. 연간 에너지 비용은 1,000대에 대한 총 비용의 추정치이다. 에너지 비용은 추정 운영 시간, 각 업체가 제공한 에너지 사용 및 효율성 표시 내용을 기준으로 계산되며 아래와 같다.

견적 업체	견적금액	연간 에너지 비용
업체 1	$360,000	$560,000
업체 2	$370,000	$520,000

3단계: 계약 가능한 조합을 검토한다.

유인/공고서에서 기술한 바와 같이 경비지출과 수입은 할인되어야 한다. 분석 측면에서 할인은 화폐 시간가치의 재정적 개념을 말한다. 그러한 개념에서 돈의 소유자가 이자를 징수할 수 있으므로 오늘 지불하거나 수령한 금액의 순 현재가치는 미래에 지불하거나 수령한 금액의 순 현재가치보다 높다.

순 현재가치는 지불 또는 수령한 금액, 할인율, 및 지불 또는 수령이 이루어진 시기에 따라 달라진다.

예시
......

○ 오늘 1달러를 지불했다면 지불한 금액의 순 현재가치는 1달러이다. 만약 1달러를 1년 후에 지불하고 할인율(이자)이 10% 이라면 순 현재가치는 $0.90909이다. 달리 말하면 $0.90909를 10% 이자로 투자하면 1년 뒤에 대략 1달러가 된다. 현재가치 분석을 통해 다른 시점에서 서로 다른 지불/수령을 대안과 비교함에 있어서 화폐의 시간가치를 고려하게 된다.

순 현재가치 분석을 사용하여 재무 전문가는 5년간의 연간 에너지 비용의 순 현재 가치는 연간 비용에 3.97581을 곱한 금액으로 산출하였다. 5년 동안의 1달러 비용의 현재가치는 $3.97581($×3.97581)이다. 5년 동안 $100불의 순 현재가치는 $397.581($100×3.97581)이다. $1,000의 순 현재가치는 $3,957.81($1,000×3.97581)이 될 것이다. 유인/공고조항에 따라 견적 금액과 5년간 에너지 비용에 대한 순 현재가치를 더하는 방법으로 견적서를 평가한다. 1년간의 에너지 비용은 히터 가격보다 더 크다는 것을 유념하라.

견적 업체	견적금액	5년간 에너지 비용의 순 현재가치	평가 가격
업체 1	$360,000	$560,000 × 3.97581 = $2,226,453.60	$2,586,453.60
업체 2	$370,000	$520,000 × 3.97581 = $2,067,421.20	$2,437,421.20

4단계: 계약 체결

5년간의 에너지 비용을 감안하여 가장 낮은 평가 금액을 제시한 업체와 계약을 체결한다. 이 경우에는 업체 2가 계약자가 된다.

7. 리스 대 구매 평가

리스 대 구매 판단
....

각 기관은 비용 및 다른 평가 요소의 평가 결과를 기준으로 장비를 리스할 것인지 구매할 것인지를 검토하여야 한다.

○ 최소한 취득 팀은 다음 사항을 고려하여야 한다.

- 장비가 사용될 기간 및 동 기간 동안의 사용 범위

- 대체 장비 유형의 재정적 및 운영상의 이점

- 추정 사용기관 동안의 누적 임대 비용

- 순 구매 가격

- 운송 및 설치 비용

- 유지 보수 및 기타의 서비스 비용

- 기술적 진보로 인한 장비의 잠재적 노후화

○ 또한 취득 팀은 장비의 종류, 비용, 복잡성과 추정 장비 사용 기간에 따라 다음 평가 항목을 고려하여야 한다.

- 구매 옵션의 사용

- 취득 기관이 사용한 뒤에 다른 기관이 장비를 사용할 가능성

- 장비의 잔존 가치

- 부가 이자

구매할 경우

일반적으로 구매 방법은 정비가 누적 리스 비용이 구매 비용을 초과하는 지점 이상으로 사용할 경우 적합하다. 취득 팀은 단순히 향후의 과학기술의 발전 진행이 선택한 장비의 취득을 바람직하지 않게 할 수 있다는 이유만으로 장비의 취득을 배제해서는 안 된다.

리스할 경우

리스 방법은 리스가 정부에 더 유리한 경우에 적합하다. 리스 방법 또한 상황이 다음과 같은 경우 과도기적 조치로서 작동할 수 있다.

○ 상황이 즉시 장비를 사용하여 프로그램 또는 시스템 목표를 달성을 요구하나 현재 구매에 의한 취득을 지지하지 못하는 경우

가격 관련 평가 요소로서 고려해야 하는 경우

일반적으로 리스 대 구매의 결정은 경쟁적 견적의 평가의 일부분으로서 이루어지는 것이 아니다. 그보다는 그 목적으로 특별히 수집된 자료를 바탕으로 이루어진다. 그러나 그러한 유인/공고를 하여야 할 합리적인 상황이 있을 수 있다. 예를 들면 해당 장비가 독특한 보수 유지 능력을 필요로 하는 경우 보수 유지를 포함하는 리스 또는 취득 계약 중 어느 대안이 가장 유리한지를 판단하기 위해 경쟁을 유인/공고할 수 있다.

일반 평가 조건

1단계: 유인/공고 조항 검토

유인/공고서는 계약 결정에서 어떤 비용을 고려할지와 어떤 방법으로 그러한 비용을 고려할지를 정한다. 예를 들면,

○ 추정 비용에 대해 시간 경과에 따른 지출 흐름을 조정할 것인가?
○ 발생 가능성을 고려하기 위해 지출 추정치를 조정할 것인가?

2단계: 견적 가격을 검토한다.

각 견적서의 가격을 검토한다. 각 견적서가 견적서 평가를 위해 요구한 기타의 정보를 포함하고 있는지 확인한다.

3단계: 계약 가능한 조합을 평가한다.

유인/공고서에서 명시한 구체적인 평가기준을 사용하여 견적서를 평가한다.

4단계: 유인/공고조건에 따라 정부에게 가장 유리한 가치를 제공한 업체와 계약을 체결한다.

평가 예시

1단계: 유인/공고 조건을 검토한다.

수리가 불가능한 현존의 장비를 교체할 필요가 있는지를 확인한다. 새로운 장비를 도입하여도

현재의 운영 설비는 24개월 이내에 폐쇄될 것이다. 그 시점에서 이미 구입한 장비는 경매로 팔려 나갈 것이다. 임대 장비는 제작업체에게 반환할 것이다. 제한된 사용기간으로 인해 구매와 더불어 리스 구매를 함께 진행하고자 한다. 운영 및 보수비용이 견적한 모든 품목에서 동일할 것으로 예상되며 결과적으로 취득과 폐기와 관련되는 비용만을 고려할 것이다.

유인/공고서는 기술적으로 적합한 견적서를 제출한 업체 중 이행능력이 있는 업체로서 할인 후의 가격이 가장 낮은 견적서를 제출한 업체와 계약 체결할 것임을 기술하고 있다. 유인/공고서는 다음 조항을 포함하고 있다.

"정부는 리스 또는 구매에 의해 장비를 구매하고자 한다. 취득 및 낙찰자 결정 방법은 취득 및 폐기비용에 있어서 정부에게 가장 낮은 비용을 기준으로 하여 결정될 것이다. 운영 및 유지비용은 견적서 평가 시에는 고려되지 않는다."

2단계: 견적가격을 검토한다.

2개 업체의 견적서가 접수되었다. 1개 업체는 구매 기준이고 다른 1개 업체는 리스 기준으로 제출하였다. 제시한 리스기간은 2년이다.

견적 업체(방법)	정부 지출 비용(1년 초기)	정부 지출 비용 (1년 말기)
업체 1(구매)	$146,000	없음
업체 2(리스)	$70,500	$70,500*

* 리스 요금 지불은 각 해의 초기에 지불하는 조건이다. 분석 목적으로 2년차 초기는 1년차 말과 동일하다.

3단계: 계약 가능한 조합을 평가한다.

정부에 대한 비용을 평가하기 위해 장비의 구매 또는 리스로부터 발생하는 모든 관련 비용과 수입금을 고려해야 한다.

○ 구매

　1년차 초기에 장비; 구입을 위해 $146,000의 지출이 발생하였다. 동 장비가 경매에서 팔리게 될 경우 2년도 말에 수입이 있을 수 있다. 동 매각 가치는 $6,000으로 추산된다.

○ 리스

1년차 초기에 12개월간의 리스요금으로 지출이 발생한다. 2년차 말기에 수입금이나 지출 비용이 없다.

견적 업체(방법)	1년차 초의 정부 지출	1년차 말의 정부 지출	2년차 말의 정부 수입
업체 1(구매)	$146,000	없음	$12,000
업체 2(리스)	$70,500	$70,500	없음

유인/공고서에서 기술한 바와 같이 지출금액과 수입금액은 할인가격으로 환산되어야 한다. 분석 차원에서 할인은 추후의 지출 또는 수입을 현재가치로 조정하는 것을 말한다.

○ 1년차 초기에 지불된 금액은 조정하지 않는다.
○ 이자율이 10%인 경우

1년차 말기에 지불된 $1에 대한 순 현재가치는 $0.90909(즉 10% 이자율로 $0.90909를 투자하면 1년차 말에 대략 $1이 된다)이다.

2년차 말기에 지출되거나 수령한 $1에 대한 순 현재 가치는 $0.82645(즉 $0.82645를 10% 이율로 투자하면 2년차 말경에 대략 $1이 된다)이다. 1년차 및 2년차 말의 순 현재 가치 환산을 위해 정해진 가치를 이용하면 구매 및 리스의 순 현재가치는 담음과 같이 환산된다.

견적 업체	1년차 초의 지출	1년차 말의 지출	2년차 말의 수입	평가 가격
업체 1(구매)	$146,000	없음	$9,917($12,000 × 0.82645)	$136,083
업체 2(리스)	$70,500	$64,091(70,500 × 0.90909)	없음	$134,591

4단계: 계약체결

가장 맞게 평가되는 가격을 제시한 업체 2와 계약을 한다.

제7절   가격 분석

다음은 가격분석을 위한 가격비교 프로세스를 나타내고 있다.

○ 비교를 위한 가격을 선택한다.

- 다른 견적 업체의 가격

- 상업적 가격

- 이전의 견적 및 계약 가격

- 파라매틱 추정치

- 정부예정가격(IGE)

○ 비교에 영향을 미치는 요소를 파악한다.

○ 파악된 평가 요소의 영향을 검토한다.

○ 비교를 위해 가격을 조정한다.

- 비교를 위한 가격조정의 정량적 기법

• 지수(index number)

• 추세 분석

• 가격 규모 분석(price volume analysis)

• 원가 추정 계수(cost estimating relationships)

• 직접 원가에 대한 가격 비율

○ 견적가격을 조정가격과 비교

상업적 품목 또는 비상업적 품목에 대한 가격 분석에 있어서의 비교

가격 분석은,

○ 견적 가격이 공정하고 적정한지를 각 각의 비목 및 이윤의 평가하지 않고 판단하기 위해 견

적 가격을 검토하고 평가하는 프로세스이다. 그러나 가격 분석은 가격 분석만으로는 공정하고 적정한 가격인지를 판단할 수 없는 경우 비목 및 이윤의 분석에 의한 입증이 필요할 수도 있다.

○ 언제나 다른 가격과의 비교 형식을 수반한다. 따라서 계약예상업체의 가격이 공정하고 적정한지를 판단하기 위해 가격을 비교한다. 비교기준은 합리적인 사람이 기꺼이 지불하고자 하는 가격으로서 합리적인 것으로 이미 판단된 가격이어야 한다.

지불 가능한 가격

지불 가능한 가격은 비교를 위해 사용되는 가격으로서 정부의 판단 결과, 경쟁적인 견적서, 종전의 계약 가격, 입증된 상업적 가격 또는 정부 예정 가격에 관한 정보를 근거로 납품받은 물품/용역에 대해 정부가 지불할 것으로 합리적으로 예상하는 가격을 말한다.

정부의 지불가능한 가격은 추정치이며 따라서 정부가 지불할 것으로 예상할 수 있는 가격을 어림잡은 수치라는 점을 유념해야 한다. 추정치는 부정확함을 내포하고 있다. 동 추정치가 타당성이 있고 정보를 사용하여 합리적인 근거에 따라 작성되었고, 가격분석을 거친 경우 정부의 지불가능한 가격은 협상을 위해 충분한 가격이 된다.

만약 계약 대상자가 정부예정가격보다 상당히 높거나 낮은 경우,

○ 예정가격과 견적한 가격 간의 상당한 차이가 발생한 이유를 조사하고 조사결과 파악한 내용을 서면으로 작성하고 그다음 정부가 의사소통 또는 협상을 개시해야 할지를 판단한다.
입찰 또는 협상 계약을 통해 계약을 체결함에 있어서 중요한 가격 관련 결정을 하여야 한다.

비교

비교를 하기 위해서는 제품이 반드시 동질성을 가질 필요는 없다. 그러나 정부가 가격의 적정성을 판단하려고 할 경우 만약 해당 품목들이 모든 면에서 동일하지 않는 경우 그 비교는 가치가 없다.

가격 분석 목적으로, 비교되는 품목들은 비교를 유용하게 할 수 있도록 하기 위해서는 충분히 유사한 특징 또는 품질을 보유해야 한다. 해당 품목이 유사할수록 그만큼 비교도 쉬워진다. 만약

정부의 조사 결과 상당한 차이점이 발견되었다면 그 차이점의 영향을 계량화하여(예를 들면 각기 다른 시점, 다른 장소 또는 다른 계약 조건에서의 각기 다른 제품의 취득) 가격의 적정성에 대한 유효한 결론에 다다르기 이전에 조정이 필요할 수 있다. 불일치 점이 크면 클수록 정부의 판단은 보다 주관적이 되며, 정부의 결론에 대한 의심이 더 커질 가능성이 있으며 그에 따라 정부의 분석이 설득력을 가질 가능성이 그만큼 더 적어진다.

다양한 비교

가격의 적정성을 판단함에 있어서 시장조사 동안에 수집한 정보를 사용하여 여러 가지 비교를 하고 가격 결정에 있어서의 신뢰성을 높인다. 예를 들면, 적절한 가격 경쟁은 통상 가격분석을 위한 최선의 기준의 하나로 간주 된다. 그러나 외형적으로는 경쟁이 이루어졌으나, 아직 비합리적으로 가격이 높은 경우가 있을 수 있다. 어떻게 그것을 아는가? 계약관은 다른 기준을 검토해야 한다 (예를 들면 과거의 계약 가격, 카탈록 가격 또는 시장 가격). 검토해야 할 비교의 수는 해당 구매에 수반되는 가격 결정 리스크에 따라 좌우된다.

만약 해당 정보를 가격 분석에 사용될 수 있는 형식으로 쉽게 확보할 수 있는 경우 그런 정보를 우선적으로 고려하라. 신속한 비교는 가격 적정성에 대한 정부의 신뢰를 증진 시킨다. 해당 가격이 너무 높거나 너무 낮거나, 최초의 비교 이후에 여전히 가격의 적정성에 있어서 확신이 서지 않는 경우 다른 비교를 고려할 필요가 있다.

비교 단계

각각의 서로 다른 비교는 서로 다른 정보를 수반하고 어떤 기준은 분석에 앞서 상당한 조정이 필요하다. 그러나 비교 프로세스는 다음의 5단계로 나누어 설명할 수 있다.

단계	조치	고려해야 할 사항
1단계	비교 대상 가격을 선택한다. ○ 다른 견적업체의 가격 ○ 상업적 가격 ○ 종전의 계약 가격 ○ 파라매틱 추정 가격 ○ 정부예정가격	○ 비교가 타당한가? ○ 보다 비교가능한 가격을 확보할 수 있는가? ○ 적절한 업체로부터 입수한 종전의 견적 가격을 검토하였는가? 적합한가? ○ 비교의 타당성과 종전에 지불한 가격의 적정성이 입증되었는가? ○ 비교를 위해 사용된 계약이 가격의 적정성을 확립할 수 있는 경우가 아니므로 가격을 종전의 가격과 비교하는 것이 부적절한가?

2단계	○ 비교에 영향을 미치는 요소를 파악한다.	○ 다음의 차이점을 포함하여 모든 잠재적 중요 사항을 고려하였는가? - 시장 및 경제적 상황 - 수량 및 규모 - 지리적 위치 - 구매력 - 경쟁의 정도 - 기술 - 계약 조건
3단계	○ 비교를 위해 선택된 가격에 대한 평가 항목의 잠재적 영향을 검토하라.	○ 충격의 정도는 어느 정도인가? ○ 이러한 평가 요소 및 그들이 미치는 영향에 비추어 해당 비교가 신뢰성이 있는가?
4단계	○ 비교를 위해 선택한 가격을 조정한다.	○ 가격에 영향을 미칠 수 있는 모든 평가요소를 고려하였는가? ○ 조정에서 어떤 기법을 적용 하였는가? ○ 산출된 추정치를 어느 정도 신뢰할 수 있는가?
5단계	○ 조정된 가격을 계약체결 가능성이 있는 견적 가격과 비교한다.	○ 각 비교에 어느 정도의 비중을 두어야 하는가? ○ 조정된 가격이 계약대상 견적 가격과 상당히 다른 경우 정부는 어떤 가격을 지불하기를 바라는가? ○ 주요 평가 요소가 파악되고 실질적인 차이가 해명되는가?

1. 비교 대상 가격 선정

여러 가지 가격 분석 기법을 위한 5가지 잠재적 기준을 정의한다. 각 기법기준을 정의한 후 각 기법 기준의 사용을 위해 특별히 유의 할 사항을 기술한다.

가격 분석 기법 잠재적 기준
가격 분석을 위해 다음의 기법 기준 중 하나를 선택할 수 있다.

○ 해당 유인/공고서에 응하여 접수된 다른 업체의 견적 가격 비교

○ 경쟁적 공표 가격 목록, 품목별 시장 가격, 유사 지수 및 할인 약정 또는 리베이트 약정을 포함한 상업적 가격과 비교

○ 동일 또는 유사 품목에 대한 종전의 견적 가격, 종전의 정부계약 가격, 정부기관 이외의 종전 계약 가격(다만 종전 견적 가격의 적정성 및 비교의 타당성 모두를 확인할 수 있어야 한다.)

○ 패러매틱 추정치

○ 정부예정가격

주요 가격 분석 기법 기준의 하나는 시장조사를 통해 확보된 동일 또는 유사 품목에 대한 가격이다. 시장조사가 상업적 가격, 종전의 견적 가격, 계약가격, 패라매틱 추정치 및 정부 예정가격을 포괄할 수 있으므로 가격 분석을 위한 이러한 기술 기준은 별도로 검토하지 않을 것이다.

통상, 가격분석에서 사용되는 비교의 유형은 계약 추정 금액에 따라 다르다.

소액 구매

소액 구매는 계약관 또는 지정된 자가 해당 가격을 적정한 것으로 간주한 경우, 경쟁적 견적서 징수 없이 계약을 체결할 수 있다. 가격의 적정성을 입증하는 데 소요되는 행정 비용은 그 노력으로부터 상계되는 절감액보다 더 높을 수 있으므로 가격의 적정성 입증은 단지 다음과 같은 경우에 한해 적용된다.

○ 정부가 해당 가격이 적정하지 않을 수 있다는 것을 암시하는 정보를 보유

○ 비교가능한 가격 정보가 쉽게 파악되지 않는 물품 및 용역

간이 구매

경쟁적 견적서를 비교하는 것은 간이 취득에서 가장 선호하는 방법이다.

○ 만약 1건의 견적서만을 접수한 경우 가격 분석을 위해 다음의 기준을 고려한다.

　- 시장조사 동안 파악한 가격

　- 종전의 구매에서 적정한 가격으로 판단된 가격

　- 현재의 가격표, 카탈록 또는 광고 가격

　- 관련 산업에서의 유사한 품목에 대한 가격

　- 가치 분석 동안 작성된 가격 추정치

　- 해당 품목 가격에 대한 개인적 지식

- 정부예정가격

- 가격분석을 위한 기타의 합리적인 기준

간이 취득 기준선을 초과하는 구매

타당한 지불가능 가격을 제공하는 것으로 믿는 모든 종류의 비교를 검토한다.

○ 예를 들면 귀하가 종전의 계약가격에 대한 자료를 보유하고 있고 그러한 자료들이 가격의 적정성에 대한 이전의 좋은 결정을 반영하고 있거나 동 자료가 타당성이 있는 것으로 믿을 이유가 있다면, 그러한 가격들을 계약대상업체의 견적 가격과 비교하라. 만약 귀하가 가격에 대한 이력을 확보하지 못하고 있다면, 가격분석을 위해 다른 비교 기법 기준을 적용해야 한다. 만약 종전의 계약가격과 비교하는 경우 수량, 경제적 조건, 계약조건의 차이점을 반영할 수 있도록 조정하여야 한다.

1) 견적 가격

견적 가격을 동일한 유인/공고서에 응하여 접수한 다른 견적 가격과 비교하는 것은 모든 견적서가 동일한 기간 동안에 동일한 수요조건을 충족하기 위해 제출되었으므로 일반적으로 가격 분석에서 가장 선호하는 기법 기준의 하나로 간주된다.

견적 가격의 사용

가격 분석을 위한 하나의 기준으로 사용되는 견적 가격은 다음의 일반 조건을 충족하여야 한다.

○ 가격이 계약체결을 위해 독립적으로 경쟁하는 업체가 제출한 것이어야 한다.
○ 가격이 정부 수요를 충족하는 견적서의 일부분이어야 한다.
○ 계약은 정부에게 가장 유리한 제안서를 제출한 업체와 체결되어야 한다.

2개 이상의 경쟁 업체가 있는 경우, 분석에서 동 2개 이상의 견적서를 사용할 수 있다. 계약체결 고려 대상이 되지 아니할 견적서의 가격을 가격 분석 기준으로 사용하지 말 것.

○ 이행 능력이 없는 업체로 판단한 업체의 견적서를 사용하지 말 것
○ 입찰에서 부적합(입찰 조건에 부동의 등)으로 판정된 입찰서를 사용하지 말 것
 - 협상 계약에서는, 기술적으로 부적합한 제안서의 가격을 사용하지 말 것. 통상적으로 다음의 경우에서의 다른 견적가격과 비교는 신뢰도가 높지 않다.
 - 해당 유인/공고서가 1개 이상의 유자격 업체에게 경쟁할 기회를 불합리하게 부여하지 못하는 조건으로 발급된 경우.
 - 계약대상 업체가 실질적으로 경쟁을 할 필요가 없는 결정적 우위에 있는 경우.
 - 계약 대상 업체의 가격이 차위 가격의 견적업체와 상당히 차이가 나는 경우(너무 높거나 낮은 경우). 이것은 입찰서상의 오류가 있거나 계약 조건을 잘못 이해하고 있음을 암시할 수 있다. 이러한 상황에서는, 견적자의 입찰서를 입증할 조치를 취하거나, 가격 분석을 위해 다른 기법을 사용해야 한다.
 - 또 다른 가격 비교, 원가 분석, 또는 원가 현실성 분석 등이 계약대상 견적서 가격이 부적정(너무 높거나 너무 낮은)할 수도 있음을 암시하는 경우.
 - 정부 구매조건상 업체가 계약이행에 대해 폭넓은 서로 다른 기술적 접근 방법을 허용하는 경우. 예를 들면, 도자기 잔과 종이컵이 모두 8온스의 커피를 담도록 요구하는 계약조건을 충족할 수 있다. 그러나 그것은 1불짜리 종이컵 가격이 5불짜리 도자기 잔 가격보다 적다는 이유만으로 그 가격이 적정하다는 것을 의미하지는 않는다.
 - 가격이 계약체결을 위한 견적서 평가에서 실질적인 평가항목이 아닌 경우. 또한 미국 감사원은 가격이 계약 결정에서 단지 20%의 비중을 가진 경우에도 적절한 가격 경쟁이 존재한 것으로 판단하였다.
 - 모든 견적업체와 계약체결하게 될 경우. 그러한 경우에는 공정하고 적정한 가격결정을 조성하는 충분한 경쟁적 압박이 존재하지 않을 수 있다.

2) 상업적 가격

상업적 가격이라 함은 특정 제품에 대해 일반 국민이 지불하고 있는 가격을 말한다. 그러한 가격은 그러한 제품을 구매하거나 그러한 제품과 유사한 제품을 구매하고자하는 경우에 비교 목적으로 사용될 수 있다. 구매 상황은 상업적 판매와 다를 수 있으나 상업적 판매에 대한 자료는 계약 가격 결정에서 사용되는 중요한 정보를 제공할 수 있다.

상업적 가격의 사용

상업적 가격 책정 정보원은 3가지로 분류할 수 있다.

○ 경쟁적 가격 목록

제작자 또는 공급업체가 정기적으로 유지관리하고 공표하거나, 또는 고객의 검증이 가능한 카탈록, 가격표, 스케줄, 기타 입증가능한 기록으로부터 확보한 가격을 말한다. 가격 책정 목적으로는 해당 견적서를 제출한 업체로부터 확보한 입증된 가격정보를 고려하거나 유사한 제품을 제공하는 다른 업체의 입증된 가격 정보를 고려할 수 있다.

○ 경쟁적 시장의 상품 가격

별도의 협상 없이 판매자와 구매자 간 일상적인 거래 과정에서 확립된 가격으로서 견적자와 무관한 공급원으로부터 입증될 수 있는 가격을 말한다.

통상, 시장 가격 결정 정보는 독립적인 시장 보고서로부터 확보되나, 시장 가격은 특정 사업 또는 시장의 업체를 조사한 방법으로 입증될 수 있다.

○ 유사 지수

위에서 언급한 수단 이외의 방법을 사용하여 확립된 상업적 품목 가격을 말한다. 예를 들면 어떤 견적자는 일정 기간 동안 상업적 고객에게 부과하였던 가격에 관한 정보를 제공할 수 있다. 그러한 가격이 제3자에 의해 독립적으로 입증될 수 없으므로 그러한 기록은 정가표 또는 시장 가격으로서의 자격은 갖지 못할 수도 있으나 동 자료는 해당 업체의 상업적 가격 책정 관행에 대한 좋은 기록을 제공한다.

할인 약정

상업적 판매는 통상적으로 고객의 종류별로 각기 다른 할인율을 포함하고 있다. 할인율은 통상 특정 업체의 시장 전략과 제품에 따라 다르다. 할인율에 영향을 미치는 일반적인 요소는 판매자가 제공하는 서비스(예를 들면 도매 판매 및 소매 판매)와 판매의 중요성(예를 들면 관련 금액 또는 다른 매출과의 관계)을 포함한다.

리베이트 약정

특정 기간 동안의 고객의 총 구매량을 기준으로 여러 가지 고객에게 리베이트가 제공되는 경우가 있다. 예를 들면 자동차 제작자는 통상적으로 딜러에게 총 매출액을 기준으로 리베이트를 제공한다. 딜러의 이윤은 리베이트 금액을 기준으로 정해진다.

계약 상황의 차이

정부의 계약 상황이 상업적 시장에서의 상황과 다르다는 사실을 유념하라. 예를 들면 업체는 정부가 필요로 하지 않은 서비스를 상업적 고객에게 제공할 수도 있다. 정부가 덜 받는다면 정부는 덜 지급하여야 한다. 정부는 상황의 차이를 파악하고 그 차이가 가격에 미칠 영향을 판단해야 한다. 이러한 분석은 정부 계약과 관련되는 조건의 협상(가격을 포함) 및 관련 가격의 적정성 판단의 기준을 형성하게 된다.

3) 종전의 견적 가격 및 계약 가격

종전의 가격

종전의 견적 가격 및 입증된 계약가격(정부 또는 정부 이외의 계약)은 과거의 구매 활동 관련 가격으로서 동일 또는 유사 품목에 대해 지불한 역사적 가격이다. 특정 가격과 관련된 구매는 유사한 제품 수요를 가진 귀하의 기관 또는 다른 기관에 의해 이루어질 수도 있다. 비교를 위해 사용되는 종전의 가격은 비교분석을 위해 사용되기 위해서는 입증이 되어야 하고 최신의 가격이어야 한다.

종전의 가격 이용

가격의 적정성을 분석하기 위해 종전의 가격자료를 사용하고자 할 경우 다음 사항에 대해 의문을 가져야 한다.

○ 그 제품을 종전에 구입한 적이 있는가?

귀하가 소속된 기관 또는 다른 기관이 해당 제품을 구매하였을 가능성이 있다.

○ 종전의 구매 가격은 얼마인가?

구매 파일, 컴퓨터 자료 파일, 또는 재고 목록 기록으로부터 자료를 확보할 수 있다.

○ 동 종전의 구매 가격이 공정하고 적정한 가격이었는가?

특정 견적 가격의 적정성을 판단함에 있어서 사용할 수 있는 종전의 가격에 대해 동 가격이 공정하고 적정하였는지를 파악해야 한다. 통상 특정 품목의 구매 내력을 검토하고 지난번 지불한 가격이 지난번 취득과 현재의 구매 간 사이에 상당한 시간이 경과하였고 조건이 상당히 다르며 수년간 사용되어 가격의 적정성 판단이 불확실할 수 있다는 점이 발견될 수 있다는 점을 유념해야 한다. 한 연구에서 여러 가지 품목에 대한 전체 가격 이력을 검토한 결과 첫 번째 이외의 모든 구매에서의 가격의 적정성 판단 근거는 종전의 계약 가격이었다. 분석결과는 첫 구매는 다수 품목 취득이었고 전체적 취득 가격에 대한 적정성 분석은 있었으나 개별품목의 가격에 대한 적절성을 판단하지는 않았다. 달리 말하자면 수년 동안 계약관은 가격 적절성을 첫 번째 구매에서 이루어진 독단적인 결정을 기반으로 하여 가격이 적절하다고 판단 한 것이다. 분석은 종전의 가격이 적절한 가격 또는 원가 분석을 기반으로 공정하고 적절한 것으로 판단되었으며 그 기준은 입증될 수 있는지를 보장할 수 있어야 한다. 다른 기관의 구매에 있어서는 해당 기관과 접촉 적절한 가격/원가 분석이 이루어졌는지를 확인할 필요가 있다.

○ 비교가 타당한가?

타당한 비교가 되기 위해서는 계약가격에 심각한 영향을 미칠 수 있는 품목 또는 시장의 차이를 파악하고 고려할 수 있어야 한다. 적절한 분석은 종전의 가격이 상당한 시간 경과가 없고 계약조건이 상당한 차이가 있는 것이 아니라는 것을 확인하는 방법으로 종전의 가격이 공정하고 적정하다고 판단한 기준을 입증하여야 한다. 만약 이러한 조건을 충족하지 못하거나 서류에서 구비되어 있지 않는 경우 종전의 가격은 비교를 위한 타당한 기준이 될 수 없다.

○ 조정된 가격인지?

종전의 가격은 조건, 수량, 시장 및 경제 사항을 감안하여 조정되어야 한다. 유사한 품목에 대해, 계약관은 유사 품목과 구매하고자 하는 품목 간의 실질적 차이점을 고려하여 종전의 가격을 조정하여야 한다.

4) 패러매틱 추정

원가 추정 상관 계수는 패러매틱 추정치를 산출하기 위해 사용된다. 원가 추정 상관 계수는 하나 이상의 제품 외형 또는 작업이행과 지난 가격과의 관계를 기반으로 하여 가격을 측정하는 공식이다(예를 들면 파운드 당 금액 또는 마력당 금액).

품목가격을 하나 이상의 외형적 특징 또는 작업 이행 특징의 가치와 결부시킬 수 있는 경우, 그 관계를 사용하여 유사한 제품의 가격을 추산할 수 있다. 예를 들면 건설업자는 통상 빌딩의 면적에 평방 미터당 추정 원가를 곱하는 방법으로 발주한 빌딩 가격을 추정한다. 그러나 혹독한 기후 환경을 견딜 수 있는 빌딩과 철제 빌딩 같은 재료의 차이 또는 조건을 유의해야 한다.

패러매틱 추정은 동 품목들이 상관계수를 설정하는 데 사용될 자료 범위 이내에 있는 경우에만 사용할 수 있다.

원가 추정 상관계수의 사용

가격의 적정성을 판단하기 위해 원가 추정 상관계수 사용을 고려하는 경우, 다음 사항에 대해 의문을 가져야 한다.

○ 해당 원가 추정 상관계수가 시장에서 널리 인정되고 있는지?

구매자 및 판매자 모두 특정 상관 계수의 타당성 및 추정에 사용되는 가치의 적정성에 관해 동의하는지를 검토한다. 판매자는 통상 구매자가 인정하는 것보다 더 높은 추정치를 산출하는 상관계수를 사용할 수 있다.

○ 원가 추정 상관계수가 합리적인 결과를 산출하는지?

원가 추정 상관계수를 사용하는 자는 동 상관 계수가 적절한 추정치를 산출하는지를 입증할 책임을 부담한다. 사용자는 상관계수를 산출하는 데에 사용된 자료와 계산방법을 입증할 수 있어야 한다.

○ 원가 추정 상관계수가 얼마나 정확한지?

사용 중인 제품 자료 및 가격의 타당성을 입증하라. 결과에 대한 정확도를 조사한다. 적절하게 산출된 가격 상관계수일지라도 항상 가격을 정확하게 예측하지는 않는다는 것을 유념하라. 어떤 상관계수는 매우 정확하고 또 다른 상관계수는 적절한 가격을 어림할 수 있게 할 정도이다. 만약 변화폭이 넓고 가격의 적정성을 판단할 수 있는 다른 수단이 없는 경우 필요한 자료를 업체에게 요구해야 한다. 연관계수 정확도가 감소하면 가격 결정에서 동 상관 계수에 두는 비중은 감소해야 한다.

5) 정부 예정 가격

이름이 암시하는 바와 같이 정부 예정가격(독자적 정부 추정가격)은 정부에 의해 산출된 추정치이다. 3가지 유형의 정부예정가격을 정의하고 검토하고자 한다.

○ 가장 일반적인 정부예정가격은 독자적인 원가 추정치로 알려진 것으로 구매요청서에 첨부된다.
○ 가치적 분석 추정치는 제품의 기능과 그와 관련된 가격에 대한 전문적 분석 결과를 말한다. 동 가치적 분석 추정치는 문자 그대로 품목이 어떤 방법으로 만들어졌으며 어떤 이유로 그러한 비용이 들어가는지를 판단하기 위해 품목을 분해하는 것을 수반한다.
○ 시각적 분석 추정치는 발생 가능한 가치를 추정하기 위한 시각적 검사 또는 품목의 도면으로부터 산출된다.

예정가격 사용에 관한 일반 지침

예정가격은 견적가격에 대한 비교를 위해 사용되는 유용한 도구이다. 예정가격은 정부의 계약조건을 충족하는 것으로 판단된 가장 최근의 자료를 바탕으로 작성되며 구매요청서에 첨부되어야 한다. 제출된 원가 추정치는 정부 추정치에 대한 기준을 포함하여야 하며 동 정부 추정치는 가격기준이든 원가 비목 기준이든 간에 현재의 입증된 자료를 이용하여 산출되어야 한다. 만약 입증을 위해 산업 표준을 사용한 경우 선택한 산업 표준이 가장 적절한 근거가 되는지를 기술하여야 한다. 금액, 조달 유형, 및 조달의 복잡성은 예정가격의 정밀성을 결정한다. 원가 추정치는 비교 기준으로서 사용하기 위해 업체의 제안서와 정확하게 일치할 필요는 없으나 추정치에 대한 정부의 접근 방법이 업체의 정부 구매조건이해와 어떻게 비교되는지를 판단할 수 있는 적절한 정보를 보유해야 한다. 비교에 있어서 차이점은 분석되어 서류로 작성되어야 한다. 예정가격은 견적업체의 접근방식이 정부가 고려하지 못한 차이점이 존재할 수 있으므로 업체의 견적 가격으로 조정해서는 안 된다. 분석가는 추정치를 구성하는 정보의 기준 또는 정보원의 타당성을 입증하는 적절한 진술서를 작성하여야 한다. 정부예정가격의 세부내용은 경쟁이 존재하지 않는 단일 공급원 환경이거나 업체로부터의 원가/가격 자료의 징구를 면제한 경우 더욱 더 중요하다. 예정가격은 또한 2개 이상의 견적서가 접수되었으나 단지 한 건의 견적서만이 기술적으로 수락 가능한 것으로 판단되는 경우 비교 기준으로서 사용될 수 있다. 정부예정가격을 견적 가격과의 비교 기준으로 사용하기 전에 정부예정가격에 대해 다시 한번 의문을 가져라.

○ 추정치는 어떤 방법으로 산출되었는지?

○ 어떤 추정을 하였는지?

○ 비교 작업지시서의 차이를 감안되었는지?

○ 어떤 정보와 도구가 사용되었는지?

○ 정보는 어디에서 확보하였는지?

○ 종전의 추정치는 최종적으로 지불한 가격과 비교하여 어떠하였는지?

○ 독특한 계약조건이 종전의 조달 건에 적용되었으나 현재는 적용되지 않는지?

가치 분석 사용을 위한 특별 유의 사항

제품의 복잡성에 관계없이 어느 제품에나 가치분석 기법을 적용할 수 있다. 그러나 일반적으로 요청한 분석 시간과 비용보다 더 많은 혜택을 주는 잠재적 비용 절감을 제공하는 제품만을 고려하여야 한다.

가치 분석은 대체 가능 제품과의 비교하여 제품가치에 관한 정보를 제공한다.

가치 분석은 특히 다음의 경우 유용하다.

○ 동 정부 예정가격이 유일하게 사용가능한 가격 분석 기법 기준이거나,

○ 해당 제품이 견적한 가격의 가치가 없는 것으로 보이는 경우

효율적으로 분석하기 위해서는 해당 제품을 잘 아는 자, 또는 제품의 실질적 차이를 잘 아는 자로서 정부의 사용 용도를 잘 아는 자가 수행해야 한다. 실제의 분석은 다음 5가지 단계를 따른다.

① 현재의 제안서 또는 다른 추정치를 기준으로 취득 원가를 결정하라.

② 정부의 구매 요청 서류가 정부의 최소한의 수요를 충족하는지 확인하라.

③ 정부의 최소한의 수요를 충족하는 대체품 또는 방법을 파악하라. 이것은 통상 분석의 핵심 단계가 된다. 다음은 귀하가 고려하여야 할 질의내용의 예시이다.

○ 제품의 어떤 부분이 생략될 수 있는지?

○ 표준 부품이 특수 부품으로 대체할 수 있는지?

○ 더 비용이 적게 드는 재료 또는 방법을 사용할 수 있는지?

○ 서류작업이 감축될 수 있는지?

○ 제품을 보다 경제적으로 포장할 수 있는지?

④ 정부의 최소한의 수요를 충족할 수 있는 대체품 또는 방법과 관련된 비용을 추정한다.

⑤ 현재의 가격에 대한 적절성에 대해 서류를 작성하거나, 적절한 변경을 추천한다. 가치 분석 프로세스 및 결과를 명확히 서류로 작성하여 계약파일에 동 서류의 사본을 첨부되도록 하라. 입수한 가치가 견적 가격을 지지한다고 확신하는 경우 그러한 정보를 사용하여 가격의 적정성 결정을 입증한다. 만약 확신하지 못하는 경우 동 정보를 사용하여 인식한 가치에 맞는 가격을 제시하기 위한 노력하였다는 것을 문서로 작성 보존한다.

예시
......
구두 1켤레를 구매하고자 한다고 가정하자. 구두는 걷고, 발을 보호하고 발을 따뜻하게 하고 외관을 보기 좋게 하기 위해 사용된다. 구두가 매혹적으로 보인다면 그 구두는 어떤 특별한 디자인과 질 좋은 재료를 사용하여 제작되었을 것이다. 만약 외관이 정부에게 중요하지 않는다면 덜 매력적이고, 비용이 적게 드나 내구성이 더 좋은 재료를 사용할 수 있을 것이다. 필요한 재료의 품질

을 변경함으로써 가격은 변할 수 있다.

시각적 분석 사용 시의 유의 사항

시각적 분석에서 분석가는 가치와 관련 가격을 파악하기 위해 제품의 외부적 특성을 검토한다. 이러한 기법은 기술적 전문가가 특정 제품을 다른 제품과 시각적으로 비교하는 것에 불과하다. 상세한 가치 분석에 필요한 분석 비용 및 분석 시간을 투입할 가치가 있는 잠재적 원가 감축을 제공하지 못하는 제품에 대해서는 가치 분석 대신에 가격결정 수단으로서 시각적 분석의 사용을 고려한다. 또한 대량의 제품을 검토하여 상세한 가치분석과 관련되는 시간과 비용을 투입할 가치가 있는 잠재적 비용 감축을 제공할 것인지를 파악하기 위해 가격결정 수단으로서 시각적 분석의 사용을 고려한다.

2. 비교에 영향을 미치는 요소를 파악한다

가격을 비교할 때에 비교에 영향을 미치는 사항을 고려해야 한다. 다음 사항은 많은 가격 비교에 영향을 미치므로 특별히 유의할 가치가 있다.

○ 시장 상황
○ 수량 또는 규모
○ 지리적 위치
○ 구매력
○ 경쟁범위
○ 취득 조건
○ 기술
○ 정부 특유의 수요 조건

시장 상황

시장 상황은 변한다. 통상, 시간의 경과는 공급, 수요, 기술, 제품 디자인, 가격 결정 전략, 공급업체에게 영향을 미치는 법률, 비용 및 기타의 사항에 있어서의 변화를 수반한다. 단순한 물가상승 조정을 통하여 5년간 격차가 있는 2개의 가격을 동일시하기 위한 시도는 성공하기 어려울 수 있다. 시장의 너무 많은 특성이 변하였을 가능성이 있다.

일반적으로 입수가능한 가장 최근의 가격을 선택한다. 종전 취득과 현재 취득 간의 경과 시간의 간격이 클수록 시장 상황 차이의 충격이 더 클 수 있다. 만약 현재의 견적서와 종전의 가격을 비교하고자 하는 경우 이상적인 비교는 어제 타결된 계약 가격과 비교하는 것이다. 그러한 비교는 시장 상황에 미치는 시간의 영향을 제한할 수 있다. 그러나, 그 가격이 단순히 가장 최근의 가격이라는 이유만으로 비교를 위해 어떤 가격을 선택해서는 안 된다. 그 대신 유사한 조건과 시장 상황에서 정해진 가격을 찾아라. 예를 들면 10월에 상품을 구매하고자 하는 경우 특정 품목에 대한 시장에서의 수요와 공급의 패턴을 감안하면 전년도의 10월의 견적서를 현재의 가격과 비교하는 것이 지난 2월 지불한 가격과 비교하는 것보다 더 나을 수 있다.

시장 상황의 추세와 패턴에 관한 입수 가능한 가장 최근의 자료를 고려하라. 자료 수집과 계약 체결 사이의 시차가 발생한다는 점을 유념하라. 그 기간 동안의 시장 상황의 변화는 수집한 자료의 유용성을 떨어뜨릴 수 있다.

수량 또는 규모

수량의 변화는 단위당 가격에 상당한 영향을 미칠 수 있다. 수량의 변경은 인상효과, 인하효과 또는 아무런 효과가 없을 수도 있다.

물품 및 장비 취득에 있어서 우리는 통상 공급이 클수록 단위당 가격이 낮아진다고 추정한다. 규모의 경제가 수반되는 경우 그러한 현상은 일어난다. 그러나 규모의 경제가 항상 적용되는 것은 아니다.

○ 일정 지점 이상으로 납품지시 규모를 확대하면 공급자의 공급능력에 부담을 주어 가격이 더 높아질 수도 있다.

○ 시장의 힘은 특정 업체에게 기회비용을 부과하여 그 결과 규모가 클수록 단가가 더 높아지는

결과가 초래될 수도 있다. 예를 들면, 기름 가격이 12개월 동안 20% 인상될 것으로 예상되는 경우 공급업체는 가격이 더 높아지는 후기에서 판매할 목적으로 일정 부분을 철회하는 선택을 할 수도 있다. 그러한 시장에서 가격에 관한 구매 수량의 영향은 예상한 바와 다를 수 있다. 어떤 지점에서 더 가격이 낮은 기름의 공급이 소진됨에 따라 수량의 증가는 단가의 인상을 초래하게 된다.

의미 있는 가격 비교가 되기 위해서는 수량이 가격에 미치는 영향을 고려하여야 한다. 그렇게 하기 위한 최선의 방법은 동일한 수량을 기준으로 비교 대상 가격을 선택하는 것이다. 만약 그것이 불가능하다면 구매시점에서의 시장 상태 및 구체적인 공급업체를 조사한다.

지리적 위치

지리는 비교에 일정범위에서 영향을 미칠 수 있다. 국내적으로 광고를 하는 대다수 제품 가격은 장소에 따라 다르지 않다. 그럼에도 불구하고 지리적 위치는 비교에 영향을 미칠 수 있으므로 맨 처음 견적 가격을 동일한 지역에서 입수한 가격과 비교하도록 해야 한다. 주요 도시에서 일반적으로 그 지역에서 가격 분석을 위한 비교가능한 기준을 파악할 수 있다. 전 지역에 걸친 가격을 비교하여야 하는 경우 비교를 향상하기 위해 다음 조치를 취한다.

○ 가격비교에 영향을 미칠 경쟁 수준에서의 차이를 점검하라.

○ 타당한 가격 비교를 위해 상쇄되어야 할 노임의 차이를 파악하라.

○ 운송조건과 수반되는 비용을 점검하라. 이러한 것들이 상당히 다를 수 있다. 특히 화학 제품 및 기타의 위험한 물질에서 그러하다.

○ 지리적 특징과 추세를 파악하라. 예를 들면, 특정 품목은 미국 동부 해안지역 보다 서부지역에서 더 비쌀 수도 있다. 같은 지역이라도 중심부의 사무실 임대료가 외곽지역보다 더 높다.

구매력

물가상승은 화폐의 실제 가치를 약화시켜 비교가능성을 훼손한다. 시간이 지나도 가격은 동일한 통화로 표현되므로 비교가 의미를 가지려면 액면가격은 비슷한 구매력을 가져야 한다. 우리는 통상, 가격 지수를 사용하여 시간이 경과함에 따른 원화 가치의 변화에 맞추어 조정할 수 있다.

경쟁의 범위

하나의 가격을 다른 가격과 비교할 때에, 그 가격을 결정하는 경쟁적 환경을 평가한다. 예를 들면 우리는 지난해의 경쟁적 가격을 동일 품목에 대한 현재의 견적서와 비교할 수 있다. 그러나, 지난번의 조달이 경쟁이 없이 이루어진 경우 분석가는 비교를 위한 타당한 기준이 될 수 있을 정도로 중요한 차이가 없다는 것을 확인하기 위해서는 해당 계약 조건을 이해할 필요가 있다. 빈약하게 작성된 시방서와 수요의 긴급성이 결합하여 지난번의 계약을 경쟁이 불가능하게 되었을 수도 있으나 현재 시방서는 재작성되었고 납기도 긴박하지 않다. 그러한 상황을 감안하면 현재의 견적은 지난해의 최저가격과 같거나, 적을 수 있으나 여전히 합리적인 가격은 아니다.

계약조건

계약과 관련되는 조건은 패킹, 납기, 금융지원, 할인, 지불조건 등을 포함한다. 분석가는 가격을 검토하기 이전에 이러한 차이점을 감안하여야 한다. 이렇게 하여야 가격이 불합리하게 결정된다는 전제가 발생되지 않는 것이다. 90일 이내에 납품하는 조건의 계약 가격은 계약업체가 추가로 직원을 고용해야 하거나 더 짧은 납기를 맞출 수 있도록 신속히 제작하기 위해 시간외 수당을 지불할 수도 있으므로 180일 이내의 납품 조건에서의 가격보다 더 높을 수 있다. 통상적인 제조 범위 이내에 있지 않은 요구조건이나 납기제약 등은 평상시의 가격보다 훨씬 더 가격을 높이는 역할을 할 수 있다. 예를 들면 정부가 10개의 장치를 유인/공고 공고하고, 단일 철도 차량에 대한 전체 적재량이 될 수 있는 50개가 생산되기도 전에 납품을 하도록 요구하는 경우 계약자는 이런 특수한 상황을 감안하여(10개를 운송하는 데에 차량 1대 전체를 사용하는 비용을 지불하게 되므로) 가격을 상향 조정한다. 10개의 장치는 차량 1대의 용량의 20%이나 운송비는 변하지 않는다. 10개의 운송비용은 50개를 운송할 비용으로 증가한다. 정부의 요구사항을 기준으로 업체는 가격을 제시하며 그러한 조건을 기준으로 제시한 가격은 합리적인 것으로 판단될 수 있다.

기술

사양산업의 제품 가격은 기술이 올라가는 비용을 따라잡을 수 없으므로 높아질 수 있다.

역으로 성장기업에서의 기술의 발전은 가격을 낮출 수 있다. 컴퓨터 산업이 그 예이다. 엔지니어링 또는 디자인 변화도 감안하여야 한다. 이것은 귀하가 새로운 또는 수정된 외형을 파악하여 가격에 미치는 영향을 추정해야 한다는 것을 의미한다.

정부 특유의 시방서(계약조건)

종종 정부 시방서는 유사한 제품의 상업적 시방서와 다소 다른 경우가 있다. 문제는 그러한 변화가 가격에 미치는 영향이다. 예를 들면 정부는 해군 함정의 카펫은 상업적 카펫보다 훨씬 더 불연성이 강해야 된다고 요구할 수 있다. 그것은 다른 상업적 카펫보다 가격면에서 상당한 차이가 나는 것을 정당화할 수 있다.

이와 유사하게, 계약서에 상업적 거래에서는 요구되지 않는 계약조항을 포함시킬 수 있다. 결국, 상업적 가격의 견적의 비교가 어려울 수 있다. 특유의 독특한 계약 조항은 가격에 영향을 미치나 그러한 영향을 금액으로 환산하기는 매우 어렵다. 정부의 시방서가 상업적 시방서와 다를 수 있듯이 특정 시점 및 장소에서의 정부 시방서(구매조건)가 다른 시점 및 장소에서의 계약조건과 다를 수 있다. 이러한 차이 또한 가격비교에 영향을 미치게 된다.

3. 확인된 평가요소의 영향을 판단한다

일단 비교에 영향을 미칠 요소가 파악되면, 견적 가격과의 각 구체적 비교에 미치는 영향을 판단해야 한다. 가격비교에 대해 여러 가지 요소가 미치는 영향을 판단할 시에는 다음의 질의를 자문해야 한다.

○ 어떠한 요소가 구체적인 비교에 영향을 미치는가?
○ 그러한 요소가 비교에 어떻게 영향을 미치는가?
○ 제한이 있음에도 불구하고 이러한 비교가 가격분석에 영향을 미치는지?

다른 견적 가격

봉함(사전 개봉이 금지되어 있는) 입찰에서, 모든 입찰서는 입찰서에 명시된 계약조건에 맞추어 가격을 정한다. 경쟁적 가격과 비교하는 방법은 간단한 비교방법으로서 평가 프로세스가 가격 관련 평가항목의 사용을 수반하지 않는 한 통상적으로는, 조정이 필요하지 않다.

다음의 경우에는 제안서의 비교는 입찰서 비교와 같이 단순하지 않을 수 있다.

○ 계약 대상에 들어 있는 견적서가 유인/공고서에서 정한 조건을 벗어난 경우
    만약 그 일탈이 계약조건을 충족하지 못하나, 정부에게 수락 가능한 경우 다른 업체에게도 수정된 조건을 기준으로 수정 제안서를 제출할 기회를 제공한다.
○ 견적서가 기능적 요건 또는 성능 충족 접근 방식이 근본적으로 상이한 경우
    "도자기 컵과 종이컵 모두 8온스의 커피를 담을 수 있어야 된다."는 용기의 조건을 충족할지라도 도자기 가격은 종이컵의 가격이 합리적인지를 판단하는 데에 거의 도움이 되지 않는다는 것을 상기하라.

상업적 가격

다음 사항이 가격분석 비교에 얼마나 영향을 미쳤는지의 질의에 특별히 유의한다.

○ 상업적 고객과 정부고객에게 제공한 서비스 간에 차이가 있는가? 공표가격은 소매, 도매 또는 판매 전문 업자의 가격인가?
○ 정부의 구매조건과 유사한 조건으로 상업적 고객이 지불한 가격과 카탈록 가격간 차이가 있는가?
○ 고객층이 다르면 가격도 달라지는가(예를 들면 다양한 고객층, 일반국민, 브로커, 소매업자 등)별로 각기 가격이 다른지)?
○ 어떤 특별 할인 또는 리베이트가 상업적 고객에게 제공되는가?
○ 공표가격이 이미 매출을 발생시킨 경쟁적 시장 범위 이내에 들어 있는가?
○ 판촉 목적으로 추가 부담 없이 상업적 고객에게 추가로 제공된 가치(예를 들면 무료 포장, 무료 운송, 무료 보험 등)는 무엇인가?

종전의 견적 가격과 계약 가격

최소한 다음 사항을 자문한다.

○ 계약 체결상황에서의 구체적 변화가 계약가격에 어떻게 영향을 미쳤는가?

　종전 상황에서의 취득 상황을 이해하고 현 취득 상황과 어떻게 다른지를 이해할 필요가 있다. 주요 데이터 항목은 다음과 같다.

　　- 공급원

　　- 수량

　　- 생산 대비 납품 비율

　　- 스타트업 비용

　　- 구매 조건

○ 일반적 경제 상황에서의 변화가 계약 가격에 어떠한 영향을 미치는가?

　구매추진중인 제품과 관련하여 일반적인 물가 상승 또는 인하수준에서 일반적인 경제 변화가 반영된다.

패라매틱 추정치

모든 가격 책정 기준은 종전이 가격 정보를 바탕으로 하고 있다.

또한 이전의 상관관계가 여전히 유효한지 의문을 가져야 한다. 최소한 다음 사항을 고려한다.

○ 시장 상황에서의 변화가 가격 추정 관계에 어떠한 영향을 미쳤는가?

○ 기술의 변화가 가격추정 관계에 어떠한 영향을 미쳤는가?

○ 생산 효율성의 변화가 가격 추정 관계에 어떠한 영향을 미쳤는가?

○ 원화의 구매력 변화가 가격 추정 관계에 어떠한 영향을 미쳤는가?

정부예정가격

정부예정가격 특히, 예산 편성 같은 목적으로 이전에 작성된 정부예정가격은 이미 타당성을 상실할 수 있다. 예산 낙관론 또는 비관론은 예산 편성에 대해 상당한 영향을 미칠 수 있다. 또한 많은 예정가격은 실제의 계약 집행이 시작되기 1년 전에 작성되었기 때문에 정확하지 않을 수 있다.

4. 선택한 가격을 비교를 위해 조정한다

조정이 필요하지 않는 가격분석 비교 기법 기준이 있는 경우 그것을 이용하라. 만약 조정을 해야 한다면 가급적 객관적으로 조정을 하라. 비교를 위한 공통 기준을 설정하기 위해 통계적 기법이나 대수적 공식을 사용할 필요가 있을 수 있다. 비교가능성을 설정하기 위해 2가지 기본적 업무를 완수해야 한다.

○ 비교가능성에 영향을 미치는 요인을 감안하여 가격 관련 차이점을 파악 서류로 작성한다.
○ 가격관련 관련 차이점을 고려한다. 비교를 위한 공통기준을 설정하는 방법으로 비교가능성을 복원하기 위해서는 각 각의 파악된 차이점에 금액 가치를 배정하여 한다. 정부 계약에 특유한 계약 조건의 비용은 추정하기 어려우므로 매우 신중을 기하여야 한다.

다른 견적 가격
유인/공고서에서 정한 가격 관련 평가 항목을 적용하여 서로의 비교를 위해 견적 가격을 조정한다.

기타의 정보
확보한 정보를 이용 정부가 지불해야 하는 가격을 추정하여보라. 확보한 정보를 이용 계약가격에 미치는 각 평가요소의 영향을 추정하라. 이러한 시도에서 적절한 계량적 분석 기법을 사용하라.

관련 요소에 대한 가격을 객관적으로 조정할 수 없는 경우 주관적 판단을 할 필요가 있을 수 있다(예를 들면, 정부 특유의 조건이 가격에 미치는 영향을 추정).

주관적인 조정이라도 특정 조달의 정부 특유의 목적에 대한 타당한 근거가 있어야 한다.

모든 취득 상황은 서로 다른 수 있다. 사용하는 방법이 무엇이든 간에 언제나 사용한 정보 및 조정을 할 때에 동 자료를 사용한 방법을 기록으로 남겨야 한다.

5. 조정된 가격들을 비교한다

조정된 가격을 사용 적절한 가격 범위를 추산한다. 지불해도 좋은 가격으로 가장 적정한 것으로 보이는 가격을 사용한다.

만약 지불가능한 가격이 계약대상 견적서와 상당히 다른 경우 그 차이를 분석하라.

다른 견적 가격

경쟁 상대의 견적서를 비교하는 것은 통상 가장 쉬운 가격 분석 형태이다. 또한 그것은 경쟁적 시장 범위 이내에서 동일한 시장 조건하에 동일한 구매조건을 충족하기 위해 작성된 견적서를 비교하기 때문에 가장 타당한 경향을 나타낸다. 그러나 이런 유형의 비교에 두는 비중은 구매의 상황에 따라 다르다. 다음의 경우 경쟁 상대의 가격에 대한 비중을 적게 둔다.

○ 충분한 가격 경쟁이 존재하지 않는 경우(견적의 수와 관계없이). 그러한 경우에는 비중은 0 이어야 한다.

○ 제출한 견적서 중 이행 능력이 있고 적합한 견적서가 비교적 소수인 경우(특히 관련 유인/공고 조건이 불합리하게 업체의 경쟁기회를 제약한 경우).

○ 계약 대상자가 부당한 경쟁적 우위를 누리는 것으로 보이는 경우.

○ 성과 규격 또는 기능적 규격을 사용함으로서, 계약대상자의 견적 방식이 상업적 계약 또는 종전의 계약에 따라 수행된 된 용역 이외의 다른 견적 방식에 비해 유사성이 적은 경우.

○ 계약체결대상 물품이 다른 견적 물품과 유사성이 적은 경우.

○ 계약대상자의 견적이 다른 견적을 상당히 벗어난 경우.

○ 계약대상 견적이 다른 종류의 비교로부터 도출된 지불가능한 추정가격을 상당히 벗어난 경우(다른 비교가 신뢰할 수 있고 지불가능한 가격의 타당한 지표가 되는 한).

○ 취득 비용이 상당한 경우. 계약 금액이 클수록 서로 다른 종류의 비교 금액 차이에 더 큰 비중을 두어야 한다.

상업적 가격

상업적 가격에 두어야 할 비중을 판단하기 위해 다음 질의를 한다.

○ 견적자가 견적가격과 상업적 가격 간의 차이를 설명할 수 있는가?

견적업체는 견적가격과 상업적 가격간의 차이에 대해 설명할 수 있어야 한다. 단일 제품을 기준으로 유사한 제품군에 대한 가격을 정할 수 있다. 예를 들면 라디오 수신기는 다른 시스템과 작동하기 위해 서로 다른 컨넥터와 어뎁터를 필요로 할 수 있다.

부품 번호는 각 시스템별로 다를 수 있으나 기본 구성품은 동일하다. 견적업체가 기본 구성품 가격을 사용하고 추가적인 기기의 비용을 더하는 방식으로 여러 가지 관련 제품 가격을 입증할 수 있다면 그러한 자료를 사용하여 전체 제품군의 가격을 정할 수 있다.

○ 구매상황이 전형적인 상업적 시장 상황과 다른가?

상업적 가격 책정을 근거로 하여 원가 자료의 제출 면제가 허용되었다 하더라도 동 상업적 가격을 계약가격으로 받아들일 필요는 없다. 구매 상황이 다르다고 생각한 경우 다른 가격을 협상해야 한다.

○ 다른 가격분석 기법 기준으로 견적 가격이 적절하다는 것이 입증되는가?

다른 기법 기준이 견적 가격이 공정하고 적정하다는 것을 시사하는 경우 그러한 정보를 사용하여 가격 협상 목표를 설정하라.

종전의 견적 가격 및 계약가격

종전의 가격과 비교에서의 비중을 결정하기 위해 다음 질의를 하라.

○ 견적 가격이 계약상황의 변화를 감안할 시에 종전에 지불한 가격과 비교하여 어떠한가?

정량적 기법을 사용하여 계약상황 변화를 반영, 가격을 조정한다. 만약 정량적 기법을 사용하여 조정할 수 없는 경우 정성적으로 변화를 분석해야 한다.

○ 다른 종류의 가격 비교는 견적가격이 적정하다는 것을 입증하는가?

취득 상황의 변경으로 인해 이전의 가격은 통상적으로 가격의 적정성을 판단하는 정확한 기준을 제공하지 못한다. 가급적 다른 가격 분석 기준을 사용하여 견적 가격이 공정하고 적정한지를 입증하라.

패러매틱 추정치(개괄적인 추정치)

개괄적인 추정치에 관한 비중을 판단하기 위해 다음 질의를 한다.

○ 견적 가격은 가격 결정 상관계수를 사용하여 작성한 가격과 비교하여 어떠한가?

지불가능한 가격을 추정하기에 적합한 가격 분석 기법을 사용하라. 견적 가격을 추정 가격과 비교하고 분석에서 사용한 기법과 판단을 서류로 작성한다.

○ 다른 종류의 가격 비교는 견적 가격이 공정하다는 것을 입증하는가?

품목의 차이로 인해 가격 상관 계수는 통상적으로 가격의 적정성을 입증하거나 부인할 수 없다. 가급적 다른 가격과의 비교를 통하여 견적 가격이 공정하고 적정하다는 것을 확인하라.

정부예정가격

정부예정가격에 의존하는 것은 항상 다음 질의에 대한 귀하의 답변에 의해 조정될 수 있다.

○ 동 예정가격이 어떤 방법으로 작성되었는가?

○ 어떤 추정을 하였는가?

○ 어떤 정보와 도구를 사용하였는가?

○ 정보를 어디에서 확보하였는가?

○ 종전의 예정가격은 계약 이행 후의 지불가격과 비교하여 어떠하였는가?

○ 예정가격이 입증된 정보의 지원을 받았는가?

견적업체의 자료를 이용하여 작성되었거나 단순히 추측에 의해 작성된 정부예정가격에는 의미를 부여해서는 안 된다. 동 가격이 입증될 수 있는 관련 자료를 사용하여 작성되었다는 것을 보장하는 것은 동 가격의 기준을 입증하는 데에 필수적이다. 정부예정가격이 과거의 계약가격기준으로 작성된 경우 과거의 가격을 분석하듯이 예정가격을 분석하고 검증한다. 반면에 상세한 분석을 통해 이루어 정부예정가격에 대해서는 상당한 신뢰를 보낼 수 있다. 다만 해당 분석이 얼마나 잘 수행되었는지를 고려해야 한다.

프로세스

아래의 표는 견적 가격과 예정가격 간의 차이를 파악하는 데에 수반되는 프로세스를 묘사한다.

○ 업체관련 차이점을 파악한다.
  - 업체의 이행 능력
  - 구매조건에 대한 이해도
  - 기술
  - 효율성
  - 전략
  - 착오(오류)
○ 시장관련 차이점을 파악한다.
  - 일반 사장 상황
  - 계약 조건

차이점을 파악해야 할 경우

가격분석은 견적 가격을 적정 가격추정치 즉 예정가격과 비교하여야 한다. 견적 가격은 예정가격과 동일하지 않을 수 있다. 그러나 견적 가격은 예정가격의 범위 이내에 들어야 한다. 계약대상자가 예정가격을 상당히 벗어난다면 계약관은 그 차이를 파악해야 한다. 너무 낮은 확정 가격과 관련되는 이행 위험은 너무 높은 가격과 같이 수락 불가능할 수 있음을 유념한다.

차이점을 파악

견적가격과 예정가격 간의 차이를 파악하는 것은 계약프로세스 과정상의 시장조사의 일부가 되어야 한다. 계약대상자에 대한 추가정보 또는 일반적 시장에 대한 정보를 수집하도록 하여야 하며 동 정보는 견적가격과 예정가격 간의 차이를 밝혀 줄 것이다. 그다음 파악한 사실을 고려한다.

파악한 사실에 기초하여, 다음과 같은 결론을 내릴 수 있다.

○ 계약대상자의 가격은 차이점이 파악됨에도 불구하고 적정하다.
○ 계약대상자의 가격은 불합리하다.
○ 그 차이는 유인/공고서의 취소가 필요한 유인/공고서상의 문제 또는 오류(착오)로부터 발생한 것이다.
○ 다른 조치가 필요하다.

1. 업체관련 차이점을 파악한다

업체의 차이는 주로 개별 업체의 작위 또는 부작위로부터 초래되는 상황을 말한다. 구매자는 동일 업체들의 그룹으로서 공급자 목록을 검토한다. 그러나 각 업체는 사람들이 서로 다른 욕구와 수요를 가지고 행동을 하듯이 각자의 개성을 가지고 있다. 그러한 차이는 각 업체가 계약체결한 내용을 수행하는 방법은 물론 견적금액에서도 분명해진다.

1) 업체의 이행능력

가격분석과 업체의 이행능력
계약가능한 견적과 업체의 이행 능력 간에는 직접적인 관계가 있을 수 있다. 업체가 계약조건을 이해하지 못하거나 계약을 이행할 기술과 장비에 필요한 투자를 하지 않았기 때문에 업체의 가격이 매우 매력적일 수 있다.

이행을 할 수 없는 계약업체는 어떤 가격으로도 좋은 거래가 되지 못한다는 것을 유념하라.

가장 낮은 가격을 제시한 것만을 기준으로 업체를 선정하는 것은 나중에 계약을 이행하지 못하거나, 납기를 지키지 못하거나, 기타 불만족스러운 이행을 하여 추가 비용이 들어간다면, 위장 경제일 수 있다. 최저가로 구매하는 것이 중요하나 이것은 단지 해당 업체가 가장 낮은 가격을 제시하였다는 것만으로 그 업체와 계약을 체결하도록 요구하는 것은 아니다. 계약 대상업체는 업체의 계약 이행능력을 명확하게 입증하여야 한다.

따라서, 최저가 견적서가 다른 견적서 또는 정부의 지불가능 금액 추정치보다 현저하게 낮은 경우 해당 견적업체는 그 가격으로 계약을 이행할 업체의 능력을 입증할 책임을 부담한다. 이러한 상황을 변경할 시에는 해당 저가 견적가격이 공정하고 적정하다는 것을 입증하기 위해 명확한 조치를 취해야 한다. 입찰방식 계약에서 입찰 절차에서의 착오 절차는 부분적으로 특정 입찰자가 다른 입찰과는 상당히 다른 가격으로 이행할 수 있다는 것을 검증할 기회를 일정 부분 제공하기 위해 확립되어왔다. 협상에 의한 계약에서는 정부는 직접적으로 업체로 하여금 협상 중에 제시한 가격으로 이행할 수 있는 업체의 능력을 보여주도록 요청할 수 있다. 최저가 가격이 다른 견적 가격 또는 정부의 예정가격보다 현저하게 낮은 경우, 이것은 해당 최저가 견적을 제출한 업체가 구매조건을 잘못 이해하거나, 정부의 구매조건이 명확하지 못하거나, 최저가 입찰자가 경쟁자들에 비해 경쟁적인 측면에서 유리한 점이 있다는 등을 암시한다.

계약가격 경정에 미치는 영향

정부는 기술적으로 부적합한 견적서 또는 이행능력이 없는 업체가 제출한 견적서와의 가격 비교를 기준으로 가격의 적정성을 결정해서는 안 된다.

2) 계약조건의 이해

업체가 제시한 가격은 업체가 계약조건을 이해하고 있다는 것을 전제로 하고 있다. 그러나 업체가 이행능력이 있고 계약조건이 잘 작성되었을지라도 착오 및 다의적 해석이 가능할 수 있다.

착오

착오는 유인/공고서가 특이한 계약조건을 포함하고 있고 동 조건이 업체가 통상적으로 유사한 수요에 대한 유인/공고서에서 볼 수 있는 내용과 다른 경우 방생하기 쉽다. 특이한 계약 조건은 독특한 시방서를 포함하고 있거나 지난번의 유사한 계약이후 계약조건에서 변경이 있는 경우 발생

될 수 있다. 예를 들면, 특정 품목에 대해 정부의 규격에서 상업적 구매 표준으로 변경이 있을 수 있다. 어떤 업체는 동 변경내용을 인지하지 못하고 종전의 정부 규격을 기준으로 하여 가격을 제시할 수도 있다. 다른 업체는 변경내용을 인지하고 변경된 유인/공고 조건을 기준으로 가격을 제시할 것이다.

다의적 해석

다의적 해석은 특히 성과 기준 시방서를 사용하는 경우 발생하기 쉽다. 예를 들면, 8온스 커피 용기 시방서를 상기하라. 한 업체는 그 시방서를 8온스 도자기 용기를 납품하는 것으로 해석할 수 있으나 다른 업체는 8온스 종이컵을 공급하는 것으로 해석할 수 있다.

계약가격 결정에 미치는 영향

착오 또는 시방서 요구사항에 대한 다의적 해석의 영향은 가격에 있어서 폭넓은 차이의 발생 원인이 될 수도 있다. 가격이 서로 상이할 뿐만 아니라 가격분석에 사용된 다른 비교 기준과 다를 수도 있다.

○ 착오

유인/공고 조건이 변경되었다는 것을 알지 못한 업체는 계약조건에 대한 업체의 예상을 기준으로 하여 가격을 제시할 것이다. 위의 예에서 보는 바와 같이, 정부 규격서를 기준으로 하여 가격을 제시한 업체는 상업적 규격으로 변경된 것을 파악하고 있었던 업체보다 훨씬 더 높은 가격을 제시할 가능성이 있다.

○ 다의적 해석

성과 기준 규격이 조건을 충족하기 위해 보다 비용이 많이 드는 해법을 제안한 업체는 통상적으로 비용이 덜 드는 해법을 제시한 업체보다 더 높은 가격을 견적하게 된다. 위의 예에서, 종이컵은 도자기 컵보다 상당히 저렴하다. 그러나, 종이컵의 가격 적정성은 도자기 컵 가격과의 경쟁적 가격 비교를 기준으로 하여 결정될 수는 없다.

3) 기술

가격 차이는 특별한 기술요건과 연계된 비용 또는 서로 다른 기술과 연계되어 있는 비용패턴과 관련된 차이에서 발생될 수 있다.

특수 기술 조건

견적 업체가 정부수요를 충족하기 위해 특별한 제조 기술을 보유해야 할 경우 계약가격에 영향을 미칠 수 있다. 어떤 회사는 필요한 기술을 가지고 있는 반면에 어떤 회사는 가지고 있지 않을 수 있다.

○ 제품 제작 기술

해당 제품 제작 기술이 업체의 생산 능력 범위 이내에 있는 경우 다른 업체로부터 해당 기술을 구매하거나 비용을 투입 연구 개발을 할 필요가 없다.

○ 생산 기술

계약이행을 위한 독특한 생산기술을 회사에서 사용 가능한 경우 계약이행을 위해 새로운 공장 또는 장비에 투자할 필요가 없다. 해당 기술을 사용할 수 없는 경우 투자 또는 비용이 투입되어야 하는 하도급 계약이 필요하게 된다. 당해 업체가 동 새로운 기술을 취득하는 동안 납품지연이 발생할 수 있다.

다양한 기술과 관련된 다양한 원가 패턴

서로 다른 제조 기술과 관련된 원가 패턴에서의 차이 또한 계약가격에 영향을 미칠 수 있다. 업체들은 서로 다른 유형의 장비와 다양한 관련 비용으로 동일한 제품을 생산할 수 있다. 한 업체는 노동집약적인 생산 방법을 사용할 수도 있는데, 따라서 고정 생산 비용이 낮다. 또 다른 업체는 자동 설비를 갖추고 있으며 높은 고정 제조비용과 높은 생산 준비비용을 부담한다. 소량인 경우, 노동집약적 업체가 단위당 원가가 낮게 책정된다. 대량구매에서는 제품 생산의 고정비용이 더 많은 수량에 전가되기 때문에 자동화된 업체가 더 낮은 단위당 가격을 책정할 것이다.

계약가격 결정에 미치는 영향

기술은 서로 다른 업체의 견적 가격에 상당한 영향을 미칠 수 있다.

○ 특수 기술 사항

특수 제품 또는 특수 기술을 취득할 필요가 있어 비용이 증가되는 경우 가격은 상승할 수 있다. 기술 투자 비용이 동 업체가 생산하는 다른 제품에도 적용되는 경우 그 비용은 분담될 수 있다. 기술 조건이 독특한 경우 해당 비용은 단일 제품에만 청구되어야 한다.

단지 하나의 업체만이 필요한 기술에 접근할 수 있는 경우 동 업체는 경쟁에서 승리를 확신할 수 있다. 그러한 일이 발생할 경우 가격은 인위적으로 높은 수준을 유지하게 되어 있어 추가 생산으로부터 기대되는 가격 인하가 발생하지 않을 수 있다.

○ 다양한 기술 비용 패턴

생산기술에 있어서의 차이로 인해 상당히 다른 가격이 산출될 수 있다. 수량이 적을수록 노동집약 업체가 경쟁에서 우위를 점할 수 있고, 수량이 많을수록 자동화된 업체가 경쟁에서 우위를 점할 수 있다.

4) 효율성

동일한 장비와 기술을 갖고 있는 업체가 동일한 제품을 생산할 때에도 상당히 다른 원가 구조를 가지고 있을 수 있다.

효율성 차이

원가 구조에 있어서의 차이는 효율성 수준이 다르게 운영되는 데에서 비롯될 수 있다. 효율성의 측정은 소정 수준의 생산량을 확보하는 데에 필요한 투입, 노동, 재료 및 장비 등을 조사하는 것을 말한다. 효율성이 적은 업체와 비교하면 효율성이 더 큰 업체는 동일한 양의 제품을 더 적은 비용으로 생산하고 더 많은 양을 동일한 비용으로 생산할 수 있다.

이러한 효율성 차이는 업체의 조직과 운영의 결과와 직결된다. 지난 수십 년간, 비 부가가치 업무와 프로세스를 파악하기 위해 많은 신경영이론과 컨셉이 개발, 수행되어 왔다. 이러한 이론과 컨셉의 중요한 목표는 효율성을 높여 제품 원가를 낮추는 데에 있다.

계약가격에 미치는 영향

상술한 바와 같이 효율성은 투입량과 생산량의 비교이다. 제품생산에 있어서의 업체의 효율성을 조사하는 경우 비교는 통상적으로 생산 단위당 금액으로 이루어진다. 보다 효율적인 업체는 덜 효율적인 업체보다 더 낮은 비용으로 제품을 생산할 수 있다. 경쟁업체에 비해 효율성이 상당히 높은 업체는 제품을 상당히 낮은 비용으로 생산 할 수 있다. 동 업체가 상당히 낮은 비용으로 생산할 수 있는 경우 더 낮은 가격으로 판매를 하고도 여전히 경쟁업체보다 더 많은 이윤을 거둘 수 있다.

5) 전략

대부분의 업체는 비용을 부담하고 회사의 운영 목표에 기여하기 위해 동일한 일반적 가격 목표를 가지고 있다. 그러나 회사가 다르면 가격 책정 전략도 다르다. 단일 업체 내에서의 가격 책정 전략은 제품과 시장 상황의 변화와 더불어 변화할 수 있다.

계약가격에 미치는 영향

서로 다른 가격 전략을 추구하는 업체들은 그들이 핵심적으로 동일한 제품 비용을 부담하는 경우에도 서로 다른 가격을 제시할 수 있다. 결과적으로 가격 차이를 분석할 시에 이러한 전략 간의 차이를 고려해야 한다.

계약대상자의 가격 결정 전략이 원가 이하의 계약가격을 포함하고 있다고 생각되는 경우 특별히 주의해야 한다. 미국 감사원은 반복하여 원가 미만의 비용으로 견적 주장 또는 벌충구매(buy-in) 견적 주장에 대한 이의제기를 기각하였다. 한 사례에서는 감사원은 여러 가지 이유로 입찰자가 동 입찰자의 사업적 판단으로 원가 이하의 입찰서 제출을 결정할 수 있다; "그러한 입찰서는 무효가 아니다."라고 특별히 언급 하였다. 계약자가 그 계약을 견적한 가격으로 이행할 수 있는지의 여부는 업체의 이행능력의 문제이다.

따라서 저가 입찰인 것으로 보이는 경우 정부가 해야 할 일은 그 가격이 수락 불가능한 이행 리스크를 나타내고 있는지를 판단하는 것이다(즉 견적가격이 구매기관이 이행에 필요한 것으로 믿고 있는 금액에서 어느 정도 부족한지를 계산하여 위험의 정도를 판단하는 것).

6) 착오

개인과 같이 사업체 또는 대기업도 완전하지 않고 착오를 할 수 있다.

착오의 종류
가격의 결정에서 단순한 수학적 오류를 수반하는 오류를 발견할 수 있다. 업무가 복잡할수록 오류의 가능성이 더 커진다. 가격을 컴퓨터로 계산하는 경우에도 수학적 오류가 발생할 수 있다. 컴퓨터는 수행하도록 프로그램화된 것만을 수행한다. 프로그램이 올바르지 않은 경우 답변 또한 부정확하게 된다.

계약가격 결정에 미치는 영향
단순한 계산적 오류일지라도 계약가격 결정에 중대한 영향을 미칠 수 있다. 가격은 통상 견적서 작성에서 마지막 단계이다. 업체의 검토 과정에서 오류를 놓칠 수도 있다.

예시
건설 과업은 20개의 동일한 빌딩을 리모델링하는 일이다. 입찰자는 한 빌딩의 가격을 추산하여 20을 곱하지 않고 2를 곱하였다. 입찰가격은 의도한 가격의 10분의 1이 된 것이다.

2. 시장관련 차이를 파악한다

시장관련 차이
시장 관련 차이는 개별회사가 통제할 수 없고 모든 업체에게 영향을 미치나 언제나 동일하지는 않는 상황을 말한다. 공급업체의 차이와 같이 시장의 차이 또한 가격 비교에 영향을 미칠 수 있다.

1) 일반 시장 조건

일반 시장 조건은 제품을 구매하고 파는 일반적 산업 조건에 영향을 미치는 어떠한 요소를 말한다.

일반 시장 조건에서의 차이

역사적 가격을 가격의 적정성을 판단하는 비교기준으로 사용하고자 하는 경우 계약 상황 및 일반적 경제 조건에서의 변화를 감안한다.

3가지 상황이 특히 유념할 가치가 있다.

○ 경쟁 수준에 있어서의 변화
○ 경쟁의 제한 및 담합
○ 서로 다른 경제적 조건

경쟁 수준에 있어서의 변화

경쟁 수준에 있어서의 변화가 업체의 가격 결정 전략에 영향을 미칠 수 있다. 경쟁이 종전의 수준에서 줄어드는 경우, 업체는 통상 가격 경쟁 리스크에 대해 관심을 덜 가진다. 경쟁 수준이 증가하는 경우 업체들은 더 많은 관심을 갖는다. 정부 구매에 있어서 귀하는 통상적으로 2개 이상의 공급업체가 존재하는 경우 적절한 경쟁이 있는 것으로 추정한다. 그러나 경쟁을 추정함에 있어서 특히 정부수요를 충족할 수 있는 업체가 단지 2~3개의 업체만 있는 경우 유의해야 한다.

제한된 경쟁은 담합을 부추긴다. 자연적 시장의 힘을 제한하는 경쟁 업체 간의 합의 또는 공동의 이해는 담합으로 간주해야 한다. 그러한 이해는 적극적인 합의의 결과일 필요는 없다. 그러한 이해는 적극적인 경쟁이 어떠한 단일 경쟁자를 위해 수량을 증가하지 않고는 모든 경쟁자의 이윤을 낮추게 될 것이라는 소극적인 이해일 수도 있다. 각 업체가 사업에 대한 고정적인 몫을 얻는 한 모든 업체는 경쟁을 적극적으로 하지 않음으로써 이윤을 증대할 수 있다.

정부는 담합과 공정거래법 위반을 알아내는 것이 어렵다는 것을 알고 있다. 공정거래 위반을 입증할 수 있는 지침은 다음 내용을 포함한다.

○ 견적서를 작성할 때에 업체가 참고할 수 있는 가격 약정서 또는 가격표가 존재하는 경우.

○ 경쟁적 입찰에서 공모의 징후가 보이는 입찰.

○ 동시적인 가격 인상 또는 한 업체의 가격 인상 이후 다른 업체가 가격 인상에 동참하는 가격 인상 방식.

○ 제안서의 회전, 즉 각 경쟁자가 최저 입찰자로서의 순번을 정하거나, 어떤 경쟁자가 어떤 규모에 대해서는 낮은 가격을 경적하고 다른 규모에 대해서는 높은 가격을 견적하도록 하는 방법.

○ 시장의 분할, 예를 들면 특정 기관의 계약에 대해서는 특정 업체만이 낮은 가격을 제시하거나, 지리적으로 분할하거나, 제품별로 분할하여 다른 모든 계약에서는 높은 가격을 견적하도록 하는 방법.

○ 담합 가격 시스템 구축.

○ 경쟁자 중 최소한 하나의 업체가 충분한 기술 역량과 계약 이행을 위한 제조 능력을 보유하고 있음에도 2개 업체 이상의 경쟁 업체가 공동으로 입찰을 하는 경우.

○ 2건 이상의 경쟁적 견적에서 동일한 계산 오류 또는 스펠링 오류 같은 경쟁자간 직접적인 공모를 암시하는 사건 또는 한 업체가 다른 업체의 견적서를 제출하는 행위.

○ 거래를 제한하는 약정이 존재하였다는 종업원, 또는 경쟁업체의 주장.

다양한 경제적 조건

어떤 업체가 해당 업체가 소재하고 있는 지역에서의 경제적 조건으로 인해 경쟁적 우위를 점할 수 있다. 지역별로 생산원가가 서로 다른 경우를 상정해 보자. 서로 다른 지역의 원가가 계약 가격에 미칠 영향을 고려하기 위해 지수를 사용할 수 있다.

계약 가격에 미치는 영향

일반 시장 조건은 가격에 상당한 영향을 미칠 수 있다.

○ 경쟁 수준에 있어서의 변화

경쟁 수준에 있어서의 변화는 종전의 가격을 기준으로 하는 가격추정의 정확도에 영향을 미칠 수 있다. 업체가 경쟁에 대해 관심을 적게 가질수록 가격은 국가 평균보다 훨씬 더 빠르게 상승할 것으로 예상할 수 있다. 업체가 경쟁에 보다 관심을 갖게 되면, 가격인상은 국가적 평균보다 더 느리게 진행될 수 있다.

○ 경쟁의 제한 및 담합

담합은 적극적이든 소극적이든 가격을 인상한다. 공정관행 및 사건을 주의 깊게 검토하라. 어떤 경쟁업체가 특정 기관 또는 특정 지역의 계약에서만 최저가격으로 입찰하고 다른 경우는 높은 가격으로 견적을 하는 경우 담합 이외의 경제적 설명이 있을 수 있다. 검토 결과 담합이 확실하면, 그 결과를 유관기관에 보고해야 한다.

○ 서로 다른 경제 조건

지역 경제조건에서의 차이는 노임, 재료비용을 포함 제조원가에 상당한 영향을 미친다. 특정 지역에서의 위축된 경제 상황은 (예를 들면, 높은 실업률) 원가를 낮출 수 있다.

위축된 판매는 공급업체에게 판매를 하기 위해 보다 더 적극적으로 가격을 감가하도록 한다. 노임이 낮아지고 재료비가 낮아지면 보다 좋은 일반적 경제 조건을 가진 지역에서의 경쟁업체보다 보다 낮은 가격으로 제품을 생산할 수 있게 된다.

2) 계약 조건

계약조건은 제품 조건 이상을 포함한다. 계약 조건은 계약업체가 계약을 성공적으로 이행하기 위해 업체가 해야 하는 모든 것을 정의하는 내용으로 구성된다. 조건의 변경 또는 결함이 있는 조건은 모두 가격분석 비교에 영향을 미칠 수 있다.

결함 있는 조건

유인/공고서/계약서의 서로 다른 요소가 적절히 계약조건을 기술하지 못한 경우 경함이 있는 것으로 정의된다. 계약서는 계약조건에 따라 누가, 무엇을, 언제, 어디서, 어떤 방법으로 수행되어야 하는지를 정의한다. 계약서가 명료하지 못하거나, 조건이 해석의 여지가 있는 경우 여러 가지 다른 해석을 유발할 수 있다. 계약 조건이 서로 상충되는 경우 계약이행이 불가능해질 수 있다.

계약조건에서의 변화

계약 조건에서의 변화는 정부가 가격의 적정성을 판단하는 비교 기준으로서 종전의 가격을 사용하는 경우 특히 중요할 수 있다. 계약유형, 선적지점, 납품 조건, 수량 및 기타 조건의 변화는 계약업체의 비용 및 위험에 영향을 미칠 수 있다.

계약가격에 미치는 영향

계약조건은 계약 가격결정에 상당한 영향을 미친다.

○ 결함있는 구매 조건

구매 조건이 모호하거나 서로 상충될 경우, 업체는 정부가 실제로 무엇을 원하는지를 짐작하려고 시도하는 경우가 있다. 어떤 업체는 실제의 조건을 과소 추정하고 다른 업체는 실제의 조건을 과대 추정할 수 있다. 그 결과 개별 업체의 해석에 따라 가격의 범위가 넓어질 수 있다. 어떤 업체는 상충된 점을 바로 잡기 위해 계약변경이 필요할 것으로 믿고 가급적 가장 맞은 시방서를 가정하여 견적서를 제출하려 시도할 수도 있다. 판사는 통상적으로 계약서의 모호성 및 상충에 대한 분쟁을 계약서 작성자에 불리하게 해석하는 경향이 있다는 점을 기억하라.

정부 계약에서는 정부가 계약서를 작성한다.

○ 조건 변경

업체의 비용 및 리스크에 영향을 줄 요소는 계약 가격에 영향을 미친다. 원가 또는 위험을 증가시키는 종전의 계약조건의 변경은 계약 가격을 인상한다. 원가 또는 위험을 축소하는 이전 조건의 변경은 계약가격을 인하한다.

제9절	입찰서 검토

조달방법으로서 봉함입찰의 본질을 유지하기 위해서 입찰권유서의 관련 가격 평가 조항을 적용하여 결정된 대로 가장 낮은 입찰가격을 제시하고 적합한 입찰서를 제출한 업체 중 이행능력이 있는 자와 계약을 체결해야 한다. 그러나 이러한 일반적 규정은 최저입찰가격이 입찰자의 착오의 결과이거나, 상당히 불균형적이거나, 불합리한 것으로 믿을 이유가 있는 경우 적용되지 않는다.

1. 가격 결정 관련 프로세스

1) 견적 가격이 공정하고 적정한지를 결정한다

○ 공정하고 적정한지?

　Yes: 입찰조건에 부합하고 이행능력이 있는 업체로서 최저가격으로 입찰한 자와 계약을 체결한다.

　No 1: 너무 낮은 경우: 입증을 요구한다.

　No 2: 기타의 경우로서 가격이 너무 낮은 경우 입찰권유서를 취소할지를 결정한다.

2) 분석한 후 입찰권유서를 취소할지 여부를 결정한다

(1) 각 입찰서를 검토한다

입찰서에서 착오의 의심이 가는 부분

○ 예상외로 낮은 입찰가격

　입찰가격이 모든 다른 입찰가격보다 상당히 낮은 경우 어떻게 해야 하는가? 정부의 예정가격보다 훨씬 낮은 경우 어떻게 해야 하는가? 미국연방구매규정은 계약관이 서면으로 가격이 적절하지 않다고 판단한 경우 어떤 입찰서도 부적합으로 처리될 수 있다고 규정하고 있다. 가격의 비 적정성은 총 입찰 가격뿐만 아니라 각 품목별 가격도 포함된다. 예상외로 낮은 입찰가격이 적정하지 않은지를 판단하기 위해서는 연방구매규정의 입찰서의 착오 절차를 참고하라.

입찰 착오에 대한 검토

입찰서를 개봉한 후 착오가 있는지 모든 입찰서를 검토한다. 2가지 종류의 착오를 파악한다.

○ 명백한 기재 오류
○ 기타의 오류 징후: 입찰가격이 다른 입찰가격과 상당히 차이가 나거나, 계약관이 적정하다고 판단한 금액을 상당히 벗어난 경우

만약 입찰자가 착오를 범한 것으로 의심이 가는 경우 해당 입찰자에게 입찰서의 입증을 요청한다. 이것은 입찰가격이 너무 낮은 이유를 알아내기 위해 업체와 대화(또는 회합)할 수 있는 기회이다. 입찰자는 이 시점에서 입찰서 작성과정에서 착오가 있었음을 인정하거나, 입찰가격을 고수할 수 있다. 어느 경우든 입증책임은 입찰자에게 있다.

명백한 기재상 착오 수정

입찰서 검토 시에 입찰서의 표지에 명백한 기재상의 오류를 발견할 수 있다. 명백한 오류의 예시:

○ 소수점 위치의 오류
○ 명백한 할인율 오류 (예를 들면, 1% 10일, 2% 20일, 5% 30일)
○ 업체 창고 인수도와 수요부 창고 입고도 가격이 서로 뒤바뀐 경우

계약체결 전에 계약관은 입찰서 표지에 나타난 명백한 기재상의 오류를 정정할 수 있다.
다음 3단계 절차를 따른다.
1단계: 입찰자에게 입찰의도를 입증하도록 요구한다.
2단계: 입찰서 원본에 입찰자의 입증서류 원본을 첨부하고 입찰서 부본에는 입증서류 사본을 첨

부한다.

3단계: 계약 서류에 정정한 가격을 반영한다.

기타의 착오가 의심되거나 착오임을 주장하는 착오

공사비용을 과소 예측한 것 같은 입찰자의 착오가 명백하지 않는 것으로 판단한 경우 즉시 업체에게 입찰가격을 입증하도록 요구한다. 정부의 조치가 입찰이 정정되거나 입찰자의 착오의 인정을 끌어내기에 충분하여야 한다.

입찰자에게 착오가 의심되는 부분을 통보하기 위해 다음 사항을 안내한다.

○ 입찰가격이 다른 입찰가격 또는 정부예정가격보다 현저하게 낮아 오류의 가능성을 암시한다.

○ 정부 구매조건과 관련한 중요한 특성 또는 특이한 내용

○ 이전의 취득에서의 조건에서 변경된 구매 조건

○ 오류를 의심하게 만든 기타의 정보

정부가 입찰자에게 오류의 가능성을 제기하면 입찰자는 다음 3가지 조치 중 하나를 취한다.

- 착오가 있었음을 주장하고 착오의 수정을 요청한다.

- 착오가 있었음을 주장하고 입찰서 철회를 허락하여 줄 것을 요청한다.

- 원 입찰서를 입증한다.

명확하고 설득력 있는 증거

입찰자가 착오가 있었음을 주장하는 경우 입찰서를 수정하나 입찰서 철회를 서면으로 요청할 수 있다. 동 요청은 진술서에 의해 입증되거나 명백하고 납득할 수 있는 착오의 증거에 의해 지지를 받을 수 있어야 한다.

무엇이 명백하고 설득력 있는 증거를 구성하는가?

그러한 증거의 예는 다음을 포함한다.

○ 입찰에 대한 입찰자의 서류

○ 입찰서 작성 시 사용된 작업 진행표 원본 및 기타의 자료

○ 하도급 업체의 견적서

○ 정가표

3) 낮은 입찰가격에 대한 가격의 적정성을 판단한다

입찰가격의 입증은 계약관에게 다른 입찰가격 또는 정부 추정가격을 상당히 벗어난 일찰 사유를 조사할 기회를 부여한다. 관련 증거가 입찰자가 이행 능력이 없거나 계약조건을 잘못 이해하고 있거나, 원가 및 이행 위험을 과소평가하였다는 사실을 입증한다면 그러한 입찰서는 불합격으로 처리한다.

해당 증거로 보아 입찰자가 입찰가격으로 이행할 수 있음을 명확히 하고 있는 경우 동 입찰서를 수락한다(예를 들면, 입찰자가 가장 효율적인 이행자이거나 고의로 낮은 입찰서를 제출하고 발생 가능한 손실을 충당할 수 있는 자원을 보유하고 있는 경우).

만약 정부 조사결과 정부의 착오로 밝혀진 경우에는(예를 들면, 시방서의 결함 등) 동 입찰 권유서를 취소한다.

4) 불균형적인 입찰 가격

불균형적인 가격을 파악하라
모든 입찰서를 각 세부 품목별로 분석하여 가격이 불균형적인지를 판단한다. 불균형적인 가격은 총 금액에 있어서는 수락 가능하나 하나 이상의 품목의 가격이 원가/가격 분석 기법의 적용에 의해 나타난 바와 같이 상당히 높거나 상당히 낮은 경우에 존재한다.

정부에 대한 위험을 고려한다
정부가 불균형적 가격을 확인한 경우 다음 가능성을 고려해야 한다. 불균형 가격을 제시한 업체와 계약을 체결하는 것은:

○ 계약 이행 리스크를 증가시킨다.

○ 터무니 없이 높은 가격을 지불하는 결과를 초래할 수 있다.

○ 통상 다음의 경우 위험도가 가장 커진다.

- 업무착수, 장비의 가동, 첫 시제품 등이 각기 분리된 경우

- 기본 수량 및 옵션 수량이 각각 별도의 품목인 경우

수락 불가능한 위험을 내포한 입찰서의 불합격 처리

정부는 계약관이 균형의 결여가 정부에게 수락 불가능한 위험을 제기한 것으로 판단한 경우 해당 입찰서를 불합격 처리할 수 있다. 그러한 입찰서는 일반적으로 상당히 불균형적인 것으로 표현된다. 수학적으로 불균형적이고 다음의 하나에 해당되는 경우 입찰서는 실질적으로 불균형적인 것으로 간주된다.

○ 최저가로 평가된 입찰서가 실질적으로 정부에게 가장 적은 비용을 초래할 것인지에 대한 합리적 의심이 드는 경우.

○ 견적서가 극도로 불균형적이어서 동 견적서를 받아들이는 것이 선급금을 허용하는 것과 동일한 효과를 나타낼 수 있는 경우.

입찰서가 어떤 품목에서는 상당히 가격이 낮고 또 다른 품목에서는 가격이 상당히 높은 경우 수학적으로 불균형적인 것으로 본다.

실질적으로 불균형적인 입찰서의 파악

봉합 입찰에서 통상적으로 가격분석을 사용하여 입찰서가 실질적으로 불균형적인지를 판단한다.

예시:

계약관은 다음의 가격 분석 비교를 사용하여 실질적으로 불균형적인지를 판단한다.

○ 모든 입찰서를 비교하여 어떤 입찰서의 구조가 첫 시제품 및 생산 단가에 대한 가격과 관련하여 다른 입찰서의 구조와 상당히 다른지를 판단한다(한 입찰서가 다른 입찰보다 상당히 높

은 시제품 가격을 포함하고 있고, 반면에 제조 단가는 상당히 낮은가?).

○ 제조단가를 유사한 제조단가와 비교하라.

○ 시제품과 제조 단가 간의 차이를 유사 제품의 계약에서 발생한 시제품과 생산 단가 간의 가격 차이와 비교하라.

○ 시제품 가격 및 제품 단가를 정부예정가격과 비교하라.

불균형적 입찰서에 대한 분석결과를 문서로 작성

실질적으로 불균형적으로 보이는 입찰서에 대한 분석 결과를 문서로 작성하라. 그러한 서류는 계약관의 판단과 조치에 대한 근거를 이룬다.

○ 분석결과가 불균형적인 가격이 정부에게 수락불가능한 위험을 제기한다는 판단을 지지하는 경우 동 서류는 입찰서를 불합격으로 처리한 근거로서의 기능을 수행한다.

○ 분석결과가 위험이 수락가능하다는 것을 나타낸다면 그 서류는 분석하는 동안 고려되었던 사실에 관한 정보를 제공하게 된다.

2. 입찰설명서를 취소할 필요성에 대해 판단한다

1) 입찰설명서 취소의 가격관련 사유

입찰설명서 취소 사유

관련 규정[9]은 개찰 이후의 입찰설명서 취소 가능한 사유 10가지를 규정하고 정하고 있다. 10가지 중 다섯 가지 사유는 명백하게 가격 관련 사항이다. 다른 취소 사유(예를 들면 공공이익을 위한 취소) 또한 가격과 관련한 문제일 수 있다.

---

9) FAR 14.404-1(c)

관련 규정의 가격 관련 사항

○ 관련 입찰설명서가 정부 자산을 입찰자의 공장에 운송하는 비용 같은 정부에 대한 모든 비용 요소를 고려하지 못한 경우.

○ 접수한 입찰서가 입찰대상 제품과 다른 보다 값싼 제품으로 정부의 수요를 충족할 수 있음을 암시하는 경우.

○ 수락 가능한 모든 입찰서의 가격이 불합리하거나, 단 하나의 입찰서만이 접수되었으나 계약관이 해당 입찰서의 적정성을 판단할 수 없는 경우.

○ 입찰서가 독자적으로 공개경쟁 장소에 접수되지 않았거나, 담합을 하였거나, 부정하게 제출된 경우.

○ 원가 비교 결과 정부에 의한 직접 수행이 더 경제적임인 것으로 판명된 경우.

취소를 요하는 상황[10]

다음 표는 개찰 이후 유인/공고서 취소를 위한 5가지 가격 관련 사유를 요약하고 있다. 또한 각 상황을 회피하는 방법 및 발생상황을 분석하는 방법을 기술한다.

취소 가능한 상황	상황 회피	발생상황을 분석
입찰설명서가 모든 원가 평가요소를 고려하지 못한 경우	본 장의 서두에서, 계약체결을 함에 있어서 가격 관련 평가항목을 선택하고 적용하는 것에 대해 배웠다. 유인/공고서 작성 시, 그러한 원칙을 반영하여야 한다. 그렇게 하면 정부의 모든 비용을 적절하게 고려하지 못하여 입찰설명서를 취소해야 하는 대부분의 상황을 회피하는 데에 도움이 된다. 유인/공고동안에 유인/공고서에 고려되지 않은 가격관련 평가요소에 대해 주의해야 한다. 업체로부터 입수한 질의를 면밀히 검토하여 그러한 평가요소를 파악한다.	가격 분석에서, 계약 기준에 포함된 가격관련 사항을 적용해야 한다. 분석 동안, 계약체결기준을 작성함에 있어서 적절히 고려되지 않은 가격 관련 요소를 파악하고 전혀 고려되지 않은 중요한 가격 관련 요소 파악에 집중한다.
보다 더 적은 비용으로 정부수요를 충족할 수 있는 경우	취득 계획의 일부분으로서 최선의 가격 추정치를 설정한다. 동 과정에서 구매요청 추정치를 면밀히 검토하고 시장 자료 및 구매전력을 분석하고 다른 가격 관련 자료(데이터)를 파악하고 수집한다. 동 검토 동안, 더 맞는 가격으로 정부의 수요를 충족 할 대체품에 집중한다. 더 낮은 가격의 제품을 찾아 낸 경우 수요부서와 협의, 그 제품이 사용가능한지를 확인하라. 사용가능한 경우 파악한 제품을 업체가 공급할 수 있도록 동 유인/공고서를 수정하라. 경쟁을 최대한 확대하고 상업적 제품의 사용을 최대화하고 불필요한 비용을 제거할 수 있도록 유인/공고서를 작성한다. 유인/공고기간 동안에는 대체품에 신경을 써야 한다.	가격의 적정성을 판단하려고 시도하는 동안에 유사제품의 가격을 기준으로 개괄적 가격 추정 및 원가 추정 상관 계수를 고려해야 한다. 기술직 공무원에게 시각분석 또는 가치 분석을 하도록 요청할 수 있다. 분석을 통해 입찰을 유인/공고한 제품 이외의 더 낮은 가격으로 수요를 충족할 수 있는 제품을 파악할 수 있다. 시방서 등 계약조건을 수정하는 것은 유인/공고서 취소 사유가 될 수 있음을 유념하고 입찰서상의 계약조건이 미치는 영향을 검토하라.
입찰서는 수락 가능하나 가격이 부적정한 경우	가격경쟁을 최대화하라. 공급원 개발, 적절한 거래조건의 선정, 적절한 구매홍보 같은 시도는 가격 경쟁을 최대한도로 높일 수 있다. 충분한 가격경쟁은 입찰자로 하여금 공정하고 적절한 가격을 제출하도록 유도한다.	여러 가지 다양한 가격 적정성 간의 중요한 차이 및 추정가격과 실지불 가격 간의 중요한 차이를 분석하라. 가격이 취소를 정당화할 수 있을 정도로 높다고 결정하기 이전에 공급업체 차이와 시장의 차이를 면밀히 조사해야 한다.
입찰서가 독자적으로 접수되지 않은 경우	독자적인 입찰서 작성을 유도한다. 한 경쟁업체가 통제하는 기술 또는 주요 구성품을 모든 경쟁참여업체가 사용하여야 하는 상표명에 의한 규격 및 시방서를 회피하도록 각별히 유의한다. 그러한 계약조건은 독자적인 입찰서 작성을 사실상 불가능하게 한다.	본 장의 서두에서 담합시도 및 잠재적 공정거래 위반을 암시하는 관행에 대해 공부하였다. 또한 공모가 있었다는 것을 주장하기 전에 철저한 검토의 중요성에 대해 학습하였다.

---

10) FAR 14.401-1(b)

| 정부에서 직접 수행하는 것이 보다 경제적인 경우 | 정부는 언제나 필요한 용역을 수행하는 데에 잠재적 경쟁자가 된다. 입찰가격이 정부의 직접 수행 원가보다 더 높은 것으로 믿을 이유가 있는 경우 정부 공무원이 추정치를 작성하고 입찰설명서에 원가 비교 통보를 포함하도록 요청한다. 동 조치는 잠재적 입찰자에게 해당 구매요청 건이 내부에서 수행될 수 있음을 알리고 가격 경쟁을 유도하게 된다. | 원가 추정치가 작성되고 입찰설명서에 적절한 통지문이 포함 된 경우, 개찰 시에 정부 직접 수행 원가 추정치가 포함된 원가 비교서식을 개봉한다. 입찰서 및 최저입찰자의 이행능력 평가 후 최저 입찰가격을 최종 원가 비교를 위해 예정가격을 작성한 기관에게 제공한다. 원가 비교결과를 정부이행과 계약을 통한 이행 간의 결정을 담당하는 당국에 제공한다.

원가 추정치가 정부구매규정의 요건에 따라 작성되지 못했고, 적절한 통보문이 입찰설명서에 포함되지 않은 경우, 동 유인/공고서를 정부 직접 이행 비용과 비교해서는 안 된다. 계약가격은 여전히 다른 가격 분석 기준으로 적정한 것으로 평가되어야 한다. 가격이 적절한 것으로 평가되지 못한 경우 가격의 부적정성을 근거로 유인/공고서 취소를 고려한다. 정부에서 직접 이행하는 것이 보다 더 경제적인 것으로 판단되는 경우 정부가 직접 수행한다. |

공고 취소 결정

해당 입찰 취소 여부를 판단하고자 하는 경우 정부의 유불리를 고려할 필요가 있다. 가격에 대한 우려가 너무 크다고 확인되는 경우 입찰권유서를 취소해야 될 경우가 있다.

취소가능한 상황	입찰 취소를 추천하는 상황
입찰권유서가 모든 비용 항목을 고려하지 못한 경우	입찰권유서에 대한 다음 진술의 하나가 사실인 경우: ○ 입찰권유서가 가격 관련 사항 모두를 고려하지 못하였거나, ○ 입찰권유서가 모든 가격 관련 사항을 적절하게 고려하지 못한 경우로 ○ 적절히 고려하지 못한 것이 계약자 선정에 영향을 미치고 ○ 유인/공고서를 취소하고 평가기준을 수정한 새로운 유인/공고서를 발급하는 데에 소요 될 것으로 예상되는 정부의 비용이 현 계약기준에 따라 계약을 진행하는 비용보다 적은 경우
정부 수요를 더 적은 비용으로 충족할 수 있는 경우	○ 특정 대체품이 더 낮은 가격으로 정부 수요를 충족할 수 있고 ○ 유인/공고서를 취소하고 다시 유인/공고서를 발급하는 데에 드는 총 비용이 현 계약 기준에 따라 계약을 추진하는 비용보다 더 적은 경우

다른 것은 수락 가능하나 가격 면에서 수락불가능한 입찰서	○ 구매를 미루거나 ○ 유인/공고를 취소하고 다시 유인/공고하거나 협상을 하는 것이 수락 가능한 가격으로 　귀결될 수 있을 것이라고 믿을 만한 이유가 있는 경우[11]
입찰서가 독자적으로 접수되지 못한 경우	확보한 정보가 입찰서가 독자적으로 접수되지 못하였음을 입증하고 있다.
정부가 직접 집행하는 것이 더 경제적인 경우	○ 정부 직접 집행 추정 원가가 개찰 이전에 작성되었고 ○ 적절한 통보가 입찰권유서에 포함되었고 ○ 원가 비교가 정부 내부의 이행에 대한 정당성을 주장할 수 있을 정도의 충분한 예산절 　감을 입증하고 ○ 유관 기관의 담당관이 정부의 직접 집행이 정부에게 이익이 된다고 판단한 경우.

2) 취소 후 협상

서문

입찰권유서 취소 후의 협상은 가격관련 사유로 공고를 취소할 수 있는 2가지 상황에서 허용된다.

봉함입찰 구매를 완료하고 협상 기법을 이용하기 위해서는 기관의 장 또는 그 위임을 받은 자가 해당 공고를 취소하고 취득을 완료하기 위해 협상을 사용하는 것이 적합하다고 판단해야 한다.

---

11) 수요가 공급에 비해 줄어들 것으로 예상되므로 또는 사이클 면에서 보다 유리한 지점에서 시장에 재진입하기를 바라거나, 공급원 개발계획을 가지고 있다거나, 보다 시장 친화적인 조건으로 재공고할 계획이 있다는 등의 이유를 들 수 있다.

취소가 가능한 경우

다음 표는 5가지 가능한 사항과 협상을 통한 구매가 입찰권유서 취소 이후 허용되는지 여부를 기술하고 있다.

취소가능한 상황	입찰권유서 취소 이후 협상을 통한 취득이 가능한가?
입찰권유서가 모든 가격 관련 요소를 고려하지 못한 경우	협상을 통한 취득을 하는 것은 허용되지 않는다. 새로운 구매 절차를 밟아야 한다.
더 적은 비용으로 정부 수요를 충족할 수 있는 경우	허용되지 않는다. 새로운 구매 절차를 밟아야 한다.
다른 것은 모두 수락 가능하나 가격이 수락 불가능한 경우	허용된다. 다만, 기관의 장 또는 권한을 위임받은 자의 승인을 받아야 한다.
입찰서가 독자적으로 접수되지 않은 경우	허용된다. 다만, 기관의 장 또는 권한을 위임받은 자의 승인을 받아야 한다.
정부가 직접 집행하는 것이 더욱 경제적인 경우	입찰 권유서/제안요청서를 취소하고 정부가 직접 집행한다.

새로운 유인/공고서 발급 없이 계약 체결

기관의 장이 관련 입찰권유서를 취소한 후 협상을 사용하는 것이 정부에게 유리하다고 판단한 경우 계약관은 새로운 유인/공고서를 발급할 필요 없이 계약을 체결할 수 있다. 이 경우, 봉함 입찰 절차에 참여한 모든 이행능력을 갖춘 업체에게 다음 사항을 통보하여야 한다.

○ 협상이 시행될 것이며

○ 그에 따라 협상에 참여할 기회를 부여하며

○ 가장 낮은 협상가격을 제시한 업체와 계약을 체결할 것임

다음은 협상에 있어서 가격관련 결정에 수반되는 프로세스를 나타내고 있다.

1단계: 원가 정보의 필요성을 검토한다.

2단계: 협상의 필요성을 검토한다.

협상 없이 계약체결?

　　○ Yes: 계약 체결

3단계: (No일 경우) 경쟁범위를 결정한다.

4단계: 진상파악의 필요성을 검토한다.

5단계: 사전 협상가격 포지션을 설정한다.

6단계: 가격과 다른 조건 간의 잠재적 절충을 고려한다.

7단계: 취소 후 재공고의 필요성을 검토한다.

1. 원가 정보의 필요성을 검토한다

계약관은 공정하고 적정한 가격인지를 판단하기 위해 필요한 최소한의 자료를 확보해야 한다. 동 정보는 정부 내부의 정보원, 시장의 정보원, 견적업체 등으로부터 확보할 수 있다. 필요한 입증자료 및 자료의 공급원은 취득 상황에 따라 다르다.

2. 협상의 필요성을 검토한다

업체와 협상을 하지 않는 경우

경쟁적 구매에 대한 표준 지침은 정부가 토의 없이 제안서를 평가하고 계약을 체결할 것임을 업체에게 통보하도록 규정하고 있다. 계약관은 협상의 필요성을 판단하여야 한다. 견적서 평가 기준을 토대로 정부에게 최상의 가치를 제공하는 제안서를 파악하기 위해 불가피한 경우 이외에는 업체와 토의를 하여서는 안 된다. 예를 들면, 최초의 견적 가격이 공정하고 적정한 것으로 보이는 견적서를 제출한 업체로부터 더 낮은 가격을 쥐어 짜 낼 목적으로 협상을 해서는 안 된다.

견적 업체가 협상 없이 계약을 할 가능성이 있다는 점을 알고 있는 경우, 동 업체들은 최초부터 더 나은 견적서를 제출하려 할 것이다. 만약 그들 업체가 정부는 늘상 협상을 시도하는 경향이 있다는 것을 알고 있다면 동 업체들은 최종적인 제안서 수정 요구가 있을 때까지 기다린 후 실질적으로 경쟁적인 가격을 제시할 것이다. 많은 업체들은 실제로 경쟁적 협상 프로세스의 보안을 불신하고 있으며 그들의 가격이 경쟁업체에 누설될지 않을까 우려한다.

업체들과 협상을 하여야 할 경우

유인/공고서의 업체에 대한 지침에서 제안서를 평가하여 경쟁범위 이내에 있는 업체와 협상을 한 후에 계약을 체결할 것임을 통보한 경우 정부는 협상을 실시해야 한다. 유인/공고서 지침이 정부가 제안서를 평가하여 협상 없이 계약을 체결하고자 한다고 통보한 경우에도 계약관이 협상이 필요하다고 결정하고 계약파일에 그러한 결정사유를 문서로 작성한 경우에는 협상할 수 있다. 일반적으로 계약관은 어떤 제안서가 진정으로 정부에 가장 유리한 제안서인지에 대해 의문이 드는 경우에만 그러한 결정을 고려하여야 한다. 예를 들면, 상당히 낮은 가격으로 견적한 제안서의 원가 현실성에 대한 의문을 해결하기 위해서는 협상이 불가피할 수도 있다.

해명 및 협상 없이 계약 체결

해명은 정부와 업체들 간 제한된 의견 교환으로서 협상 없는 계약이 예상될 경우 발생할 수 있다.

협상 없이 계약을 체결하고자 할 경우, 정부는 업체에게 다음 사항을 해명할 기회를 부여해야 한다.

○ 특정 제안서 측면(예를 들면 견적업체가 이전에 응대할 기회를 가지 못한 과거의 이행성과 관련)

○ 명백한 기재상의 오류. 예를 들면 다음과 같은 오류

    - 소수점 위치의 오류

    - 할인율 기재 오류(예를 들면 20일에 1%, 30일에 5% 등)

    - 단가 기재의 오류

해명을 요구한 제안서상의 관점 또는 오류와 동 제안서를 해명하기 위해 취한 조치를 상세하게 서류로 작성한다.

3. 경쟁범위의 결정

경쟁범위

일단 협상을 하기로 경정한 경우, 어떤 업체를 협상에 참여시킬지를 결정해야 한다.

유인/공고서에서 열거한 평가기준과 비교하여 각 견적서를 평가함으로써 경쟁범위에 들어갈 업체를 확인한다.

○ 효율성을 위해 경쟁범위를 추가로 제한하지 않는 한 모든 최고 등급 제안서가 포함되도록 경쟁범위를 설정한다.

○ 만약 유인/공고서에서 효율성을 목적으로 경쟁범위를 제한할 수 있다고 정한 경우, 계약관은 달리 경쟁범위에 포함되었을 수 있는 최고 등급의 제안서 수를 효율적인 경쟁이 수행될 수 있는 수를 초과하는지를 판단할 수 있다. 그다음 계약관은 경쟁범위에 들어갈 제안서의 수를 효율적인 경쟁이 가능하도록 제한할 수 있다.

경쟁범위 결정 단계

경쟁범위를 결정할 시에 다음 단계를 따라야 한다.

1단계: 모든 제안서를 평가한다.

유인/공고서에 설정된 모든 평가기준(가격 및 기술)을 고려하여 모든 제안서를 평가한다.

2단계: 평가 점수별 그룹을 파악한다.

모든 제안서에 대한 평가 점수별 그룹을 파악한다. 제안서를 높은 점수에서 낮은 점수까지 일렬로 정리한 후 유사한 점수대별 그룹이 자연적으로 파악될 수 있는 점수의 간격을 찾아라.

3단계: 가장 높은 등급 그룹을 파악한다. 다른 제안서로부터 가장 높은 등급의 제안서를 분리하는 평가 점수의 간격을 찾아라. 만약 모든 제안서의 점수대가 차이가 나지 않는다면 모든 제안서를 최고 등급으로 분류하게 할 수도 있다. 그러나 높은 등급으로 분류되지 못한 제안서는 제외해야 한다.

4단계: 경쟁범위를 제한할지를 결정한다.

유인/공고서가 허용하는 경우 계약관은 보다 효율적인 경쟁을 하기 위해 최고 등급의 수를 제한할 수 있다. 이러한 결정은 경쟁범위에 들어가는 최초의 견적서 수 및 경쟁적 협상에 수반되는 쟁점에 따라 달라진다. 예를 들면 쟁점이 비교적 단순한 경우, 20개의 업체와 협상을 하는 것도 가능할 수 있다. 복잡한 문제가 수반되는 경우, 효율적인 경쟁이 되기 위해서는 경쟁범위를 5개 업체 내외로 제한할 필요가 있다. 실제 포함되는 경쟁 업체 수를 인위적으로 제한할 필요는 없으나(예를 들면 5개 업체로) 제안서 등급을 평가한 후에 협상에서 다루어야 할 쟁점의 복잡성을 고려하여 정해야 한다.

5단계: 경쟁범위에 들어가지 못한 탈락한 업체들에게 통보한다.

해당 제안서가 이미 계약체결할 자격을 상실하였음을 결정한 이후 가급적 조기에 서면으로 그 사실을 통보해야 한다.

가격의 적정성 검토

경쟁범위 설정을 위해 제안서를 평가할 경우, 정부 예정가격을 기준으로 하여 가격의 적정성을 검토한다. 그러나 가격은 제안서 평가 기준에서의 하나의 요소임을 기억하라.

원가의 현실성 검토

원가 보상 계약에서의 제안서 평가 시에는 원가의 현실성을 검토하여야 한다. 그러한 계약에서 정부의 분석은 가장 발생가능성이 높은 원가를 추정하는 데에 중점을 두어야 한다. 그러한 유형의 계약에서는 최종 가격은 최종 원가에 의해 좌우된다는 점을 잊지 말라. 비현실적으로 낮은 제안서는 비현실적으로 높은 최종적인 계약 가격을 초래할 수도 있다. 고정 가격 인센티브 계약에서 제안서 평가 시에 원가의 현실성을 검토하여야 한다. 그러한 계약에서 정부의 분석은 비현실적으로 낮은 가격과 연관되는 이행 위험을 평가하는 데에 중점을 두어야 한다.

경쟁범위를 결정할 때에 유의해야 할 사항

○ 가장 우호적인 제안서와의 비교를 통해 경쟁범위를 인위적으로 제한하지 말 것. 예를 들면 가장 우수한 제안의 20% 이내에 드는 가격을 제시한 모든 제안서를 경쟁범위에 넣고 나머지는 모두 배제하는 것 같은 인위적인 결정을 해서는 안 된다.

○ 미리 정해 놓은 점수 또는 정부 예정가격을 기준으로 경쟁범위를 인위적으로 제한을 하지 말 것.

○ 최상의 등급에 속하지 않는 경우 경쟁범위에 제안서를 포함하지 말 것.

4. 협상 이전의 의견 교환의 필요성을 검토한다

협상 이전의 의견 교환

협상 이전의 의견 교환은 제안서 접수 이후 계약 협상 이전의 정부와 업체 간 대화를 포함한다. 정부목표는 제안서 분석을 완료하는데 필요한 업체의 정보를 파악하여 확보하는 데에 있다. 또한 대부분의 협상 이전 단계에서의 의견 교환은 업체에게 정부가 정한 계약 조건에 대하여 해명을 구할 기회를 제공하는 데에 있다.

이미 확보한 정보

협상 이전의 의견 교환 필요성을 판단할 때에 다음의 이미 확보한 정보를 고려한다.

○ 업체의 제안을 유도한 유인/공고서, 일방적 계약 수정 또는 기타의 서류
○ 제안서와 제안서를 입증하기 위해 업체가 제출한 모든 정보
○ 제품, 시장 및 관련 취득 이력에 관한 시장조사 정보
○ 기관 내부의 기술 분석 정보
○ 견적가격에 대한 최초의 분석 결과 및 구체적인 비목

해명

해명은 정부와 업체 간 의사교환으로서 정부가 협상이 없이 계약 체결을 예상하는 경우에 발생할 수 있다. 유인/공고서가 정부가 제안서를 평가하여 협상이 없이 계약을 체결할 것이라고 기술한 경우에 한해서 원칙적으로 협상이 없이 계약을 체결할 수 있다.

계약 결정에 영향을 미칠 수 있는 어떤 제안서의 관점을 해명할 기회를 업체에게 제공할지를 검토한다. 예를 들면 해명요청은 업체에게 다음의 기회를 제공할 수 있다.

○ 업체의 과거 이행 정보에 대한 유관성을 해명할 기회
○ 해당 업체가 이전에 그러한 기회를 제공받지 못한 경우 과거의 불리한 이행 정보에 대해 해명할 기회
○ 다음과 같은 사소하거나 기재상의 오류를 해결할 기회
   - 견적 가격에 있어서의 명백한 소수점 오류
   - 명백하게 잘못 기재된 선불 할인율
   - 업체의 보세창고 인수도와 수요기관 창고 인수도를 바꾸어서 가격을 작성한 경우
   - 제품 단위 지정에서의 명백한 오류.

소통

소통은 제안서 접수 후의 정부와 업체 간 의견 교환으로서 경쟁범위 설정으로 이어진다.

업체와의 소통은 업체가 경쟁범위에 들거나 벗어나는지 여부가 명확하지 않은 경우에 허용될 수 있다. 구체적으로 의사소통은,

○ 과거의 이행정보가 경쟁범위 포함 여부를 정하는 결정적 평가항목인 경우에 당해 업체와 이루어질 수 있다. 그러한 소통은 업체가 과거에 답할 기회를 갖지 못하였던 불리한 과거 이행 정보를 다루어야 한다.

○ 경쟁범위에 포함되는지 여부가 불확실한 경우 그러한 업체와 의사소통을 할 수 있다.
  - 의사소통을 이용하여 제안서에 대한 정부의 이해를 증진할 수 있고,
  - 제안서의 합리적인 해석을 도모할 수 있고,
  - 정부의 평가 프로세스를 용이하게 할 수 있다.

○ 위에서 기술한 내용의 하나에 해당되지 않는 경우에는 업체와 소통을 해서는 안 된다. 소통의 목적은 제안서가 경쟁범위에 들어가는지를 판단하는 데에 있어서 검토해야 할 쟁점을 다루는 데에 있다.

○ 다음 사항을 다루기 위해 소통을 사용할 수 있다.
  - 제안서상의 모호한 부분 또는 기타의 우려사항(예를 들면, 결함, 약점, 오류, 누락, 착오 등으로 감지되는 사항)
  - 유관성 있는 과거의 이행성과와 관련되는 정보

○ 업체에게 다음을 위해 소통을 이용해서는 안 된다.
  - 제안서상의 결함 또는 중요한 누락을 치유할 목적으로
  - 제안서상의 원가 비목 또는 기술 사항을 실질적으로 변경할 목적으로
  - 그 외의 제안서 내용을 수정할 목적으로

경쟁범위 설정 이후의 의견 교환

통상적으로는 경쟁범위 설정 이후 협상 이전에 어떠한 의견 교환도 할 필요가 없다. 그러나 합리적인 협상 목표를 준비하기 위해 추가정보가 필요한 경우가 있을 수 있다.

그러한 의견교환의 목적은 제안서 분석을 위해 추가정보를 확보하고 목표설정을 방해하는 오해 또는 잘못된 추정을 제거하는 데에 있다. 업체에게 제안서를 수정할 기회를 부여할 목적으로 이러

한 의견 교환방식을 사용하지 말라.

진상조사

비경쟁적 조달 건에 있어서 가용 정보가 제안서 평가에 충분하지 못할 경우에 진상조사가 불가피할 수 있다. 다음의 경우 진상조사가 필요하다.

○ 업체가 제출한 제안서가 불완전하거나, 일관성이 없거나, 모호하거나, 기타 의심스러운 부분이 있는 경우로서

○ 시장 분석 및 기타의 정보원으로부터 확보한 정보가 분석을 완료하기에 충분한 정보를 제공하지 못하는 경우

진상조사의 목적은 업체의 제안서, 시방서 등 정부의 계약조건 및 업체가 제시한 대안에 대해 명확하게 이해하기 위해서이다. 통상적으로, 진상조사는 유사한 과업을 수행하는 데에 드는 실제 비용을 분석하는 데에 집중한다.

○ 이러한 분석은 다음과 같은 쟁점을 포함하여야 한다.
- 원가/가격 자료가 정확하고 완전하고, 최신의 자료인지 여부
- 과거의 가격이 합리적인지 여부
- 종전의 정보가 추정가격 작성에서 적절히 고려되었는지 여부
○ 동 분석은 계약원가와 관련되는 다음과 같은 추정과 판단을 분석한다.
- 후속 계약노동 시간을 추정하기 위한 초기 생산의 직접 노동 시간의 합리성
- 추정 노임의 증가
- 예상되는 설계, 제조, 납기 상의 문제

5. 협상 이전의 가격 포지션 결정

협상 이전의 목표

협상 이전의 목표는 정부의 최초 협상 포지션을 정하고 가격이 공정하고 적정한지를 판단하는 것을 지원하는 데 있다. 협상 이전의 목표는 다음을 포함하는 모든 정보를 고려한 제안서 분석을 결과를 토대로 한다.

○ 현장 요원의 가격 지원
○ 회계 감사 보고서
○ 기술적 분석
○ 진상조사 결과
○ 정부예정가격
○ 종전 가격

1) 위험 분석

가격 결정에 있어서의 위험 분석

가격 협상 포지션을 정하려고 할 시에는 관련 위험을 분석해야 한다. 해당 구매가 표준 상업적 물품의 99번째 취득일 수 있고 정밀한 정부 규격에 따라 제작되는 최첨단제품의 첫 구매일 수도 있다. 표준 상업적 물품의 취득은 가격책정 위험이 거의 수반되지 않는다. 종전의 구매 가격이 있고, 상업적 품목의 가격 비교가 가능하고 가격 경쟁이 있다. 이러한 모든 것으로 보아 동일 또는 유사한 제품에 대한 정부예정가격을 산출할 수 있다.

첨단 제품은 가격 위험이 훨씬 더 클 것이다. 정부가 가지고 있는 것은 정부예정가격뿐이다. 상업적 품목만이 일반적 비교가 가능하다.

위험 평가 및 지불가능가격

정부는 취득 계획수립을 시작할 때에 지불가능한 가격의 산출을 개시하여 계속하여 정보가 수집되는 데로 전체 취득 과정을 통해 추정치를 개선해 나가야 한다. 정부가 지불하여야 할 전체 추정 비용을 산출하는 경우 주관적 판단 하에 각 추정치의 신뢰성을 평가한다.

위험 평가에 있어서의 판단

동일자료임에도 불구하고, 구매자와 판매자가 가장 합리적인 가격이 무엇인지에 대해 각기 다른 판단을 할 가능성이 있다. 그러한 판단은 수반되는 위험에 대한 서로 다른 예측과 서로 다른 평가를 기반으로 하고 있다. 판매자는 계약을 완수할 수 있는지, 비용이 충분한지, 이윤을 낼 수 있는지에 관심이 있다. 반면 구매자는 그들 고객의 요구, 계약이행, 예산의 범위, 모든 견적자에 대한 공정성, 그들의 행동에 대한 국민의 인식에 대해 관심을 갖는다.

2) 협상포지션 설정

비경쟁적 협상에서의 가격 포지션

비경쟁적 협상에서 3가지 가격 결정 포지션을 이용하여 적정 가격 범위를 정한다. 이러한 포지션은 취득 프로세스 동안 작성된 예정가격을 기준으로 한다. 동 포지션을 설정할 때에 다음 사항을 고려한다.

○ 최소 가격 포지션은 협상의 출발점이며 정부의 최초 제안이 된다. 합리적 분석에 의해 입증할 수 없는 가격을 제시하지 말 것.

○ 목표 가격 포지션은 여러 가지 가격 추정치에 대한 신뢰성 분석을 토대로 가장 합리적이라고 판단한 가격을 말한다. 정부가 지불해도 된다고 생각하는 가격이어야 한다.

○ 최대 가격 포지션은 협상 초기에 정부가 보유하고 있는 정보를 고려하여 정부가 합리적으로 받아들일 수 있는 최고 가격을 말한다. 최대 가격은 상황이 변경되는 정보를 업체가 제시하는 경우 협상 동안에 변경될 수 있다.

협상 양 당사자는 상대방이 먼저 움직이기를 바란다. 협상 동안 내내 하나의 가격을 제시한 경우 융통성이 없는 것으로 보일 수 있고, 그러한 모습은 합의를 어렵게 할 수 있다. 서로 다른 포지선 또한 합리적인 가격에 대한 상대측의 관점을 이해하고 정부의 협상 포지션의 합리성을 설명하는 데에 필요한 정보를 수집할 수 있는 기회를 부여한다.

경쟁적 협상에 있어서의 가격 포지션

경쟁적 협상에 들어가기 전에, 각 제안서에 대한 최소포지션, 목표포지션, 최대 포지션을 각각 별도로 설정한다. 이러한 포지션을 사용하여 각 제안서의 강점, 약점, 결함 및 불확실성을 파악한다.

그러한 포지션을 작성할 때에 해당 제안서의 결함에 대해 견적업체에게 조언하여 동 업체에게 해당 제안서를 개선할 기회를 부여하기 위해 포지션을 이용할 수 있음을 유념한다.

○ 종전의 계약 가격, 상업적 가격, 패라매틱 추정치 또는 정부 예정가격과 비교하여 업체의 가격이 결함이 있는 것으로 믿을 사유를 파악한다.

○ 견적 가격이 너무 높다거나 너무 낮다는 것을 나타내는 지표를 지적 한다. 협상 동안 제안 및 수정 제안에 관여해서는 안 된다는 것을 유념하라. 견적업체는 견적 가치를 높이기 위해 제안서를 어떤 방법으로 수정할 것인지를 판단해야 한다.

6. 가격과 기타 조건간의 절충(trade-offs) 가능성을 검토한다

지난 섹션에서 기술한 가격 포지션은 제안서 접수 이후 정부 계약조건에 변경이 없는 한 원 유인/공고서에 기술된 계약 조건을 기준으로 한다. 만약 계약조건이 변경된 경우 모든 참여자에게 변경내용을 통보해야 한다.

비경쟁 협상에서의 계약 조건 변경

모든 계약 조건은 협상과정 동안에 협상에 의해 변경될 수 있다. 그러한 협상을 준비함에 있어서, 정부가 가격 관련 변경을 위해 기꺼이 거래하고자 하는 계약조건이 있는지를 파악하여야 한다. 가격 변경 가능성은 기술적 조건의 변경에 대한 정부의 가치에 부합해야 한다.

기술적 요구사항의 증가는 더 높은 가격 목표를 초래하는 반면, 기술적 요구사항의 감소는 더 낮은 가격 목표를 초래한다. 전체의 기술적 요구사항에 있어서의 증가 또는 감소가 아닌 단순한 요구사항의 변화는 가격 목표의 변화를 초래하지 않는다.

경쟁적 협상에서, 경쟁범위에 잔류하고 있는 모든 업체들이 동 변경내용을 토대로 자신의 제안서를 변경할 수 있는 기회를 갖지 못하는 경우 정부는 최소 계약 요구사항을 변경해서는 안 된다. 제시한 변경내용이 그 수정 사항이 알려졌더라면 추가로 다른 업체가 제안서를 제출하였을 정도로 중요한 경우 계약관은 동 유인/공고서를 취소해야 한다.

기술 조건에서의 변경을 암시하거나, 동의하기에 앞서 담당 정부 기술 공무원의 승인을 득하여야 한다. 계약담당공무원과 기술 담당 공무원이 조건 변경에 대해 동의 한 경우 관련 목표 가격 변경 추정치를 설정한다.

7. 유인/공고서 취소 및 재유인/공고 결정

모든 제안서를 취소할 권한

계약업체 결정 담당관(또는 계약관)은 유인/공고서에 답하여 제출한 모든 제안서를 무효로 처리하는 것이 정부에게 이익이 된다고 판단한 경우 그렇게 할 수 있다. 기관의 장이 특정 계약을 위해 다른 자를 임명하지 않는 한 계약관이 최종적으로 계약업체를 결정하는 공무원이 된다.

모든 제안서를 무효로 처리한 사유 예시

계약관이 그러한 조치가 경쟁을 확대하거나 정부에 대한 비용을 줄일 수 있을 것으로 예상하는 경우 유인/공고를 취소하고 재유인/공고하는 것을 검토한다.

유인/공고를 취소하는 통상적인 가격 관련 사유는 다음 내용을 포함한다.

○ 수락 가능한 모든 제안서의 가격이 불합리한 경우

○ 제안서의 가격이 독자적으로 결정되지 않은 경우

○ 원가 비교 결과가 정부 내부에서의 직접 집행하는 것이 보다 경제적임을 보여 주는 경우

가격에 대한 우려는 계약관으로 하여금 경쟁의 확대 또는 원가 절감을 이유로 유인/공고서를 취소하게 할 수 있다.

끝.

　정부의 계약제도는 민간계약제도를 선도하기도 하지만 대체로 뒤따라가는 행태를 보인다. 시장에서 어느 정도 제도가 정착된 후에야 정부가 인지하고 이를 받아들이는 것이 일반적 행태이다. 민간시장은 정부시장규모 보다 비교할 수 없을 정도로 크고, 주변 환경의 영향을 실시간으로 반영한다.

　전통적으로 정부 종사원 즉 공무원의 청렴성에 중점을 두었던 1980년대 이전의 정부계약제도는 효율성이나 국가의 이익보다는 청렴성을 확보할 수 있는 수단으로서의 투명성과 공개성에 중점을 두었기 때문에 경매방식의 최저가 입찰 방식을 선호하였다. 특히 정부의 수장인 대통령이나 각 부처의 장, 또는 소속 기관장은 사회적 논란을 원천 차단할 수 있는 최저가 입찰방식을 최우선적으로 고려하는 경향이 있어 진정한 국익의 반영이 가능한 종합평가 방식, 즉 가성비 기준 계약업체선정 방식을 소홀히 취급하여 왔다.

　한편 2010년 이후 종전의 중앙 정부기관별 중앙조달(집중조달)방식은 정보통신의 발달, 계약기법의 일반화 및 체계화로 큰 변화를 맞고 있다. 미국 등 대부분의 주요국가에서 독립적인 중앙조달기관은 해체되거나 중앙부서의 소속 기관으로 흡수되었으며 그 기능 또한 종전의 집중조달기능에서 정보제공기능으로 재편되고 있다. 즉 실수요기관에서 직접 구매하는 것을 원칙으로 하고 있으며 구매전력이 전혀 없는 물품, 용역 조달에 대해서는 해당 물품, 용역 등에 많은 경험을 가지고 있는 대량 수요기관에 위탁하여 구매하는 것이 일반적 추세로 정착하였다. 예를 들면 소방장비에 대해서는 소방청이 주요 수요기관이므로 소량의 소방장비를 필요로 하는 다른 기관은 자체수요량을 직접 구매하기보다는 경험이 많은 소방청에 위탁 구매하는 방법을 선호한다.

책자를 집필하는 과정에서 필자의 재임 시 가졌던 전문지식이라는 것이 정말 하잘 것 없는 것이라는 것을 느끼게 되었다. 지금은 크게 달라졌는지 모르지만 수요의 필요성, 대체가능성 검토 등 실질적 내용보다는 형식적인 절차위주로 조달행정을 집행하여 왔다. 특정 기종을 선택함에 있어서 충분한 사전 시장 조사가 이루어지지 않고 종전의 선례를 답습한다든가 아니면 주변 소수의 주요공급업체 추천제품을 참고하여 규격서를 작성하는 방식이 일상화되어 왔다. 또한 물품/용역계약의 특성상 협상에 의한 절차를 사용하여 계약업체를 선택하는 것이 국익에 도움이 되는데도 행정편의와 민원 제기 소지를 감안 경매방식의 일반경쟁입찰방식으로 계약을 집행하였으며 협상에 의한 계약방식을 사용하는 경우에도 가격과 성능/품질을 모두 협상 테이블에 올려 충분한 절충(trade-off)을 시도하지 않고 단순히 가격절충만으로 협상을 끝내는 형식적인 협상에 그쳤다.

미국 계약제도를 연구하는 과정에서 미국정부의 조달업무를 담당하는 계약관의 전문성과 위상에 주목하였다. 그들 계약관은 적어도 행정공무원 중에서는 최고 대우를 받는 전문직이라 할 수 있다. 일정 기간(통상 10~15년) 기간의 경력을 쌓은 계약담당 공무원은 자체 내에서 책임자(계약부서의 장)로 활동하며 내부 승진이 어려운 경우 타 기관의 계약부서 책임자 공무에 응모하여 발탁되기도 한다. 계약 담당 공무원은 계약업무에 대한 이력 및 성과 등 모든 performance가 기록, 보존되며 동 기록을 바탕으로 연봉과 직위가 결정 된다. 따라서 다른 직종의 공무원보다 이직률이 높은 편으로(이직률이 일반 행정직의 4배라는 통계가 있다) 높은 보수와 직위를 따라서 이동하는 경향이 있다.

흔히 우리나라 공무원의 전문성 부족을 거론하면서 우리나라 특유의 중간계급으로의 공무원채용방식(행정고시 또는 5급 공채)의 문제점을 거론하기도 한다. 아무런 경험이 없는 자를 단지 시험만으로 중간 계급의 간부로 들어오는 것은 분명히 문제가 있다. 우리나라 모델의 원조라고 볼수 있는 일본에서도 행정고시 제도는 사라진지 오래되었다. 일본은 시험을 통해 임용하는 최고의직급은 7급 정도이다. 제도를 바꾸기는 쉽지 않을 것이다. 수십 년 전에 노무현 대통령은 선거 공약으로 고시제도 철폐를 내세웠지만 임기 중에 실현하지 못했고 아직도 고시제도는 명맥을 유지하고 있다.

한편, 미국감사원은 미국의 중앙조달기관인 조달청(GSA) 등에서 구매한 구매실례 가격대로 계약하는 것은 그것만으로 계약관의 의무를 다한 것으로 볼 수 없다고 판시한 바 있다. 계약관은 동구매선례가 계약시점에서 정당한 가격이었는지 그리고 현재 시점에서는 어떠한 가격이어야 하는지를 판단하여 계약가격을 결정하여야 한다. 아무런 검토 없이 전임자의 계약집행이 정당한 것으로 추론하고 이를 계약에 반영해서는 안 된다는 것이다.

조달청 등 특정 조달기관에서 모든 정부 수요물자/용역을 공급하는 것은 가능하지도 바람직하지도 않다. 또한 중앙조달을 무조건 백안시하거나 인정하지 않는 것 역시 바람직하지 않다. 그들은 서로 건전한 경쟁관계이며, 그러한 경쟁관계는 국익에 도움이 될 수 있기 때문이다.

불현듯 현직에 있을 때의 한 장면이 떠오른다. 국방부 조달본부의 조달관계 업무회의에 참석했을 때에 일어난 해프닝이다. 준장 계급의 장군이 조달청 직원이 참석했느냐 물어 손을 들었다. 그랬더니 단도직입적으로 물었다. 왜 조달청은 승용차를 계약할 때 자동차 업체의 시중가격보다 9%밖에 감가를 못 했느냐? 우리는 30%를 감가하였다. 뭔가 문제가 있지 않느냐는 지적이었다. 나는갑작스러운 질문에 적지 아니 당황하였다. 사실 조달청과 국방부의 가격을 일대일로 비교하는 것은 무리이다. 조달청 가격은 500여 기관이 넘는 기관의 수요를 추정하여 1대당 가격(즉 1대를 납품할 때의 가격으로서 대량구매 시에도 동일한 단가를 적용한다.)으로 단가계약을 한 것으로서다수기관을 상대로 체결하는 단가계약의 특성상 소량 구매기관에게는 이익이 되고 대량구매기관에게는 손해가 된다. 국방부는 한꺼번에 다량의 승용차를 일괄 구매하였기 때문에 공급자 입장에서는 수송비용과 계약행정에 따른 인건비를 대폭절감할 수 있으며 가격을 대폭할인할 수 있는 것이다. 더군다나 국방부는 연말에 구매하였기 때문에 연식 변경에 따른 비용을 감안하여 더욱더 저렴하게 살 수 있었다(예를 들면 2024년 12월 구매한 승용차는 1개월 후면 2025년식과 차별화되어 중고차판매가격에서 차이가 남.). 구매시기의 결정은 전적으로 수요기관의 몫이다. 그런 점에서 중앙조달은 한계가 있는 것이다. 물론 비교자체가 잘못된 것이다. 불특정 소량 구매를 목적으로 체결한 단가계약(100대를 단가계약했으나 10대만을 납품 지시할 수도 있음.)과 일시에 대량으로 구매를 집행한 일괄계약 건을 단순 비교하는 것은 무리다.

끝으로 필자는 현직에 있을 때에 상사, 동료, 후배 등 여러분에게 분에 넘치는 사랑과 지도를 받았습니다. 이 책자가 그분들에게 누가 되지 않기를 바랄뿐이며 이 자리를 빌려 감사의 말씀을 전하고자 합니다. 특히 현직 때 각별한 사랑과 가르침을 주신 강정훈 청장님과 민형종 청장님께 감사의 말씀을 드리고자 합니다.